고려의 다양한 삶의 양식과 통합 조절

Divers Ways of Life with Coexistive Mechanism in Goryeo Dynasty

Chai, Oong-Seok ed.

고려시대 역사·문화의 다원성과 통합성 연구총서 1

고려의 다양한 삶의 양식과 통합 조절

채웅석 편저

혜안

고려시대 역사·문화의
다원성과 통합성, 개방성을 찾아서

    2018년에 '한반도의 평화와 번영 및 통일을 위한 판문점선언'이 이루어짐으로써 한반도의 새로운 역사 전개에 대한 기대가 커졌다. 그동안 경색되었던 남북과 북미관계가 대화를 통한 평화적 관계로 전환되고 있다. 이대로 평화·협력관계가 발전된다면 고려 역사 연구에도 매우 긍정적인 영향이 미칠 것이 분명하다. 고려의 수도 개경을 비롯하여 북한 땅에 있는 많은 유적들은 물론 비무장지대 안에 산재한 유적들에 대한 공동조사·발굴 및 연구의 희망이 현실화 될 수 있을 것이다. 더구나 2018년에 고려 건국 1100주년을 맞아, 학회와 박물관 등에서 많은 기념학술발표회나 유물전시회를 개최하였다. 이에 따라 한국사 연구·교육에서 그동안 존재감이 미미했던 고려시대에 대한 관심이 늘어나고 연구가 활성화되는 계기를 마련하였다.

    고려시대사 연구는 1980년대까지 사회구성체적 성격이나 지배층의 성격 등을 둘러싸고 활발하게 논쟁이 이루어진 이후 개별적이고 세분화된 연구 중심으로 진행되어 왔다. 그러다가 21세기에 새로운 역사적 전환을 맞이하여 거시적인 관점에서 새롭게 고려사회를 바라보는 연구가 매우 절실해졌다. 가톨릭대학교 고려다원사회연구소에서는 그런 새로운 관점에서 바라보는 토대를 마련하고자 하였고, 2014년 11월부터 2017년 10월까지 3년에 걸쳐 '고려시대 역사·문화의 다원성과 통합성'이라는 주제로 한국연구재단의 토대연구지원사업에 선정되었다.

오늘날 한국 사회는 자율과 공존에 바탕을 둔 사회통합 및 남북통일이라는 시대적 과제에 직면해 있다. 그리고 그 비전과 역량을 역사 경험에서 찾아보는 연구가 필요하다는 것은 두말할 나위가 없다. 본 연구소의 연구 목표는 약 500년 장기 지속했던 고려시대의 역사·문화적 가치를 재발견하여 오늘날 현실에 맞는 새로운 역사인식의 가능성 제시에 두었고, 그와 관련하여 주목한 것이 고려시대의 다원성에 관한 논의였다. 특히 지방세력의 대두와 후삼국의 분열 등으로 확대된 다원적 상황에 대한 고려의 통합 방식 및 개방성·역동성을 지향했던 역사전통에 주목하였다.

고려사회는 안으로 사상·문화·사회 등의 분야에서 다양한 요소들이 각각의 색깔을 띠면서 공존하면서, 밖으로 오대·송·거란[요]·여진[금] 등으로 구성되었던 다원적 국제환경이나 몽골[원] 세계제국의 간섭에 대응하여 자기 정체성을 유지하면서 동시에 개방성을 높였다. 다만 고려는 신분제 사회였기 때문에 '다원성' 또는 '다양성'이라는 용어만으로 그 계서적 성격을 드러내기가 어렵다는 문제가 있고, 또 다원적이다가 일원적으로 변화한 국제환경 속에서 고려의 위상을 어떻게 자리매김할 수 있을지도 문제가 된다.

이에 본 연구소에서는 '고려의 문화적 다원성·다층위성과 소통의 이중주─경쟁·자율·통합의 조건을 중심으로─'라는 담론적 문제의식을 제시하여 연구를 진행하였다. 고려 역사와 문화의 특징과 가치를 드러내는 여러 요소를 정리하면서, '또 다른 전통사회'가 오늘날까지 어떻게 존속하고 작용했는지를 추적하고, 오늘날 한국 사회 내부의 갈등과 국제환경의 위기를 극복할 수 있는 역사담론을 타진해 보려고 노력하였다.

이를 위해 3개년에 걸쳐 크게 '경쟁과 조절', '관계와 소통', '개방성과

정체성'이라는 관점으로 연차별 대주제를 정하고 이에 부합하는 개별 소주제를 개발하였다. 그리고 각 주제와 관련된 국내외 문헌자료 및 고고·미술사 관련 유물들에 대한 기초 정리를 수행하였으며, 그 분석을 통해 연구주제를 확산시키는 한편 학제적 접근을 통해 학문적 융합을 시도하였다.

1차년에서는 '경쟁과 조절-고려인의 다양한 삶의 양식과 통합 조절'이라는 주제를 설정하고 각 분야별로 연구를 진행하였다. 그 과정에서 고려사회의 다원성과 다양성 혹은 다층위성 사이에 어떠한 개념 차이가 있는지, 수평적인 다원성과 수직적인 계서성이 서로 구조적으로 연결될 수 있는 것인지, 중앙집권적 성격을 가진 고려사회에서 다원성이란 어떻게 발현되는 것인지 등에 대한 문제를 많이 논의하였다.

2차년에서는 '관계와 소통-고려왕조 중앙과 지방의 네트워크'라는 주제로 고려사회의 다원성·통합성에 대해 고찰하였다. 여기서는 중앙과 지방사회의 관계에서 나타나는 '다원성과 지역성' 및 '소통과 관계망'을 중심으로 살펴보는 데에 연구의 주안점을 두었다. 그 과정에서 다원성과 계서성을 중심으로 고려사회를 파악할 때 '공존과 조화', '대립과 갈등' 같은 문제들을 제대로 짚어내고 소화할 수 있어야 한다는 점들이 부각되기도 하였다.

3차년에는 '개방성과 정체성-고려의 국제적 개방성과 자기인식의 토대'라는 주제로 연구를 진행하였다. 이를 통해 고려전기의 다원적 국제관계에서 다중심성과 계서성이 작동하였으며, 고려가 자기 정체성을 유지하면서 보편문화를 수용하였고 타자 인식에서 개방적인 성격을 갖고 있다는 점을 지적할 수 있었다. 또한 유학·불교·도교 등 종교와 사상을 다원적으로 이용했던 양상과 함께 국가의례로 승화된 팔관회·연등회의 통합적이고 개방적인 성격을 재인식하였다.

그동안 연구과정에서 관련 분야 및 인접 분야의 전문가들을 모시고 콜로키움을 개최하여 주제의식을 심화시켰고, 학술발표대회를 통하여 연차별로 연구 성과를 대외적으로 발표하고 토론을 거쳐 고려사회의 다원성에 대한 논의를 확장시키고자 하였다. 학술발표대회에서 발표된 논문들은 토론과정에서 지적된 사항을 반영하여 수정한 뒤 한국중세사학회의 학술지『한국중세사연구』등에 게재하여 학술적 성과를 인정받았다. 이 학술총서는 본 연구소의 연구 성과를 수정·보완하고 연차별로 종합하여 묶은 것이다. 여기에 더하여 비록 학술발표대회에서 발표되지는 않았지만 각 연차별 주제와 관련하여 연구원들이 집필한 별도 논문들도 수록하여 총서의 내용을 보강하였다.

본 연구소에서 연구를 진행하면서 많은 분들에게 도움을 받았다. 한국연구재단에서 재정 지원을 받았기 때문에 이 연구가 가능하였다. 그리고 16차례의 콜로키움에 모셨던 여러 선생님들의 발표와 토론은 연구원들에게 많은 자극이 되었다. 또한 세 차례의 학술발표대회를 공동으로 개최할 수 있도록 배려해 주신 한국중세사학회 임원진과 토론으로 질정을 해주신 여러 선생님들께 큰 은덕을 입었다. 총서 간행에 도움을 주신 가톨릭대학교 산학협력단과 도서출판 혜안의 오일주 사장님을 비롯한 편집부 여러분께도 고마움의 뜻을 전한다.

이 학술총서가 앞으로 고려시대 역사·문화의 연구 지평을 넓히는 데 작으나마 도움이 될 수 있기를 기대하며, 지난 3년간 함께 연구하고 토론하면서 학문적 발전을 이루고자 노력한 연구원들 개개인에게도 한 단계 도약할 수 있는 계기가 되기를 바란다.

2019년 1월
연구원들을 대표하여 채웅석 씀

발간사 | 고려시대 역사·문화의 다원성과 통합성, 개방성을 찾아서 ················ 5

총론1 고려 사회·문화의 다원성·다층위성과 소통의 이중주 | 채웅석 ·15

　1. 머리말 ··· 15

　2. 고려 사회·문화의 특징 : 다원성·다층위성과 소통의 이중주 ················ 17

　3. 경쟁·갈등의 조절기재 ·· 22

　　1) 사회질서와 네트워크의 다원성과 통합성 ································· 22

　　2) 다원적 사상·종교 기반 ·· 30

　4. 다원적 국제환경 : 국제적 개방성과 자기인식의 토대 ····················· 36

　5. 맺음말 ··· 41

총론2 고려 다원사회론의 과제와 전망 | 박종기 ·43

　1. 머리말 ··· 43

　2. 다원주의 개념 : 다원성과 다층위성 ··· 45

　3. 다원주의의 기원과 다원사회 ··· 50

　　1) 자유주의와 다원주의 ··· 50

　　2) 종교개혁과 다원주의 ··· 51

　　3) 고려 다원사회의 형성 ··· 52

　4. 다원사회의 과제와 전망 ··· 54

　　1) 통합성과 조화의 역할 문제 ·· 54

　　2) 고려 다원사회론의 과제 ·· 58

　　3) 다원주의 이념·역사인식의 실천 문제 ·· 60

제1부 통합과 조절

제1장 고려전기 사회적 분업 편성의 다원성과 신분·계층질서 | 채웅석 · 65

1. 머리말 ……………………………………………………………………… 65
2. 양천제(良賤制)와 사(士)·서(庶) 구분 : 본관제와 예치(禮治)질서 ………… 67
  1) 예치질서의 토대, 양천제 ………………………………………………… 67
  2) 사(士)·서(庶)의 구분 : 노심자(勞心者, 治者)와 노력자(勞力者, 被治者)의 구별
  ……………………………………………………………………………… 72
3. 문반·무반의 분화와 '중간계층' …………………………………………… 78
4. 농·공·상의 분리와 차별 …………………………………………………… 85
5. 부곡제(部曲制)와 잡척(雜尺) : 특정 국역(國役)과 지연·혈연 ………… 91
6. 맺음말 ……………………………………………………………………… 97

제2장 고려 태조~현종대 다원적 사상지형과 왕권 중심의 사상정책
 | 최봉준 · 99

1. 머리말 ……………………………………………………………………… 99
2. 나말여초의 사상지형과 다원적 공존관계 …………………………… 101
3. 사상 간 균형 추구와 왕권 중심의 사상정책 ………………………… 109
  1) 사상 간 균형 원리와 왕권 중심의 사상정책의 형성 ………………… 109
  2) 조정자로서의 국왕과 왕권 중심의 사상정책의 정착 ……………… 119
4. 맺음말 …………………………………………………………………… 128

제3장 고려시대의 삼경(三京)과 국도(國都) | 신안식 · 131

1. 머리말 …………………………………………………………………… 131
2. 양경(兩京)과 삼경 ……………………………………………………… 134
  1) 양경 …………………………………………………………………… 137
  2) 삼경 …………………………………………………………………… 142
3. 국도와 순행(巡幸) ……………………………………………………… 148
4. 맺음말 …………………………………………………………………… 158

제4장 고려식 석탑양식의 완성과 지방사회 통합-현종대 명문석탑(銘文石塔)의
건립목적과 새로운 양식 성립과정을 중심으로- | 홍대한 · 161

1. 머리말 ·· 161
2. 현종시기 건립된 명문석탑과 고려식 석탑양식의 완성 ····················· 163
  1) 현종시기 건립 명문석탑의 양식 특징 ······································· 163
  2) 현종대 고려식 석탑양식의 완성 ·· 178
3. 현종대 조탑명문(造塔銘文)의 성격과 건립목적 ······························· 182
4. 맺음말 ·· 188

제2부 다양한 물질적 삶의 양식

제1장 고려후기 분묘 출토 도기(陶器)의 지역적 차이와 그 배경
| 한혜선 · 193

1. 머리말 ·· 193
2. 지역별 분묘 출토 도기의 양상 ·· 196
  1) 양광도 ··· 199
  2) 경상도 ··· 204
3. 고려후기 도기부장(陶器副葬)과 향촌사회와의 관계 ···················· 210
  1) 부장 도기의 지역적 차이 ··· 210
  2) 부장 도기의 선택에 미친 향촌사회의 역할 ····························· 214
4. 맺음말 ·· 220

제2장 고려 금속제 불구류 명문(佛具類 銘文)에 보이는 경·외 장인(京·外
匠人)의 제작활동 | 홍영의 · 223

1. 머리말 ·· 223
2. 불구류 명문에 보이는 장인 ··· 226
  1) 범종의 명문 장인 ·· 228
  2) 금고의 명문 장인 ·· 232

3) 향완 및 기타 명문 장인 ································· 234

3. 경·외 공장의 편제와 운영 ····························· 238

4. 장인의 제작 활동과 지방 확산 ························ 252

5. 맺음말 ··· 263

제3장 고려시대 철제 농구(農具)와 농경의례 | 김재홍 · 267

1. 머리말 ··· 267

2. 철제 농구의 분석 ······································· 269

3. 철제 농구의 통일성 ····································· 276

1) 농구 형태의 통일성 ································· 276
2) 농구 통일성의 배경 ································· 280

4. 농경의례의 지역적 다양성 ······························ 285

1) 농경의례의 지역성 ································· 285
2) 농경의례의 사회적 배경 ···························· 293

5. 맺음말 ··· 297

학술연구발표회 종합토론 | 경쟁과 조절 – 고려인의 다양한 삶의 양식과 통합 조절 – 299

찾아보기 ·· 311

출전 ··· 317

고려의 중앙과 지방의 네트워크

총론1 관계와 소통, 통합과 자율의 다양성 | 홍영의
총론2 고려 다원사회의 형성과 기원 | 박종기

제1부 다원성과 지역성

제1장 고려전기 지방지배체제의 다원성과 계서성 | 채웅석
제2장 고려중기 삼국부흥운동의 '지역성'과 '저항성' | 신안식

제2부 소통과 관계망

제1장 고려시대 지방과 지방 사람에 대한 관인층의 관계 양상 | 서성호
제2장 나말여초 금석문에 나타난 불교사원과 승려의 교류와 소통 | 한준수

제3부 유통과 확산

제1장 고려전기 분묘 출토 자기해무리굽완의 확산과 소비양태 | 한혜선
제2장 태안 침몰선 고려 목간의 문서양식과 운송체계 | 김재홍

학술연구발표회 종합토론 | 관계와 소통 - 고려왕조 중앙과 지방의 네트워크 -

고려의 국제적 개방성과 자기인식의 토대

총론1 고려전기의 다원적 국제관계와 문화인식 | 채웅석

총론2 고려시대 사회 성격론과 다원사회의 구조적 이해 | 최봉준

제1부 국제적 개방성

제1장 고려전기 이방인·귀화인의 입국과 해동천하 | 한정수

제2장 고려 국상(國喪)에 대한 거란·금·송의 조문사행(弔問使行) 양상과 다층적
　　　국제관계 | 이승민

제3장 고려후기 도기통형호에 보이는 원의 영향 | 한혜선

제2부 보편성과 자기인식

제1장 고려전기 역사계승의식과 이중적 자아인식 | 최봉준

제2장 고려전기의 북방 영토의식과 이민족 인식 | 신안식

제3장 고려시대 금속제 기물 및 기와의 '연호'명 검토−대중국 '연호'의 시행과 고려의
　　　다원적 국제관계− | 홍영의

제3부 국가의례의 다원성

제1장 고려시기 지고신(至高神)의 존재와 신격(神格)의 다층위성 | 박종기

제2장 고려전기 연등회·팔관회의 기능과 의례적 특징 | 한준수

학술연구발표회 종합토론 | 개방성과 정체성−고려의 국제적 개방성과 자기인식의 토대−

고려 사회·문화의
다원성·다층위성과 소통의 이중주

채 웅 석

1. 머리말

신라 말기 정치적 분열과 농민항쟁을 거쳐 성립한 고려왕조(918~1392)는 발전된 계급사회였다. 토지의 사적 소유를 바탕으로 농민층이 분화하고 전업적인 수공업과 상업이 발달하였다. 개인 및 집단 간에 경쟁·갈등하는 가운데 그 경쟁·갈등을 조절하면서 삶을 영위하는 방식이 그 시기의 사회경제적 조건과 결합하여 역사와 문화의 특징을 규정하였다.

이 글에서는 고려 역사와 문화의 특징을 다원성으로 파악하려고 한다.[1] 다만 그 시기는 신분제 사회였기 때문에 다원성이라는 용어만으로는 그 계서적 성격을 드러내기가 어렵다. 그런 점을 고려하여 역사·문화의 다원성을 중세 사회적 분업의 초기적 상황 및 이데올로기 공존 등에 따른 병렬적 다원성과 신분·위계질서에 따른 계서적 다층위성의 두 측면으로 구분하여 파악할 수 있을 것이다. 그런데 다원성은 그것을 구성하는 요소

---

1) 이에 대한 선구적인 연구는 다음과 같다. 박종기, 「민족사에서 차지하는 고려의 위치」『역사비평』45, 1998 ;『새로 쓴 5백년 고려사』, 푸른역사, 2008 ;「고려 다원사회의 형성과 기원」『한국중세사연구』36, 2013(본 연구총서 2권 참조).

들 간에 대등한 것만은 아니고 힘의 관계에서 계서성이 있을 수 있다. 따라서 각기 자율성이나 상대주의적 가치를 인정하고 공존하는 한편 계서성도 존재하였기 때문에 계서성을 내포한 다원성이라고 표현하는 것이 적절할 수도 있다.

이렇게 다원성에 주목하여 한국사를 이해하는 방식의 현재적 의미는 다음과 같이 정리할 수 있다. 첫째, 21세기 인류사회의 시대정신이 획일성과 배타성을 지양하고 다원성과 개방성, 역동성 등을 요구하는 가운데, 한국 역사 속에서 역사적, 전통적으로 그런 문화 역량을 확인하고 고양하는 의미가 있다. 둘째, 한국에서 남·북 분단이 지속되고 또 지역 갈등도 심해진 현 상황을 극복할 수 있는 논리와 기반을 역사를 통하여 성찰하는 의미가 있다. 셋째, 그동안 지배담론에서 소외되어 왔던 계층들의 존재와 함께 현재 외국인 거류자와 다문화가정이 증가하는 추세를 고려하여 그들을 배려하고 공존 번영할 수 있는 방안을 역사 전통에서 확인하고 부각시키는 의미가 있다. 넷째, 지구촌 시대에 대외적 개방이 필요하지만 무조건적인 개방이 아니라 자기 정체성과 긴장관계를 유지하면서 이루어져야 하며, 동시에 자기 정체성에 대한 강조가 자칫 민족·국가의 이름 아래 소외계층, 지역 문제를 매몰시키기 쉽기 때문에 사회·문화의 다원성을 인식함으로써 개혁에 대한 시야를 확보할 수 있다는 점 등이다.[2]

---

2) 고려 역사와 문화의 특징을 다층위성을 내포한 다원성으로 파악할 때, 이러한 의의가 있음에도 불구하고, 아직 한국사 시대구분상의 의미 부여와 동시기 다른 나라와의 비교사적 파악이라는 측면에서는 한계가 있다.
사실 필자가 고려 역사·문화의 다원성을 탐구하는 것은 그것이 한국사에서 고려시기만의 고유한 특징이라고 주장하려는 데 목적이 있는 것이 아니다. 그보다는 현재 연구 성과를 놓고 볼 때 고려시기에 그런 특징이 가장 두드러져 나타나는 것에 착안하여 연구를 시작한 것이며, 다른 시기도 다원성의 시각에서 연구가 이루어져서 한국의 역사와 문화를 전체적으로 다원성의 관점에서 조망하고 그런 점을 부각시킬 수 있기를 기대하는 것이다.

2. 고려 사회·문화의 특징 : 다원성·다층위성과 소통의 이중주

고려시기의 사회와 문화의 특징을 간단하게 요약하여 표현하기가 쉽지 않다. 그동안 학계에서 사회구성체론과 지배층성격론을 중심으로 이 문제를 논의해왔다.

사회구성체론의 관점에서는 고려를 노예제사회나 아시아적 공동체사회, 봉건사회 등으로 파악하였다. 전자는 고려전기에 토지에 대한 사적 소유가 미숙하였다거나 국가의 부세가 노동력 수탈 중심이었다고 보지만, 후자에서는 이미 소유권에 의한 토지지배가 안정적으로 발전하고 농민층의 계급분화가 진행되었다고 본다. 동일하게 사적 유물론을 바탕으로 하면서도 당시의 사회 성격에 대해서는 그처럼 서로 이질적으로 파악하였다. 그와 관련된 문제로서 수조율이 수확량의 1/4인지 1/10인지, 농업생산력이 휴한단계인지 상경단계인지 확정하기 어려우며, 대토지소유자의 농업경영 양태가 어떠했는지도 정확하지 않다.[3] 그 까닭은 사료가 부족하여 실상을 정확히 알기 어려운 탓이 크지만, 한편으로는 다양성과 유동성이 큰 사회였기 때문에 계급·지역·시기상으로 일률적으로 파악하기가 어렵다는 이유도 있다.

그리고 지배층의 성격에 초점을 맞추어 고대의 귀족사회나 조선시기의 사대부사회와 비교하여 문벌귀족사회라고 파악하기도 하지만, 관료제사회라고 파악하는 견해도 그에 못지않게 설득력이 있듯이 지배층의 성격을 귀족이라고 보기 어려운 점들이 많다. 그렇기 때문에 개인의 능력보다 가문 배경을 우선시하고 지배층에 대한 우대책을 공공연하게 시행하면서도 특정 혈통이나 가문에 대한 세습특권은 법제화하지 않았다는 점에 주목하여 문벌사회라고 부르자는 견해가 제시되었다.[4] 그렇지만 그처럼

---

3) 이인재, 「한국 중세의 기점」 『한국전근대사의 주요 쟁점』, 역사비평사, 2002, 99~114쪽.

지배층의 성격을 중심으로 사회성격을 파악하는 방식은 중앙집권 또는 지배층·엘리트 중심으로 역사를 이해하는 것이다. 또한 타국사와의 비교가 부족한 채 민족 내향적으로 역사를 파악한다는 한계도 있다.

최근에는 고려왕조가 장기 지속한 원인의 하나로서 다원적 특성에 주목하는 견해가 제시되었다. 사상·문화·사회 등의 분야에서 다양한 여러 요소들이 서로 충돌하거나 대립하지 않고 공존하는 형태의 다원성이 고려사회·문화의 특징이었다는 것이다.[5] 전체 인민들의 내적·외적 생활역량이라는 관점에서 본다면 당시의 역사·문화를 다원성으로 파악하는 견해에 동의할 수 있다. 귀족제론과 관료제론 사이의 논쟁에서 보듯이 정치 지배층의 성격을 어느 한 가지로 분간하기 어렵기도 하려니와, 정치제도 상으로 중국으로부터 당제를 수용한 3성6부와 송제를 수용한 중추원·삼사 그리고 고유의 도병마사·식목도감 등 각기 연원이 다른 중앙정치기구들이 병존하면서 운용상 조화를 이루었다. 그리고 지역사회의 자율성을 배경으로 한 본관제(本貫制) 시행, 다원적이고 계서적인 군현체제, 양천제(良賤制)와 사·서(士·庶) 구분, 지배층의 문·무·리(文·武·吏) 분화, 사회적 분업[농·공·상]의 법제화, 토지지배관계에서 소유권과 수조권 지배의 공존, 유학·불교·도교·풍수지리사상의 공존 등에 따라 사회·문화가 획일적이지 않고 다양한 성격이 강하게 나타났기 때문이다.

고려사회의 다원성과 계서성은 신분제와 지방지배질서에서 두드러졌다.[6] 사회적 분업과 관련하여, 전대와 달리 지배층 내에서 문·무·리의

---

4) 金毅圭 편,『高麗社會의 貴族制說과 官僚制論』, 知識産業社, 1985 ; 유승원,「고려사회를 귀족제사회로 보아야 할 것인가」『역사비평』36, 1997 ; 朴龍雲,「高麗는 貴族社會임을 다시 논함(上·下)」『韓國學報』93·94, 1998·1999.

5) 주 1)과 같음.

6) 이하 신분·계층과 지방 지배질서에 대한 서술은 본서에 수록된 채웅석,「고려전기 사회적 분업 편성의 다원성과 신분·계층질서」와 본 연구총서 2권에 수록된 채웅석,「고려전기 지방지배체제의 다원성과 계서성」참조.

지배층의 성격을 중심으로 사회성격을 파악하는 방식은 중앙집권 또는 지배층·엘리트 중심으로 역사를 이해하는 것이다. 또한 타국사와의 비교가 부족한 채 민족 내향적으로 역사를 파악한다는 한계도 있다.

최근에는 고려왕조가 장기 지속한 원인의 하나로서 다원적 특성에 주목하는 견해가 제시되었다. 사상·문화·사회 등의 분야에서 다양한 여러 요소들이 서로 충돌하거나 대립하지 않고 공존하는 형태의 다원성이 고려사회·문화의 특징이었다는 것이다.[5] 전체 인민들의 내적·외적 생활역량이라는 관점에서 본다면 당시의 역사·문화를 다원성으로 파악하는 견해에 동의할 수 있다. 귀족제론과 관료제론 사이의 논쟁에서 보듯이 정치 지배층의 성격을 어느 한 가지로 분간하기 어렵기도 하려니와, 정치제도 상으로 중국으로부터 당제를 수용한 3성6부와 송제를 수용한 중추원·삼사 그리고 고유의 도병마사·식목도감 등 각기 연원이 다른 중앙정치기구들이 병존하면서 운용상 조화를 이루었다. 그리고 지역사회의 자율성을 배경으로 한 본관제(本貫制) 시행, 다원적이고 계서적인 군현체제, 양천제(良賤制)와 사·서(士·庶) 구분, 지배층의 문·무·리(文·武·吏) 분화, 사회적 분업[농·공·상]의 법제화, 토지지배관계에서 소유권과 수조권 지배의 공존, 유학·불교·도교·풍수지리사상의 공존 등에 따라 사회·문화가 획일적이지 않고 다양한 성격이 강하게 나타났기 때문이다.

고려사회의 다원성과 계서성은 신분제와 지방지배질서에서 두드러졌다.[6] 사회적 분업과 관련하여, 전대와 달리 지배층 내에서 문·무·리의

---

4) 金毅圭 편,『高麗社會의 貴族制說과 官僚制論』, 知識産業社, 1985 ; 유승원,「고려사회를 귀족제사회로 보아야 할 것인가」『역사비평』36, 1997 ; 朴龍雲,「高麗는 貴族社會임을 다시 논함(上·下)」『韓國學報』93·94, 1998·1999.

5) 주 1)과 같음.

6) 이하 신분·계층과 지방 지배질서에 대한 서술은 본서에 수록된 채웅석,「고려전기 사회적 분업 편성의 다원성과 신분·계층질서」와 본 연구총서 2권에 수록된 채웅석,「고려전기 지방지배체제의 다원성과 계서성」참조.

18

분화가 명확해지고 공·상에 대한 차별적 법규정이 마련되었다. 이 분화는 초기에는 성립 시기와 원리를 달리하여 병렬성과 계서성을 동반하였지만 점차 계서성 쪽으로 고착되어갔다.

신분제는 혈통에 따라 양인과 천인을 구별하되, 양인의 신분적 제일성(齊一性)을 추구하면서도 사·서를 구분하였다. 그리고 사회적 분업 상으로 농·공·상을 구분하고 특정 국역(國役)을 지는 잡척(雜尺)을 분리하는 등 계서적 계층질서를 두었다. 과거제도에서 잡업은 양인들에게 응시를 개방하였지만 제술업에는 상층 향리의 자제 이상에게만 응시를 허용하였다. 교육제도에서도 계층에 따라 국학에 입학할 수 있는 학부가 다른 가운데, 기술학에는 일반 양인도 입학할 수 있었지만 잡류와 공장·상인은 그마저 불허하였다. 잡척은 국학 입학과 과거 응시를 불허하였고 승려가 되는 것도 금지하였다.

한편 지방지배질서는 신라 말에 새롭게 정치 주체로 부상한 지방세력의 자율성을 바탕으로 하고 그들이 활동한 공간의 지역적 다양성을 반영하여 성립하였다. 분권적 자치성을 확보하고 있던 지역 지배층의 자율적 지배를 인정하고 본관제를 시행하여 인민을 통제하였다. 그리고 군현제를 실시하면서 주현(主縣)−속현(屬縣)체제와 부곡제(部曲制) 등에 의하여 지역별로 계서적 차등을 두었다. 개경은 왕경으로서 지방과 구분되고 본관제에서 벗어나 있었다.

다른 시기도 계급·신분사회로서 그런 구분이나 차별은 존재하였다. 그렇지만 폐쇄적 신분제에 의하여 왕경 귀족이 지방민을 지배하던 고대의 상황과는 달랐다. 그리고 전형적인 양천제를 시행하는 한편 사족이 중앙과 지방에서 여론주도층으로서 일체화되고 학식과 덕망을 가문배경보다 더 중요하게 취급한 조선시기의 상황과도 차이가 컸다. 통일신라와 조선에서 거의 모든 군현에 지방관을 파견하여 지배했던 양상과도 달랐다.

한편 종교·사상의 측면에서 병렬적 다원성이 특히 두드러졌다. 이미 고구려 때 연개소문이 유교·불교·도교의 삼교는 비유하자면 솥의 발과 같기 때문에 나라에 하나라도 없어서는 안 된다고 하였고, 신라의 최치원은 백성을 교화하는 현묘한 도가 나라에 있는데 이는 유교·불교·도교 삼교의 가르침을 포함한다고 하였다.[7] 고려에서도 그런 점은 동일하지만 유학이 정치사상으로서 보다 전면에 나서고 풍수지리사상이 영향력이 더 커졌다. 그러면서 태조 왕건이 훈요십조에서 불교·유교·풍수지리사상을 각기 차별적인 효용성을 갖고 나라를 지탱하는 이데올로기로서 상호보완적이라고 파악하였고, 최승로는 유교는 나라를 다스리는 근원이고 불교는 몸을 닦는 근본이라고 강조하였다. 고려 초부터 유교·불교·도교·풍수지리사상·민간신앙 등이 각각의 차이를 인정하고 공존하면서 팔관회와 같은 국가 의례 속에 통합되었다. 그리고 그에 따른 문화양상은 고려문화의 다원성을 보여주는 대표적인 지표가 되었다.[8]

그런데 다원성·다층위성을 특징으로 하면서도 그렇다고 층위·요소들 사이에 격절되었던 것만은 아니고 서로 유기적으로 어우러져서 사회적 통합력을 발휘하였다. 후삼국의 분열에서 드러나듯이 삼국유민의식(三國遺民意識)을 바탕으로 한 역사·문화적 다원성이 작용하였지만, 삼한일통의식(三韓一統意識)을 토대로 고려가 민족체의 분열을 극복하고 통합에 성공하였다. 삼한일통의식은 민족체가 문화적으로 타자와 구별된다는 의식과 신라가 삼국을 통일하면서 강화된 동질성을 역사적 배경으로 하여 나타났다. 또한 분열·대립에 따른 혼란과 고통 대신 통합 이후에 올 평화와 번영에 대한 기대를 담은 것이기도 하였다.[9]

고려는 지방세력과 민의 지지를 끌어내는 정책을 우선시하여 소통하면

---

7) 『삼국사기』 권21, 보장왕 2년 3월 ; 같은 책 권4, 진흥왕 37년.
8) 본서에 수록된 최봉준, 「고려 태조~현종대 다원적 사상지형과 왕권 중심의 사상정책」 참조.
9) 채웅석, 「고려 '三韓一統'의 다원성과 통합성」『한국중세사연구』54, 2018.

서 통합력을 강화하였다. 중앙집권화의 기조 속에서도 지역사회의 자율성을 인정한 지방지배제도, 표준화된 유학교육제도와 지역 안배를 고려한 과거제도, 전국적으로 잘 정비된 교통 및 물류제도, 체계적으로 갖추어진 진휼·권농제도 등에 의하여 통합과 소통이 제도적으로 뒷받침되었다. 각 층위나 요소에 소속된 사람들이 한편으로는 서로 대립·경쟁적이면서 다른 한편으로는 공존을 지향하고 소통·교류하는 시스템을 구성하였던 것이다.

물론 고려 국가의 공공성이 약화되면 통합력이 약화되어 삼국유민의식이 재현될 가능성이 아직 남아 있었다. 고려중기에 사회모순이 드러나서 농민항쟁이 폭발적으로 일어나던 시기에 삼국부흥운동이 나타났다.[10] 그렇지만 그동안 강화된 통합력 때문에 찻잔 속의 태풍으로 끝났다.

이처럼 다원성을 구성한 층위·요소들 사이에 소통과 통합이 이루어졌기 때문에 사회가 경직되지 않고 변화에 유연하여 역동성을 지녔다. 정치의 주도층이 호족→ 문벌→ 무신→ 권문세족→ 신흥사대부로 변화하면서 고대의 골품귀족, 조선의 사대부처럼 장기지속성을 보이지 않은 것은 그러한 역동성의 일면을 잘 보여준다. 그렇게 상대적으로 잦았던 정치 주도층의 변화를 정치적 불안정성 탓으로 파악할 수도 있을 것이다. 그렇지만 그 탓이라면 고려왕조가 475년 동안이나 장기 지속할 수 없었을 것이기 때문에, 특정 계층이나 이데올로기가 장기적으로 독점적인 지배력을 장악하지 못하도록 만든 역동성의 결과라고 이해하는 것이 좋을 것이다.

또한 획일적이지 않고 역동성이 큰 경쟁적 사회 환경 속에서 통합을 위해 팔관회·연등회 등의 축제적 국가의례가 발달하였다. 태조는 후사에게 훈요를 남기면서 팔관회·연등회는 군신이 함께 즐기는 것이기 때문에 함부로 가감하지 말라고 당부하였다. 그리고 대회 때 큰 잔치를 베풀어

---

10) 閔賢九,「高麗中期 三國復興運動의 역사적 의미」『韓國史 市民講座』5, 1989, 90~100쪽.

민들과 함께 즐겼다는 기록도 있어서, 민심 수습과 통합의 장으로 역할하였다는 것을 알 수 있다.

이처럼 고려시기의 역사와 문화는 다원성·다층위성을 보이면서도 층위·요소 간에 경쟁과 소통이 이루어진, 다른 말로 표현해서 '다원성·다층위성과 소통의 이중주' 양태를 보이는 가운데, 역동성도 컸다는 특징이 나타났다. 다원성이나 다층위성이라는 용어는 대상을 구체적 실체로써 명확하게 드러내지 못한다는 한계가 있으나, 어느 한두 가지 실체로서는 고려시기 역사·문화를 대표적으로 표상하기 어렵기 때문에 오히려 그런 다원성·다층위성과 역동성을 고려시기 역사와 문화의 특징이라고 파악하는 것이 적합하다고 본다.

그러면 '다원성·다층위성과 소통의 이중주' 양태를 보이는 고려 역사·문화의 특징은 각 부면에서 구체적으로 어떠했을까? 다음 장에서 다원적 요소·층위 간에 경쟁·갈등을 조절하는 기재와 관련하여 사회질서와 네트워크 및 사상·종교상에서 나타나는 특징을 고찰하고, 이어 고려 사회·문화의 다원적 성격에 영향을 끼친 국제환경에 대하여 살펴보기로 한다.

3. 경쟁·갈등의 조절기재

1) 사회질서와 네트워크의 다원성과 통합성

나말여초 사회변동기에 분권적이고 할거적이었던 지방세력을 비롯하여 인민들은 계급·계층적·분화를 겪고 경쟁적 상황에 그대로 노출되어 있었다. 신라하대에 이미 농업부문에서 호부층이 성장하는 가운데 계급분화가 심화되었으며, 수공업부문에서는 공가를 지급받고 작업에 나아가는 장인들이 나타나는 가운데 장인사회 안에서 계급분화가 일어났다. 그리고 신라의 국가유통경제가 이완, 붕괴된 가운데 지방을 중심으로 국내 상업과 대외 교역을 통해 부를 축적하는 민간상인들이 대두하였다.[11] 그런 가운데 9세기 전반에 빨리 부자가 된다는 술법으로써 많은 사람들을 미혹시키는 바람에 사회적으로 큰 문제가 되었던 사건은 당시 민들의 부에 대한 욕구를 말해준다.[12]

고려가 그렇게 심화된 경쟁과 대립·갈등을 조절하면서 하나의 지배질서 속에 통합한 기재는 무엇이었는가? 고려와 같은 신분·계급사회에서는 층위·요소 간의 경쟁·갈등을 조절하는 사회적 기재와 이데올로기 등의 내용에 따라 역사·문화의 특징이 잘 드러난다.

[신분·계층질서의 다원성] 신라말기에 농민의 유망과 초적이 발생하고 지방세력들이 할거하여 격렬한 갈등·대립을 겪었다. 고려는 지방세력들을 집권체제 속에 통합하고 민심을 수습하기 위하여 노력하였다. 지방세력들의 할거와 농민항쟁이 지속되는 한 고려의 지배체제는 불안하였다. 경쟁적 환경에 있던 지방세력의 입장에서도 새 왕조의 지배층으로서 위상이 보장된다면 중앙집권화의 추세에 동참하는 것이 바람직할 수 있었다. 이렇게 하여 고려의 지배체제는 지방세력의 포섭과 신분·계층 이동상의 개방성 등을 보장하게 되었다. 또한 농민항쟁과 지역 자위조직 운영과정에서 부상한 민의 위상도 정치적으로 반영하였다.

신분·계층질서 상으로 골품제의 지역적·혈통적 폐쇄성과 귀속성을 극복하고 개방적인 원리를 바탕으로 삼았다. 전체 인민을 혈통에 따라 양인과 천인으로 구분하고, 양인신분의 내부에서 신분적 제일성을 추구하되

---

11) 蔡雄錫, 『高麗時代의 國家와 地方社會－本貫制의 施行과 地方支配秩序』, 서울대학교출판부, 2000, 27~30쪽 ; 朴南守, 『新羅手工業史』, 신서원, 1996, 279~310쪽 ; 김창석, 『삼국과 통일신라의 유통체계연구』, 일조각, 2004, 211~233쪽.
12) 『삼국사기』 권10, 흥덕왕 3년 4월.

사회적 분업과 국역 부담 등의 차이를 기준으로 계서적 층위를 두어 규제하였다. 노심자(勞心者, 治者)와 노력자(勞力者, 被治者)의 명분에 따라 사·서를 구분하고, 사와 서 사이에서 직역부담자들이 중간계층으로 위치하였다. 사의 범주에는 품관과 함께 상층 이속(吏屬)이 포함되었는데, 관직의 전문화와 과거제도의 시행 등에 따라 문·무·리의 분화가 명확해졌다. 또 법적으로 농민과 전업적인 수공업·상업 종사자 사이에 차별을 두고, 또 국역부담과 관련하여 부곡제 지역의 잡척(雜尺)을 구분하고 차별대우하였다.[13] 그런데 그런 사회적 분업에 따른 차별규정은 그 계층을 비하하는 의식에서 나온 것이라기보다, 전업(專業) 유지나 특정 국역 확보를 위한 제도적 장치를 마련한다는 의도에서 만들어졌을 가능성이 높다. 그리고 양인과 천인 사이의 신분 이동과 달리 양인신분 내에서 이동은 폐쇄된 것이 아니었다. 차별이 심하여 양·천의 분간이 어려울 정도였던 악공(樂工)이나 잡척의 경우에도 동색혼(同色婚)만을 제도적으로 강요하지는 않았다.

11세기 이후에 지배질서가 안정화되고 중앙지배층이 기득권을 보호하려 하면서 문벌화가 진행되고 신분·계층 간의 이동이 상대적으로 어려워졌다.[14] 경쟁적 환경에서 지배층이 연줄관계로써 자기 위상과 기득권을 보호하려 하면서 문벌이 형성되었다. 정치 참여층의 개방과 신분·계층의 성취적 성격[개방성]을 기본으로 하면서도 문벌의 특권 보호와 신분·계층의 귀속적 성격[폐쇄성]이 부각되는 문벌사회로 발전하였던 것이다. 이처럼 귀속

---

13) 朴宗基, 『高麗時代 部曲制研究』, 서울대학교출판부, 1990.

14) 고려시기는 전체적으로 볼 때 고대의 골품귀족제를 해체시킨 이후 조선 사대부사회가 이루어지기까지 중간단계적인 면모를 보였다. 지배층의 성격상 고대 귀족사회의 폐쇄성과 조선 사대부사회의 개방성이 아울러 나타나기 때문이다. 그와 관련하여 고려를 문벌귀족사회로 볼 것인가, 관료제사회로 볼 것인가, 또는 문벌사회로 볼 것인가 하는 문제를 놓고 학계에서 논쟁되고 있다(주 4의 논문들과 채웅석, 「고려시대의 신분제」, 『한국전근대사의 주요 쟁점』, 역사비평사, 2002 참조). 또한 중앙집권화 추구와 지역사회의 자율적 질서 보장을 둘러싸고 어느 쪽에 중심을 두고 파악해야 고려시기의 특징을 제대로 파악할 수 있을까 하는 문제가 중요한 논제가 되고 있다.

적 성격이 짙어져서 사회 소통이 경화되자 층위 간에 갈등이 고조되었고, 한편으로는 차별이 사회 발전을 저해하는 것이 분명해졌다. 그 결과 나타난 것이 12세기에 발생한 일련의 정변들과 피차별민의 항쟁이었다. 이후 문반과 무반 사이에 교통이 가능해지고 또 하층민의 상승도 활발해졌다.

[본관제도와 군현제도의 결합] 신라말기에 자위조직이 등장하고 지역사회가 재편, 강화된 것을 배경으로 하여 고려초기에 본관제도를 시행하였다. 고려는 골품제 사회에서 존재하던 왕경민과 지방민 사이의 신분적 구분을 철폐하는 대신 본관제로써 각 지역의 민들을 편제하였다. 지역 사이에 균질적이지 못하고 지방세력들의 힘이 강성한 상황을 고려하여 지배질서로 제도화한 것이 본관제도였다. 본관제도는 지역 간의 계서성과 지역 내의 계서성, 영역 규제를 특징적 내용으로 하여 지방 지배질서를 규율하였다.[15] 본관제도는 군현제도와 불가분의 관계였다. 고려는 두 제도를 시행하면서 양계와 하삼도의 구분, 주·부·군·현의 읍격 구분, 주현과 속현의 구분, 일반촌락과 부곡제 지역의 구분 등에 의하여 지역과 주민을 다원적·다층위적으로 지배하였다.

그리고 향리로 대표되는 본관의 토성(土姓) 지배층에 의한 자율적 지배를 바탕으로 하고 거점지역에 본관피혐원칙에 따라 지방관을 파견하여 중앙 권력에 의한 지배를 구현하려고 하였다. 향리는 지방관을 보좌하는 행정업무를 맡는 데 그치지 않고 향촌질서를 주도하였다. 주현(主縣)에 파견된 지방관은 임내(任內)의 향리를 감찰하면서 중앙권력의 지배의지를 관철시켰다. 또한 그 두 지배방식 사이에 생길 수 있는 균열을 방지하고 지배를 원활하게 하기 위하여, 해당 본관 출신의 지방관을 사심관으로 임명하고, 향리층에서 기인을 뽑아 상경 입역하게 하였다.

---

15) 蔡雄錫, 앞의 책, 2000, 85~173쪽.

이런 지배체제의 유용성은 거란, 몽골 등의 외침에 대한 항전에서 증명되었다. 외적의 침략을 효과적으로 방어할 수 있었던 바탕에는 지역지배층이 자율적으로 지배하는 지역공동체의 방어력이 있었다. 고려가 중앙집권화를 위하여 지방세력들의 자율적 질서를 해체하기보다는 그것을 활용하는 방식을 택했고, 그 결과 지역공동체의 자위적 군사기능이 유지되었던 것이다.16)

그런데 본관제도나 신분·계층제도는 경쟁적 존재들을 포괄하여 질서화하면서도, 한편으로는 그 내부에 계서성을 내포하고 또 불평등을 법제적으로 고착화하는 구실도 하였다. 때문에 사회변화에 따라 임계점을 넘어서면 순기능보다 역기능이 부각될 수 있었다. 12세기 이후 사회변화 속에서 본관제가 이완되는 한편 잡척과 노비의 항쟁이 일어나는 것은 그 때문이었다.

[연성적(軟性的) 인간관계망] 신라말기에 유망이 광범하게 발생하는 상황에서 민들이 나름대로 활로를 찾아 가족이나 개인 단위로 도망하거나 거주지를 이동하는 현상이 활발해졌다. 친족조직으로 보면, 개인을 기준으로 한 친속관계가 발달하였다.17)

그에 따라 고려시기의 친속조직은 조선중기 이후의 부계 친속조직과는 달랐다. 이른바 총계적(總系的, 兩側的) 친속조직으로서, 자기를 기준으로 하여 선대의 모든 계보 중에서 필요에 따라 선택할 수 있는 형태였다. 이 친속관계에 따른 친족 결합은 연성적이며 지속적이지 못하였다. 총계적 친속은 원래 집단성을 갖기 힘들며, 족당(族黨)으로 결집했더라도 중심적 역할을 한 인물의 거취나 결속의 계기가 되었던 이해관계의 변화에 따라 지속성을 유지하기 어려웠다.18)

---

16) 최종석, 「고려시대 지역방어체제의 변화 양상과 그 성격」『韓國思想과 文化』64, 2012.

17) 盧明鎬, 「羅末麗初의 社會變動과 親族制度」『韓國古代史硏究』8, 1995.

이처럼 친속조직에 의한 결속이 취약하였는데, 한편으로는 경쟁적 사회 환경 속에서 개인의 사회적 위상을 보장하거나 연대할 목적으로 다양한 네트워크들을 구성하여 이용하였다. 총계적 친속관계로 맺어진 사촌회(四寸會) 등의 족계(族契), 정치적 이해관계에 따라 특정 인물을 중심으로 구성된 족당(族黨)세력, 과거제를 바탕으로 한 관료들 사이의 좌주(座主)−문생(門生) 및 동년(同年) 네트워크, 불교 신앙활동을 매개로 한 향도(香徒) 등이 대표적이다.

특히 11세기에 중앙에 진출한 관료들 사이에서 문벌화가 진행되는 가운데, 그들은 통혼권을 형성하여 중첩되는 혼인을 맺어 지배적 위상을 지속적으로 유지하려 하였다. 그리고 과거에 급제한 사람들은 엘리트의식과 동류의식을 갖고 네트워크를 구성하여 치열한 입사(入仕)·승진 경쟁에서 도움을 기대하였다. 당시 문벌사회는 혈연·세력뿐만 아니라 문장·덕행을 중시하였으며, 후자가 족망(族望)을 높이는 데 큰 역할을 하였다. 그에 따라 과거제를 통하여 맺어진 관계는 문벌사회에서 중요한 연줄로 작용하였고, 가문배경이 약한 사람들은 그 관계를 이용하여 보완할 수 있었다.[19]

[중앙과 지방 사이의 소통] 원래 본관제도는 중앙과 지방 사이의 소통을 보장하였다. 사심관은 원래 고려초에 귀부한 지방세력에게 본거지 지배력을 인정한 데에서 출발하였다. 지방관을 파견한 뒤에도 사심관이 본관의 부호장 이하 향리직에 대한 사무를 관장하고 본관 주민들을 대표하여 가계의 품등(品等) 심사, 조세의 균평 부과, 풍속 교정 등의 역할을 하였다. 지방 향리들은 기인(其人)이나 상계리(上計吏)·진봉장리(進奉長吏) 등으로서

---

18) 盧明鎬, 「李資謙一派와 韓安仁一派의 族黨勢力−高麗中期 親屬들의 政治勢力化 樣態」 『韓國史論』 17, 1987 ; 「高麗時代 親族組織의 연구상황」 『中央史論』 5, 1987.
19) 채웅석, 「고려시대 과거(科擧)를 통한 인간관계망 형성과 확장」 『사회적 네트워크와 공간−이태진교수 정년기념논총』, 태학사, 2009, 38~40쪽.

상경하여 지역사회의 요구를 중앙에 전달할 수 있었다. 그리고 토성 출신에게 과거 급제나 기인역 등을 통해서 중앙관료로 진출할 수 있도록 개방하였다.

지방관을 파견하지 않고 지방세력의 힘이 강고하였던 초기에는 지방세력의 지역적 기반이 중앙권력체계상의 위상과 연결되었으며, 중앙지배층이 연고지에 대하여 향리(鄕里) 의식을 갖고 있었다. 지방제도가 정비된 뒤에도 공로나 범죄에 대한 상벌로서 그 사람의 본관 읍호가 승격하거나 강등하는 사례에서 출신지역에 대한 연고관계를 읽을 수 있다. 그런 읍격의 승강은 조선전기에도 이어졌으며, 지역에서 한 씨족이 흥기하거나 한 사람이 출세함으로써 그에 힘입어 지역의 읍세가 번성할 수 있는 것이라고 인식하였다.[20]

또한 국자감과 향교로 대표되는 관립 교육기관을 통하여 표준적인 유학 교육을 하였다. 그리고 그 바탕에서 지역별로 정수(丁數)에 따라 향공(鄕貢) 선상(選上)의 정원을 할당하여 각 지역 출신들이 과거에 응시할 기회를 고루 부여하였다.[21] 향공 선상이 곧 과거 급제를 보장하는 것은 아니었지만, 그런 정책이 중앙과 지방의 연결, 국가적 통합에 큰 역할을 수행하였다.

[고려 중·후기의 사회적 갈등과 변화] 중앙지배층이 문벌화 하자 자연스럽게 중앙과 지방간의 교류가 원활하지 못하게 되었다. 여전히 중앙관료들이 사심관으로서 지방과 연결되어 있고 과거제도 등을 통하여 지방 출신 인사들이 중앙으로 진출할 수 있는 길이 열려있기는 하였다. 그렇지만 중앙과 지방 사이의 틈새가 벌어지면서, 중앙지배층들의 개경 집중현상이 두드러지고 낙향하는 것은 드문 일이 되었다.

고려 관인들의 묘지명을 조사 연구한 결과에 따르면, 무신집권기 이전

---

20) 『신증동국여지승람』 권9, 인천도호부 宮室 客館 姜希孟陞號記.
21) 『고려사』 권73, 선거1 科目1 현종 15년 12월.

관료들의 묘소는 모두 개경과 경기에 속하는 지역이었다. 당시 관료들 가운데 다수가 근기(近畿) 지역의 토성 출신이었기 때문이기도 하겠지만, 먼 타지에서 사망하거나 다른 지방 출신인 경우에도 최종 매장지를 왕경 근처로 잡는 것이 일반적인 현상이었다.[22] 원당(願堂)의 분포지도 비슷하였다. 원당은 관료들이 불교신앙에 의지하여 복을 빌고 조상의 명복을 기원하는 곳으로서, 개경 가까이에 집중적으로 만들어졌다.[23] 이렇게 관료들의 묘소나 원당이 개경과 그 주변 가까운 곳에 집중되었던 것은 관료들의 중앙 집중성을 보여주는 좋은 예이다.

문벌 중심으로 사회가 경화되자 사회적 갈등과 대립이 일어났다. 왕과 문벌, 문벌과 신진세력, 문반과 무반 등의 사이에 갈등이 생기고, 마침내 1170년에 무신정변이 일어나서 정치양태가 크게 바뀌고 문벌사회가 변화하였다. 무신집권기에 지배층의 문벌적 성향이 약화되고 신분·계층 간에 사회이동이 보다 활발해지면서 신진관료의 진출이 용이해졌다. 또한 민의 항쟁이 거세게 분출하고 나아가서 각 지방에서 옛 삼국의 부흥을 표방하는 항쟁이 다시 등장하였다. 이러한 사회변화는 경화되었던 층위간의 경계를 약화시키고 경쟁과 소통의 물꼬가 넓혀지면서 문화에 새 활력을 불어넣는 의미가 있었다.

13세기 후반에 무신정권기와 대몽항전이 종식되고 이후 사회가 상대적으로 안정화되면서 현거주지에 편적하는 정책을 시행하고 관(官) 주도의 향촌 통제를 모색하였다. 그렇지만 본관제도 자체를 혁파하는 것은 아니고 보완하는 차원이었다.[24] 중앙에서는 권문세족이라고 불리는 지배층이 모습을 드러냈다. 권문세족에는 전기의 잔존 문벌과 함께 무신집권기

---

22) 金龍善,「高麗 支配層의 埋葬地에 대한 考察」『東亞硏究』17, 1989 ;「고려시대 중앙문화와 지방문화의 차별성 - 묘지명을 중심으로」『고려 금석문 연구』, 일조각, 2004.
23) 韓基汶,「官人의 願堂과 그 機能」『高麗 寺院의 構造와 機能』, 民族社, 1998, 316~318쪽.
24) 채웅석, 앞의 책, 2000, 233~265쪽.

지배세력의 변화가 반영되고 대원관계의 중요성에 따라 새로운 요소가 가미되었다. 권문세족 역시 전기의 문벌과 마찬가지로 경쟁 속에서 지위 유지를 위해 혼인네트워크를 형성하고 음서를 중요한 입사수단으로 이용하였다. 그리고 한편으로는 이른바 문지(文地) 출신들이 일종의 이른바 구별 짓기와 연대를 추구하여 좌주-문생 및 동년네트워크와 기로회(耆老會) 등의 사대부 중심의 네트워크와 문화가 더욱 발달하였다.[25]

고려 중·후기에, 비록 권세가들을 중심으로 탈점 방식이 두드러지기는 하였지만, 지배층이 지방에 농장을 마련하였다. 또 은퇴하거나 경쟁에서 밀려난 관료의 지방 거주가 늘어나면서, 중앙과 지방 사이의 관계가 전기와 달라질 수밖에 없었다. 중앙 진출이 어려웠던 재지품관들은 향원토호(鄕愿土豪)의 성향을 보이던지, 지역 사회의 질서 유지와 공공이익의 구현에 관심을 갖기도 하였다. 관 주도의 지방 지배가 모색되는 가운데 그들은 그 지배에 협력하기도 하였지만 중앙권력의 통제로부터 벗어나려는 성향도 보였다. 지역사회에서 향리의 위상은 낮아진 반면 재지품관의 영향력이 커지면서, 고려말에는 재지품관을 지방 지배에 활용하고 통제하는 방안을 마련하는 것이 정책 과제가 되었다.[26] 이처럼 지배층의 지방 연고성이 커진 가운데, 그들의 묘지 분포가 지방으로 점차 확산되는 경향도 두드러졌다.

2) 다원적 사상·종교 기반

사상·종교적으로 다원성이 특히 두드러졌다. 유학·불교·도교·풍수도

---

25) 채웅석, 앞의 논문, 2009 ; 「고려 중·후기 기로회(耆老會)와 개경(開京) 사대부(士大夫) 사회」『역사와 현실』 79, 2011.

26) 채웅석, 「고려말 조선초기 향촌사회의 변화와 지배질서의 재편」『중세사회의 변화와 조선 건국』, 혜안, 2005, 247~271쪽.

참사상 등에 대하여 각각의 기능·역할을 인정하여 배제하지 않았다. 공동체의식으로는 본관을 중심으로 한 지역의식, 삼국유민의식, 삼한일통의식, 해동천하의식 등이 병존하였다.[27] 다원성이 두드러진 사회 환경에 대응하여 고려초기부터 여러 사상·종교를 다원적으로 이용하고 해동천하의식을 바탕으로 하여 일통국가로서 통합력을 강화하였다.

그리고 다원적인 요소들 간의 경쟁 속에서 합의가 어려운 차이를 신분 법령으로 굴복시키고, 그 계서성과 차별을 이데올로기적으로 분식하여 정당화하였다. 피차별민들을 왕조에 대한 반역자의 후예라고 간주하거나 본말론(本末論)의 관점에서 산업 구성을 바라보면서 차별의 명분을 찾았다.

[사상·종교의 다원성] 유학은 정치·사회 지도이념으로서 확고하게 자리 잡았다. 고려전기에 문신 중심의 문벌은 음서제도를 통한 입사 혜택을 누리면서도 유학 소양과 능력을 바탕으로 한 과거 급제를 선망하였다. 어릴 적부터 한자로 표기되는 문자생활을 하면서 유학을 공부하고 과거 응시를 준비하였으며, 관리가 된 이후에도 시문을 짓고 읊조리는 문예활동의 비중이 컸다. 경학과 문학·사학은 당시 지배층에게 있어서 당연히 갖추어야 할 학문이었으며, 그 능력을 교육하고 평가하는 학교제도와 과거제도는 유학을 진흥하는 바탕이 되었다. 지방에 향교를 세우고 향공선상 인원을 지역별로 안배하여 사회통합의 수단으로 삼기도 하였다.

불교는 종교로서 사람들의 생활과 의식에 깊숙이 영향을 끼쳤다. 국가권력은 승과제도와 승계·승직제도를 설치하고 승록사를 통하여 불교 교단체계를 중앙집권적으로 관리하였다. 유학자들도 유학은 치국의 근원이고 불교는 수신의 근본이라고 이원적으로 인식하든지, 삼교회통론(三敎會通論)의 관점에서 서로 배제하지 않았다.[28] 불교의 역할이 종교적인 것에

---

27) 노명호, 『고려국가와 집단의식—자위공동체, 삼국유민, 삼한일통, 해동천자의 천하』, 서울대학교출판문화원, 2009.

한정되지 않고 정치·경제·문화 각 부문에 큰 영향을 끼치는 가운데, 왕실과 문벌가문에서 자식 중에 일부를 출가시키는 것이 일반적이었다.

그리고 양재초복 목적으로 도교의 재초(齋醮)가 국가 차원에서 초기부터 설행되었다. 특히 12세기 예종 때에 송으로부터 교단도교를 수용하여 육성하였으며, 그 당시 유학자들이나 다른 종교 측에서 반발했다는 증거는 찾을 수 없다.

풍수지리사상은 태조의 훈요에서 유학, 불교와 함께 고려사회를 이끌어 나갈 이데올로기로서 제시되었다. 국가는 과거제도의 지리업(地理業)을 통하여 공식적으로 전문가를 양성하였다. 풍수지리사상은 천·지·인에 대한 종합적 인식틀이었으며, 서경과 남경 건도의 이념적 바탕이 되었듯이 지방에 명당(明堂)들이 있음을 드러내어 왕경 집중을 막는 장치로 기능하기도 하였다.

고려중기에 묘청세력처럼 종교와 풍수도참설을 정치에 동원하여 이른바 성인(聖人)이라고 자임하면서 권력을 장악하려는 세력이 등장하여 유학의 합리적 정치사상을 구현하려는 세력과 갈등을 빚기도 하였다.[29] 그렇지만 14세기에 성리학이 들어와서 배타적 지위를 주장하기 전까지 각 사상·종교는 각자의 영역에서 고유의 기능을 담당하면서 공존하고 각종 국가·왕실 의례 등에 활용되었다.

[다원적·다층적 공동체의식] 신라말기에 지방사회의 역량이 발전한 바탕에서 지방세력들의 지배력이 강하였다. 지방세력들이 자위조직을 운영하고 지역사회의 재편을 주도하면서 지역민들을 결속시켰으며, 그 과정에서 형성된 지역 내의 결속 및 다른 지역과의 구별의식이 두드러졌다. 고려전

---

28) 都賢喆,「元天錫의 顔回的 君子觀과 儒佛道 三敎一理論」『東方學志』111, 2001 ; 李仁在, 「高麗前期 弘慶寺 創建과 三敎共存論」『韓國史學報』23, 2006.

29) 蔡雄錫,「고려 인종대 '惟新'정국과 정치갈등」『韓國史硏究』161, 2013.

기에 "드디어 군족(郡族)이 되었다"거나 "군백성(郡百姓)"이라는 표현이 사용되고 있었는데, 그것은 지역공동체에 대한 귀속의식을 보여준다.[30] 신라말 이래 지방세력이 자위조직을 결성하여 사회변동기 상황에 대응하면서 지역민들을 결속시키고, 그런 결속을 배경으로 하여 출신 본관에 대한 지연의식이 부각되었던 것이다.

그 바탕에서 각 지역의 토성 출신 인물을 그곳의 성황신이나 산신 등의 신격으로 삼은 경우가 많고 지역 지배층이 그 제사를 주관하였다. 병난이 일어나면 그 신격들이 국가와 지역을 지켜줄 수 있다고 믿었다. 그리고 국가에서도 사전(祀典)제도를 통하여 그런 지역신앙들을 흡수하였다. 그 신격들을 국가의 치제 대상에 포함시켜 정기적으로 제사를 지냈으며, 국가적 경사나 불행이 있을 때 수시로 작호를 수여하였다.[31]

한편 후삼국시기에 분열과 혼란을 극복하면서 삼한일통의식이 부각되었다. 삼국유민의식과 삼한일통의식이 병존하였던 것이다. 고려는 후삼국뿐만 아니라 발해까지 포함하는 통일왕조로서 정당성을 확보할 수 있는 정치적 비전을 삼한일통에서 찾았다. 원래 신라의 삼국통일에 말미암은 삼한일통의식은, 통일로 인하여 전쟁의 참화가 끝나고 국위를 떨치게 되었으며 인민들도 안락한 생활을 즐길 수 있게 되었다는 인식을 담고 있었다. 특히 후삼국시기에 인민들을 질곡에 몰아넣고 있는 전란상황을 종식시키고자 하는 염원에서 일통의식이 부각되었으며,[32] 왕건은 그것을 염두에 두고 자기의 근거지인 송악의 지리를 풍수지리설로 풀이하여 자신이 삼한을 재통일 할 수 있는 운명을 타고났다고 내세웠다. 왕실의 출자지 개경은 풍수지리설에 의거하여 삼한을 통합한 통일왕조의 수도로서 적합

---

30) 한국역사연구회 편, 『譯註 羅末麗初金石文(上)』, 혜안, 1996, 「興寧寺澄曉大師塔碑」; 이기백 편, 『韓國上代古文書資料集成』, 일지사, 1987, 「淨兜寺五層石塔造成形止記」. 이 자료의 분석에 대해서는 蔡雄錫, 앞의 책, 2000, 97~104쪽 참조.
31) 김갑동, 『고려의 토속신앙』, 혜안, 2017, 81~89쪽 ; 94~98쪽.
32) 盧泰敦, 「三韓에 대한 認識의 變遷」『韓國史研究』 38, 1982, 140~143쪽.

한 곳이라고 선전되었다.

그런데 비록 국가적 통합에 힘썼지만 중앙 문벌 중심으로 사회가 경화되자, 그 결과가 무신집권기에 중앙통제력이 약화되고 민의 항쟁이 거세게 분출할 때, 각 지방에서 옛 삼국의 부흥을 표방하는 항쟁이 다시 등장하는 것으로 나타났다. 지역적 역사·문화전통에 입각하여 삼국유민의식이 남아 있다가[33] 국가의 공공성과 통합력이 약화되자 삼국부흥운동으로 표출되었던 것이다. 이 삼국유민의식은 대몽항전과정에서 삼국이라는 분립된 역사경험 이전으로 소급하여 민족체 공통의 역사로서 고조선을 자리매김하면서 청산되었다.[34] 즉 단군을 국조로 숭배하면서, 이후 동일한 역사공동체로서 결속이 강화되었다.

삼한일통의식은 단순히 후삼국을 통합하였다는 것에 그치지 않았다. 일통된 삼한의 강역은 중국과 구분되는 역사지리공간으로서 독자적인 천하질서를 구성하는 터전이라고 인식하였다. 고려시기 사람들이 삼한을 일통한 고려의 독자적인 천하를 해동천하로 인식하고 고려 국왕을 천자·황제라고 불렀다. 해동천하의 지리적 범위는 요하 동쪽 지역으로서, 북쪽으로는 여진과 철리국, 동쪽으로 울릉도의 우산국, 남쪽으로 제주도의 탐라국 등이 포함된다고 생각하였다. 그런 인식에서 팔관회 의례에서 해동천자가 그 영향권에 있는 외국인들로부터 방물과 조하를 받는 절차를 마련하였다.[35]

---

33) 고려초에 옛 고구려, 백제, 신라 영토였던 지역에서 건립된 석탑들에서는 삼국시기에 확립된 석탑양식이 재현되는 한편, 고려만의 독특한 고려식 석탑양식이 출현하였다. 그리고 고려식 석탑양식이 창출되었음에도 불구하고 옛 삼국 계통의 석탑양식과 제작기법이 소멸 또는 흡수되지 않고 유지되었다(본서에 수록된 홍대한, 「고려식 석탑양식의 완성과 지방사회 통합」 참조).

34) 閔賢九, 앞의 논문, 1989, 100~106쪽.

35) 노명호, 앞의 책, 2009 ; 秋明燁, 「高麗時期 海東 인식과 海東天下」『韓國史硏究』129, 2005.

[신분·계층적 차별의 정당화 이데올로기] 고려의 신분·계층질서 상에서 계서적 구조와 차별은 이데올로기에 의해 분식되면서 고정화되고 세습화되었다.[36] 천인과 부곡제 지역민의 경우에 차별을 합리화하기 위한 근거로서 왕조에 대한 불복종과 그에 따른 형벌을 들었다. 노비는 범죄인 특히 반역자이기 때문에 이류(異類)라고 하였고, 부곡제 지역민들은 태조 때 명령에 거역한 자들의 후손이라고 인식하였다. 즉 고려초기에 지배질서를 구축하는 과정에서 국가질서에 대한 협력 여부를 명분으로 하여 차별을 합리화하였다.

양인 내에서 농·공·상의 사회적 분업에 따른 차별은 원래 전업(專業) 강제의 필요성에서 출발한 듯하다. "사민(四民)이 그 업을 오로지하는 것이 나라의 근본이 된다"거나 "공장과 상인의 가(家)는 기술을 가지고 임금을 섬겨서 그 직업에 전념하고, 입사하여 사(士)와 함께 할 수 없다"고 인식하였다.[37] 그리고 그 차별은 본말론으로써 합리화하였다. 분화된 산업구조에서 농업의 경쟁력이 상대적으로 약하다는 사실을 인식하여, 농업을 생존의 자료를 생산하는 근본으로서 왕도정치에서 우선해야 할 산업이라고 앞세우고, 수공업과 상업은 말업이라고 간주하였다. 수공업과 상업을 말업으로 인식하였기 때문에 천업(賤業), 천사(賤事)라고도 불렀다. 그러면서도 농·공·상이 각기 자신의 업에 충실하게 생활해야 그 토대 위에서 국가질서가 확고해진다고 여겼던 것이다. 사민분업론에서 상업은 물자의 유통이라는 공공적 측면이 강조되는 것이며, 상업적 이윤의 추구에 대해서는 제한적 입장이었다.

---

36) 채웅석, 「고려시대 향촌지배질서와 신분제」『한국사』 6, 한길사, 1994, 90~96쪽.
37) 『고려사』 권79, 식화2 貨幣 市估 숙종 7년 9월 ; 같은 책 권75, 선거3 銓注 限職 문종 27년 정월.

4. 다원적 국제환경 : 국제적 개방성과 자기인식의 토대

국제환경은 문화의 국제적 개방성과 자기정체성 인식의 수준에 영향을 주기 마련이다. 고려전기에 동아시아의 다원적인 국제질서 속에서 실리와 명분을 둘러싸고 다양한 차원에서 다양한 관계로써 외국과 교섭, 교류하였다. 그리고 문화에 대한 보편주의적 관점과 개별주의적·공동체주의적 관점 사이에 긴장을 유지하였다. 몽골 세계질서에 편입된 후기에는 해동천하의식이 해체될 수밖에 없었지만 자주성과 국속을 잃지 않으려고 노력하면서 인적·물적 교류에서 한층 개방되었다.

[고려 전·중기 다원적 국제질서와 해동천하] 고려초기인 9~10세기는 동아시아에서 당 중심의 기존 국제질서가 붕괴되던 시기였고, 이어 고려가 집권국가체제를 강화할 때 송이 중국을 통일하였다. 송이 통일왕조를 이루었다고 하더라도 북방 민족의 국가들이 강성하면서 동아시아의 세력 판도는 이전과 다른 양상을 보였다. 동아시아에 절대강자가 없는 상황에서 이른바 다원적 국제질서의 면모를 보였다.[38] 거란[요]과 여진의 금이 정복국가로 발전하여 유목·농경세계의 통합을 지향하였고,[39] 송의 서북부에 자리한 서하는 송·거란과 화평·대립을 반복하면서 국익을 도모하였다. 송은 군사적 방어에 부심하는 한편 막대한 양의 세폐를 북방 국가에 제공하면서 공존을 모색하였다. 송이 동아시아 조공-책봉체계의 중심이 되지는 못하였지만 경제·문화적으로 융성하여 교역의 중심이 되었다.

고려는 거란과 무력대결을 거쳐서 조공-책봉관계를 맺고 교류하게 되었

---

38) 윤영인, 「몽골 이전 동아시아의 다원적 국제관계」『만주연구』3, 2005 ; 「동아시아 다원적 국제질서의 범위와 성격에 대한 새로운 접근」『만주연구』20, 2007 및 본 연구총서 3권에 수록된 채웅석, 「고려전기의 다원적 국제관계와 문화인식」 참조.

39) 金浩東, 「北아시아의 歷史像 구성을 위한 試論」『아시아문화』3, 1987.

다. 그리고 북방민족의 투화(投化)를 적극적으로 장려하여 농업과 수공업에 종사하게 하였다. 그에 따라 고려 문화의 국제성에서 북방문화와의 교류와 그 영향이 차지하는 비중이 컸다는 점이 최근 연구에서 드러나고 있다.40) 고려에 상당히 많이 유입된 거란과 여진족이 수공업 기술 또는 노동력을 제공하여 사회적 분업의 발전에 기여하였다.

거란과 통교한 이후에 한동안 송과 외교관계가 끊겼지만, 이른바 사헌무역(私獻貿易)의 형식으로 경제·문화적 교류를 지속하였다. 송의 상인들은 고려와의 사이에 외교를 매개하는 외교사절로서 역할하기도 하였다. 고려는 거란·금 등의 북방국가와 공식적 외교관계를 맺고 교류하는 한편 송상인이 중심이 된 국제교역체계에 접속함으로써 무역과 문화 교류가 다면적으로 활성화 될 수 있었다. 나아가서 학식과 재능이 있는 송인들을 우대하여 관직을 주고 문예와 의술 등에 종사하여 고려문화를 발전시킬 수 있도록 하였다. 고려가 외국인의 거류와 투화를 장려하여 그들의 문화를 능동적으로 수용하려고 한 점이 돋보였다.41)

동아시아에서 국제정세가 안정되고 교류가 확대되면서도 그 이면에서는 국경분쟁이 생기거나 송의 연려제요(聯麗制遼)·연금제요(聯金制遼) 정책 등이 추진되면서 상호 견제와 갈등이 벌어지고 있었다. 그리고 다원적 국제질서 속에서 고려·송·거란·서하·일본·베트남 등 여러 나라들이 황제[천자]국을 칭하면서 그 자신이 중심이 된 천하를 상정하였다. 앞에서 살핀 것처럼, 고려는 해동천하를 의식하였다. 비록 거란과 조공-책봉관계를 맺었음에도 불구하고 역사적으로나 공간적으로나 해동천하의 중심이

---

40) 장남원 외, 『고려와 북방문화』, 양사재, 2011.
41) 朴玉杰, 『高麗時代의 歸化人 研究』, 國學資料院, 1996 ; 南仁國, 「高麗前期의 投化人과 그 同化政策」 『歷史敎育論集』 8, 1986 ; 李鎭漢, 「高麗時代 外國人의 居留와 投化」 『한국중세사연구』 42, 2015 ; 박경안, 「고려전기 外來人의 문화적 특성과 정착과정」 『한국중세사연구』 42, 2015 ; 한정수, 「고려전기 異邦人·歸化人의 입국과 해동천하」 『한국중세사연구』 50, 2017(본 연구총서 3권 참조).

고 그 질서를 발전시켜야 한다고 의식하였다. 이러한 해동천하의식은 고려에 번(蕃)으로 인식되었던 여진이 12세기 초에 금을 건국하고 거기에 고려가 칭신하게 되면서 빛을 잃었다.

[몽골의 간섭과 고려의 자주성·개방성] 13세기 초부터 14세기까지 몽골은 중국 대륙을 통합하였을 뿐 아니라 유라시아 대륙에 걸친 대제국을 건설함으로써 국제질서의 중심으로서 강력한 구심력을 가졌다. 태평양에서 지중해에 이르는 광대한 몽골 세계제국의 판도 내에서 이른바 Pax Mongolica의 시대가 열려서 동서교류가 안정적으로 발달하였다. 몽골제국은 성립과정에서 살육과 파괴를 자행하기도 하였지만, 중국의 다른 왕조들보다 타문화에 대하여 훨씬 개방적이었다.

고려는 몽골[元]의 간섭을 받으면서도 서하·금·남송 등 다른 나라들과 다르게 국가적인 독자성을 유지하였으며, 이는 고려의 오랜 대몽항쟁의 성과이기도 하였다. 현재 원간섭기를 보는 연구시각은 부마국체제론, 이중국가체제론, 세조구제론(世祖舊制論), 투하령론(投下領論) 등 다양하다. 고려에 정동행성이 설치되고 왕이 원 황실의 부마가 되었으며 심지어 원 황제가 왕을 임명하고 폐위하는 권한을 행사하는 등 분명히 원에 종속되어 있기는 하였지만, 고려왕과 부마의 두 지위 가운데 전자가 우선하였고, 고려의 지배층은 양국 관계를 전통적인 책봉-조공관계의 틀로 인식하였던 점은 분명하다.[42]

고려가 몽골의 침략에 맞서 항전하던 과정에서 역사공동체로서의 의식이 강화된 반면, 몽골의 세계질서를 벗어나지 못하는 한 다원적 천하관이 쇠퇴하는 이중성이 나타났다. 그리고 몽골 세계제국의 판도 내에서 고려의

---

42) 채웅석, 「원간섭기 성리학자들의 화이관과 국가관」『역사와 현실』 49, 2003 ; 이익주, 「고려-몽골 관계사 연구 시각의 검토-고려-몽골 관계사에 대한 공시적, 통시적 접근」『한국중세사연구』 27, 2009.

인적, 물적 대외교류가 그 어느 때보다 활성화 되었다. 고려인들이 왕의 수행원, 사신, 승려, 환관과 공녀, 상인 등의 신분으로 또는 숙위(宿衛)나 제과(制科) 응시를 위하여 원에 갔으며, 원 공주의 수행원과 사속인, 사신, 상인 등의 형태로 몽골인, 색목인 등이 고려에 많이 왔다. 그 과정에서 고려인들의 세계에 대한 인식이 확대되고 성리학과 서역의 과학기술을 비롯한 우수한 문화와 접하여 우리 문화가 한층 발달할 수 있는 토대가 되었다.[43]

[보편주의적 문화인식과 개별주의적·공동체주의적 문화인식] 당시 중화문명은 동아시아에서 선진성과 보편성을 획득하고 있었다. 그렇지만 우리나라의 기층문화와는 괴리되고 중국 중심의 세계관을 강요하는 측면이 있었다. 일찍이 태조는 이 점을 인식하여 "우리 동방은 오래전부터 중국의 풍습을 본받아 문물예악제도를 다 그대로 준수해왔다. 그러나 풍토가 다르고 사람의 성품도 다르니 구태여 억지로 맞출 필요는 없다. 그리고 거란은 금수의 나라로서 풍속과 언어가 다르니 그들의 의관제도는 본받지 말라"고 지시한 바 있다.[44] 이러한 상황 인식은 문화인식상 이후 고려가 자기 개성을 지키면서 외래문화를 수용하는 토대가 되었다.

보편적이고 선진적인 문화가 외부에 있다면 수용하지 않을 수 없는 것이지만, 그러면서도 고려전기의 다원적 국제질서 속에서 민족체의 역사와 문화에 대한 의식이 고양되었다. 이런 가운데 성종 때 이른바 화풍(華風)과 토풍(土風)을 둘러싸고 갈등이 벌어졌다.[45] 그때 왕을 비롯한 일군의 관료들이 유교이념에 입각하여 정치 사회 전반에 걸쳐 체제를 정비하려고 하였다. 당시 정책방향을 결정하는 데 중심적인 역할을 했던 최승로는

---

43) 張東翼, 「麗·元 交涉의 諸局面」『高麗後期 外交史 硏究』, 一潮閣, 1994.
44) 『고려사』 권2, 태조 26년 4월.
45) 具山祐, 「高麗 成宗代 對外政策의 展開와 그 政治的 性格」『韓國史硏究』 78, 1992.

외형적으로 토풍과 화풍의 조화를 주장했지만 실은 화풍을 중심으로 가치 규범을 정비하자는 쪽에 더 기울어 있었다. 그를 비롯한 화풍추구파들은 전통문화가 유학이념과 배치되면 비야하다고 하여 폐지했으며, 그런 정책을 위로부터 강요하면서 전통문화 영위층의 반발을 불러왔다. 유교이념이 사대질서와 밀접히 연결되었기도 했지만, 화풍을 추구하는 집권세력은 외침을 맞아 항전책을 제대로 세우지 못하는 약점을 드러냈다. 이지백처럼 전통 문화 풍습의 중요성을 강조한 인물들은 고유의 문화능력을 배제하면서까지 중국 문화를 일방적으로 수용할 것이 아니라 전통문화를 신뢰하는 바탕 위에서 추진해야 한다고 주장하였다.46) 토풍이 민심 통합과 자주의식의 기반이 된다고 갈파한 것이다.

그 이후에도 문화의 운영방향을 둘러싸고 보편주의적 관점과 개별주의적·공동체주의적 관점 사이에 긴장관계를 유지하였다. 12세기에 일어난 묘청의 난은 일면 그 긴장관계가 정치적 대결로까지 폭발된 것이라고도 파악할 수 있다. 인종대 초에 이자겸의 난과 금에 대한 굴욕적 사대 등을 겪으면서 왕조의 위기의식이 커졌다. 그에 대응하여 유교이념에 바탕을 두고 지배질서를 강화하자고 주장하는 김부식 세력과 전통사상에 입각하여 대외적 자주성을 높이자고 주장[稱帝建元論, 金國征伐論]하는 묘청세력이 대립하였다. 그 대립은 권력을 둘러싼 정치적 이해관계가 작용하여 내전으로까지 번졌다. 그렇지만 고려시기의 역사·문화가 국제적이면서도 개성이 크게 부각될 수 있었던 것은 바로 문화운영을 둘러싸고 긴장관계를 잃지 않았기 때문이었다.

이러한 점은 고려후기 몽골 세계제국의 판도 속에 편입되어 간섭을 받으면서 자주성이 훼손되었던 시기에서도 확인할 수 있다. 충선왕 때에 한화된 원의 제도와 법률 등을 대폭적으로 받아들여서 사회를 개혁하자는 주장[通制

---

46) 『고려사절요』 권2, 성종 12년 10월.

論]과, 고려의 고유한 문화와 제도를 우선적으로 지켜야 한다는 주장[國俗論]이 대립하였다.[47) 그런 가운데 자주성을 지키기 위해서 국속이 보전되어야 하는 것이지만 한편으로는 사회가 안고 있는 문제들을 해결하기 위해서는 원의 문물을 적절하게 수용해야 한다는 절충론이 우세하였다. 그런 바탕에서 이른바 불개토풍(不改土風)의 원칙과 독자적인 국가체제를 지켜낼 수 있었다.

5. 맺음말

신라하대 사회변동에 따라 개인 및 집단 사이에 경쟁·갈등이 심화되었다. 특히 지방세력이 대두하고 후삼국의 분열·대립을 거치는 동안 민족체에서 다원성이 확대되었다. 그렇지만 전란으로 고통이 커지자, 다양한 세력들의 요구를 고려하여 통합하는 리더십과 정치적 실천이 요구되었다. 고려는 삼한일통의식을 바탕으로 평화와 번영에 대한 기대와 공공성 강화에 대한 요구에 부응하였다. 고려가 일통으로 지향한 해동천하는 다원성을 지니면서도 천명을 받은 고려의 왕 곧 해동천자의 교화 아래 통합된 천하였다.

고려는 골품제를 극복하고 경쟁을 수용하여 개방적인 조직 원리를 채택하였다. 과거제도를 시행하고 보편적 유교이념의 교육과 정착에 노력하여 그것을 뒷받침하였다. 양천제를 시행하는 한편, 사회적 분업 면에서 전대와 달리 문·무·리의 분화가 명확해지고 공·상 및 잡척 등에 대한 차별적 법규정을 마련하였다. 그런 규정은 차별 자체가 목적이라기보다 경쟁 속에서 합의가 어려운 차이를 법적 차별로 굴복시켜서 사회적 분업을

---

47) 金炯秀, 「원간섭기의 國俗論과 通制論」 『韓國中世社會의 諸問題』, 韓國中世史學會, 2001.

안정적으로 유지하려 한 것이다.

그리고 지역적 다양성과 자율성을 배경으로 다원적이고 계서적인 군현제와 본관제를 시행하였다. 일원적 기준에 따라 행정구역의 규모와 읍격 등을 정하지 않고, 입지조건과 기능 등을 고려하여 지역에 따라 권력 분배와 지배방식을 달리하였다. 지방 지배권력도 다원적이어서, 토착 향리의 자율적 지배를 바탕으로 거점지역에만 지방관을 파견하였고 중앙관리 중에서 본관지역의 사심관을 뽑아서 보완하였다.

병렬적 다원성은 특히 종교·사상의 측면에서 두드러졌다. 초기부터 유교·불교·도교·풍수지리사상·민간신앙 등의 역할을 공존적으로 인식하고, 경쟁적 사회 환경 속에서 통합과 결속을 위한 장으로 기능하였던 팔관회·연등회와 같은 국가의례에 이용하였다.

이렇게 하여 경쟁·갈등을 조절하고 사회적인 소통과 통합이 가능하였다. 즉 고려 사회와 문화는 다원성·다층위성을 특징으로 하면서도, 층위·요소들 사이에 격절되었던 것만은 아니고 서로 유기적으로 어우러져서 사회적 통합을 이루었다. 그런 가운데 특정 계층이나 이데올로기가 독점적 지배력을 장기적으로 유지하지 못하였고, 사회가 변화에 유연하여 역동적이었다.

그런 역동성은 국제 환경 변화에 경직되지 않고 유연하게 대처할 수 있는 역량이 되었다. 전·중기의 동아시아 다원적 국제질서와 후기의 몽골 세계질서 구축에 대응하여 때로는 전쟁 때로는 외교 교섭·교류를 통하여 안보를 도모하고 선진문물을 수용할 수 있었다. 특히 각국과의 다양한 교류와 외국인의 투화·거류 장려는 고려사회의 다원성을 높이는 데 일조하였다. 그리고 한편으로 문화에 대한 보편주의적 관점과 개별주의적·공동체주의적 관점 사이에 긴장을 유지하여, 고려왕조 500년간 국제적으로 개방적이면서도 역사·문화적 정체성을 잃지 않았다.

고려 다원사회론의 과제와 전망

박 종 기

1. 머리말

고려 다원사회론은 <고려왕조의 특성을 어떻게 이해할 것인가?>라는 논의에서 제기된 것이다. 일종의 사회성격론에 해당하는 이러한 논의는 일찍부터 제기되었다. 우리에게 익숙한 봉건제·귀족제·관료제 사회론이 대표적인 예인데, 이들 사회론은 각각 사적 유물론,[1] 귀족제 이론,[2] 가산관료제 이론[3]을 바탕에 깔고 고려왕조의 역사적 특성을 고찰했다. 이 글에서 제기할 '고려 다원사회론'은 다원주의 이념에 기초한 사회성격론이다.

지금부터 1,100년 전에 건국되어 5백년 간 지속한 고려왕조는 한국사의 역대 왕조 가운데 다원주의 이념과 그에 기초한 다원사회의 요소가 두드러지게 나타나는 왕조이다. 필자는 이러한 입론 위에서 다원주의 이념과 다원사회의 형성과 기원, 성격 등 이른바 '고려 다원사회론'[4]을 제기한

---

1) 백남운, 『조선사회경제사』, 1933(하일식 옮김, 『조선사회경제사』, 이론과 실천, 1994) ;『조선봉건사회경제사(上)』, 1937(『조선봉건사회경제사』, 이론과 실천, 1993).

2) 박용운, 「고려 가산관료제설과 귀족제설에 대한 검토」『사총』21·22, 1977 ; 이기백, 「고려 귀족사회의 형성」『한국사』4, 국사편찬위원회, 1981.

3) 박창희, 「고려시대 '관료제'에 대한 고찰」『역사학보』58, 1973.

바 있다. 특히 2015년 1월 가톨릭대학교의 '고려 다원사회연구소'는 「고려
시대 역사·문화의 다원성과 통합성」이라는 한국연구재단의 과제를 해결
하기 위해 각계 전문가를 모시고 여러 차례 세미나를 통해 다원주의와
다원사회 이론을 폭넓게 검토했다.5) 이 세미나를 통해 다원주의 이념을
새롭게 이해하는 좋은 기회였으며, 필자의 다원사회론을 보완하는 성과도
얻었다. 이 글은 세미나에서 제기된 내용을 반영하여 다원주의 이념의
기원과 전개, 전망과 과제 등 서구사회에서 제기된 다원사회론 전반에
대해 이론적인 검토를 하게 될 것이다. 또한 고려 다원사회론을 새롭게
보완하고자 한다.

---

4) 1998년 이래 필자는 고려사회의 여러 측면에 나타난 다원성(多元性)에 주목하여,
고려사회를 다원주의 이념에 토대한 다원사회(多元社會)로 새롭게 해석한 바 있다.
다원사회론과 관련된 필자의 연구는 다음과 같다.
박종기, 「민족사에서 차지하는 고려의 위치」, 『역사비평』 45, 1998 ; 『5백년 고려사』,
푸른역사, 1999 ; 『새로 쓴 5백년 고려사』, 푸른역사, 2008 ; 「고려전기 주민 구성과
국가체제-來投 문제를 중심으로」, 『동북아역사논총』 23, 2009 ; 「고려 다원사회의
형성과 기원」, 『한국중세사연구』 36, 2013.
한편 연구쟁점과 연구동향을 소개하는 필자의 다음 글에서도 다원사회론을 소개한
바 있다.
박종기, 「고려사회 성격론」, 『한국 전근대사의 주요쟁점』, 역사비평사, 2002(『논쟁으
로 읽는 한국사』, 역사비평사, 2009 재수록) ; 「정치사의 전개와 고려사회의 성격론」,
『새로운 한국사 길잡이(上)』, 한국사연구회, 2008.
5) 그동안 행해진 세미나 내용은 구체적으로 아래와 같으며 세미나 발표문은 고려다원
사회연구소 홈페이지(http://cafe.naver.com/koryodawanlab)에 게시되어 있다.
-제1차 콜로키움(2015.01.20(화) 14시, 가톨릭대학교)
박종기(국민대 국사학과) : 백남운의 봉건사회론과 봉건성
채웅석(가톨릭대 국사학과) : 고려 역사 문화의 다원성 다층위성과 소통의 이중주
-제2차 콜로키움(2015.02.11(수) 14시, 가톨릭대학교)
이근세(국민대 교양학부) : 다원성과 통합성의 조화-라이프니츠의 조화론을 중심으로
-제3차 콜로키움(2015.03.19(목) 18시 30분, 가톨릭대학교)
조현수(국민대 HK교수) : 다원주의(Pluralism)에 관한 해석
-제4차 콜로키움(2015.04.29(수) 18시 30분, 가톨릭대학교)
이영희(가톨릭대학교 사회학과) : 다원사회(Plural society)에 대한 사회학적 이해
-제5차 콜로키움(2015.06.25(목) 18시, 가톨릭대학교)
박일영(가톨릭대 종교학과) : 하나의 진리와 다양한 종교들-종교학에서 본 다원주의

먼저 다원사회론이 현 시점에서 제기된 정치·사회적 조건과 함께 그것이 현재의 정치와 사회적인 맥락 속에서 지니는 의미를 밝히고자 한다. 다원사회론이 제기된 배경을 다음과 같이 정리할 수 있다. 첫째, 21세기 인류사회의 시대정신은 획일성·배타성을 지양하고 다양성·개방성·역동성을 요구하고 있다. 둘째, 날로 심화되고 있는 분단 고착화와 지역갈등 상황을 극복할 논리를 찾기 위한 역사적 성찰이 필요하다. 셋째, 지배담론에서 소외된 계층 및 증가 일로의 외국인 거류자와 다문화 가정과 공존번영할 방안이 필요하다. 넷째, 대외 개방은 일방적 수용에서 벗어나 자기 정체성과 긴장관계와 균형을 유지할 필요가 있다(채웅석).[6]

많은 시간과 노력이 필요하겠지만, 고려 다원사회론은 앞으로 고려왕조사 이해의 폭과 깊이를 확장시켜 줄 것으로 기대한다. 이 글은 이러한 문제의식 위에서 그동안 세미나에서 제기된 다원주의와 다원사회에 관한 이론적 쟁점을 정리하면서, 고려 다원사회론의 과제와 전망을 새롭게 제시하고자 한다.

2. 다원주의 개념 : 다원성과 다층위성

다원주의(pluralism)는 철학, 정치학, 사회학, 행정학, 교육학 등 여러 학문 분야에서 널리 언급되는 개념이며, 분야에 따라 다양하게 정의되고 있다. 그러나 본질적인 의미는 크게 다르지 않다. 철학에서 정의된 개념이 주로 사용되고 있다. 즉, 다원주의는 '세계를 구성하는 존재들이 다수이면서 독립적 개체적이며, 여러 개체의 존재 및 사상들의 다양성을 인정하는

---

6) 본서에 수록된 채웅석, 「고려 사회·문화의 다원성·다층위성과 소통의 이중주」 참조. 이하 이 글에서 세미나 발제문 인용은 제목과 쪽수를 인용하지 않고, 위와 같이 발제자의 이름을 본문에서 표기하는 것으로 대신한다. 인용의 전거는 각주 5) 참조.

개념'이다. 국어사전에는, 다원주의는 개인이나 여러 집단이 기본으로 삼는 원칙과 목적이 서로 다를 수 있음을 인정하는 것이라 했다. 이 역시 철학의 개념을 원용한 것이다. 반대개념인 일원주의(일원론, monism)와 비교하면 다원주의 개념은 더 분명하다. 일원주의는 세계의 통일성(unity), 절대존재의 현존 등 하나의 단일한 원리와 가치만을 강조하는 개념이다(이근세). 종교학에서 특정종교가 자신의 교리를 강조하는 '절대 진리보유권'도 일원론의 대표적인 예이다(박일영). 예를 들면 골품제와 성리학 원리로 각각 운영된 통일신라와 조선왕조는 일원적인 사회라 할 수 있다. 일원주의는 이같이 그동안 우리역사 인식에 통용된 익숙한 개념이나, 다원주의는 역사인식에서 생소한 개념이다.

필자 역시 철학의 개념을 원용해, 다원주의를 다수의 독립된 실재(實在)를 인정하고, 그것에 의해 근본이 유지될 수 있다는 세계관이라 했다. 다원사회는 다원주의 이념에 기초한 사회이다. 고려왕조는 다양한 질서와 원리로 운영된 다원사회의 성격을 지닌다.[7] 이같이 다원주의는 철학에서 제기된 개념을 토대로 각 학문분야의 실정에 맞게 응용되고 있다. 예를 들면 정치학에서 다원주의는 개인이나 집단이 기본으로 삼는 원칙이나 목적이 서로 다를 수 있다는, 즉 개별성을 인정하는 개념으로 사용된다. 사회학에서 다원주의는 개인 또는 집단들이 갖는 가치관, 이념, 추구하는 목표 등이 서로 다를 수 있다는 전제하에 사회현상을 설명하는 개념이다. 이같이 다원주의 개념은 한 마디로 정의하기는 어려우나, 국가권력의 절대성을 부정하고 개인주의를 바탕으로 개인의 독자적 가치를 인정한다는 특징이 있다.[8]

다원주의와 유사한 개념으로 다원성, 다양성, 다중성, 복잡성, 개체성(개체의 자율성), 상대주의 가치(가치 상대주의), 관용의 덕성 등을 들 수

---

7) 박종기, 앞의 책, 1999, 21~22쪽 ; 앞의 책, 2008, 26쪽.
8) 『이해하기 쉽게 쓴 행정학용어사전』, 새정보미디어, 2010 참조.

있다. 이에 따라 다원주의는 정치학에서 정당경쟁(정치적 다원주의), 윤리학에서 다양한 윤리가치(도덕적 다원주의), 문화에서 다양한 문화규범(문화적 다원주의)을 뜻하는 등 매우 다양한 개념으로 확대되어 사용되고 있다. 넓은 의미에서 다원주의는 다양성 또는 다수의 실질적 존재성에 대한 믿음이며, 각 학문분야에서 공통으로 언급되는 다원주의의 핵심가치는 다원성이다.[9)]

그렇다면 다원성을 구성하는 여러 개별 요소(개체)들은 각각 병렬적이고 평등하며 동일한 가치를 지니고 있는 것일까? 이 질문에 답하기 위해 정치학에서 사용된 다원주의 개념에 의거하여 논의를 전개할 필요가 있다. 정치학에서 다원주의는 개인이나 여러 집단이 기본으로 삼는 원칙이나 목적이 서로 상이할 수 있다는 이념, 즉 개체성을 인정하는 이념이다. 이런 관점에서 다원주의는 정치권력의 배분(행사)에 관한 이론으로 이해되기도 한다. 권력이 소수 엘리트나 지배계급의 수중에 집중되지 않고 넓고 고르게 분산되어, 서로 경쟁, 갈등, 협력을 유발하면서 각 집단이 효율적이고 민주적으로 유지된다는 것이다. 또한 권력 배분(행사)에서 이해관계를 달리하는 다양한 개체(집단)가 존재하며, 이들 개체는 타인의 의지와 관계없이 내부적으로 자신의 의지를 관철시키는 권력을 행사한다.[10)] 각 집단(개체)의 관계는 물론 지배(갑)와 피지배(을) 관계는 아니나, 권력 배분(행사)에서 집단 사이에 일정한 차이가 존재할 수 있다(조현수).

---

9) 다원성은 다양성과 같은 뜻으로 사용되기도 한다. 필자 역시 지난 연구에서 다원성을 다양성과 동일한 개념으로 사용했다. 그러나 엄밀한 의미에서 두 개념은 다른 의미를 지닐 때도 있다. 다양성(多樣性)은 이념과 사상 가치 등에서 본질적인 차이가 없지만, 형태 존재 상징 등에서 외형상 차이가 있는 개체가 공존하는 상태를 말한다. 즉, 주리론(主理論)과 주기론(主氣論)은 유교사상 내부의 다양성을 말한다. 반면에 다원성은 본질적으로 다른 개체가 일정한 관계 속에서 공존하는 것을 말한다. 즉, 유교와 불교는 사상과 신앙에서 본질이 다르지만 공존하는 것을 다원성이라 말한다.

10) 물론 여기서 사용된 권력의 개념은 정치권력의 뜻이 아니라, 각 개체(집단)의 고유성(고유한 의지)과 정체성을 유지하려는 자체 동력(자율적인 권력)을 뜻한다.

즉 각 개체(집단)들은 평등하거나 병렬적이어야만 하는 것은 아니며, 권력 배분(행사)에서 위계성(位階性), 계서성(階序性), 층위성(層位性)이 나타날 수 있다. 다원주의의 핵심가치인 다원성은 여러 개체(집단) 사이의 차이와 함께 권력을 배분하거나 행사하는 원리일 수 있는 것이다.

이러한 특성은 고려 다원사회에서도 나타난다. 즉 사상과 문화에서 유학·불교·도교·풍수지리사상의 공존에서 각 개체는 외형상 병렬성, 평면성을 갖는다. 그러나 권력 배분(행사)에서 일정한 위계성도 또한 지니고 있다. 즉, 지역사회의 자율성을 배경으로 한 본관제 시행, 중앙문화와 지방문화의 차이, 지배층의 문·무·리(吏) 분화, 사회적 분업의 법제화 등에 따라 사상과 문화는 단순히 병렬적이지 않고 각 개체 사이에 일정한 위계성이 나타나고 있다. 더욱이 고려왕조는 신분제 사회이기 때문에 단순히 다양성이라는 용어만으로 그 성격을 규정하기 어렵다. 즉, 다원성은 각 개체의 독립성을 유지하는 '병렬적 다원성(병렬성)'을 뜻한다. 한편으로 다원성은 신분제 사회에서 나타나는 각 집단과 개체 사이의 위계질서가 반영된 '위계(계서)적 다층위성'의 뜻도 지닌다.

이상과 같이 다원사회의 핵심개념의 하나인 다원성을 다음과 같은 개념으로 정리하고자 한다. 즉, 다원성은 각 개체의 독립성을 유지하는 '병렬적 다원성(병렬성)'과 함께 신분 위계질서가 반영된 '위계적(계서적) 다층위성'을 특성으로 한다. 또한 다원성은 다양성과 같은 뜻으로 사용되기도 하지만, 위의 설명과 같이 다양성에서 나타나지 않은 위계적 성격 등을 지니고 있어, 다양성보다 더 넓은 범위를 포괄하는 개념이다.

다원성을 구성하고 있는 각 개체들이 서로 소통과 경쟁을 통해 사회적 통합력을 발휘함으로써 고려왕조가 500년 간 장기 지속할 수 있었다. 경쟁과 소통은 변화에 대한 유연성을 통하여 정치와 사회의 측면에서 독점적인 지배의 거부와 역동적인 자기 혁신을 가능케 했다. 고려왕조의 역사와 문화는 다원성(병렬적 다원성)과 다층위성을 특성으로 하면서 여러 층위와 요소 간의 경쟁과 소통이 이루어진, 이른바 '다원성 다층위성과 소통의 이중주' 양태를 보여주고 있다(채웅석).

'병렬적 다원성'과 '위계적 다층위성'을 특성으로 한 다원성은 다른 시기에 비해 고려시기에 두드러지게 나타난다. 필자는 "사상의 측면에서 불교·유교·도교·풍수지리·민간신앙 등 다양한 사상이 독자성을 지니면서 서로 충돌하거나 배격하지 않은 다양성을 특징으로 하고 있다."는 점을 밝혔다. 이는 사상에서 각 개체의 독립성(개체성) 즉, 병렬적인 측면을 지적한 것이다.[11] 그러나 이들 사상이 각각 개체성을 유지하지만, 불교가 다른 사상에 비해 실제로 주도적인 위치에 있었다. 이는 사상 내부에 위계성이 존재했음을 잘 보여준다.

백남운은 고려 봉건제 사회론을 제기했다. 그의 봉건제론은 서구의 봉건제 개념을 차용한 것이지만, 그의 봉건제론은 유럽의 전형적인 봉건제가 아닌 고려적 특수성이 반영된 것이다. 그는 고려 봉건제의 특성을 집권적(아시아적) 봉건제라 했다. 그 주요한 근거는 다양한 토지지목이 존재했지만, 실제 각 토지의 소유관계 내부에 주종관계에 기초한 계급성이 존재했다는 사실이다. 고려 봉건제의 토대를 이루는 토지제도는 '위계적(hierarchy)'인 것이며, 세부적으로는 정치 지배층의 진용을 확충하는 과전제(혹은 품전제(品田制)), 지방 통제의 기초조건이 되는 지방 공해전과 외역전, 무력장치를 강화하려는 군전, 봉건이데올로기 재생산의 영양분인 사전(사전(寺田)과 학전), 장원경제의 전형인 궁원전시, 정적에 대한 중화제인 식읍과 사전(賜田), 계급적 동반자에 대한 분배품인 공음전, 병역의 세습화를 위한 영업전 등으로 구성되어 있다. 따라서 '히에라르키'적인 토지제도 속에는 내용적으로 각각 계서적, 위계적, 분할적, 다층위적 특성 등이 포함되어 있는데, 그는 이를 계급성이라 표현했다(박종기). 달리 말하면

---

11) 박종기, 앞의 논문, 2013, 110~111쪽 ;「고려왕조와 다원사회」『내일을 여는 역사』 71·72합본, 2018, 173~177쪽.

고려사회는 봉건적 특성을 유지하지만 그 특성은 토지지목의 다원성을 드러내며 그 속에는 위계성, 다층위성 등의 계급성이 나타난다.

이상과 같이 다원성을 구성하는 여러 개체(집단) 사이에 나타난 위계성, 계서성, 층위성 등의 개념은 전근대 신분사회에서 나타나는 다원주의와 다원사회의 특성이라는 사실을 확인하게 된다. 서구 학계에서도 이러한 특성에 주목해야 한다는 견해가 있다. 즉 다원사회를 비판적으로 고찰한 인류학자 Burton Benedict에 따르면, "다원사회는 한 사회의 여러 부문들을 변별하기 위해 종족적이고 문화적인 범주와 기준만을 사용하고, 그 사회 내에 존재하는 위계(계층) 사이의 관계성을 명료하게 기술하지 못하고 있다. 이 문제를 해결하기 위해 다원사회의 특성을 문화적 차원에서 벗어나 전체 사회의 주요 정치경제적 구조(층위성 위계성)에 관심을 돌려야 한다."는 것이다(이영희).

3. 다원주의의 기원과 다원사회

1) 자유주의와 다원주의

서구에서 다원주의는 자유주의 정치이념에 기반하고 있다. 다원주의 이념은 선거에서 정당과 개인의 견해를 자유롭게 표현하려는 이익·압력 단체들 사이의 경쟁이 정부와 일반 주민 사이를 연결하고 소통의 통로 역할을 하면서 대두되었다. 즉 정부로부터 개인을 보호하고 민주주의를 촉진시키는 집단의 능력이 강조된 것이다. 또한 정치권력이 한 곳에 집중되지 않고 분산되어 다양한 집단들의 의견과 이해관계에 기초하여 '흥정 과정'과 '상호작용 과정'을 통해 정치적 결정이 가능해진 것이다. 이를 가능케 한 이념이 자유주의다(조현수).

역사적으로 자유주의는 영주의 농노에 대한 정치·경제·인격적 지배와 교황권에 대한 반발과 도전 속에서 등장했다. 즉 자본주의로의 이행과 교황권 약화라는 중세사회의 붕괴 및 해체 현상과 맞물려 등장한다. 이후 '권리청원'(1628), '권리장전'(1689), '미국 독립선언'(1776), '프랑스 인권선언'(1789) 등 17~18세기 서유럽의 시민혁명과 함께 새로운 사회이념으로 자유주의가 확립되기 시작한다.

다원주의는 이같이 정치 경제적으로 자본주의 형성과 사회계약론, 시민 사회의 형성 등 서구 근대 자유주의 이념의 성장과 함께 대두한다. 따라서 다원주의는 자유주의를 기반으로 한 각종 이익집단들의 자유로운 경합에 의한 집단적 이해관계의 사회적 타협을 바탕으로 한다. 각 집단 사이의 조화와 균형, 타협과 공존은 다원주의의 주요한 덕목이다.

2) 종교개혁과 다원주의

종교의 차원에서 다원주의는 기독교와의 관계 속에서 대두한다. 국가가 기독교 및 그 제도를 강화하기 위한 도구의 역할을 점차 멈추어가면서 다원주의가 부각된다. 즉 다원주의는 탈주술화 또는 세속화 개념과 관련이 있다. 16세기 말 종교개혁 운동 이후 촉발된 신·구교의 갈등과 대립 속에 전개된 30년 전쟁(1618~1648)이 끝나고 베스트팔렌 조약(1648)이 체결되면서 국가와 종교의 분리현상은 서구사회에서 일반적인 경향이 되어, 종교 다원화의 길이 열리게 된다. 황제권 위에 군림한 가톨릭 교회와 교황의 절대적 권위는 무너진다. 가톨릭과 함께 루터파, 칼뱅파, 세례파, 재세례파 등 여러 종교의 존재가 공인되는 종교의 관용이 이루어진 것이다. 국가는 더 이상 특정 종교의 독점을 위한 도구 역할을 맡을 수 없게 되었다.

특히 근대 산업화가 가속화되면서 다원주의 이념이 뿌리를 내리기 시작한다. 자본주의 하에서 국가의 중립적 태도와 방임 정책은 다양한 종교들 또는 종파들 간의 경쟁을 낳았다. 국민들 또한 여러 이념들 가운데 선택할 자유가 생겼고, 과거 독점 종교가 제안하는 이념을 거부할 자유도 누렸기 때문이다. 이같이 다원주의는 '종교 시장'을 낳았다. 다원주의로 인한 종교들의 시장화 또는 경제화는 근대사회에서 매우 중요하다. 각 종교 집단은 이제 '고객'을 모집해야 했고 또 국가로부터 경제적 혜택을 얻어내야 했기 때문에, 모든 활동은 점차 합리화·관료화 되었다. 종교들이 경제적 혜택을 얻기 위해 체계적으로 신도를 모집하고 국가와 협상을 진행할 수밖에 없었기 때문이다. 또한 과도한 경쟁을 피하기 위해 서로 거래도 하게 되었다. 이처럼 종교들 간의 네트워크를 야기하고 또 정치집단(국가)들과도 네트워크를 구성하는 가운데 다원주의가 대두한다. 이처럼 다원주의는 근대성의 본질인 합리화 및 관료화와 연결된다(이근세).

3) 고려 다원사회의 형성

서구에서 다원주의 이념은 이같이 종교개혁과 종교전쟁으로 절대 권위의 교황권이 약화되고 국가와 종교의 분리라는 혁명적 패러다임의 변화 속에서 대두했다. 다원주의는 절대가치·질서·존재를 부정하고, 상대가치·다양성·다원성을 존중하는 개념이며, 이는 서구 근대 시민사회 형성에 크게 기여했다. 다원사회(pluralist society)는 다원주의 이념에 기초해 운영되는 사회이며, 구체적으로 상이한 언어, 종족, 종교, 인종집단과 커뮤니티들로 나뉘어져 있는 사회이다. 사회학에서 이를 '다문화사회(multi-cultural society)'와 동일한 개념으로 사용되기도 한다. 다문화사회는 한 국가나 사회 속에 서로 다른 인종, 민족, 계급 등의 여러 집단이 지닌 문화가 공존하는 사회, 다시 말해 다양한 문화적 특성을 가진 집단들이 같이 모여 살아가는 사회를 말한다(이영희).

우리 역사에서 다원주의 가치가 뿌리 내릴 수 있는 역사공간은 통일신라

말과 고려 초이다. 삼국통일 이후에도 구 신라의 진골귀족이 여전히 지배의 지위를 유지했다. 조선왕조 건국의 주역 사대부는 고려 말 권문세족을 무너뜨리고 대두했다. 이는 고려 지배층 내부의 권력 교체와 이동에 불과했다. 이에 반해 고려왕조는 진골 중심의 골품체제와 왕경민과 지방민 사이의 차별적 지방제도와 신분제도를 해체하고 성립되었다. 그 주역은 촌주·성주·장군으로 불리는 호족세력이다. 호족의 등장은 혁명적 변화였다.

지배세력의 혁명적 교체와 함께 사상과 문화에서도 커다란 변화가 있었다. 경주 중심의 귀족불교 해체와 지방에서 선종 교단의 대두는 우리 역사에서 불교 신앙과 불교 종단 다원화의 길을 열었다. 또한 경주의 국왕 진골귀족에서 지방의 민에 이르기까지 불교 신앙의 주체가 다원화되었다. 당나라에 유학 후 귀국해 골품체제의 한계와 모순을 절감한 6두품 세력이 유교 정치이념을 치국 이념으로 제공한 것도 사상의 다원화를 여는 데 공헌했다.

고려 건국 이후 신분 계층질서와 지방지배에도 변화가 있었다. 통일신라의 지역적·혈통적 폐쇄성과 귀속성을 극복하고, 개방적인 원리를 바탕으로 인민을 양인과 천인 신분으로 구분했다. 양인신분은 사회적 분업과 국역(國役) 부담 등에 차이를 두는 계서적 층위를 두어 규제했다. 그에 따라 사서(士庶)를 구분하고, 사와 서 사이에 직역부담자를 중간계층으로 설정했다. 사의 범주에 문·무반 관료와 상층 이속(吏屬)이 포함되었고, 관직 분화와 과거제 시행에 따라 문(文)·무(武)·리(吏)로 분화되었다. 또 농·공·상의 분업과 부곡제 주민을 잡척(雜尺)으로 구분했다. 양인과 천인 사이의 신분 이동은 폐쇄적이지만, 양인신분 내 계층 이동은 어느 정도 개방적이었다(채웅석).

행정·교통·생산의 중요성과 인구·토지의 규모에 따라 지방 행정단위는 주현과 속현으로 구성된 군현영역, 향·부곡·소·장·처의 부곡영역으로 구성되었다. 각 행정단위는 행정 중심지 주현에 그 주변의 속현과 부곡이 지배 피지배의 계서적 관계를 이루었다. 또한 1개의 주현에 여러 개의 속현과 부곡이 예속되어 하나의 행정단위를 이룬 광역의 행정단위는 마치 벌집구조와 같은 구성을 보였다. 이러한 지방사회 구성은 다원사회 형성의 또 다른 모습이다.[12] 고려 다원사회는 이같이 고려초기에 형성되기 시작했다.

다음은 고려 다원사회가 형성된 대외적인 조건이다. 10세기 초 동아시아 세계의 주도권을 둘러싸고 송, 거란, 고려 사이에 나타난 영토분쟁 등으로 거란, 발해 및 여진 계통 주민 등 다양한 국가의 주민과 종족이 고려왕조에 유입되면서, 고려의 주민 구성은 다원성을 띠게 된다. 이런 현상은 금나라가 건국되는 12세기 초까지 지속된다. 고려왕조는 유입된 다양한 종족과 주민들을 고려의 '울타리[藩]'로 인식하고, 고려를 천하의 중심으로 자처하는 천하관을 형성한다. 이를 뒷받침하는 이념은 삼한이 하나로 통합되었다는 '삼한일통의식'과 함께 천하를 통일한 천자가 등극하여 새로운 통치를 시작한다는 '대일통(大─統)' 의식이다. 특히 고려는 대일통 의식 위에 대외 관계에서 제후국 체제를 표방하지만, 내부적으로 천자국 체제를 형성한다. 이런 여러 사실들은 다원사회 형성의 대외적인 조건과 배경이 된다.[13]

4. 다원사회의 과제와 전망

1) 통합성과 조화의 역할 문제

통합성은 다원성과 함께 사상과 문화에 나타난 다원사회의 또 다른 특성이다. 그런데 다원성을 오히려 다원사회의 특성으로 더 강조한 측면이

---

12) 박종기, 「군현제의 내부구조」『지배와 자율의 공간, 고려의 지방사회』, 푸른역사, 2002, 178~193쪽 ; 앞의 책, 2008, 200~209쪽.
13) 박종기, 앞의 논문, 2009, 111~115쪽 ; 앞의 논문, 2013, 113~116쪽.

없지 않았다. 통합성은 독립된 하위 개체들의 특성을 유지하면서 조화와 균형을 이루게 하거나, 그것을 넘어 새로운 이념과 가치를 창조한다. 통합성은 각 개체 사이의 조화와 균형을 유지하거나 융합과 창조의 역할을 한다. 필자는 이전에 이를 통일성이라 불렀다.[14] 그러나 다원사회의 특성으로 통합성이 더 적합한 개념이라 생각되어, 통합성으로 수정한다. 참고로 통일성은 개체의 특성을 무시하고 하나의 가치체계로 묶는 개념으로, 통합성과는 개념의 차이가 있다. 통합성은 이같이 다원성과 함께 다원사회의 또 다른 중요한 개념이다.

다원사회가 유지될 수 있는 것은 각 개체들이 차이점을 지니면서 유지되는 상태의 다원성과 함께 각 개체가 서로 대립 경쟁하면서 그것을 유지하는 통합성을 동시에 갖는다. 고려 다원사회론에서 제시된 통합성은 다양한 사상과 문화가 공존하면서, 거기에서 나타날 상호 모순 및 갈등과 대립을 방지하고 조화와 균형을 유지하는 역할을 한다. 또한 다양한 사상과 문화를 융합하여 새로운 문화를 창조하는 역할을 한다. 즉 통합성은 복합적이면서 층위가 다른 여러 개체 사이의 조화와 균형, 융합과 창조의 역할을 한다.[15]

한편 다원성과 통합성은 언뜻 보기에 서로 대립적이고 모순된 개념처럼 보이기도 한다. 그러나 이 개념은 대립과 갈등이 아니라 조화와 균형의 관계로 파악해야 한다. 서구 다원주의 이론가 가운데 라이프니츠(1646~ 1716)는 다양성과 통합성의 균형을 강조했고, 그것이 정치 사회 영역에서 안정과 발전의 본질적인 기제임을 강조했다. 그는 통치를 경쟁, 대립, 대적이 아니라 균형으로 파악했고, 모든 정치체제의 목표는 공동이익을 위한 다양성과 통합성의 균형추구가 되어야 한다고 역설했다(이근세). 통합성과 조화는 이같이 서구 다원주의(사회)에서도 매우 중요한 개념

---

14) 박종기, 앞의 책, 1999, 21~22쪽 ; 앞의 책, 2008, 26~28쪽.
15) 박종기, 앞의 논문, 2013, 111쪽.

이다. 통합성 내지 조화를 다원주의와 상충되는 개념으로 볼 필요는 없다. 조화는 다수의 개별적 존재 및 집단들이 서로 차이를 유지한 채 통일적 존재로 통합되는 개념으로 파악하고 있다(이근세).

　다원주의 이념이 사회 내 다양한 개체(집단)들의 독립성과 다원성만 강조하고, 전체 사회를 유지하는 통합성과 그것에 이르는 과정을 무시하거나 과소평가한다는 비판이 있다. '다원성을 강조하는 것은 사람들로 하여금 소수자 문제를 가진 사회들은 마치 아무런 통합적인 사회체제를 가지고 있지 못한 것처럼 부추길 위험이 있다.'는 지적(이영희)이 바로 그러하다. 즉 다원주의가 집단 사이의 차이와 다름, 위계와 층위 등 다원성뿐만 아니라, 다원사회의 또 다른 측면인 통합성, 즉 통합적인 사회체제에도 주목해야 한다는 것이다.

　철학에서 다원주의적 조화의 진정한 모델을 제시한 라이프니츠(1646~1716)는 사물을 구성한 궁극적 요소는 모나드(정신적 실체 혹은 단순한 것 ; monas monad monade)이며, 사물은 이런 모나드의 복합적인 구성이라 한다. 그는 서로 차별화된(다층위성 혹은 위계성을 지닌) 하위 개체인 수많은 모나드들이 결국 상위의 통일적 집단으로 통합된다고 본다. 즉 다원적 개체들의 층위가 다각화되면서 통합성과 조화가 풍부해지는 것이다(이근세).

　종교학에서도 통합성과 조화를 강조한다. 개별 종교는 나름대로 독창성과 성숙성을 가지면서, 종교들 간의 만남을 통해 일치(통합)를 추구해야 한다. 그러나 종교학에서 통합은 서로의 독창성과 성숙성을 지워버리고 단색으로 통일하는 것이 아니라, '다양성 안에서의 일치[unity in diversty]'를 강조한다. 이때의 통합(일치)은 종교 간의 상호 협조, 보완(상호선교)을 뜻한다(박일영).

　고려왕조 역사 속에서 통합성과 조화의 역할과 기능을 체계적으로 밝히고, 그 역할을 적극적으로 평가하는 일은 고려 다원사회론의 중요한 과제의 하나이다. 필자는 사상과 문화에서 나타난 통합성과 조화의 예를 다음과 같이 밝힌 바 있다. 불교 유교 도교 풍수지리 민간신앙 등 다양한 사상이 충돌하지 않고 공존한 것은 고려 다원사회의 통합성과 조화의 특성을 보여주는 구체적인 예이다. 특히 훈요십조 팔관회 연등회는 당시 다양한 사상과 문화의 공존과 조화를 강조하고 통합성을 유지시켜준 역할을 하였다. 대장경은 목판 인쇄술과 종이제작 기술, 불교에 대한 높은 학문수준, 몽골 침입에 대한 저항정신 고취 등 기술과 문명, 사상과 인문이 융합해 창조된 통합성의 산물이다. 팔관회는 다양하고 이질적인 사상과 문화를 왕조질서 속에 포섭해 사상과 문화, 지역과 사회의 통합을 지향했다.16) 이같이 필자가 제시한 다원사회의 특성의 하나인 통합성은 서구 다원주의 논의에 나타난 통합성이나 조화의 개념과 다르지 않은 것이며, 고려 다원사회론이 외부의 시선(서구의 다원주의 개념)으로도 읽어질 수 있음을 보여준다.

정치와 사회의 영역에서도 통합성과 조화를 추구한 여러 사례를 확인하는 일은 고려 다원사회론의 또 다른 과제이다. 이 점에서 고려초기에 시행된 본관제(本貫制)가 주목된다. 본관제는 지방세력을 지배질서에 편입하여 반세기간의 후삼국전쟁으로 분열된 지역과 민심을 통합하는 역할을 수행했다. 고려정부는 건국에 협력한 호족세력에게 성씨를 주고 그들의 근거지를 본관으로 부여하여 지방사회에서 권위와 자율성을 누리도록 했다. 한편 그들에게 주민의 교화, 조세와 역역 수취의 의무를 지웠다. 이를 통해 중앙과 지방이 타협과 공존을 통해 왕조가 장기 지속하는 데 이바지했다.17)

사회학에서 다원사회(다문화사회)를 '용광로(melting pot)' 모델과 '샐러드 접시(salad bowl)' 모델에 비유한다. 이 역시 통합과 조화의 구체적인

---

16) 박종기, 앞의 논문, 2013, 116~118 및 130~134쪽 참조.
17) 박종기, 앞의 책, 2008, 141~142쪽.

예가 된다. "용광로 모델"은 여러 민족의 고유한 문화들이 그 사회의 지배적인 문화 안으로 녹아 들어가서 새로운 문화를 만들어 나가는 것을 뜻한다. "샐러드 접시" 모델은 샐러드 같이 고유한 여러 민족의 문화가 없어지지 않고 유지되면서도 특유의 새로운 문화를 만들어낸다는 것이다(이영희). 두 모델은 다문화사회인 중국과 미국 사회를 상징하는 용어로서, 여러 문화가 고유의 모습을 유지하면서 새로운 문화를 창조하거나, 주류 지배문화에 녹아들어가 새로운 문화를 창조한 사회를 설명하는 모델이다. 두 모델이 명확하게 구분되는 것이 아니지만, 두 모델은 다원성과 함께 통합과 조화의 특성을 지닌 다원사회의 구체적인 모습을 보여주는 유용한 설명방식이다.

2) 고려 다원사회론의 과제

다원사회는 정체성과 고유성을 지닌 각 개체(집단)들이 서로 충돌하지 않고 조화와 균형을 이루어 전체 사회의 통합과 조화를 이루어가는 장점을 갖는다. 반면 다원사회의 한계 내지 문제점도 없지 않다. 앞으로 이러한 문제에 대한 천착이 필요하다. 다원주의에 대한 문제점은 이미 서구사회에서도 언급된 바 있다. 문화와 민족(종족) 등의 다원성에만 주목하고, 그들 사이의 관계(권력관계)에 주목하지 않아 사회 내부의 위계성과 계층성에 대한 기술이 부족하다는 점이다(조현수). 또한 앞에서 지적하였듯이, 다원사회론은 향후 정치·경제적 구조에 관심을 갖고, 계층 사이의 관계(위계성, 층위성)에 대해 설명하고 기술하는 과제를 해결해야 한다.

한편 고려 다원사회론의 또 다른 과제를 제시한 다음의 지적은 눈여겨볼 만하다. 즉 고려 다원사회론이 탄탄한 입론을 갖추려면 고려사회의 조직 원리는 무엇이며, 조직원리들 간의 경합은 허용되었는가, 아니면 일종의 고도의 통치전략인가, 혹은 아직 사회통치체제가 강고하게 확립되기 이전에 나타난 일시적이고 전환적인 성격으로 보아야 하는가에 대한 고찰이 필요하다는 것이다. 나아가 공존이 허용되어 복수의 조직 원리들이 병렬적으로 존재했다면 그들 간의 조화와 통합은 어떤 기제로 이루어졌는가를 분석적 차원에서 규명할 수 있어야 한다. 즉 사회구성에서 권력의 배분이 어떻게 구조화되었는가, 권력 배분과정에서 필연적으로 나타날 수밖에 없는 사회적 관계의 형성, 즉 억압과 배제, 그리고 포섭은 어떻게 이루어졌는가, 그리고 이러한 권력의 배분은 사회의 다원성 강화 혹은 축소에 어떻게 영향을 미쳤는가 등에 대한 고찰이 필요하다. 이같은 문제의식에서 고려 다원사회는 다원성을 구성하는 개체(집단)들 사이의 권력 배분(행사)의 형태로 미루어 볼 때 "위계적 다원사회"로 이해하는 관점도 제시된다(이영희). 이상의 문제들은 고려 다원사회론이 앞으로 고민해야 할 과제이다.

한편 최근 철학자 이근세 교수가 고려왕조의 유지와 붕괴를 다원사회론과 연결시켜 그 과제와 전망을 제시한 논지도 참고할 만하다. 이 교수는 통합성과 조화는 개별적 존재 또는 집단들이 서로 간에는 차이와 자율성, 독립성을 향유하되 그들의 중심에 대한 의존적 관계는 유지된다. 이 점은 고려사회와 구조적 유사성을 갖는다. 고려사회는 '왕조'라는 통합체와 '지방세력'이라는 다양체의 조화와 균형을 통해 건국되고 유지되었다. 아울러 지방세력이 다양한 신분제를 통해 통합되었다가, 다원성과 통합성의 조화가 깨졌을 때 결국 왕조가 붕괴되었다고 하였다. 이 교수는 다원성과 통합성의 균형은 안정과 발전의 본질적 기제이며, 고려는 건국 전의 다원주의 성향을 이어받아 그 세를 지속시켰고 다원적 사회가 유지되었다. 그러나 중심이 약해지면서, 또는 다원성이 극대화되면서 지방을 통제하지 못하고 쇠퇴했다. 다원성은 사회운영 방안과 관련하여 이중적 측면의 잠재성을 갖는다. 한편으로 다원성의 확산은 견고한 통합성이 동반된 경우라면 중심세력과 지방세력이 적절한 긴장 속에서 서로 상대적인 자율성을 확보함으로써 사회의 안정과 발전에 기여하는 핵심적 기제가 된다. 다른 한편, 다원성과 통합성의 균형이 와해될 경우는 사회구조의 변형이 불가피해지며 기존사회가 붕괴되거나 다른 유형의 사회로 대체된다. 다원적 구조로 출발한 고려왕조의 발전과 쇠퇴는 다양성과 통합성의 균형여부에 의해 결정된다. 다원성과 통합성의 균형을 유지할 수 있는 구조적 장치를 적시에 마련할 때 사회적 안정성을 확보할 수 있다는 것이다.[18]

매우 흥미 있는 지적이며, 이는 고려 다원사회론이 고려왕조 역사를 이해하기 위해 좀 더 치밀한 이론정립이 필요하다는 과제를 제시한 것과 다를 바 없다.

3) 다원주의 이념·역사인식의 실천 문제

종교학의 관점에서 다원주의 이념의 문제점을 다음과 같이 지적하고 있다. 즉 다양한 가치의 존재를 인정하는 자세는 자칫 문제의 핵심을 파고들지 않는 애매한 태도의 독단으로 나타날 수 있다는 것이다. 나아가 자신만이 포용적·포괄적이라는 오류로 흐르거나, "포용을 가장한 배제", "관용을 가장한 배제"와 같은 극단적 포괄주의(inclusivism)로 경도될 수 있는 것이다. 또한 이것도 진리이며 그것도 진리라는 식의 일반적인 병행주의(parallelism)도 다원주의 역사인식이 경계해야 할 대상이다. 이같이 병행의 시선을 가지게 되면, 진리 추구가 개인의 취향에 좌우되는 혼합주의(syncretism)와 절충주의(eclecticism)를 피할 수 있다는 장점이 있지만, 역사적 사실과 상충되는 고립이라는 결과에 직면할 위험성이 있다. 이는 다원주의 역사인식의 문제와 상통한다. 이러한 문제점을 극복하기 위해 사상과 문화, 개인과 집단의 다양성을 인정하는 역동적 다원주의(dynamic

---

18) 이근세, 「다양성과 통합성의 조화―고려사회와 라이프니츠의 조화론을 중심으로」 『동아시아문화연구』 63, 2015, 25~34쪽.

pluralism)가 필요할 수 있다고 제언했다(박일영).

다원주의 역사인식의 실천문제를 들 수 있다. 지난 20세기 역사학은 제국주의(식민사학)와 민족주의 역사학의 대립과 갈등 과정이며, 한반도를 엄습한 냉전 이데올로기는 이러한 역사학의 대결구도를 심화시켰다. 그러나 민족과 반민족, 자주와 사대, 침략과 저항의 대립과 갈등이라는 이분법적 구도의 역사인식과 방법론만으로 인류문명사의 거대한 전환기인 21세기의 변화와 도전에 효과적으로 대응할 수 없다. 인류의 평화와 번영을 위해 다양한 국가와 민족의 연대와 협력이 요구된다. 대립과 갈등의 역사를 넘어 조화와 균형, 타협과 공존을 위한 역사인식과 방법론이 필요하다.

새로운 21세기를 맞아 우리 역사는 식민사학(제1의 역사)과 민족사학(제2의 역사)의 논리를 뛰어넘어 새로운 역사학의 방법론(제3의 역사)을 모색할 시점이다. 지난 20세기를 지배했던 자본주의와 사회주의의 상극적인 대치점을 넘어 '제3의 길'을 모색하듯이, 역사학에서 '제3의 길'은 과거 전통에 대한 현재적인 재해석이 필요하다. 제3의 역사학은 현재와 담을 쌓은 역사연구, 죽은 과거에 대한 역사연구가 아니라, 현재와 연결된 살아 움직이는 과거에 대한 역사연구이다. 바로 이 점에서 고려의 역사와 전통에서 해법을 모색하는 연구가 대안으로서 의미를 갖는 것이다. 1천 년 전 고려왕조가 이룩한 새로운 민족통합 방식과 이에 기초한 다원주의 역사, 즉 다원성과 통일성의 문화전통과 대내외에 개방성과 역동성을 지향했던 역사전통은 새롭게 재조명될 필요가 있다. 다원주의에 기초한 고려 다원사회론의 또 다른 과제와 전망은 여기에 있다.[19]

---

19) 박종기, 앞의 책, 2008, 23~26쪽.

제1부

통합과 조절

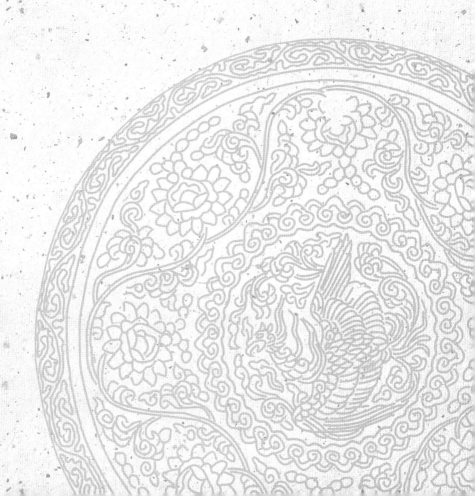

제1장

고려전기 사회적 분업 편성의 다원성과 신분·계층질서

채 웅 석

1. 머리말

고려시기의 신분계층질서에 대한 선행연구는 대체로 양천제(良賤制)로
보는 관점이나 귀족·중간계층·양인·천인의 4신분제로 보는 관점에서 이
루어졌다. 그리고 사회의 지배-피지배관계, 신분제의 계서성(階序性), 사회
변화에 따른 신분제 변동 등이 중요하게 검토되었다. 그 결과 신분·계층질
서의 계서적 구조와 불평등성에 대해서 상당한 연구 성과를 거두었다.
그렇지만 각 신분·계층들의 성립 시기에 편차가 있고 구분의 기준과 존재
양태가 다양함에도 불구하고 신분·계층질서를 다원론적 시각으로 종합하
여 검토하는 시도는 별로 없었다.[1]

고려전기에 제도상으로 확인되는 양천제와 사(士)·서(庶) 구분, 문반·무
반 구분, 공장(工匠)과 상고(商賈)에 대한 제도적 차별, 부곡제(部曲制) 시행

---

1) 고려시기 역사·문화의 특징에 대하여 다원성의 관점을 제시한 연구로서, 박종기,
「민족사에서 차지하는 고려의 위치」『역사비평』45, 1998 ;『새로 쓴 5백년 고려사』,
푸른역사, 2008 ;「고려 다원사회의 형성과 기원」『한국중세사연구』36, 2013(본
연구총서 2권 참조).

등은 이전시기에는 없거나 부각되지 않던 새로운 양상이었다. 신라시기에는 골품제를 통한 특권 유지에 관심을 기울인 것에 비하여 다른 신분·계층에 대한 제도화는 확인되지 않는다. 그러다가 신라 하대의 사회변화 속에서 사회이동의 개방성이 커졌다. 또 사회적 분업이 확대되고 생산·유통이 발전하는 가운데 경쟁적 환경이 심화되었다. 농민층 분화가 심해지고 지방세력들이 대두하여 경쟁하였다.

고려는 이러한 사회변화의 바탕에서 성립하였다. 그 결과 고려의 신분·계층질서는 확대된 사회적 분업과 경쟁·갈등하는 다양한 존재들을 포섭하여 다원적인 면모를 띠게 되었다. 양·천, 사·서, 사·농·공·상, 일반평민과 잡척(雜尺) 등이 상이한 기준들에 따라 구별·분리되어 국가질서로 통합되었다. 양천제에 따라 양인의 신분적 평등성을 지향하는 한편, 양인 내에서 경쟁하는 부류들과 국가·사회적 필요 등에 따라 형성된 다양한 부류들을 다원적으로 편성하였던 것이다.

다원적이라고 하더라도 계서적 신분·계층화에 따른 힘의 관계가 작용하였으며, 각각 사회적 정체성을 부여 받아 정당화되었다. 달리 말하면, 제도적으로 계서화하여 정체성을 부여한 것은 경쟁적 상황에서 합의가 어려운 차이를 차별로 덧씌우고 혜택이나 규제에 의하여 굴복시키려 한 것이라고 파악할 수 있다. 물론 사회적 존재들은 그렇게 계서적 질서 속에 편제되었다고 하더라도 여전히 경쟁적이고 역동적이었으며, 사회변화에 대응하여 차별 해소를 지향하였다.

이제 고려전기의 다원적 신분계층질서를 양천제와 사·서 구분, 문·무의 분화와 중간계층, 농·공·상의 분리와 차별, 부곡제 실시와 잡척 등의 항목으로 나누어 고찰하려고 한다. 이러한 연구는 사회분업론적 파악방식이라고도 할 수 있기 때문에, 기능론적 관점이 갖는 한계를 가질 수 있다. 즉 사회의 조화와 통합이 부각되어 모순과 갈등이 경시될 수 있다. 그렇기 때문에 갈등론적 관점에서 각 신분·계층들이 정태적, 수동적이지 않고

경쟁적이며 차별성 해소를 지향했다는 점 등에 대한 이해가 보완되어야
할 것이다.

2. 양천제(良賤制)와 사(士)·서(庶) 구분 : 본관제와 예치(禮治)질서

1) 예치질서의 토대, 양천제

982년(성종 1)에 최승로(崔承老)가 올린 상소문에서 "본조 양·천의 법은
그 유래가 오래입니다"라고 하였듯이, 고려의 신분제는 초기부터 양천제
를 바탕으로 하였다. 고대사회에서도 양·천을 구분한 듯하지만 골품제가
강고하여 양천제라고 하기에는 한계가 있었다. 그에 비하여 고려에서는
지배층이라 하더라도 생득적인 지위 계승이 제도적으로 보장되지 않고,
경쟁적 환경 속에서 능력을 바탕으로 성취적 지위 획득이 가능해졌다.

한편 고려는 중앙집권국가를 지향하면서 신라 말기처럼 노비로 몰락하
는 사람들이 대량 발생하는 것을 막으려고 하였다. 건국 초기에 태조가
포로나 채무 등으로 인하여 노비로 전락한 사람들을 방량하려고 하였지만
공신들의 반발을 고려하여 실행하지 못하였다가, 광종 때 노비안검법을
실시하였다.[2] 이러한 지배체제의 성립, 정비과정에서 양천제를 의식하였
으며, 법제로 양인과 천인을 구분하였다.

양인은 본관에 편적되어 국역을 부담하였다. 고려초기에 호적을 작성하
는 과정 즉 본관제의 성립과정에서 본관 소유자와 비소유자가 구분되었다.
본관의 호적에 오른 양인은 그 지역공동체의 성원이자 국가의 공민으로서

---

2) 『고려사』 권93, 崔承老, "本朝良賤之法 其來尙矣 我聖祖創業之初 其群臣除本有奴婢者外
　其他本無者 或從軍得俘 或貨買奴之 聖祖嘗欲放俘爲良 而慮動功臣之意 許從便宜 至于六十
　餘年 無有控訴者 逮至光宗 始令按驗奴婢 辨其是非."

대우받았다.

양인을 대상으로 한 본관제도는 국가의 예치(禮治) 질서와 결합되었다.3) 예를 들어 990년(성종 9)에 나라를 다스리는 근본은 효(孝)가 제일이니 효는 치자(治者)의 기본 사업이라고 강조하면서 각지에서 천거한 효행자들을 포상하였다. 그때 대상자들의 거주지가 경성 송흥방(宋興坊), 서도(西都) 목단리(牧丹里), 구례현(求禮縣), 연일현(延日縣), 운제현(雲梯縣) 지불역(祗弗驛), 남해 낭산도(狼山島) 등이었다. 포상내용을 보면 역과 섬의 주민은 본관을 바꾸어 주현에 편적해주었으며, 그들을 포함하여 관품이 없는 사람들에게 관계(官階)를 주었다.4) 비록 역과 섬을 본관으로 하는 사람들은 일반 군현민보다 차별받기는 하였지만, 그들도 국가의 예치질서에 포함되었던 것을 알 수 있다. 나아가서 포상이나 처벌의 일환으로서 대상자의 본관 읍격을 승격하거나 강등하는 방식도 행해졌다.

이렇게 양인이 본관제를 통해 국가의 예치질서에 포함된 것은 향촌 지역사회의 자율성에 바탕을 둔 것이다. 나말여초 자위조직에서 호부층의 명망과 향론적(鄕論的) 지배에 바탕을 두고 형성되었던 자율적이고 공동체적인 결합이 국가질서 속에 편입되었다. 유덕한 망족(望族)으로 자임하던 호부층에게 토성(土姓)과 직역(職役)을 분정하고 지역사회 지배의 실무를 맡겼다. 그리고 군현별로 그곳을 본관으로 하는 관인을 사심관으로 배치하여 리더로서 위상을 갖고 유품(流品)을 분별하며 풍속을 바로잡도록 역할을 맡겼다. 과거제도에서 향시(鄕試)를 각기 본관에서 응시하게 하는 규칙도

---

3) 본관제도에 대해서는 蔡雄錫, 『高麗時代의 國家와 地方社會』, 서울대학교출판부, 2000 참조. 양천제와 예치질서의 관련에 대해서는 全永燮의 연구 참고. 전영섭은 唐의 양천제가 국가의 禮的 질서를 유지하기 위한 신분제이고 양인은 예적 질서 내의 존재이며 천인은 그 질서의 외연에 있는 존재라고 파악한 중국사의 연구 성과를 받아들이고 고려시기 양·천의 구별기준도 동일하였음을 논증하였다(「高麗時代 身分制에 대한 再檢討」 『民族文化論叢』 37, 2007, 53~57쪽).

4) 『고려사』 권3, 성종 9년 9월 병자.

시행되었으며,5) 그 본관별로 정수(丁數)를 기준으로 하여 향공(鄕貢)을 선발하는 정원이 정해졌다.

본관의 위상은 다양하였고, 읍격의 승격·강등 사실이 말해주듯이 계서적이었다. 지방제도상 읍호와 위상에 따라 주·군·현·지역촌으로 구분되었고, 지방관 파견 여부에 따라 주현·속현으로 구별되었으며, 국역의 내용에 따라 일반군현과 부곡제 지역이 나뉘는 등 다원적이면서 계서적인 양태를 보였다. 양천제에서 양인은 국가 지배의 기본이 되어 제일성(齊一性)을 갖는 것이 바람직하지만 본관에 따라 계서적으로 구분하였던 것이다. 그리고 그런 계서적 지배를 유지하기 위하여 영역 규제를 하고 영역 사이의 이동을 엄격하게 통제하였다.

천인은 개인이나 관청에 예속되어 신역(身役)을 바치는 존재로서 양인과 뚜렷이 구별되었다. 호적에서 양·천을 분간하였고, 그 분간이 어려운 경우는 '양천미변자(良賤未辨者)'로 분류하였다. 호적에 오른다고 모두 본관을 갖는 것은 아니었다. 노비는 호를 구성하여 호적에 등재되더라도, 신분과 소유주를 명확히 기재하고 본관을 갖지 못하였다. 본래 양인이었으나 형벌 등으로 노비가 된 경우에 본관을 기록하여 원래 양인이었다는 표식이 되기도 하였다.

천인은 예치질서의 밖에서 그 질서를 뒷받침하는 신분이었다. 역사적으로 기자(箕子)가 8조의 금법(禁法)을 만들어 도둑질한 자를 몰입하여 그 집의 노비로 삼은 데에서 노비제가 시작되었다고 인식하였다.6) 노비제의

---

5) 『고려사』 권73, 선거1 과목 공민왕 23년 3월. 이 조치는 본관이 소재한 界首官試에 응시하도록 한 것으로 보인다.

6) 『고려사』 권85, 형법2 노비 서문. 양인 중에서도 仕宦을 제한하거나 限職制 등을 적용하여 차별하면서 천하다고 인식한 부류가 있지만, 본관을 갖지 못한 부류를 천인이라고 한 것과는 구별된다. 이를테면 "凡係雜路及工商樂名等賤事者 … 不許入學"(『고려사』 권74, 선거2 학교 仁宗朝式目都監詳定學式) 등의 사료에서 볼 수 있듯이, 공장·상고 등이 賤事에 종사한다고 하여 국학 입학과 입사 등을 제한하였지만, "條陳時務曰 … 其賤人及工商子弟 各事所業 毋使群戲街巷以長浮薄之風"(『고려사』 권118,

연원을 형벌방식에서 찾았을 뿐 아니라, 성인(聖人)으로 존숭 받는 기자가 만든 때로 소급하여 역사적 유구성과 명분적 정당성을 부여하였다. 이러한 인식과 함께, 지배층은 직접 노동하는 대신 노비를 부림으로써 염치를 갖고 관직에 복무할 수 있다고 여겼다. 그렇기 때문에 노비제도는 풍교(風敎)에 보탬이 되는 것으로서 예의(禮義)를 행하는 것이 그것에 말미암지 않음이 없으며, 양·천의 명분은 반드시 지켜야 한다고 하였다.[7]

양·천의 구분을 엄격하게 법제화하여,[8] 국가에서 천적(賤籍)을 관장하면서 천인신분을 관리하였다. 사노비도 주인과의 관계에 그치지 않고 천인으로서 국가의 법적 신분이 되었다. 양·천간의 교혼(交婚)을 금지하는 한편, 현실적으로 교혼이 일어나서 생긴 자식은 '부모 중 어느 한 쪽이 천인이면 자식은 천인이 된다[一賤則賤]'는 원칙에 따라 신분이 세습되었다. 노비는 주인이 방량하더라도 그 자손은 그대로 노비가 되었고, 주인에게 후사가 없으면 관에 소속시키거나 주인의 동종(同宗)에 속하게 하였다.[9] 그리고 8세(世)의 호적에 천인이 없어야 관직에 나아갈 수 있다고 법에 규정하여,[10] 천인 신분의 세습성과 폐쇄성이 매우 강하였다.

천인이 양인으로 되는 것을 막는 한편 양인을 억압하여 노비로 부리는 것을 엄격히 금지하였다. 빈곤으로 어쩔 수 없이 몸을 팔아 노비가 되는 경우라도 국가로서는 인정하기 어려웠다. 가난 때문에 몸을 판 사람들을

趙浚) 등의 사료에서는 천인과 공장·상고를 구분하였다.

7) 『고려사』 권85, 형법2 노비 서문, "夫東國之有奴婢 大有補於風敎 所以嚴內外 等貴賤 禮義之行靡不由此焉" ; 『세종실록』 권33, 8년 8월 무자, "右司諫大夫朴安臣等上疏曰 … 我國家古稱禮義之邦者 以其良賤有辨而爲士者資其使喚以養廉恥服勤王事故耳 今也 公私賤口逋亡日甚 非獨良賤混淆名分失正 使喚日損而士氣淪喪."

8) 金蘭玉은 고려 양천제의 법제적 내용으로서 仕宦權의 규제, 戶籍 작성상의 구별, 동색혼의 원칙 등을 검토하였다(「良·賤의 의미와 良賤制」『高麗時代 賤事·賤役良人 研究』, 신서원, 2000).

9) 『고려사』 권85, 형법2 노비 인종 10년 判 ; 같은 책 공양왕 3년 郎舍上疏 ; 같은 책 공양왕 4년 奴婢決訟法.

10) 『고려사절요』 권22, 충렬왕 26년 10월.

국가에서 조사하고 보상하여 돌려보내거나, 일한 것을 계산하여 그 값을 치르고 부모에게 돌리도록 하였다.[11] 1361년(공민왕 10)에 흉년이 들었음에도 불구하고 진휼을 하지 못하는 지경이 되었을 때 자급하지 못하는 양인에게 부자가 음식을 제공하고 사역시킬 수 있게 하자는 의견이 제시되기도 했지만, 왕이 그 글을 태워버렸다.[12]

고려에서 노비 외에 천인의 종류가 더 있었는지는 분명하지 않지만,[13] 사료 상으로 천인은 노비를 가리키는 경우가 대부분이다. 노비 외에 차별을 매우 심하게 받았던 계층이 악공(樂工)이었다. 그들은 대악서(大樂署)와 같은 특정 관청에 속하여 역을 지면서 차별을 받았지만, 천인의 표징이라고 할 수 있는 동색혼(同色婚)을 제도적으로 강요받았다는 것을 확인할 수 없다.[14] 더구나 악공에게 3~4명의 아들이 있으면 한 명만 업을 계승하고 나머지는 주선(注膳)·막사(幕士)·구사(驅史) 등의 잡류에 소속하게 하였다가 무산계를 주되 요무교위(耀武校尉)에 한정하게 하였다.[15] 물론 악공 중에 노비 출신도 있었을 가능성이 있지만, 그런 경우를 제외한다면 위 규정에서처럼 자손 모두에게 신분 세습을 강요하지 않은 경우에는 천인이라고 보기 어렵다.

주지하다시피 학계에서 양·천 여부를 둘러싸고 가장 논쟁되었던 계층은 부곡제의 잡척(雜尺)인데, 일반군현민보다 차별 받더라도 양인으로 간주하는 견해가 현재 설득력을 얻고 있다. 그들은 거주지 이동과 교가(交嫁) 소생의 귀속에서 법적 제한을 받았지만, 동색혼을 강제 받지 않았다. 그리

---

11) 『고려사』 권1, 태조 원년 8월 신해 ; 같은 책 권79, 식화2 借貸 공민왕 20년 12월.
12) 『고려사』 권39, 공민왕 10년 5월 갑술.
13) 楊水尺은 고려전기에 호적에 오르지 않고 본관이 없었으며 천인으로 간주되었을 가능성이 높다(蔡雄錫, 앞의 책, 2000, 110~111쪽).
14) 唐에서는 노비뿐만 아니라 工戶·樂戶·雜戶 등의 상급 官賤民들도 동색혼만 인정되어 양인과 결혼했을 경우에 이혼시켰다(『唐律疏議』 권14, 戶婚 雜戶官戶不得與良人爲婚).
15) 『고려사』 권75, 선거3 전주 限職 문종 7년 10월 判. 이 사료에서 曜武校尉는 耀武校尉의 誤記로 보인다.

고 승려가 될 수 없고 과거 응시와 국학 입학도 금지되었지만, 관리가 되는 길 자체가 봉쇄되지는 않고 한직제(限職制)의 적용을 받았다.

조선 초기의 기록에 따르면, 고려의 제도에 신량역천(身良役賤)인 자는 모두 그 여손(女孫)을 사역시키지 않았다고 하였다. 그래서 정리(丁吏)·역리(驛吏)의 딸이 양인에게 시집가면 곧 양인이 되었고 동류(同類)에게 시집가면 그 역(役)에 입역을 시켰으며, 염간(鹽干)·진척(津尺)의 딸도 동일하였다고 하였다.[16] 그것이 고려의 제도라고 하였지만, 고려전기라면 역리와 같은 잡척과 일반 군현민 사이의 교가 소생은 모두 잡척에 속하게 하였기 때문에 차이가 있다. 그렇기는 하지만 고려전기에도 잡척은 그 역이 천하다고 인식되면서도 신분은 양인이었다고 보는 것이 좋을 듯하다.

12세기 이후 사회변화 속에서 압량위천, 투탁 등으로 양인에서 천인으로 전락하는 것이 사회문제가 되었다. 반대로, 노비가 부를 축적하여 양인이 되고 나아가서 입사(入仕)하는 사례들이 나타났으며, 고려후기의 비정상적인 정치상황을 이용해서도 노비 출신의 관계 진출이 증가하였다. 그러나 양천제는 국가질서나 지배층의 지위 유지에 절대적인 것으로 인식하여 고수해야 하였기 때문에, 지속적으로 노비변정사업과 사족의 정체성 강조를 통하여 해결책을 모색하였다.

2) 사(士)·서(庶)의 구분 : 노심자(勞心者, 治者)와 노력자(勞力者, 被治者)의 구별

고려는 특정혈통의 독점적 지위를 보장하지 않고 사·서의 구분을 통하여 지배층을 구별하였다. 사·서 구분은 천인을 배제하고 양인 내부에서 사와 그렇지 못한 서인으로 구분하는 것이다. 유품관(流品官)이 사의 기본

---

16) 『태종실록』 권27, 14년 정월 기묘.

층이었으며, 진사(進士)와 유음자제(有蔭子孫) 등도 사계층으로 대우하였다.[17) 향리와 서리의 상급층도 입사직으로 운영하고 품관으로 나아갈 수 있었는데, 특히 상급서리의 동정직(同正職)은 음서로 입사할 때 주는 초직으로 이용하였다. 미입사직으로 분류된 이속(吏屬)들은 서인재관자(庶人在官者)라고 하여 서인으로 분류되었다.[18)

유교의 사회적 분업논리에 따르면, 사는 노심자(勞心者)로서 유학 소양을 갖추고 왕을 도와 통치를 담당하는 계층이며, 서인은 노력자(勞力者)로서 그들에게 먹을 것을 공급하는 것이라고 인식하였다. 또한 노심자와 노력자를 각각 군자와 소인에 대응하기도 하였다.[19) 고려시기에도 농·공·상이 각각 그들의 직업으로써 공상(供上)하는 것에 비하여, 사는 독서(讀書)·수신(修身)·정가(正家)·사군(事君)·치민(治民)의 도(道)를 배워서 입사하는 것이라고 인식하였다.[20) 그렇기에 사는 국가의 예치질서를 보증, 유지, 운용하는 계층이었다.

서인은 신분상 양인으로서 국가의 예치 대상이었다. "예(禮)는 서인에게 내려가지 않고 형벌은 대부(大夫)에게 올라가지 않는다"라는 언술도 있었지만, 그것은 관인을 처벌할 때 관당(官當)과 같은 환형(換刑)을 적용하여 품위를 지킬 수 있게 하자는 취지 등에서 한정적으로 인식되었다. 유교정치이념에서는 "법으로 이끌고 형으로 다스리면 민이 형벌을 모면하지만 부끄러움이 없어지고, 덕으로 이끌고 예로써 다스리면 부끄러움을 느끼고 또 품격이 있게 된다"라고 하여, 인정(仁政)과 예치(禮治)를 우선시하였다.

고려에서 이러한 유교정치이념을 구현하고자 하였고 그 대상에 서인을

---

17) 許興植, 『高麗科擧制度史硏究』, 一潮閣, 1981, 144~145쪽.

18) 주 39) 참고.

19) 『孟子』, 滕文公章句上, "勞心者治人 勞力者治於人 治於人者食人 治人者食於人 天下之通義也" ; 『春秋左氏傳』, 襄公 9년 10월, "君子勞心 小人勞力 先王之制也."

20) 『고려사』 권120, 尹紹宗, "草疏陳時事曰 … 自昔 帝王分天下之民爲四等 曰士農工商 農工商各世其業以供上 惟士無所事也而入學讀書 修身正家事君治民之道 皆得學焉而後官之."

포함하였다. 예를 들어 991년(성종 10) 7월에 가뭄에 대한 대책으로 노인사설의(老人賜設儀)를 행하려고 하였을 때 경성에 있는 80세 이상의 서민(庶民)들을 대상으로 삼은 데서 알 수 있듯이, 서인은 유교이념에 바탕을 둔 국가 의례의 대상이었다. 또한 충렬왕 때 박유(朴楡)가 서처제(庶妻制)와 축첩(畜妾) 허용 법제화를 상소하면서 서인에게는 1처1첩을 둘 수 있게 하자고 한 것에서[21] 알 수 있듯이 서인은 국가에서 제정하는 혼인법이 적용되는 대상이었다. 그리고 제례에서도 마찬가지였다. 1390년(공양왕 2)에 정해진 제례 규정을 보면, 관품에 따라 대부 이상은 3세, 6품 이상은 2세를 제사하고, 7품 이하에서 서인까지는 부모 제사에 그치게 하였다.[22]

서인은 원칙적으로 입사할 수 있었고 관인이 제명되면 서인으로 강등[廢爲庶人]되기 때문에, 사·서 구분은 양·천 구분처럼 폐쇄적인 것이 아니었다. 그렇지만 사·서 사이의 구별을 의식하여 서인이 비단옷을 입거나 도성 안에서 말을 타는 것을 금지하는 등 생활면에서 차별하였다.[23] 그리고 사계층에 대하여 제도적으로 입사와 승진, 군역, 형률 등에서 우대하였으며, 문벌사회의 발전에 따라 사·서의 구분을 분명하게 하고 고정화하려는 경향이 나타났다.

관료 선발을 보면, 1048년(문종 2)에 제술업과 명경업은 상급향리의 자제 이상으로 제한하는 한편 의업(醫業)은 서인에게도 허용하되 그 경우에도 악공·잡류와 관계되어 있지 않아야 가능하도록 규정하였다.[24] 상급향

---

21) 『고려사』 권106, 朴楡.
22) 『고려사』 권63, 예5 길례소사 大夫士庶人祭禮 공양왕 2년 2월 判.
23) 사·서의 구분에 대해서는 채웅석, 「고려 문종대 관료의 사회적 위상과 정치운영」 『역사와 현실』 27, 1998 ; 洪承基, 「高麗時代의 良人-士庶制·良賤制의 시행과 관련하여」 『高麗社會史硏究』, 一潮閣, 2001 ; 金蘭玉, 「士庶의 用例와 身分的 意味」, 앞의 책, 2000 참조. 그런데 채웅석은 사·서의 구분이 계서성을 보이지만 양천제처럼 법제적 차등이 세습되도록 규제되는 것은 아니었다고 보아서 신분이 아닌 사회계층의 차원에서 다루었다.
24) 『고려사』 권73, 선거1 과목 문종 2년 10월.

리의 자제에게 제술업·명경업의 응시를 허용하고 그들을 서인과 구별한 것은 고위 향리직에 동정직이 설치된 것과 관련이 있을 것이다. 국학 입학도 고위관료의 자손일수록 유리하였다. 인종 때에 상정한 학식(學式)에서 입학자격을 관료들의 품계 음(蔭)에 따라 등급화하면서 8품 이하의 자식과 서인은 율(律)·서(書)·산학(算學)에 입학할 수 있게 하였다.[25]

군역 부담을 보면, 1041년(정종 7) 선군별감에서 7품 이상 양반의 자제들에 대하여 과거에 응시하는 경우를 제외하고는 군대에 충원하려고 하였을 때, 병부에서는 그들이 여러 대에 걸친 훈구의 자손이기 때문에 그동안 여러 차례 법령으로 역에 징발하지 못하게 해왔으니 군역에 징발하지 말자고 건의하여 관철시켰다.[26] 7품 이상 관원의 자제들은 군대에 가더라도 유음기광군(有蔭奇光軍)과 같은 특별한 부대에 소속되었다.[27]

다음 형률도 사계층에게 유리하게 운영하였다. 관품을 갖거나 그 음(蔭)이 있는 사람에게는 관당(官當)이나 당속(當贖)제도를 적용하였다. 진사(進士)도 경죄에 대해서는 속동으로 대체하게 하였다.[28] 그리고 1066년(문종 20)에 귀향형(歸鄕刑)을 당한 관인에게 충상호형(充常戶刑)을 가하는 것은 의(義)에 어긋난다고 하여 금지하였다.[29] 원래 관인은 본관의 거주지 통제에서 벗어나 개경에 가서 생활할 수 있었지만, 특정 범죄로 제명되면 귀향형이 부가되어 다시 본관에 편호되었다. 충상호형은 그보다 한 단계 더 중형으로서 사면의 기회마저 영구히 막아서 처벌받기 전의 신분·자격을 회복할 수 있는 기회를 박탈하는 형벌이었는데,[30] 이때 와서 관인에게 충상호형을 적용하는 것을 금지한 것이다. 즉 사와 서인 사이의 계층적

---

25) 『고려사』 권74, 선거2 학교 仁宗朝式目都監詳定學式.
26) 『고려사』 권6, 정종 7년 9월 정미.
27) 『고려사』 권81, 병1 병제 문종 5년.
28) 『고려사』 권85, 형법2 휼형 숙종 10년.
29) 『고려사절요』 권5, 문종 20년 7월.
30) 蔡雄錫, 「高麗時代의 歸鄕刑과 充常戶刑」『韓國史論』 9, 1983.

차이를 이전보다 더 강하게 의식하고 그것을 의(義)라고 인정하여 내린 조치였다.

이러한 사·서의 구분이 언제부터 이루어졌을까? 982년(성종 1)에 최승로가 올린 시무책에서 "신라 때 공경·백료·서인의 의복, 신과 버선[鞋襪]은 각기 품색(品色)이 있었다"고 하면서 "서인백성(庶人百姓)"이 문채(文彩) 있는 옷을 입을 수 없었던 것은 귀천·존비를 구별한 것이라고 하였다. 그러면서 그런 취지에 따라 고려도 서인들은 주견(紬絹)만을 사용하게 하자고 건의하였다. 그 뒤 990년(성종 9)에 서경에 행차하여 내린 교서에서 입류(入流) 이상 외에 서인을 따로 구분하여 은혜를 베푸는 내용을 담았다.[31] 태조 때의 사료에도 사·서가 나오기는 하지만[32] 인민을 가리키는 범칭이었기 때문에 과연 당시 사·서를 구분하였는지는 확신할 수 없다. 그렇지만 사·서의 구분에 대한 인식은 이미 고대부터 있었던 것처럼 보이기 때문에,[33] 양천제와 마찬가지로 성종 이전으로 소급할 수 있을 것이다.

사와 서인의 구분은 입사 여부만 달린 것이 아니고 사회적인 계서관계에 바탕을 둔 것이기도 하였다. 사회적으로 형성된 계서관계가 국가적 차원에 수렴되어 과거 응시자격 등에서 차등적으로 제도화되었다. 1048년(문종 2)에 상급향리 이상의 자식에게만 제술업과 명경업에 응시할 수 있게 하고 서인은 제한하였는데, 향리의 직역이 연립 계승되면서 그 지위는 귀속적 성격이 강하였다. 그리고 향리층 내부에 '가풍(家風)의 차이'라고 표현된 가격(家格)의 서열화가 이루어져 있었고, 그에 따라 승급이 차등적이었다.[34] 본관의 사회에서 호족(豪族)과 잡족(雜族)으로 구별하거나 토성

---

31) 『고려사』 권3, 성종 9년 10월 갑자.

32) 『고려사』 권2, 태조 18년 11월 갑오.

33) 『삼국사기』 권14, 대무신왕 15년 3월, "黜大臣仇都逸苟焚求等三人爲庶人" ; 『新唐書』 권220, 열전 高麗, "王服五采 以白羅製冠 革帶皆金釦 大臣靑羅冠 次絳羅 珥兩鳥羽 金銀雜釦 衫筩袖 袴大口 白韋帶 黃革履 庶人衣褐 戴弁" ; 『舊唐書』 권199上, 열전 百濟國, "官人盡緋 爲衣 銀花飾冠 庶人不得衣緋紫."

(土姓)과 차리성(次吏姓) 등의 구분이 있었던 것은 그러한 반영이다. 이른바 '가풍'은 나말여초시기에 본관제를 성립시킨 향촌사회 변화를 반영한 위계질서의 기준이었다. 당시 호부층이 지배적 위상을 드러낼 때 지역사회에서 덕(德)·현(賢)과 같은 덕목을 구비, 실천하는 것으로 표현하고 그것을 가풍으로 내세웠다. 고려초기 역분전이나 시정전시과에서 분급기준으로 삼았던 성품과 행동[性行]의 선악 또는 인품도 결국 가풍이라고 표현된 가격(家格)의 서열이었다고 이해할 수 있다.[35]

사는 노심자로서 사노비와 편호농민의 노동에 의지하여 생활하는 존재였다. 그들은 계급적 이해관계를 관철하고 발전시키기 위하여 세습노비제를 유지하려고 하였다. 그리고 "관리에게 대대로 봉록을 준다[仕者世祿]"라고 하여 농업과 연관된 녹(祿)과 수조권을 생활 바탕으로 중시하였으며, 그에 따라 중농주의 정책을 시행하였다.

중농주의를 채택한 고려에서 서인 가운데 농민을 가장 우대한 것은 확실하다. 그런데 공장과 상고의 경우에 입사를 금지한 것을 근거로 서인의 범주에 들지 않았다고 본 견해도 있다.[36] 특히 고려가 당제의 영향을 받았는데 당의 복색규정에서 서인이 품관·서사(胥史)·도상(屠商)·사졸(士卒) 등과 나열되어 구별되었다는 점을 중요한 근거로 들었다.[37] 그렇지만 그 사료에서 서사·도상·사졸이 서인과 구별된다기보다 서인 가운데 특별한 존재였기 때문에 따로 복색을 구분한 것이 아닐까?[38] 도상과 마찬가지

---

34) 『고려사』 권75, 선거3 향직 문종 5년 10월 判.

35) 盧明鎬, 「羅末麗初 豪族勢力의 경제기반과 田柴科體制의 성립」 『震檀學報』 74, 1992, 24~43쪽 ; 蔡雄錫, 앞의 책, 2000, 149~152쪽.

36) 全永燮, 「唐代 庶人·百姓의 用例와 身分的 性格」 『釜大史學』 27, 2003, 108~109쪽.

37) 『舊唐書』 권45, 여복지 讌服 무덕 6년, "是歲始詔 從駕涉遠者 文武官皆衣衣 五品以上通著 紫袍 六品以下兼用緋綠 胥史以靑 庶人以白 屠商以皁 士卒以黃."

38) 이러한 사료 해석에서 劉承源의 견해가 참고된다. 비노비자를 포함하는 법제적 규범으로서의 양인이 양인 내에 당연히 포함되어야 할 문무관이나 (노비 아닌) 공·상인과 병기되고 있는 사료들을 볼 수 있는데, 그 경우는 표기상의 편의 때문으로

로 서인과 병렬된 서사 즉 부사서도(府史胥徒)도 당시 서인재관자(庶人在官
者)라고 파악하였다.[39] 고려 때에는 서사가 미입사 이속으로서 잡직(雜職)·
공장과 함께 직역을 담당하며 농경에 대체하여 별사록을 받아 생활하는
존재였다.[40] 또 품관과 마찬가지로 도목정(都目政)에서 인사 대상이었으
며,[41] 과전을 분급 받았다.

따지고 보면, 법령상 천인이라고 규정하지 않은 이상, 직업을 기준으로
양·천의 판별 또는 서인 여부를 구분하기는 어렵다. 농업에 종사하여
부를 축적하고[務農致富] 신분 상승을 도모한 노비의 사례가 있다.[42] 사회
적으로 비천하다고 인식되는 직업의 경우에도 세전율(世傳律)에 의해 폐쇄
적으로 계승되지 않은 한 서인이 종사할 수 있고 노비도 종사할 수 있었다.

3. 문반·무반의 분화와 '중간계층'

골품제 아래에서 능력에 관계없이 성장에 제약을 받고 있던 육두품
이하와 지방세력 출신들이 고려왕조에서 정치의 전면에 진출하였다. 이후
고려전기에는 입사방식을 둘러싸고 혈통에 따른 우대와 능력에 따른 개방
성이 공존하였다. 앞에서 살폈듯이 사계층에게 여러 우대책을 시행하면서

써, 법조문에서 양인 중 특수취급을 받아야 할 자를 명기하고 여타의 자를 일괄하여
나타낼 때 양인이라고 범칭하는 것이 가장 손쉬운 방법이었다고 하였다(『朝鮮初期
身分制 研究』, 乙酉文化社, 1987, 48쪽).

39) 『通典』 권35, 職官2 祿秩, "庶人在官者 謂府史之屬."
40) 『고려사』 권80, 식화3 녹봉 서문, "以至雜職胥史工匠 凡有職役者 亦皆有常俸以代其耕
謂之別賜."
41) 『고려사』 권75, 선거3 전주 창왕 즉위년 8월, "舊制 府衛則自隊正以上 諸司則自九品以上
與夫府史胥徒 皆錄歲月功過 每於歲抄升黜 謂之都目政"; 같은 책 권78, 식화1 전제 녹과
전, "趙浚等上書曰 … 一.祿科田柴 自侍中至庶人在官 各隨其品 計田折給 屬之衙門 當職食
之."
42) 『고려사』 권20, 명종 18년 5월 계축.

도, 그렇지만 특정 혈통 출신이 폐쇄적으로 세습 특권을 누렸던 이전 시기와는 분명히 구분되었다.

또한 고려에서 사계층이 문·무 양반으로 분화하였다.[43] 이미 건국 초기부터 문반과 무반을 구분하였던 것처럼 보이는 사료들이 있기는 하지만,[44] 그 표현은 선행연구에서 밝힌 것처럼 관인 중에 문인계(系)와 무인계의 구별 정도이거나 뒷날 역사가들이 후대의 용어를 소급해서 쓴 것으로 보인다. 『고려사』 기록에 따르면 국초에 관계를 문·무로 나누지 않고 서발한(舒發韓)·이찬(夷粲) 등의 신라식 위계와 대재상(大宰相)·중부(重副) 등 태봉의 제도를 사용하였다고 하였다. 그런데 그 뒤 976년(경종 1)에 제정한 전시과 규정을 보면 자삼(紫衫)에는 구분이 없지만 단삼(丹衫)에서 문반과 무반 및 잡업을 구분하고 비삼(緋衫)과 녹삼(綠衫)에는 문반과 잡업을 구분하여 각각 등급별로 토지를 분급하였다. 그리고 관인의 묘지제도를 품에 따라 규정하면서 "문무양반묘지(文武兩班墓地)"라는 표현을 사용하였다.[45] 이런 사료들을 볼 때 경종 초에는 제도상으로 문·무반의 구분을 확인할 수 있다.

이처럼 경종 초기 기록에서 나타나는 문·무반의 구분은 실제로는 바로 앞의 광종 때 생긴 것이라고 파악하는 견해가 타당하다. 주지하는 것처럼 광종대는 백관의 공복을 제정하고 과거제도를 처음으로 시행하는 등의 정책을 시행하여 관료체계를 정비하는 한편 새로운 관료층이 형성되는 계기를 마련하였다. 그 전부터 유교지식인이 관인으로서 활동하였지만, 과거제도 시행을 계기로 하여 문신으로서 정체성을 갖춘 관료군이 분명하

---

43) 邊太燮, 「高麗朝의 文班과 武班」 『高麗政治制度史硏究』, 一潮閣, 1980 ; 李成茂, 「兩班層의 成立過程」 『朝鮮初期 兩班硏究』, 一潮閣, 1981 ; 金塘澤, 「高麗 兩班社會와 한국사의 시대구분」 『歷史學報』 166, 2000.

44) 『고려사』 권1, 태조 원년 9월 갑오 ; 같은 책 권2, 태조 19년 9월.

45) 『고려사』 권78, 식화1 전제 전시과 경종 원년 11월 ; 같은 책 권85, 형법2 금령 경종 원년 2월.

게 부각될 수 있었다고 본다.

집권적 관료제가 발달함에 따라 행정과 사법, 교육과 학술, 무술과 병력 지휘 등의 업무가 분업적으로 이루어졌다. 특히 문예·학술과 무예·병법의 직능을 구분하여 전문화할 필요가 있었고, 그런 상황에서 과거제도 시행이 문반과 무반이 구분되는 데 결정적인 역할을 한 것으로 추정된다.

광종대 제정한 공복제도를 바탕으로 한 시정전시과제도를 보면, 원윤(元尹) 이상의 자삼층은 문·무반의 구별이 없었지만, 중단경(中壇卿) 이상의 단삼층은 문·무반의 구별이 있었고 도항경(都航卿) 이상의 비삼층과 소주부(小主簿) 이상의 녹삼층은 문반만 있었다. 원윤이 관계(官階)인 데 비하여 중단경·도항경·소주부는 관직이었다. 이를 분석한 연구를 보면 자삼층은 세력이 큰 지방세력가와 고위관료들이 포함되고, 단삼층 이하의 경우에는 광종대에 등장한 과거 출신과 시위군 출신 관료들이었을 것으로 추정하였다.[46] 자삼층의 고위관인들은 아직 문·무반으로 구분되지 않았지만, 과거 출신과 시위군 출신들이 그동안 성장하여 경종 초에 이르러서는 단삼층 이하 문·무반의 중심이 되었다고 보는 것이다.

이후 성종 때 유교정치이념에 기반을 두고 관료제를 정비하면서 문·무반의 분화가 확연해졌다. 988년(성종 7)에 송으로부터 책봉을 받고 내린 사유령(赦宥令)을 보면, 문반으로서 오래 봉직해온 관료는 개복(改服)하고, 연로하지만 자손이 없는 무반과 943년(태조 26)부터 군적(軍籍)에 오른 사람은 향리로 돌려보내며, 양반들에게 모두 은혜를 베풀게 하였다.[47] 그리고 이듬해에는 사와 서인들이 병들어도 치료받지 못하는 것을 걱정하여 문관 5품, 무관 4품 이상의 병환에는 의관(醫官)을 보내 치료해주도록

---

46) 金塘澤, 「崔承老의 上書文에 보이는 光宗代의 '後生'과 景宗 元年 田柴科」, 『高麗光宗硏究』, 一潮閣, 1981. 한편 이 논문은, 무반이 문반·잡업과 달리 단삼에만 해당하고 5품으로만 나뉜 것은 무반직이 문반·잡업에 비하여 미분화되었기 때문일 것으로 추측하였다.
47) 『고려사』 권3, 성종 7년 10월.

교서를 내렸다.[48] 이런 사료들을 보면 확실히 문반과 무반 및 군인을 구분하였던 것을 알 수 있다. 그리하여 998년(목종 1)에 제정된 개정전시과는 '문무양반과 군인 전시과[文武兩班及軍人田柴科]'라는 명칭을 쓰면서, 시정전시과와 달리 고위관료들도 문·무 양반으로 구분하였다.

한편 개정전시과에서는 관직을 중심으로 전지와 시지의 지급 과등(科等)을 나누었는데, 선행연구 가운데에는 동일한 관품이라도 무반이 문반에 비하여 낮은 과등에 해당하였다고 보아 무반에 대한 차별이 제도화된 것으로 이해하는 견해도 있다.[49] 그렇지만 목종부터 문종대까지 사이에 관품의 변화를 고려하지 않고 문종대의 관품체계를 그대로 소급시켜 파악한 결과일 뿐이며, 개정전시과에서 문반과 무반의 차별을 그렇게 한 것은 아니라는 지적이 설득력이 있다.[50]

다만 실직과 산직을 구별하여 차등 지급하면서, 문반의 경우에 산직이 실직보다 1~2등급 낮은 대우를 받은 데 비하여 무반은 산직이 3~4등급이나 감등되어 문·무반 사이에 차별이 없었던 것은 아니다. 그리고 989년(성종 8) 관료들의 질병에 의관을 파견하도록 하면서 문관은 5품, 무관은 4품 이상을 대상으로 하게 한 조치에서도 그런 차별이 확인된다. 또한 문·무반 사이에 상호 이동을 막으면서,[51] 재추직이 문·무반을 초월한 것이기는 하지만 관제상 문반기구에 속한 고위직이라서 무신이 재추로 진출할 때 문반의 관직을 겸대하는 형식을 취하게 한 것 등도 차별로 볼 수 있다.[52]

유교정치이념에 따라 지배체제를 구축하여 운영하는 한 문신 위주의 정치질서가 되게 마련이었다. 그런 질서가 형성되자, 고려전기에 무신들이

---

48) 『고려사』 권3, 성종 8년 2월 경진 敎.
49) 姜晋哲, 『高麗土地制度史研究』, 고려대학교 출판부, 1983, 42쪽.
50) 김재명, 「전시과제도」 『한국사 14』, 국사편찬위원회, 1993, 54쪽.
51) 『고려사』 권75, 선거3 전주 공민왕 원년 3월, "典理判書白文寶上書曰 古者 文武異路 世官不相交 文資則典理 武資則軍簿 各任銓注 宜矣 自毅王以後 文武世通 官亦交授."
52) 邊太燮, 앞의 논문, 1980, 281~282쪽.

대우 개선을 내걸고 두 차례 정변을 일으켰다. 문·무반이 분화된 상황에서 권력 배분상의 갈등이 야기되었다. 1014년(현종 5) 상장군 김훈·최질 등이, 대거란전쟁을 수행하면서 녹봉이 부족하게 되자 경군의 영업전을 빼앗아 충당시킨 것과 전공에도 불구하고 문신으로는 되지 못하는 것에 불만을 품고 군인들을 규합하여 정변을 일으켰다. 그 결과 무신들이 권력을 잡고, 무관 상참관 이상은 모두 문관을 겸하도록 조치하였다.[53] 이 정변은 문·무반이 구분된 초기 상황에서 문반 우대에 동의하지 않고 벌인 권력투쟁이었다. 문·무 차별이 정말로 심각한 모순이었기 때문이라기보다는 전쟁과정에서 힘을 키운 무신들이 문신 중심의 정책을 비판하고 더 많은 정치권력을 요구한 것이다.

1170년(의종 24)에 발생한 무신정변에서는 무신이 문신에게 굴욕당하고 있다고 하여 문신 타도를 슬로건으로 내세웠다. 그런 점을 무시할 수 없지만 그보다 의종대 말기 측근 내료·문신과 측근 무신 사이의 권력투쟁적 성격이 두드러졌다.[54] 그 정변을 주도한 세력은 자신들의 행동을 합리화하기 위한 명분으로서 문·무 차별을 부각시키고 문신이 모순의 근원이라고 지목하였다. 또는 정변 참여세력 가운데 과격파가 온건파를 누르고 주도권을 장악하기 위하여 문신 타도를 내걸고 정변을 확대시켰던 것이라고 보인다. 그들은 군인들을 선동하여 사회모순의 책임을 문신들에게 돌리고 그들에게 불만을 분출시키게 하였다. 문벌사회에서 정치가 문신 중심이었고 특히 의종대의 정치가 파행적이었기 때문에 그러한 정당화가 통할 수 있었다.

무신들이 정권을 잡은 뒤에도 정변이 이어지는 가운데 집권무신들이 지배층을 단합시키기 어려웠다. 그렇기 때문에 문·무반의 대립을 이용하여 무신들을 결속시켜 권력의 안정을 도모하려고 하였다. 그리고 이후에

---

53) 『고려사절요』 권3, 현종 5년 11월 계미 ; 같은 책 현종 5년 11월 을유.
54) 채웅석, 「의종대 정국의 추이와 정치운영」 『역사와 현실』 9, 1993.

문·무반 사이에 관직 상 상호 교통의 길이 열렸다는 것은 주지하는 바와 같다.

한편 국가기구를 유지하는 데에는 유교의 인문 소양이나 병법지식·무예를 갖춘 관료만이 아니라 그들을 보조하여 하급 행정 실무나 기능 숙달이 필요한 업무를 담당할 사람도 필요하였다. 그런 업무 수행자는 비록 품관은 아니지만 관(官)에서 일하였기 때문에 지배층의 일원으로 인정받았다. 국가권력의 입장에서 그런 사람들의 안정적인 확보와 업무 전수가 필요하여 일정한 특권이나 차별을 가하여 확보하려 하였다.

현재 학계에서는 지배계층에 포함되면서도 하급에서 보조적 업무를 담당하고 또 고유한 지위규정과 그 지위의 세전성(世傳性)을 어느 정도 갖춘 부류들을 '중간계층(中間階層)'으로 개념화하여 파악하고 있다.[55] 향리·서리·남반·잡류 등과 군반씨족의 군인이 여기에 해당하며, 이 계층은 사와 서인의 중간에 끼어 상·하 양 방향으로 계층이동이 가능하지만 속성상 상향이동을 지향하는 속성이 있었다.

고려시기에 중간계층의 상층은 입사직(入仕職)으로 분류하여 품관과 연결된 것이 특징이었다. 고위관료의 자손도 음서를 받아 서리부터 출발하는 경우가 많았다. 그렇다고 유음자손의 경우에도 중간계층이라고 간주하는 것은 곤란하다. 중간계층에 해당하는 직책에 있더라도 어느 정도 세전성에 의거한 사람들만을 대상으로 파악해야 할 것이다.

중간계층은 고려초기 중앙집권화 과정에서 관료제 정비, 사·서의 구분 등이 이루어지는 과정에서 형성되었다. 향리·서리·남반 및 군반씨족의 군인 등은 입사와 한직(限職)에 관한 법규, 성립·변화한 시기 등에서 서로 차이가 있었다. 그런 차이에도 불구하고 범주화하여 기능론적으로 파악한다면, 정치제도가 성립, 정비되는 과정에서 품관의 지휘 감독을 받아 지배

55) 金光洙, 「中間階層」『한국사 5』, 국사편찬위원회, 1975 ; 채웅석, 「고려 '중간계층'의 존재양태」『高麗-朝鮮前期 中人研究』, 신서원, 2001.

업무를 보조하는 실무 전문지식을 갖추거나 기능에 숙달한 부류들이 중간계층으로 자리 잡았다고 파악할 수 있다. 또 법제적으로 파악한다면, 관료제 정비에 따라 지배층이 분화하는 과정에서 하위에 있던 부류들이 상대적으로 특권에서 배제되고 차별을 받아 중간계층으로 되었다고 볼 수 있다. 나아가서 중간계층을 지배층의 말단이라는 시각에서가 아니라 사회조직 차원에서 보면, 향리의 위상에서 볼 수 있듯이 국가와 피지배층 사이에 존재하는 각종 중간 사회조직들의 리더들이 중간계층으로 편제되었다고도 파악할 수 있다.

고려시기에 이(吏) 용어가 가리키는 대상은 단일하지 않았다는 것에 유의해야 한다. 이(吏)가 민(民)과 대응되는 정치적 지배층을 가리키기도 하고 유외(流外) 이하의 지배층을 가리키기도 하였다. 전자의 경우는 품관과 직역 보유자, 즉 중간계층 이상을 포괄하는 것이고, 후자는 대개 이속(吏屬)을 의미하였다.

또한 과거 출신 관료를 '유(儒)', 그 밖의 출신 관료를 '이(吏)'로 구분하는 경우도 있었다. 충렬왕대 추적(秋適)이 외관으로 재직하고 있을 때, 어떤 승려가 역리에게 추적이 '이'인가 '유'인가 묻자, 그 역리가 대답하기를 늘 붓과 벼루를 소지하고 간혹 홀로 앉아 시문을 읊조리는 것을 보면 '유'라고 하였다.[56] 이 에피소드에서 '이'는 도필리 출신 관료를 의미하며 과거급제자인 '유'와 구별하였다. 즉 사회적으로 과거 출신을 다른 경로로 입사한 관료와 구분하는 일종의 '구별짓기'가 행해졌던 것이다. 그러면서 급제가 아니라 이로(吏路)로 입사하는 것을 부끄럽게 여겼다. 과거 출신 문신을 우대하여 시종(侍從)·헌체(獻替)나 선거(選擧)·전주(銓注)의 관직을 전담하게 하고 무반이나 이속은 그런 관직들을 감히 바랄 수도 없다고 여겼다.[57] 고려말기에 외관제 개혁방안을 논의할 때는 서리 출신이 감무와

---

56) 『益齋集』 권2, 櫟翁稗說 前集1 露堂性豁達無檢 ….
57) 『稼亭集』 권9, 賀崔寺丞登第詩序.

현령을 맡아 민들을 수탈하는 경우가 많기 때문에 그런 직임에는 급제한 사류(土類)들만 임명하자는 건의안이 올라오기도 하였다.

4. 농·공·상의 분리와 차별

고려시기에 양인을 직업상 사·농·공·상으로 구분하는 유교의 사회적 분업 편성에 따랐다. 사민(四民)의 각 직업군이 "각각 업(業)으로 왕을 섬긴다"고 인식하여, 자신의 업에 전념하는 것이 나라의 근본이 된다고 보았다.[58] 유교이념에서는 정덕(正德)·이용(利用)·후생(厚生)을 조화롭게 하는 정치를 강조하였는데,[59] 그 중에서 이용과 후생은 민들이 편하게 쓰고 풍요로운 생활을 하는 것으로서 보통 공·상의 역할로 간주되었다. 그에 따라 권력기관이 공·상을 침탈하여 위축시키는 것을 금지하였다.[60]

그렇지만 주지하다시피 공·상에 대하여 천사(賤事)·천기(賤技)라고 인식하여 제도적으로 농보다 차별하였다.[61] 사회의 직업 구분이 법제적·이데올로기적으로 형식화되었던 것이다. 단 그렇게 차별 받는 부류는 일시적이거나 부업으로 종사하는 사람들까지 포함한 것이 아니라 전업적인 공장, 상고로서 적(籍)에 등록되어 관의 공역(工役)과 시역(市役)을 부담한 사람들이었다.[62] 그들에게는 국학 입학 자격을 제한하고 자식까지 금고하여

---

58) 『고려사』 권120, 尹紹宗 ; 같은 책 권79, 식화2 市估 숙종 7년 9월.

59) 『書經』 虞書 大禹謨, "正德利用厚生惟和."

60) 『고려사절요』 권21, 충렬왕 22년 2월, "工商所以利用而厚生也 今諸司所需皆取於市 或抑其估 或終不給直 工商不勝其苦 宜令有司禁之."

61) 공·상의 신분에 대해서는 洪承基, 「高麗時代의 工匠」『震檀學報』40, 1975 ; 徐聖鎬, 「高麗前期 지배체제와 工匠」『韓國史論』27, 1992 ; 李貞信, 「고려시대의 상업-상인의 존재형태를 중심으로」『國史館論叢』59, 1994 ; 金蘭玉, 앞의 책, 2000 참조.

62) 사민분업론에 따른 唐의 律令에서 "工商 皆謂家專其業以求利者 其織紝組紃之類 非也" (『唐六典』 권3, 尙書戶部 郎中員外郎)라고 규정하였다. 고려시기에 공장이나 상고를

입사를 금지하였다. 국가에 공을 세워도 관직을 주지 않고 물품으로 포상할 뿐이었다. 또한 공장은 복식 상으로도 차별하여 복두(幞頭)를 착용하지 못하게 하였다.

그런 차별에도 불구하고 공장과 상고는 본관을 보유한 양인에 속하였다. 1014년(현종 5)에 상려(商旅)가 죽었는데 성명과 본관을 기록하지 않았으면 그곳 관청에서 가매장하고 나이와 용모 등을 기록하여 착오가 없도록 하라는 교를 내렸다.[63] 이 내용에서 당시 상고가 본관을 갖고 있었음을 알 수 있다. 그리고 1031년(현종 22)에 작성된 「정도사오층석탑조성형지기」에 철장(鐵匠)인 회문(會文)의 본관을 명기한 사례에서 드러나듯이, 공장도 본관을 보유하였다. 정주적(定住的) 성격이 약한 전업적 공장과 상인도 본관에 편제하여 관리하였던 것이다.

공장·상고라는 직업 자체가, 국가의 적(籍)에 등록하여 관리하더라도, 들어오고 나가는 것을 폐쇄적으로 관리하기 어려운 것이었다. 공신 자손이 그런 업에 종사하는 경우도 생겼는데, 그 경우에는 역을 면하고 입사를 허통해 주었다. 또한 문종 때 공장의 외손인 군기주부 최충행(崔忠幸)과 양온령동정 양운(梁惲), 공장의 적손인 별장 나례(羅禮)와 대정 예순(禮順)이 업을 버리고 조정의 반열에 올랐는데, 그들을 다시 공장으로 충당할 수는 없으나 세루(世累)를 숨기고 유품에 들어온 것이니 현직에 한직시키자는 주장이 제기되자, 왕은 청요직과 외관을 제외하고 승진시키도록 명령하였다.[64] 이보다 앞서 철장의 후예로 비서성 교감 벼슬에 있던 경정상(慶鼎相)을 권지직한림원에 임명하였을 때도 중서성에서 청요직에는 적합하지 않다고 반대하였지만 문종은 그의 재주와 식견이 채용할 만하니 세계(世系)

등록한 籍이 百工案牘[工匠案]·京市案 등이었다. 경시안의 성격과 市役 등에 대해서는 朴平植, 「高麗時期의 開京市廛」『韓國史의 構造와 展開』, 혜안, 2000 참조.
63) 『고려사』 권4, 현종 5년 6월 경신.
64) 『고려사절요』 권5, 문종 27년 정월.

를 논할 필요가 없다고 하며 그대로 임명하였다.[65] 공장의 외손이나 적손들이 유품직에 오른 것 자체를 무효로 하지는 않았던 것이다. 그리고 공장 후예인 경정상이 비서교감에 임명된 것에는 세계를 이유로 반대한 기록이 없었던 것을 보면, 공장의 자손이라도 세대가 내려가거나 능력을 인정받은 경우에는 입사가 허용되었다고 볼 수 있을 것이다.

1108년(예종 3)에 사유령(赦宥令)의 일환으로 제술업·명경업 급제자나 삼한공신 자손 가운데 4조 내에 공장·상고·악공의 명색이 있기 때문에 계류되어 임용되지 않은 사람들을 의논하여 빨리 아뢰어 재가를 받게 하였다.[66] 이 기록을 보면 4조 내에서 공장과 상고가 관련된 사람이 양대업에 응시하는 것까지 막지는 않은 것 같고, 임용에 제한이 있기는 하였지만 사유령으로 그 제한이 풀릴 수 있었던 것을 알 수 있다.

그러면 전업적인 공장·상고를 차별한 이유가 무엇일까? 고려는 농업을 기축적인 산업으로 삼아 부세체계를 운영하였다. 또 지배층인 사(士)는 지주이자 농업의 산물인 녹봉과 수조권 지배를 바탕으로 하는 계층이었다. 그렇기 때문에 '홍범팔정(洪範八政)'에 식(食) 즉 농업을 우선하였으며 이것이 부국강병을 이루는 길이라고 인식하여 정책을 폈다.[67]

본말론(本末論)의 논리로 산업 구성을 바라보면서 비농업부문 종사자들에 대한 차별의 소지가 있었다.[68] 농업이 기축적인 산업이지만, 현실에서 소농민은 공장이나 상고보다 부유하지 못하고 취약하여 보호가 필요하다고 여겼다. 1391년(공양왕 3) 방사량(房士良)의 상서문을 보면, '가난한 사람이 부를 구하려면 농이 공보다 못하고 공은 상보다 못하다'는 『사기(史記)』

---

65) 『고려사절요』 권5, 문종 11년 8월.
66) 『고려사』 권12, 예종 3년 2월 신묘.
67) 『고려사』 권79, 식화2 농상 현종 3년 3월 敎.
68) 金昌賢은 공·상중에는 부를 축적하는 자들이 상당하여 관직 진출을 개방하면 사·서의 구분을 흔들 위험이 컸기 때문에 관직 진출을 억제하려고 노력하였다고 파악하였다 (「고려시대 限職 제도」 『國史館論叢』 95, 2001, 134쪽).

의 구절을 인용하면서 사민(四民) 가운데 농민이 가장 고달프고 공장이 그 다음이며 상고는 일하지 않으면서 부유하고 사치스러운 생활을 한다고 하였다. 그렇기 때문에 상고는 나라를 잘 다스리는 데 방해가 되는 죄인이 라고 극언하였다.[69]

그렇게 인식하였기 때문에 농민을 보호하고 공장·상고를 차별하지 않으면 이른바 '근본을 버리고 말업을 좇아서[棄本逐末]' 즉 근본이 되는 농업을 떠나 말업인 공·상으로 쏠리게 될 것이라고 우려하였다. 심지어 공장들이 숫자를 줄여서 농업으로 전업시키기도 하였다.[70] 농민의 다수를 차지하는 소농민들이 생산력 조건 등으로 자립성이 취약한 상태에서 농업을 기축산 업으로 삼아 지배체제를 운영한 고려가 본말론에 입각한 정책으로 중농정 책을 보완하려고 하였던 것이다.

공장과 상고에 대한 차별은 언제 법제화 되었던 것일까? 이 문제와 관련하여, 1073년(문종 27)에 '공·상의 가(家)는 기술을 가지고 임금을 섬겨 그 직업에 전념하고, 입사하여 사(士)와 더불어 나란히 살 수 없다'고 한 영전(令典) 기록을 근거로 공장의 후손들을 한직(限職) 처분하자고 한 상소 문이 주목된다.[71] 공·상에 대한 차별의 근거를 영전 즉 법전(法典)에서 찾았는데, 고려 때 사료에서는 관련 법전을 확인할 수 없지만 당의 율령에 같은 내용의 규정이 있다.

『당육전(唐六典)』에 "천하 사람을 네 종류로 구분하여 각각 업에 전념하 게 한다. 문·무를 학습하는 사람이 사(士)이고, 경작과 양잠에 진력하는 사람이 농이며, 물건을 만들어 무역(貿易)하는 사람이 공이고, 도살(屠殺)· 매주(賣酒)·흥판(興販)하는 사람이 상이다. 공·상의 가(家)는 사(士)가 될 수 없고, 녹을 먹는 사람[食祿之人]은 아랫사람의 이익을 빼앗지 말아야 한다"

---

69) 『고려사』 권79, 식화2 市估 공양왕 3년 3월.
70) 주 67)과 같음.
71) 『고려사』 권75, 선거3 전주 한직 문종 27년 정월.

고 하였다.[72] 또한 당의 선거령(選擧令)에 "관인 자신 및 동거하는 대공친 이상이 직접 공·상에 종사하여 전업(專業)하면 벼슬할 수 없다. 과거에 관직을 맡다가 이런 이유로 해출(解黜)되었다가 뒤에 수양하고 바꾸어 사업(事業)이 있는 경우는 3년 이후에 벼슬하는 것을 허용한다"고 하였다.[73] 그 이전 한(漢)대에 이미 상고의 자손은 관리가 될 수 없게 하였고, 수(隋)에서도 공·상의 입사를 금지하는 왕명을 반포하였다.[74] 당에서는 이런 취지를 율령의 기본법전에 명문화하여 수록하였으며, 그에 따라 공·상의 가(家)는 사(士)가 될 수 없게 하고, 반대로 관인과 그의 가족들이 공·상에 종사하는 것도 막았던 것이다.

그렇다면 고려에서 성종 때 당의 제도를 수용하여 정치제도와 법률을 정비하면서 위와 같은 영전 규정도 정해졌던 것이 아닐까?[75] 1010년(현종 1)에 거란 침략의 병란으로 백공안독(百工案牘)이 소실되었는데, 뒤에 최사위(崔士威)가 아뢰어 5년 동안 전국 공장 성명의 적(籍)을 만들어 각 관청에 나누어 두었다는 기록이 있다.[76] 이 백공안독은 국가에서 공장들을 파악하여 기록한 공장안(工匠案)을 달리 표현한 말이며, 소실된 적(籍)을 다시 만들었다고 하였으니 현종 이전에 이미 성적하여 활용하였다는 것을 알 수 있다. 그렇게 적에 오른 공장들이 역을 부담하는 한편 법적 규제를

---

72) 『唐六典』 권3, 尙書戶部 郎中員外郎, "辨天下之四人 使各專其業 凡習學文武者爲士 肆力耕桑者爲農 功作貿易者爲工 屠沽興販者爲商 工商之家不得預於士 食祿之人不得奪下人之利." 仁井田陞은 이 규정을 戶令으로 분류하였다(『唐令拾遺』 戶令9, 244쪽).

73) 『唐律疏議』 권25, 詐僞 詐假官假與人官, "議曰 … 依選擧令 官人身及同居大功以上親 自執工商 家專其業者 不得仕 其舊經職任 因此解黜 後能修改 必有家業者 三年以後聽仕."

74) 『漢書』 권24下, 食貨4下, "天下已平 高祖乃令賈人不得衣絲乘車 重稅租以困辱之 孝惠高后時 爲天下初定 復弛商賈之律 然市井子孫亦不得爲官吏" ; 『隋書』 권2, 帝紀2 高祖下 開皇 16년 6월 갑오, "制 工商不得進仕."

75) 洪承基는 공장이 신분층으로 성장·발전한 시기는 경종 후년~성종 초년 무렵이며 무산계 제정과 때를 같이 하여 성종 14년경에 법제화되었을 것으로 보았다(앞의 논문, 1975, 76쪽).

76) 金龍善 편, 『高麗墓誌銘集成(제5판)』, 한림대학교출판부, 2012, 「崔士威墓誌銘」.

받았을 것이다.

한편 위의 당 율령 규정들은 공·상을 차별하지만, 한편으로는 그 직업에 사 즉 지배층이 끼어드는 것을 막아서 공·상을 보호해주는 역할도 하였다는 것을 말해준다. 사민(四民)을 구분하여 차별하는 것은 역설적이게도 공장과 상고의 이익을 보호해주는 면도 있었다는 것이다. 사민이 각각 업(業)에 전념하는 것이 나라의 근본이 된다고 보는 것은 공·상도 핵심적인 산업이라고 인정하는 것이다. 그렇게 인식한 것을 보면 공·상에 대한 차별은 차별 자체가 원래 목적이라기보다는 직업의 세습적 고정, 즉 한 직업이 다른 쪽으로 전업하여 쏠리거나 인원이 부족하게 되는 것을 방지하여 안정적으로 유지하기 위한 목적에 무게가 더 실렸다고 보는 것이 타당할 것이다. 또한 지배층이나 인구의 다수를 차지하는 농민이 공·상에 신규 진입하는 것이 곤란하여 경쟁이 제한되면 공장·상고가 안정적으로 업에 종사할 수 있는 효과가 있는 것이다.

그처럼 차별이 역으로 공·상을 보호하는 기능을 하고 또 사회 유지에 유용하였다고 하지만, 유통경제의 발달에 따라 공장과 상고들이 부를 축적하고 차별을 벗어나려고 하였다. 고려후기에 공장과 상고 중에서 금고·한직의 규제를 벗어나는 사례들이 많아졌다. 공·상만이 아니라 역인(驛人)·잡류 심지어는 노비 출신도 관직에 많이 진출하였다. 인사행정이 해이해져서 공·상·천예들도 함부로 관직을 얻는다는 지적들이 이어졌다.77) 그러나 그렇게 계층이동이 활발해졌다고 해서 그들을 차별하는 제도 자체가 해소된 것은 아니었다.

---

77) 『고려사』 권75, 선거3 전주 選法 공양왕 2년 12월 ; 같은 책 권79, 식화2 科斂 우왕 2년 9월 ; 『고려사절요』 권32, 우왕 9년 2월 ; 같은 책 권33, 우왕 14년 8월.

5. 부곡제(部曲制)와 잡척(雜尺) : 특정 국역(國役)과 지연·혈연

본관제에서 향·소·부곡·진(津)·역(驛)·장(莊)·처(處) 등 부곡제 지역이 계
서적으로 분리 편제되었다. 선행연구에서 밝혔듯이,[78] 그 지역을 본관으로
하는 사람들은 잡척(雜尺)이라고 불리면서 일반군현민보다 차별 받았다.
부곡제 지역은 종류에 따라 주민의 생활상이 다르더라도 국가에 특정역을
부담하고 비슷한 법제적 차별을 받는다는 동질성이 있었다. 잡척은 국학
입학과 과거 응시를 할 수 없었고 승려가 되는 것도 금지 당하였다. 특히
자손의 귀속률이 노비와 비슷하여, 군현인과 잡척 사이의 교가(交嫁) 소생
은 모두 잡척에 속하고, 본관이 다른 잡척 사이의 교가 소생은 양쪽에
나누어 소속시키되 남는 자식은 어머니 쪽에 속하게 한다고 규정하였다.
잡척을 천인으로 보는 견해에서는 이처럼 법적으로 일반 군현민과 달리
차별을 강요받았다는 점에서 근거를 찾았다. 그리고 발생 시기를 소급하여
고대국가의 성립·발전과정에서 예속민집단이 군현제에서 천인적 특수촌
락으로 제도화되었다거나, 신라 말 고려 초 지방세력 사이의 지배-예속관
계에 따른 예속촌락들이 부곡제로 편입되었다고 파악하였다.
이에 비하여 양인으로 보는 견해에서는 잡척 차별 관계 사료들을 검토하
여 천인으로 볼 근거가 되지 못한다고 보았다. 그리고 부곡제 지역이
군현 지배에 포함되고 잡척이 부세를 내는 공민으로 존재하였다는 점을
주목하였다. 국가에서 지역적으로 분리 파악하는 것이 유리한 특수역을
반왕조집단에게 부담시킨 데에서 부곡제가 출현하였다고 보거나, 농지
개간에 수반한 월경지(越境地) 처리과정에서 부곡이 출현하였을 가능성
등을 제기하였다.
그런데 앞에서 살펴본 것처럼 잡척은 양인의 상징이라 할 수 있는 본관제

---

78) 부곡제에 대한 연구사 정리는 具山祐, 「고려시기 부곡제의 연구성과와 과제」 『釜大史
學』 12, 1988 참고.

에 편제되었다. 그리고 잡척이 예치질서에 포함되었던 것을 보여주는 사료도 있고 동색혼도 강제되지 않았기 때문에, 역은 천시되었지만 신분은 양인이었다고 보는 것이 좋을 듯하다. 그들은 양인으로서 일반 군현민과 마찬가지로 자기 본관에서는 정호(丁戶)와 백정(白丁)으로 구분되었다.

고려는 부곡제 지역에 부세와 함께 입지조건과 연계된 특정한 역을 부과하였다.[79] 「고려식목형지안(高麗式目形止案)」의 군액(軍額) 기록에서 볼 수 있듯이 소정(所丁), 진강정(津江丁), 부곡정(部曲丁), 역정(驛丁) 등의 잡척이 일반농민 출신과 구분되었다. 그런 지배방식은 사회적 분업의 관점에서 보면 지역을 토대로 사회적 분업을 편성한 방식이라고 할 수 있다. 또한 잡척의 자손에게 승계하도록 강제하였기 때문에, 혈통을 토대로 한 지배방식이기도 하였다.

선행연구들을 종합해보면, 향·부곡은 반역지라고 간주된 곳이나 신개간지처럼 농업 재생산조건이 열악한 곳 등에 설정되었다고 한다. 그리고 사적으로 지배되거나 그럴 가능성이 높은 곳에도 설정하여 주민의 정착을 강제하고 국가 지배력을 강화하였을 가능성이 있다. 그 주민들은 부세를 부담하는 한편 둔전 경작 등에 동원된 듯하지만, 부곡정(部曲丁)으로서 부담한 역의 내용을 정확하게 알 수는 없다. 향·부곡이 신라 때에도 있었다고 알려져 있으나, 당시의 향은 계서적 차별이 없고 향령(鄕令)이 파견되기도 하여 고려 때와는 달랐다. 최근 연구에서는 부곡이 신라시기에는 없고 고려 초에 처음 설치되었을 가능성이 높다는 견해도 제시되었다.[80]

소는 농업·수공업·광업·어업 등에서 특산물을 생산하는 지역에 설치되어 공납하는 곳이며, 진·강·관·역 등은 교통·숙박 요지에 설치되어 관련 역을 부담하였다. 장·처의 경우는 부세가 왕실에 직속하는 농업촌락이었는데, 왕의 내칙(內勅)을 받은 관료가 장에 감림(監臨)한 사실이 확인된다.[81]

79) 朴宗基, 『高麗時代 部曲制研究』, 서울대학교출판부, 1990, 135~166쪽.
80) 전덕재, 「통일신라의 향(鄕)에 대한 고찰」『역사와 현실』 94, 2014.

그런 역할로 본다면 고려 이전에도 비슷한 곳들이 있었다. 역은 신라에도 있었고, 소는 신라의 성(成)과 유사하였을 것으로 추정하고 있다.[82] 장·처의 경우에는 「신라촌락문서」 상의 촌락과 유사하다고 보인다.[83] 그렇지만 신라 때에는 지방제도에서 부곡제와 같은 계서성을 확인할 수 없고 왕실직속촌락도 일반 군현촌락과 동일한 위상으로 편제되었다.

이상과 같이 부곡제 지역은 대부분 고려 초에 당시 사회상황을 바탕으로 처음 설치하였다. 훈요10조에서 진·역 잡척을 언급하였기 때문에, 그 밖의 다른 부류도 같이 설치하였는지는 알 수 없으나, 이미 태조 때부터 부곡제가 존재하였던 것을 알 수 있다. 그리고 본관제의 편제가 전국적 수준에서 정비된 995년(성종 14) 무렵에 부곡제도 함께 정비되었을 것으로 보인다.[84]

부곡제를 시행한 배경을 좀 더 고찰해보자. 우선 나말여초시기에 지방에서 특수농작물을 생산하거나 비농업분야에 종사하여 성장하는 사람들이 있었지만, 일부를 제외하고는 가호 단위에서 그 전업 수준만으로 자립하기 어렵고 국가에 관련 역을 오롯이 부담하기 어려운 상태였다는 점을 생각할 수 있다. 당시 진전이 발생하기 쉽고 휴한농법이 널리 이용되는 농업조건 속에서 재해에 취약하였다. 그리고 지방에서 이른바 '빨리 부자가 되는 기술[速富之術]'로 알려진 비농업부분이 발전하더라도,[85] 농촌시장이 부

---

81) 金龍善 편, 앞의 책, 2012, 「金須妻高氏墓誌銘」.

82) 金哲埈, 「新羅의 村落과 農民生活」『한국사 3』, 국사편찬위원회, 1976, 122~123쪽.

83) 「신라촌락문서」에 기록된 촌을 왕실직속촌락으로 본 견해에 따랐다(金基興, 「신라 <村落文書>에 대한 新考察」『韓國史研究』64, 1989 ; 李泰鎭, 「新羅 村落文書의 牛馬」『民族史의 展開와 그 文化(上)』, 碧史李佑成敎授定年紀念論叢刊行委員會, 1990).

84) 所는 고려후기 또는 현종대에야 지방행정단위로 편입되었다고 보는 견해가 있다(金炫榮, 「고려시기의 所에 대한 재검토」『韓國史論』15, 1986, 100~102쪽 ; 이정신, 『고려시대의 특수행정구역 所 연구』, 혜안, 2013, 16쪽). 한편 所司의 존재를 부정하여 별도의 행정단위가 되지 못하였다고 보기도 하는데(윤경진, 「고려시기 所의 존재양태에 대한 試論」『한국중세사연구』13, 2002), 그에 대한 비판은 李喜寬, 「高麗時代의 瓷器所와 그 展開」『史學研究』77, 2005, 176쪽 참조.

85) 『삼국사기』 권10, 흥덕왕 3년 4월.

정기적이고 불안정하였기 때문에 전업화의 수준이 아직 높지 않았다고 본다.

다음으로는 지역적으로 사회경제적 상황이 불균등하고 지방세력 간에 경쟁 갈등하였다는 점을 고려할 수 있다. 신개간촌락 같은 곳은 한계농지가 많고 생활조건이 열악하였으며 모촌(母村)에 대한 의존도가 높았을 것이다. 또 중앙지배층이나 지방세력이 농경지, 어장, 초목지 등과 함께 수륙교통로 상의 요지를 장악하여 관리하였다. 성종 초기 최승로의 상서문을 보면 여러 군현과 정(亭)·역(驛)·진(津)·도(渡) 등지에서 호우(豪右)들이 제도의 제한을 무시하고 큰 주택을 다투어 지으면서 백성들을 괴롭힌다고 지적하여, 진·역 등이 그때까지도 지방세력에게 장악되었음을 알려준다.

이런 상황에서 중앙집권체제를 정비하면서, 국가에 필요한 특정 역을 안정적으로 확보해야 하였다. 특정 역을 부담할 지역에서 주민 생활이 불안정하고 이권 장악 등으로 분쟁이 잦은 상태에서, 그런 지역을 계서적으로 분리하여 정착을 강제하는 방안을 마련하였으며, 그 결과 부곡제가 시행되었다고 보인다. 잡척에게 안정적인 재생산기반을 보장하거나 적절한 보상을 해주지 못한 채 특정 역의 부담을 강제하였는데, 잡척에 대한 신분적 차별은 그런 역 부담의 강제를 사회적으로 공인하는 방편이었다. 그리고 지방세력 간의 경쟁과정에서 예속된 지역 또는 고려에 '역명(逆命)' 한 지역 등을 부곡제로 일부 편성하거나 죄인·포로 등을 부곡제 지역에 배치하여, 잡척에 대한 차별을 정당화하는 명분으로 삼았다.

이러한 국역 수취의 본관별 분리 편성 및 잡척의 계서적 차별과 신분 세습 강제는 고려시기의 독특한 지배방식이라고 말할 수 있다.[86] 공장과

---

86) 신라 군현제에서는 차별이 없다가 고려에 와서 부곡제로써 계서적 지배가 생겼다고 하면 차별의 극복이라는 역사 발전의 방향과는 상반된 설명이 아닌가 하는 의문이 제기될 수 있다. 그렇지만 신라 때는 왕경 6부와 지방민 사이에 넘기 어려운 간극이 존재하였다는 사실을 고려할 필요가 있다. 신라시기에 모든 지방민에게 입사가 막혔지만, 고려에서는 부곡제 지역민만 과거 응시와 국학 입학을 금지하였다.

상고는 수도이든 지방이든 관(官)이나 시(市) 기반에서 전업적으로 활동하는 존재였다. 그에 비하여 부곡제는 지역적으로 공장과 그 보조인력의 결합, 또는 농업과 비농업부문의 미분리 상태로 파악하는 방식이었다. 아직 전업화(專業化) 하지 못한 비농업부문이라면 지역 내의 농업부문과 결합시켜서 지역공동체적으로 파악하여 정주성을 높이고 국가의 부담을 최소화하면서 해당 공납물이나 역을 효과적으로 확보할 수 있었다.

역의 내용을 상대적으로 잘 알 수 있는 수공업 관련 소를 대상으로 좀 더 살펴보기로 한다. 동일한 소에 소속된 잡척이더라도 서로 간에 기술수준이나 경제력 등에서 편차가 있었을 것이지만, 국가는 소 단위에서 공동체적으로 공납 받았다. 예를 들면 자기소(瓷器所)의 경우에 장인들의 작업에 필요한 흙이나 땔감 조달에 인력이 많이 필요하고 그런 인력을 해당 소 주민들의 역을 통하여 조달했던 것으로 파악된다. 염소(鹽所)에서도 소금 생산에서 가장 중요한 가마에 불 때는 일은 소의 장인이 하고 소금물을 깃는다든가 땔감을 마련하는 일은 주민의 역으로 충당하였다.

이처럼 소의 장인을 포함하여 주민이 함께 작업한 것은 지소(紙所)·탄소(炭所)·묵소(墨所)·와소(瓦所) 등에서도 확인된다.[87] 이인로가 맹성(孟城)의 수령으로 재임 중에 왕이 사용할 먹[御墨] 5천 정(挺)을 만들어 납부하기 위하여 농한기에 공암촌(孔巖村)에 가서 백성을 부려 송연(松煙) 100곡(斛)을 채취하고 양공(良工)을 모아 독려하여 두 달 만에 끝냈다.[88] 공암촌이 묵소였다면 동원된 장인과 백성들은 그 소의 주민이었을 것이다.[89] 철소(鐵所)에서도 공납물을 생산하는 연료 비축, 채광, 제련 등의 작업이 농한기에

---

87) 이정신, 앞의 책, 2013.

88) 『破閑集』 권上, 文房四寶皆儒者所須 ….

89) 다음 기록에서 묵소를 비롯한 소의 장인들도 해당 소의 주민이었던 것을 알 수 있다. "判 京畿州縣 常貢外徭役煩重 百姓苦之 日漸逃流 主管所司下問界首官 其貢役多少 酌定施行 銅鐵瓷器紙墨雜所 別貢物色 徵求過極 匠人艱苦而逃避 仰所司 以其各所別常貢物 多少酌定 奏裁"(『고려사』 권78, 식화1 貢賦 예종 3년 2월).

이루어졌으며,[90] 전업 수준을 보면, 그 장인들은 농업을 통해 주업인 수공업을 보완하는 형태였다.[91] 대체로 볼 때 수공업·광업 분야 소의 경우에 전문적인 장인과 기타 주민으로 구성되고 그들의 경리형태에서 농업이 상당한 비중을 차지하였던 것으로 보인다.[92]

이상의 고찰을 통하여, 부곡제는 국가 수취체제가 일종의 사회적 분업을 이용하여 지역 지배방식으로 이루어진 것이라고 이해할 수 있다. 사회적 분업의 기능론적 관점에서 본다면 일정단계에서는 이런 부곡제 지배가 긍정적인 역할을 하기도 하였다. 취약한 상태에 있는 분업부분을 지역적으로 묶어 안정시키고 자율적으로 운영하게 하였다. 그리고 잡척은 동원되지 않는 기간 동안에 농업과 함께 상품을 제작 판매하거나[93] 또는 교통·숙박 관련 서비스를 제공하고 그 수수료 등으로 생활할 수 있었다. 소의 경우를 보면 국가에 의하여 제도적으로 특산지로 인정받고 기술과 품질이 관리되는 효과가 있으며, 그에 따라 상품유통과정에서 인지도가 높아지는 효과 등을 기대할 수 있었다.

자기소에 대한 선행연구에서 그런 점을 확인할 수 있다. 국가는 공납품 자기의 수량과 기종(器種), 기형(器形)과 문양 등에 대하여 통제하면서 생산 기술과 품질을 관리하였다. 그리고 자기소로 편제되지 않았던 요장(窯場)들에서도 청자의 종류 및 형식 상 강진(康津)지역 소의 생산품과 같은 것이 기본을 이루었던 것으로 파악되었다. 이러한 현상에 대하여 공납을

---

90) 이 점은 후대의 자료이지만 조선 초기 冶匠의 부역상황에서 알 수 있다. "江原道都觀察使李安愚上書 … 月課軍器 國家禦侮之備 誠不可一日廢其修造也 … 節制營與界首各鎭日常 打造 其爲冶匠者 日夜在官 失其生理 未免妻子啼飢之嘆 亦可憫也 願自今三月至七月 則放還 歸農 自八月至明年二月 驅而赴役 則庶乎國不廢備而匠亦遂其生矣"(『태종실록』 권29, 15년 4월 정해).

91) 徐聖鎬, 「高麗前期 手工業 研究」, 서울대 박사학위논문, 1997, 136쪽.

92) 서성호, 「高麗 수공업所의 몇 가지 문제에 대한 검토」 『韓國史論』 41·42, 1999.

93) 서성호, 앞의 논문, 1999, 279~290쪽 ; 李喜寬·崔健, 「高麗初期 青瓷生産體制의 變動과 그 背景」『美術史學研究』 232, 2001, 50쪽.

주로 하였던 강진의 청자와 비슷한 유형을 지방에서도 공유함으로써 '중심의 확산', '소비층의 확대'가 일어났던 것으로 이해하였다.[94]

당시의 사회경제적 조건으로 볼 때, 부곡제 실시 이후 한동안은 사회적 분업의 일정 부분을 그렇게 유지하는 것이 긍정적인 면이 있고, 국가에서 안정적으로 수취하는 데 효과적이었을 것이다. 그렇지만 잡척들이 차별을 질곡으로 여기고 공납형태의 수취가 시장을 통한 영리 추구를 저해한다는 것을 인식하고 저항하게 되면, 그런 체제를 유지하기 어려워질 것은 자명하다. 그에 따라 12세기 이후 사회변화 속에서 부곡제의 지배방식은 해체되어 갔다.

6. 맺음말

신라 하대 이래 골품제가 해체되고 사회적 분업과 민의 분화가 확대되었으며 지방세력들이 대두하였다. 이런 사회변화 위에서 성립한 고려는 경쟁적 환경을 일정부분 수용하고 한편으로는 현 상태로 고정화하면서 본관제를 비롯한 통합적인 질서를 구축하였다.

고려의 신분·계층질서는 본관제와 밀접하게 관련되었다. 양천제를 바탕으로 하여, 본관제에서 배제된 천인을 분리하여 국가의 예치질서 밖에 두었다. 양인들은 본관을 갖는 공민으로서 동질적이었다. 그렇지만 사회적 분업과 직무·직능의 전문화에 바탕을 두고 혈연과 지연, 직업과 국역, 국가의 지배와 향촌사회의 자율성 등 서로 다른 원리들이 작동하면서 다원성과 계서성이 부각되는 계층질서를 구성하였다. 본고에서는 이전 시기에는 없거나 부각되지 않던 양천제와 사·서 구분, 문반·무반의 구분과

---

94) 崔健, 「高麗時代 後期의 象嵌靑磁와 陶磁觀에 관하여」, 『高麗時代 後期 干支銘象嵌靑磁』, 海剛陶磁美術館, 1991, 124쪽 ; 장남원, 『고려중기 청자연구』, 혜안, 2006, 198~199쪽.

중간계층, 농·공·상의 구분, 부곡제에 의한 잡척의 구분 등을 검토하여 중앙집권국가의 사회분업론적 편성을 부각시키려고 하였다.

각 신분·계층은 나말여초시기에 존재한 집단과 조직 등을 기초로 성립하였지만, 그 계서적 위상이 법제적으로 규정된 시기에 차이가 있었다. 양천제나 부곡제의 시행이 태조 때부터 확인되는 데 비하여, 문·무반은 광종 때 과거제 시행을 계기로 구분되기 시작하였다. 그리고 농·공·상의 분리는 성종 때 유교이념에 입각하여 제도를 정비하는 과정에서 법제화되었다. 이러한 성립시기의 차이도 구분기준의 다원성과 함께 신분·계층질서가 다원적이었다는 것을 의미한다.

고려의 신분·계층질서는 각기 이해관계가 다르고 다원적으로 존재한 집단·조직들을 국가권력이 계서적으로 편제한 것이다. 각 신분·계층의 사회적 정체성은 혈연·지연 등에 따른 직업·역의 승계 규정, 입사와 승진상의 차별 등 법률로 강제되었다. 경쟁 속에서 합의가 어려운 차이를 법제적 차별로 굴복시키고, 역명자(逆命者)의 후예로 간주하거나 본말론(本末論) 등을 명분으로 삼아 차별을 정당화하였다.

그렇게 사회적 분업을 법제화한 초기에는 사(士)나 농민이 공·상으로 진입하는 것을 막아 공장과 상고의 이익을 보호한다든지, 아직 취약한 상태에 있는 분업부분을 지역으로 묶어 안정시키고 국가가 품질·기술 등을 관리하여 보증효과가 있다든지 등의 유용성이 있어서 긍정적 역할을 하기도 하였다. 그렇지만 사회변화에 따라 계서적 차별이 모순으로 작용하게 되면서, 12세기 이후 모순과 차별에 저항하고 해소하려는 시도들이 많아지고 신분·계층 간의 유동성이 커졌다.

제2장

고려 태조~현종대 다원적 사상지형과 왕권 중심의 사상정책

최 봉 준

1. 머리말

신라말 호족세력과 선문의 등장은 신라 중앙의 권위를 약화시키고, 여러 계층과 세력의 요구를 폭발적으로 증가시켰다. 신라 정부는 이를 효과적으로 수습하지 못하고 멸망하였다. 새로운 시대적 과제는 후백제와 신라를 흡수하고 후삼국을 통일한 고려왕조에 맡겨질 수밖에 없었다.

고려사회의 사상지형은 유교와 불교, 도교, 풍수지리, 민간신앙 등 여러 사상이 공존을 지향하면서 국가적 테두리 안에 통합되어 있었다고 이해된다.[1] 이들 사상은 제각기 다른 배경을 지니고 있으며 성격 또한 다르다. 고려왕조가 지속된 475년간 여러 사상이 공존해왔다는 것은 갈등의 요소가 상존해있었음에도 불구하고 다원성을 담보할 만큼의 통합성 또한 존재해왔다는 것을 의미한다.

사상의 다원성에 이은 통합성은 정책적인 측면에서 통합의 주체가 설정되지 않고서는 이룰 수 없다고 생각된다. 우선 공존은 사상 간의 존재를

---

[1] 박종기, 『새로 쓴 5백년 고려사』, 푸른역사, 2008.

인정하는 분위기가 조성되어야 할 것이다. 예를 들면 유교와 불교, 도교 등이 갖고 있는 고유성과 함께 역할이 분리되어 있어야만 사회적인 존재가 치를 인정받을 수 있다. 그리고 고려왕조 475년간 충돌의 흔적과 파편을 통하여, 그리고 공존의 궤적을 살펴봄으로써 존재 양태의 한 측면으로서 공존의 구조와 원리를 도출해낼 수 있을 것이다.

그렇다면, 고려시대의 다원적 사상지형은 과연 어떠한 과정을 거쳐 성립하게 되었을까? 이와 관련하여 주목할 수 있는 것은 태조의 훈요10조 와 최승로의 시무28조이다. 공교롭게도 훈요10조와 시무28조는 모두가 불교에 대한 통제책이 가장 많은 비중을 차지하고 있으며, 유사한 구절도 많다. 이는 아무래도 시무28조가 훈요10조의 지향성을 계승하였기 때문은 아닌가 생각된다. 양자 사이에 시기적으로 약 50년 정도의 차이가 발생하 기 때문에, 서로 다른 점이 발견되는 것은 당연하다. 그러나 두 사료를 기본으로 여타의 방증 자료를 동원하면 다원적 사상지형을 갖추게 되었던 과정과 통합의 원리, 그리고 정책적 지향을 설명할 수 있을 것이다.

고려시대의 서로 다른 사상 사이의 다양한 관계에 대해서는 개론서와 공동연구 등을 통하여 여러 차례 정리되었다.[2] 그 중에는 다원적 사상지형 에 관하여 언급한 성과들도 찾을 수 있으나, 그 유래와 전개 과정은 유교와 불교를 중심으로 소략하게 제시되어있다. 또한, 나말여초의 사상정책에 대해서도 많은 연구성과가 있었다.[3] 그러나, 이 역시 불교를 중심으로

---

2) 金哲埈,「羅末麗初의 社會轉換과 中世 知性」『창작과 비평』3, 1968 ; 許興植,「高麗時代의 社會와 思想」『韓國思想史大系(3)』, 1991 ; 윤이흠·김일권·최종성,『고려시대의 종교 문화』, 서울대학교 출판부, 2002 ; 邊東明,「高麗時期의 儒敎와 佛敎」『한국중세사연 구』18, 2005 ; 강은경,「국가, 지역 차원 祭儀와 개인적 신앙」『고려시대 사람들의 삶과 생각』, 혜안, 2005 ; 김복순,「신라와 고려의 사상적 연속성과 독자성」『한국고대 사연구』54, 2009.

3) 具山祐,「高麗 成宗代 對外關係의 展開와 그 政治的 性格」『韓國史研究』78, 1992 ; 한기문, 「고려시대 사원의 통제와 편제」『李智冠스님華甲紀念 韓國佛敎文化思想史(上)』, 1992 ; 조경시,「高麗 成宗代의 對佛敎施策」『한국중세사연구』9, 2000 ; 한정수,「高麗前期 儒敎的 重農理念과 月令」『歷史敎育』74, 2000 ; 이정신,「고려 태조의 건국이념의

하고 있기 때문에 여러 사상을 아우르는 연구는 아니었다.

이 글은 고려왕조의 성립에서부터 문벌귀족사회가 어느 정도 완성되는 현종 때까지를 대상으로 한다. 이것은 사상정책만 놓고 보았을 때, 광종대에 기본적인 구조가 갖추어지지만, 이후 조정을 거쳐 하나의 구조로서 정착하고 안정화 되는 시기를 현종대로 보았기 때문이다. 이 글을 통하여 고려초기 다원적 사상구조가 어떠한 과정을 거쳐서 만들어졌으며, 그것이 고려국가의 성격을 어떻게 규정지을 수 있을 것인가 하는 문제와 사상사 영역에서 국가정책과의 연계성을 이해하는 데 작게나마 보탬이 되기를 바란다.

2. 나말여초의 사상지형과 다원적 공존관계

신라말 왕위쟁탈전과 사회경제적 모순의 증대가 불러온 중앙의 권위 약화와 호족의 발호는 사회 저변에 존재하고 있었던 다양한 요구가 표출되는 계기가 되었다. 이와 함께, 9세기 이후 보급되기 시작한 선종은 호족세력과 연결되었다. 풍수지리설은 지리적 중심을 남부지방에서 중부지방으로 옮겨놓게 되었으며, 이는 중앙의 권위 약화를 가속화시키는 한편, 변혁을 정당화 할 수 있었다. 이러한 배경 아래서 도당유학생과 유학승의 귀국은 새로운 세력의 활동범위와 정당성을 더욱 강화하는 계기를 만들었다. 6두품을 중심으로 하는 지식층은 신라왕실과 연결되는 경우도 있었으나, 오히려 고려와 후백제와 연결되는 경우가 많았다. 그만큼 분권적 경향과

형성과 국내외 정세」『韓國史硏究』118, 2002 ; 남동신, 「나말려초 국왕과 불교의 관계」『역사와 현실』56, 2005 ; 張日圭, 「나말려초 지식인의 정치이념과 훈요10조」『震檀學報』104, 2007 ; 조경시, 「고려 현종의 불교신앙과 정책」『韓國思想史學』29, 2007 ; 최인표, 『나말려초 선종정책 연구』, 한국학술정보, 2007 ; 이병희, 「고려 현종대 사상과 문화정책」『한국중세사연구』29, 2010.

다원성의 여지가 커지고 있었던 것이다.

그렇지만, 사상지형은 다원성을 인정하되, 통합성도 지니고 있었던 것으로 보인다. 신라말 최치원(崔致遠)은 「난랑비서(鸞郎碑序)」에서 다음과 같이 말하였다.

> 나라에는 현묘(玄妙)한 도(道)가 있으니, 풍류(風流)라고 일컫는다. 가르침을 세운 근원은 선사(仙史)에 자세하게 나와 있는데 실로 삼교를 포함하여 군생(群生)과 접하여 교화시키는 것이었다. 또한 집에 들어가면 효(孝)를 하고 나라에 나오면 충(忠)을 하는 것이니 공자의 가르침이며, 무위(無爲)하는 일에 마음을 두고 불언(不言)의 가르침을 행하니 노자의 종지(宗旨)이며, 모든 악한 것을 짓지 않고 모든 선행을 받들어 행하니 부처의 교화와 같다.[4]

많은 연구에서 지적하듯이, 이 구문 안에는 풍류라는 이름 아래에 유불도 삼교가 모두 포함되어 있다. 여기서 최치원의 말을 곱씹어보면 신라인의 의식에는 삼교가 서로간의 모순이나 대립이 없이 공존과 조화를 이루고 있었다는 의미로 해석된다.[5]

이는 나말여초 선승들의 비문에서도 확인된다. 이몽유가 지은 「봉암사 정진대사원오탑비」에는 긍양(兢讓, 878~956)이 『논어』를 익혔다고 되어 있으며,[6] 현휘(玄暉, 879~949)의 경우 아버지가 『노자』와 『주역』에 밝았다고 하였다.[7] 또한 자적선사(慈寂禪師) 홍준(弘俊, 882~939) 역시 아버지

---

4) 『삼국사기』 권4, 진흥왕 37년, "國有玄妙之道 曰風流 設敎之源 備詳仙史 實乃包含三敎 接化群生. 且如入則孝於家 出則忠於國 魯司寇之旨也 處無爲之事 行不言之敎 周柱史之宗也 諸惡莫作 諸善奉行 竺乾大子之化也."

5) 張日圭, 「최치원의 삼교융합사상과 그 의미」 『新羅史學報』 4, 2005.

6) 한국역사연구회 편, 『譯註 羅末麗初金石文(下)』, 혜안, 1996, 341~342쪽, 「봉암사 정진대사 원오탑비」.

지유(知儒)가 『도덕경』과 『시경』을 공부하였다고 하였다.[8] 비록 많은 사례는 아니지만, 이것은 선사들의 학문적 배경에는 유불도 삼교가 공존하고 있었다는 것을 의미한다.

이와 함께 참고할 수 있는 것은 여러 연구에서 지적하듯이 나말여초 선승들의 비문이 불교적인 내용을 포함하고 있음에도 불구하고 대부분이 유학자들의 손에 지어지고 있다는 점이다. 이는 유학자라고 해도, 기본적으로 불교를 중심으로 하는 교양이 사고의 일정부분을 차지하고 있다는 것을 의미한다.

그런데, 나말여초 다원적 사상지형을 나타내는 사료들 중에는 각자의 입장에 따라 유교나 불교 우위의 사상지형을 지향하는 모습이 발견된다.

> (결락) 예의와 겸양의 풍속이 흥기하고 신선의 도를 숭상하였으며, 공자께서 살고자 하였으니, 어찌 누추하다고 하겠는가? … 백이(伯夷)의 옛 땅이자, 기자(箕子)가 열었던 옛 터에 바람이 현인을 실어 보내니, 경내에 봉래산(蓬萊山)의 기운이 서려 있네, 공자가 살고자 한 곳이 어찌 누추하고 서복(徐福)이 돌아가지 않았겠는가? 철인군자도 실로 와야 할 곳이다.[9]

위의 인용문은 1026년(현종 15)에 만들어진 「채인범묘지명」이다. 여기서는 앞부분이 결락되어 구문이 가리키는 장소가 정확하게 어디인지는 알 수 없으나, 문맥으로 보아 고려를 의미하는 것으로 보인다. 채인범(蔡仁範, 934~998)은 970년 송에서 귀화한 사람이다. 그렇기 때문에, 위의 인용문에서는 귀화한 고려의 문화적 배경이 중국과 비교해도 뒤처지지 않았음

---

7) 한국역사연구회 편, 위의 책, 1996, 156쪽, 「정토사 법경대사 자등탑비」.
8) 한국역사연구회 편, 위의 책, 1996, 127~128쪽, 「경청선원 자적선사 능운탑비」.
9) 김용선 편, 『역주 고려묘지명집성』, 한림대 아시아문화연구소, 2001, 4쪽, 「채인범묘지명」, "興禮讓之風俗 尙神仙之道 孔聖欲居 而何陋 … 伯夷遺址 箕子故開 風傳木鐸 境壓蓬山 仲尼何陋 徐福不還 哲人君子 實所躋攀."

을 강조하기 위한 목적이 있음을 확인할 수 있다. 여기에 위의 인용문에서 말하고 있는 '예의와 겸양의 풍속'이 유교를, '신선의 도'가 도교를 의미한다고 본다면, 앞의 결락된 부분은 아마도 불교와 관계된 표현이 있었을 가능성이 있다. 이렇게 추정한다면, 고려는 유불도 삼교가 공존하는 배경을 지니고 있었다고 할 수 있다.

여기서 또 하나 주목해야 할 점은 백이와 기자가 등장한다는 점이다. 이를 두고 묘지명의 찬자는 고려가 백이와 기자의 옛 땅으로서 공자와 같은 철인군자도 오고 싶어 하는 곳, 즉 유교적 전통이 살아있는 곳으로 묘사하고 있다. 더욱이 채인범이 송에서 귀화한 인물임을 고려한다면, 수사적 표현일 가능성이 있으나, 백이와 기자의 상징성을 무시할 수는 없을 것으로 보인다. 따라서, 묘지명의 찬자는 고려가 유교 지향적 사회라는 것을 암시하고 있는 것으로 볼 수 있다. 이를 정체성이라는 측면에서 해석하면, 다원적 사상지형의 중심에 유교가 존재하는 유교지향적 정체성으로 볼 수 있을 것이다.

선승의 비문에서는 당연히 불교 중심의 다원성을 지향하는 모습이 발견된다.

> 옛날에 육신보살(肉身菩薩)이셨던 혜가선사(慧可禪師)께서는 매양 노자가 천축(天竺)의 우리 스승(부처)을 말하였으며, 공자도 서방의 (결락) 하였다는 것을 말씀하셨다.[10]

위의 인용문은 최언위가 937년에 지은 「광조사진철대사승공탑비」의 일부분이다. 결락된 글자가 모두 29글자나 되어 사료 전체가 어떤 것을

---

10) 한국역사연구회 편, 『譯註羅末麗初金石文』(上), 혜안, 1996, 30쪽, 「廣照寺眞澈大師寶月乘空塔碑」, "昔者 肉身菩薩惠可禪師 每聞老生談天竺吾師 夫子說西□□□□□□□□□□□□□□□□□□□□□□□□□□□□□□□."

말하려고 하는지 자세히 알 수 없으나, 문장의 뉘앙스로 보아 혜가가 제자들에게 했다는 말은 노자와 공자 모두가 이미 부처의 설이 뛰어나다는 것을 인정하였다는 것으로 추정할 수 있다. 결국 위의 문장에서는 불교가 도교와 유교에 비하여 우위에 있다는 의미를 내포하고 있었던 것인데, 여기서 주의할 점은 위의 비문을 유학자 최언위가 지었다는 사실이다. 이것이 왕명에 의하여 지어졌고, 당시에 유학자에게 불교적 교양은 상식에 해당한다고 하더라도, 유학자가 불교우위의 입장을 드러내는 것은 쉬운 일은 아니라고 생각된다. 따라서 유학자들에게서도 「채인범묘지명」의 경우와 달리 불교우위의 입장과 유교우위의 입장이 공존하고 있었다는 것을 엿볼 수 있다.

이와 관련하여 참고할 수 있는 것은 유교정치이념을 확립한 유교 이외의 사상에 대한 성종의 태도이다. 최지몽(崔知夢)은 해몽과 점술에 능하여 어려서부터 태조의 곁에서 보좌하였으며, 혜종 때는 왕규의 난을 정확하게 예언하여 정종(定宗)이 반란을 진압하는 데 큰 공을 세웠다.[11] 이는 비록 단편적인 예에 불과하지만, 국가 운영이나 개인의 행동에 도참이나 점술과 같은 비유교적 사상이 영향을 줄 가능성이 있었음을 의미한다. 그러나, 987년(성종 6) 최지몽이 병이 들자 성종은 친히 문병하는 한편, 귀법사(歸法寺)와 해안사(海安寺)에 말을 희사하고 3,000여 명에게 반승(飯僧)을 하는 등 최지몽의 병을 치료하기 위하여 비유교적 수단을 동원하였다.[12] 이것은 유교 군주라고 하더라도 언제든지 비유교적 수단을 이용하여 목적을 달성할 수 있는 사상적 유연성이 있었던 것으로 볼 수 있다.

이와 같은 경향은 관료라고 해서 예외는 아니다. 많은 연구에서 인용하고 있는 이지백(李知白)의 사례도 그 중의 하나라고 할 수 있다. 993년(성종 12) 이지백은 유교보다는 불교와 도교, 국선(國仙) 등의 힘을 빌려와야

11) 『고려사』 권92, 崔知夢.
12) 『고려사』 권92, 崔知夢.

한다고 하였다.

전 민관어사 이지백이 아뢰기를, "태조께서 창업하시어 통일을 이루었으
나 오늘날에 이르기까지 충신이 1명도 없었으며 갑자기 땅을 경솔히
적국에 내어주고자 하니 가히 통탄하지 않겠습니까? 옛 사람이 시에서
말한 것이 있으니, '천리의 산하가 어린아이에게는 가볍겠으나, 두 왕조의
문관과 무관이 초주(譙周)를 원망하였다'고 하였습니다. 대저 초주는 촉
(蜀)의 대신으로 후주(後主)가 위(魏)에 땅을 바칠 것을 권하였으므로 만고
에 웃음꺼리가 되었습니다. 청컨대 금은과 보화를 소손녕(蕭遜寧)에게
주고 그 뜻을 살펴보소서. 또한 가벼이 땅을 나누어 주는 것은 적국에
(땅을) 버리는 것입니다. 만약 선왕 때의 연등회와 팔관회, 선랑(仙郞)
등의 일을 다시 거행하고, 이법(異法)을 행하지 않는다면, (이것이야말로)
나라를 보전하고 태평성대에 이르게 하는 것이 아니겠습니까? 만일 옳다
고 여기신다면 천지신명께 먼저 고한 연후에 싸우고 화친하는 것을 오직
주상께서 결정하시면 됩니다." 하였는데, 성종이 옳다고 여겼다. 이때
성종은 화풍(華風)을 사모하는 것을 좋아하였으나 나라 사람들이 좋아하
지 않았으므로, 이지백이 그와 같이 말한 것이다.[13]

그런데, 여기서 주목해야 할 점은 할지론(割地論)에 대한 대안으로 제시
한 것이 연등회와 팔관회, 선랑 등 고려의 전통적인 의례를 다시 거행하고
이법을 시행하지 말 것을 제시하였다는 점이다. 그리고 이것은 성종의
중국 제도의 도입에 대한 반발로 나온 것이라고 설명하고 있는데, 당시

---

13) 『고려사』 권94, 徐熙, "前民官御事李知白奏曰 聖祖創業垂統 洎于今日 無一忠臣 遽欲以土
地 輕與敵國 可不痛哉 古人有詩云 千里山河輕孺子 兩朝冠劒恨譙周 盖謂譙周爲蜀大臣 勸後
主納土於魏 爲千古所笑也 請以金銀寶器賂遜寧 以觀其意 且與其輕割土地 弃之敵國 曷若復
行先王燃燈八關仙郞等事 不爲他方異法 以保國家致大平乎 若以爲然 則當先告神明 然後戰
之與和 惟上裁之 成宗然之 時成宗 樂慕華風 國人不喜 故知白及之."

신료측 일부가 국가 운영에서 비유교적인 수단을 적극적으로 활용해야 한다는 점을 지적하고 있는 것으로 해석된다. 이것은 적어도 고려초기에는 유불도 삼교와 기타 풍수지리, 민간신앙 등 다양한 사상이 공존을 지향하면서도, 이 중 어느 하나가 다른 사상을 압도하게 될 경우 견제를 받을 수 있었다는 것을 의미한다.

그렇기 때문에, 유교 관료의 경우 자연스럽게 유교정치이념을 지향하기는 하지만, 다원적 속성을 기본적으로 깔고 있었다. 현종대 최항(崔沆)의 경우, 가학인 유학을 기반으로 청렴하며 검소한 생활을 하였음에도 불구하고, 불교 신앙이 지나쳐 황룡사 탑을 중수할 것을 건의하여 민에게 막심한 피해를 입혔으며,[14] 그가 성종대 폐지된 팔관회를 다시 실시할 것을 주장한 것은 이와 같은 그의 호불적 성향 때문이었다고 하였다.[15]

> 신이 삼가 불교경전[內典]을 살펴보니, 초제(招提)라는 것은 사방의 영걸과 인재를 모아 불법을 널리 퍼뜨리면서 머무는 곳입니다. 또한 『장자』에서 말하기를 "초막을 세워 인의를 보인다"고 하였으며, 『진서(晉書)』에서는, "나그네를 맞이함으로써 공무와 사사로운 일로 지나가는 이들을 구제한다"고 하였습니다.[16]

현종때 홍경사(弘慶寺) 건립은 국가의 지원 속에서 이루어졌다. 홍경사의 갈기(碣記)를 지은 최충(崔沖)은 내전, 즉 불교경전과 『장자』, 『진서』 등을 인용하여 홍경사 건립의 목적을 인(仁)의 실천으로 해석하였다. 위 인용문의 문맥을 곰곰이 뜯어보면 최충은 불교와 도교, 유교 등을 인으로 포섭하

---

14) 『고려사』 권93, 崔沆.

15) 『고려사』 권93, 崔沆.

16) 허흥식 편, 『韓國金石全文(中世上)』, 아세아문화사, 1984, 崔沖「奉先弘慶寺碣記」, "臣謹按內典云 招提者 謂招引提攜十方英俊 弘闡佛法居止之所焉 又莊子說 蓬廬而視仁義 晉書論 逆旅以濟公私."

고 있다는 것을 확인할 수 있다.[17]

정치에서는 유교정치이념을 표방하는 모습이 여러 차례 확인된다. 태조 왕건은 이미 훈요10조에서 『서경』의 무일편을 언급하였다. 이는 주(周) 성왕(成王)의 경계를 본받아 성실하게 국정에 임하라는 의미였다.[18] 이는 호족에서 몸을 일으켜 군주로 발돋움한 태조의 정치적 경험이 우러나있는 것으로, 군주로서 궁예와 대비되는 모습을 유교를 이용하여 스스로 형상화하고 있는 것으로 해석할 수 있다. 이와 함께 이 조항의 앞머리에서는 나라를 소유한 군주는 경사(經史)를 널리 학습해야 한다고 하였다. 물론, 이것은 바로 이어서 나오는 무일편 언급을 강조하기 위한 전치문의 성격이 강하지만, 군주의 정치가 기본적으로 어디를 향하고 있어야 하는지를 지적하고 있는 것으로 이해된다.[19] 즉, 군주는 다원적 사상지형 아래서도 정치에서만큼은 수신(修身)과 유교적 방향을 견지해야 한다는 것이다.

태조는 훈요10조 제7조에서 군주권의 제한과 '취민유도(取民有度)'를 언급하였다. 즉 군주가 신하와 민을 어떻게 대해야 하는지에 대한 내용으로서, 신하의 참소를 멀리하고 간언을 귀담아들을 것이며 때에 맞추어 부역을 실시할 것, 농사의 어려움을 잊지 말고 상벌을 내릴 때는 음양의 이치를 따질 것을 지시하였다.[20] 여기서 주목되는 점은 때에 맞춘 부역과 형벌의 실시이다. 이는 월령(月令)을 통한 중농정책과 형벌제도 실시로 요약할 수 있겠다.[21]

이러한 태조의 정책 방향은 성종대 최승로의 시무28조에 이어서, 988년 (성종 7) 이양(李陽)의 상서문과 그에 대한 성종의 응답에서도 이어진다.

---

17) 李仁在, 「高麗 前期 弘慶寺 創建과 三敎共存論」 『韓國史學報』 23, 2006, 114~116쪽.

18) 『고려사』 권2, 태조 26년 4월.

19) 장지연, 「고려~조선 초 『書經』 「無逸篇」과 「洪範篇」 이해의 변화」 『사학연구』 112, 2013, 125~128쪽.

20) 『고려사』 권2, 태조 26년 4월.

21) 한정수, 『한국 중세 유교정치사상과 농업』, 혜안, 2007.

이양은 월령에 따른 중농정책을 실시하고 『주례』에 따라 국왕이 친히 적전(籍田)을 경작할 것, 천문과 지리의 운행을 근거로 치란의 기미를 살피고 인정(仁政)을 실시할 것을 건의하였다.[22] 성종은 이양의 건의를 모두 받아들였는데, 두 사람이 지향하고 있는 월령에 따른 국가정책의 시행은 결국, 음양오행을 근거로 한 천인감응(天人感應)이라고 할 수 있는 것이었다.[23]

결국, 고려초기를 거쳐 현종대에 이르는 동안의 사상지형은 기본적으로 다원적인 모습이라고 할 수 있다. 그렇지만, 불교와 유교가 제각기 우위에 있다는 것을 주장하고 있는 모습은 사상지형에서 사상들 사이에 대립의 가능성이 남아있다는 것, 즉 국가 권력에 의한 조정이 필요하다는 것을 의미한다. 이와 같은 사상지형이 고려 국가의 테두리 안에서 형성된 것이라고 한다면, 결국 국왕에 의하여 이해관계가 조정되어야 할 것이다.

3. 사상 간 균형 추구와 왕권 중심의 사상정책

1) 사상 간 균형 원리와 왕권 중심의 사상정책의 형성

나말여초 유불도 삼교의 공존관계는 결국 다원적 사상지형과 구조를 이루고 있다는 것을 의미하지만, 상호 견제의 가능성도 존재하였다. 앞서 잠시 확인한 바와 같이 불교를 중심으로, 또는 유교를 중심으로 하는 사상 간의 통합을 추진할 경우 어떤 식으로든 사상 간의 알력이나 대립이 나타날 수 있다. 어느 하나의 사상이 통합을 주도하지 않는 병렬적 방법으

---

22) 『고려사』 권3, 성종 7년 2월 임자.
23) 李熙德, 『高麗儒教政治思想의 研究』, 一潮閣, 1984, 59쪽 ; 한정수, 앞의 책, 2007, 126~128쪽.

로 통합성을 발휘할 경우에도 마찬가지로 사상들 사이의 알력은 언제든지 나타날 가능성이 있다. 그렇기 때문에, 누군가가 나서서 이해관계를 조정해주어야 할 필요가 있었다. 이와 같은 상황에서 주목해야 할 점은 국가권력을 대표하는 왕권과 불교 교단의 관계에서 왕권이 점차 우위를 확보해 나갔다는 점이다.

우선 비교해 보아야할 것은 태봉의 궁예, 태조 왕건이 불교 교단에 대하여 어떠한 자세를 취하였는가 하는 문제이다. 즉, 궁예정권을 바라보면서 형성된 태조 왕건의 문제의식이 어느 방향으로 형성되었으며, 그것이 만들어낼 결과가 태조 이후 혜종을 비롯한 후대 왕들이 어떻게 계승하였으며, 그러한 방향이 어떠한 과정을 거쳐서 정착하는가 하는 것이다.

신라말 국왕과 불교 교단 사이의 관계는 대체로 국왕에 비하여 승려가 우위에 서는 관계였다.[24] 신라왕실이 선종 승려들을 적극적으로 초치하여 활용하였던 것은[25] 새롭게 성장하는 선종을 이용하여 국가질서가 이완하는 것을 막고 지방지배를 복원하고자 하였기 때문이다.[26] 그러나, 진성여왕대 이후 폭발적으로 증가하기 시작한 지방세력의 다양한 요구를 신라 정부가 수용하지 못하게 되면서, 신라의 불교 교단에 대한 지배력은 급속하게 약화되었으며, 그에 따라 지배력 또한 회복하기 불가능할 정도에 이르렀다.

신라말 국왕과 불교 교단 사이의 관계를 역전시킨 인물은 태봉의 궁예였다. 주지하다시피 궁예는 미륵을 자처하며 미륵관심법으로 주변의 정적들을 제거하였다.[27] 즉, 자신이 국왕으로서 불교의 수장이 되는 한편, 종교적

---

24) 남동신, 「나말려초 국왕과 불교의 관계」『역사와 현실』56, 2005.

25) 한국고대사회연구소 편, 『譯註韓國古代金石文(3)』, 가락국사적개발연구원, 1992, 179~181쪽, 崔致遠「鳳巖寺智證大師塔碑」; 같은 책, 163쪽, 「深遠寺秀澈和尙塔碑」; 한국역사연구회 편, 앞의 책(上), 1996, 45쪽, 「瑞雲寺了悟和尙眞原塔碑」.

26) 최인표, 『나말려초 선종정책 연구』, 한국학술정보, 2007.

27) 『고려사』권1, 태조총서 乾化 4년.

수단으로 신료와 민을 억제하는 신정정치, 즉 정교일치 정책을 지향하였다. 그러나, 이는 불교 교단 측의 반발을 불러왔으며, 태조 왕건이 쿠데타를 일으키게 되는 원인이 되었다. 그런 만큼, 이와 같은 극단적인 사상정책과 국가운영으로는 권력을 오랫동안 지속시키기 어려웠을 것이다.

그런데, 쿠데타를 전후한 시점에 이미 태조에게로 귀부하려는 이들이 많았으며, 그 중에 유교지식인이 있었다는 점이 눈에 띈다. 특히 궁예측 인물이었던 아지태(阿志泰)의 참소 사건을 태조가 원만하게 처리하자, 군부의 장교를 비롯하여 종실, 지략이 있고 유교적 교양을 지닌 이들이 귀부하기 시작하였다.[28] 이것이 궁예의 미륵관심법이 있기 직전이라는 점을 고려한다면, 미륵관심법을 통한 궁예의 정교일치 정책은 태조 측의 물밑에서의 움직임에 대한 대응이라는 의미를 갖는 것으로 볼 수 있다.

또한, 궁예에게 불려간 태조가 최응(崔凝)의 기지로 위기를 모면한 사건[29] 등은 궁예의 정교일치 정책에 대한 경계와 반발이 있었다는 것으로 해석할 수 있다. 궁예가 미륵관심법으로 정적을 비롯하여 왕비와 왕자들을 무참하게 살해하는 상황에서 왕건을 불러들여 충성심을 시험하였다는 점은 궁예 측에서 왕건을 대항 세력으로 인식하였다는 것으로 해석된다. 이런 상황에서 최응이 왕건을 기지로 구해주는 것은 결국, 유학적 소양을 가진 일군의 세력이 왕건을 궁예의 대안으로 인식하고 있었다는 것을 의미한다.

이후의 사상정책은 궁예의 친불교정책에 대한 대응으로서 신라말 다양한 사상 간의 공존, 즉 다원적 사상정책으로 회귀하였다. 쿠데타에 성공한 태조 왕건은 유불도 삼교 및 민간신앙과 풍수지리 등 여러 사상 사이의 균형을 추구하였다. 태조의 사상정책의 방향은 훈요10조에서 확인할 수 있다.

---

28) 『고려사』 권1, 태조총서 乾化 3년.
29) 『고려사』 권1, 태조총서 乾化 4년.

우리나라가 대업을 이룬 것은 반드시 모두 부처가 호위(護衛)하는 힘에 바탕을 두고 있으니, 선교(禪敎)의 사원을 개창하고 주지를 파견하고 수행하게 하여 각각 그 업을 다스리도록 해야 할 것이다. 후세에 간신과 집정자가 승려의 청탁에 따라 각각 사사(寺社)를 업으로 하여 서로 쟁탈하는 것을 일체 금하게 해야 할 것이다.[30]

위의 인용문은 훈요10조 중 제1조로서, 자세하게 살펴보면 왕권의 불교 교단에 대한 통제를 주문하는 내용임을 알 수 있다. 특히 맨 앞부분에서 건국과 통일에 불교의 힘이 컸다는 것은 문장구조로 볼 때, 그 이후 부분의 전치문의 성격이 강하다. 문맥상 후세의 간신과 집정자의 일탈행위에 대한 통제의 주체는 왕권이라고 할 수 있다.

그리고 위 인용문에서 국왕이 교종과 선종 사원을 개창하고 주지를 직접 파견해야 한다고 하였는데, 태조가 직접 창건하고 주지를 파견한 사례는 『고려사』 세가나 금석문 자료를 통하여 여러 차례 확인된다. 919년에 법왕사와 왕륜사 등 10여 개의 사원을 도성에 세웠으며,[31] 921년에는 오관산에 대흥사를 창건하고 승려 이언(利言)을 맞아들이는[32] 등 태조대 사원을 창건하거나 수리한 기사는 『고려사』에 모두 7차례 등장한다. 승려가 귀부해오거나 초치한 기사도 5차례 정도가 확인된다. 게다가 태조는 937년에 작갑사(鵲甲寺)와 운문선사(雲門禪寺)에 사액을 내려 추인하였으며,[33] 관단(官壇)을 설치하여 수계도 국가가 직접 관할하고자 하였다. 이는 태조의 불교정책이 이전의 궁예 집권기와는 성격이 달라졌다는 것을 의미한다. 즉, 불교 교단과 사원을 중앙의 통제 아래에 묶어두는 한편,[34] 중앙과

---

30) 『고려사』 권2, 태조 26년 4월, "其一曰 我國家大業 必資諸佛護衛之力 故創禪敎寺院 差遣住持焚修 使各治其業 後世姦臣執政 徇僧請謁 各業寺社 爭相換奪 切宜禁之."
31) 『고려사』 권1, 태조 2년 3월.
32) 『고려사』 권1, 태조 4년 10월 정묘.
33) 『삼국유사』 권4, 의해5 寶壤梨木.

교단 사이의 관계를 이전에 비해 상당히 우호적으로 풀어가고 있는 것으로 볼 수 있다.

이와 함께 태조는 승려-교단과의 관계에서도 왕권이 교권의 우위에 서는 관계를 지향하였다. 신라말 국왕과 승려의 관계는 국왕이 승려에게 칭신을 강요하지는 않았다.[35] 그러나, 고려 건국 직후에 동리산문의 윤다(允多, 894~945)는 스스로 왕민임을 자처하고 태조에게 칭신함으로써, 그동안의 왕권과 교권 사이의 관계에 변화를 가져왔다.[36] 이밖에도 「광조사진철대사보월승공탑비」(937, 태조 20) 등[37]과 같이 태조에 칭신을 하거나 왕토 아래에 사는 왕민임을 스스로 밝히고 왕권에 예속된 사례들이 발견된다.

이와 같은 사례들은 왕권이 교단에 압력을 행사한 흔적을 찾을 수 없다는 점에서 왕권과 교권 사이의 일정하게 합의된 관계였음을 의미한다. 하지만, 이러한 것들이 태조대에 한꺼번에 이루어졌다고 보기 힘들다. 신라말 국가권력은 선종 승려를 국사로 임명하여 포용하려고 하였으며, 지방세력과 연계된 사원의 경제기반을 용인하였다.[38] 이는 개별 산문의 포교활동에서 중요한 역할을 하였지만, 실추된 왕권이라고 해도 국가권력의 추인은 주변의 사원이나 산문에 대한 비교우위를 점하는 데 상당히 유리하게 작용하였을 것으로 생각된다. 따라서 바로 이 지점에서 불교 교단과 왕권과의 이해관계가 일치하였다고 볼 수 있다. 궁예 이후 승려들의 태조 왕건에 대한 칭신은 국가권력과 교단 세력의 연계를 의미하며, 이 역시 주변의 다른 교단에 대한 비교우위를 점하기 위한 의도로 본다면 태조 왕건의 불교시책은 신라말과 연결성을 갖는다고 할 수 있다. 다만, 태조

---

34) 韓基汶, 앞의 논문, 1992, 737쪽.
35) 남동신, 앞의 논문, 2005, 102~104쪽.
36) 한국역사연구회 편, 앞의 책(上), 1996, 193~198쪽, 孫紹 「大安寺廣慈大師碑」.
37) 한국역사연구회 편, 앞의 책(上), 1996, 33쪽, 崔彦撝 「廣照寺眞澈大師寶月乘空塔碑」.
38) 韓基汶, 『高麗寺院의 構造와 機能』, 민족사, 1998, 105~110쪽.

왕건이 여러 산문들과 교류하고 이들 모두를 초치하고자 하였던 것은 통일을 지향해야하는 시점에서 왕실의 외호세력을 확보하기 위한 것으로 해석할 수 있다.[39]

이와 같은 배경 하에서 태조의 훈요10조를 하나하나 곱씹어볼 필요가 있다. 태조가 훈요10조에서 불교관계 조항을 맨 앞에 배치한 것은 불교가 통일에 가장 큰 공헌을 하였다는 것을 의미한다. 하지만, 반대로 그만큼 왕권과 가까워진 불교에 대한 적절한 통제가 불가피하다는 것도 의미한다. 이에 태조는 불교와 유교, 풍수지리 등 왕권 주변의 사상의 존재가치를 인정하고 이들 사이에서 균형을 유지하게 함으로써 견제가 이루어질 수 있도록 하는 한편, 사원의 남설을 막고자 하였다. 훈요10조 제2조에서 태조는 풍수지리 역시 고려의 건국에 큰 공이 있음을 치하하고, 도선이 지정한 곳 이외의 장소에서 사원을 짓지 말도록 하였다.[40] 태조는 제2조를 통해서도 재차 사원 세력의 지나친 비대화를 억제하고자 하였던 것으로 이해할 수 있다.

그런데, 제5조에서는 태조가 서경의 지리적 이점을 이야기하고 서경이 고려 전체 지맥의 중심인 것처럼 서술하였다.[41] 이것은 서경정책과 연결되는 부분으로서, 단순히 고구려계승의식이나 북진정책과의 연관성도 생각할 수 있으나, 개경에 이은 거점으로서 서경에 힘을 실어주기 위한 목적, 즉 왕실의 외호세력으로 서경을 설정함으로써 왕권 강화의 추동력을 얻고자 하였던 것으로 판단된다. 곧, 태조대 풍수지리는 국가정책과 강하게 결합되어 있었다고 할 수 있겠다.

태조 왕건은 앞서 언급하였다시피 유교지식인의 광범위한 지지를 받고 있었다. 이를 이어나가기 위해서는 일정한 시책이 없어서는 안되었다.

---

39) 송용운, 「고려 태조의 불교시책」, 연세대 석사학위논문, 2006.
40) 『고려사』 권2, 태조 26년 4월.
41) 『고려사』 권2, 태조 26년 4월.

훈요10조 제7조에서는 참소를 멀리하고 신하의 말을 귀담아들을 것을 당부하였으며, 취민유도(取民有度)로써 애민에 각별히 유의할 것을 당부하였다.[42] 이는 국가운영에서 나타나는 구체적인 시책이 유교에서 비롯되어야 함을 강조한 것이다.

이와 함께, 태조는 즉위 직후에 내린 교서에서 신라의 군읍과 관제의 호칭을 계승하겠다고 하였다. 그런데, 여기서 유의할 점은 태조가 '도속훈민(導俗訓民)'을 언급하였던 부분이다.[43] 단순히 풍속을 훈도하고 민을 교화한다는 의미를 지니고 있지만, '훈민' 자체가 주는 분위기는 상당히 유교적이라 할 수 있다. 그 연장선에서 생각할 수 있는 것이 개경과 서경에 세워진 학교이다. 『고려사』 기록에는 태조대 학교 설립과 관련된 기사는 930년(태조 13)에 서경에 학교를 세웠다는 기사가 유일하다.[44] 그러나, 서경에 학교가 세워졌으므로, 개경에도 학교를 설립하였을 것이라는 추정이 가능하다.[45] 더욱이 태조는 신료들 사이의 위계질서 또는 정치질서를 유교이념으로 구성하려고 시도하였다는 점에서, 호족이나 공신뿐만 아니라, 그들의 자제들에 대해서도 유교이념을 주입하려고 했을 것으로 생각된다.[46]

---

42) 『고려사』 권2, 태조 26년 4월.
43) 『고려사』 권1, 태조 원년 6월 무진, "詔曰 朕聞 乘機革制 正謬是詳 導俗訓民 號令必愼 前主以新羅階官郡邑之號 悉皆鄙野 改爲新制 行之累年 民不習知 以至惑亂 今悉從新羅之制 其名義易知者 可從新制."
44) 『고려사』 권1, 태조 13년 12월 경인.
45) 박찬수, 「高麗의 國子監과 私學 十二徒」 『한국사시민강좌』 18, 1996, 24쪽 ; 『고려사』 권93, 崔承老, "年十二 太祖召見 使讀論語 甚嘉之 … 命隷元鳳省學生 賜鞍馬例食二十碩."
46) 쿠데타 직후 잇따른 반란이 발생하고 있는 상황에서 상주의 아자개가 귀부해오자, 그를 맞이하기 위해 문무관들이 毬庭에서 예행연습을 하고 있는데, 광평낭중 유문률과 직성관 주선길이 자리다툼을 하자, 태조가 이들을 꾸짖은 말에서 '겸양은 예의 으뜸이며, 敬은 덕의 근본'이라고 하였다. 이는 단순히 관료들 사이의 위계질서를 요구한 것으로 볼 수 있겠으나, 겸양과 예, 그리고 경과 덕이라고 하는 용어를 사용한 점에서 유교적 질서를 요구한 것으로 볼 수 있을 것이다(『고려사』 권1, 태조 원년 9월 갑오, "王曰 讓爲禮宗 敬乃德本 今接賓以禮 將觀厥成 而問律瑄劼爭列

짐이 지극히 서원(誓願)하는 바는 연등회와 팔관회에 있는데, 연등회는
부처를 섬기는 것이며, 팔관회는 천령(天靈) 및 오악(五嶽)과 명산대천,
용신(龍神)을 섬기는 것이다. 후세에 간신이 가감을 건의하는 것을 일체
금지해야 할 것이다. 나 또한 당초 마음으로 맹세하기를 날짜가 국기일(國
忌日)을 범하지 않게 하는데 맞추려고 하였으니, 군신이 함께 즐기고 마땅
히 내 뜻을 받들어 행할 것이다.[47]

고려의 팔관회는 유교와 불교, 도교, 민간신앙 등의 요소가 모두 반영된
종합제전이라고 할 수 있다. 태조의 훈요10조에서 언급하는 팔관회는
삼한일통의 측면에서 살펴보아야 한다. 태조는 918년(태조 1) 11월에 팔관
회를 개설하면서 위봉루에 올라 '부처에 공양하며 신격을 즐겁게 하는
대회[供佛樂神之會]'라고 하였다. 『고려사절요』에는 팔관회의 규모에 대하
여, 구정(毬庭)에 윤등(輪燈)을 설치하고 향등을 벌여놓으면서 각종 놀이를
하게 하고, 사선악부(四仙樂部)와 용, 봉황, 코끼리, 말, 거선(車船) 등을 배치
하였는데, 모두 신라의 제도라고 설명하였다.[48] 이것은 신라에 적대적이었
던 궁예와 차별화하고, 삼한일통을 지향한다는 의미를 지니고 있는 것으로
볼 수 있다. 그리고, 이것을 상례로 삼았다고 하였는데, 이와 같은 삼한일통
에 대한 의지가 결국에는 후삼국 통일 이후로 이어져, 팔관회는 명실상부
하게 고려가 국가적 통합을 이루었던 의미를 되새기는 제전의 형식을
취하였을 가능성을 생각해볼 수 있겠다.

豈敬愼者乎 宜並徒邊 以彰其罪.").
47) 『고려사』 권2, 태조 26년 4월, "朕所至願 在於燃燈八關 燃燈所以事佛 八關所以事天靈及五
嶽名山大川龍神也 後世姦臣建白加減者 切宜禁止 吾亦當初誓心 會日不犯國忌 君臣同樂
宜當敬依行之."
48) 『고려사절요』 권1, 태조 원년 11월. 한정수는 『고려사절요』에 나오는 신라의 제도
계승에 관한 부분은 이후에 첨가된 내용으로서 태조 19년 11월에 행해진 팔관회의
의례를 기준으로 서술된 것으로 보았다(韓政洙, 「高麗 太祖代 八關會 설행과 그 의미」
『大東文化硏究』 86, 2014).

팔관회가 불사라는 점에서 생각해보면 이것은 기본적으로 불교신앙을 기반으로 다른 사상적 요소를 포섭한다는 의미도 있는 것으로 이해된다. 위의 사료에서는 팔관회를 천령과 오악, 명산대천, 용신을 섬기는 것이라고 하여 민간신앙과의 관계만을 언급하였다. 문자 그대로 해석하면, 불교는 연등회, 민간신앙은 팔관회라는 등식이 성립한다. 게다가 팔관회는 불교의 팔관재 신앙이 담겨 있는 국가적 행사로서,[49] 국가권력이 불교와 민간신앙을 통합함으로써 사회 통합을 극대화하고자 하는 의미도 있었다.[50] 즉, 팔관회는 용신신앙으로 왕권의 신성성을 표현하고 신라의 의례를 계승함으로써 나타낼 수 있는 삼한일통의 의미, 그리고 군신이 함께 부처와 신격 모두를 즐겁게 하는 의식이라는 결론에 도달하게 된다.[51] 그렇기 때문에, 이것은 삼한일통이라는 통합성을 상징하면서도 다원적 사상지형을 나타내는 불교의식이라고 할 수 있다.

이에 태조의 사상정책은 불교를 적절히 통제하며, 유교정치이념과 풍수지리, 민간신앙 모두를 통합하면서도, 사상적 다원성을 인정하는 것으로 방향을 잡아나갔다고 할 수 있다.

> 우리 동방은 예부터 당풍(唐風)을 흠모하여 문물과 예악은 모두 그들의 제도를 따르고 있다. 지역이 다르면 풍토도 달라지고, 인성도 각각 달라지므로 반드시 (그들과) 같아질 필요는 없다. 거란은 금수의 나라로서 (우리와) 풍속이 같지 않으며 언어도 또한 다르니, 의관과 제도는 진실로 본받지 말도록 할 것이다.[52]

---

49) 김종명, 『한국 중세의 불교 의례—사상적 배경과 역사적 의미』, 문학과 지성사, 2001 ; 정병삼, 「고려시대 팔관회 행사와 팔관재 신앙」『불교학보』71, 2015.
50) 안지원, 『고려의 불교의례와 문화』, 서울대학교출판문화원, 2011, 161~167쪽 및 211~212쪽.
51) 『동문선』 권31, 八關會仙郎賀表(郭東珣) ; 같은 책 권31, 賀八關表(朴浩).
52) 『고려사』 권2, 태조 26년 4월, "惟我東方 舊慕唐風 文物禮樂 悉遵其制 殊方異土 人性各異

여기서 한 가지 고려해야 할 점은 문화적 보편성과 개별성의 조화라고 할 수 있다. 위의 구문은 훈요10조 제4조로서 태조는 화풍(華風)과 국풍(國風), 즉 보편과 전통의 조화를 주문하였다. 위에서 말하는 당풍은 유교정치이념을 비롯한 중국식의 제도를 의미하는 것으로서, 외래문화, 즉 화풍을 의미한다. 그리고, 고려의 제도적 밑바탕에서는 유교정치이념을 비롯한 중국식의 제도를 따르지 않을 수 없다는 점을 인정하였다. 그렇다고 해서, 화풍의 대척점에 있는 국풍을 무시할 수도 없다. 왜냐하면, 고려는 중국과 풍토가 다르고 인성 또한 다르기 때문이다. 여기에 거란을 본받지 말도록 한 것은 고려가 문화국가를 지향한다는 의미를 내포하고 있다. 따라서, 고려가 지향하는 바는 결국 문화국가를 지향하되, 문화적 보편성과 개별성이 조화를 이루는 것이라고 할 수 있다.

지금까지 태조의 훈요10조를 통하여 확인한 사상정책과 위의 인용문을 결합하여보면, 태조의 사상정책은 태봉의 궁예가 지향한 전제적 정교일치 정책과 구분된다. 태조는 지나치게 불교에 기울어지고 각각의 사상을 포용하지 못한 궁예에 비하여, 보다 다원적이면서도 포용을 지향하는 정책을 지향하였다. 그것이 집약적으로 표현되어 있는 것이 바로 훈요10조였다.[53] 태조는 고려의 전통을 지켜나가는 한편, 거란과도 구분되는 문화국가를 지향함으로써 문화적 보편성과 개별성의 조화를 추구하였다.

그렇지만, 태조의 정책은 팔관회의 사례에서 보듯이 항례화한 것도 있지만, 정책의 방향 설정이라는 의미를 지닌다. 그리고, 태조가 설정한 통합성 안에는 다원성을 내포하고 있기 때문에 여러 사상들 사이의 경쟁을 촉발시킬 위험성도 안고 있었다. 그렇기 때문에, 이후 제도적 기반을 마련하고 사상들 사이의 관계를 조정해야 할 필요가 있었다.

不必苟同 契丹是禽獸之國 風俗不同 言語亦異 衣冠制度 愼勿效焉."

53) 박종기, 「고려 다원사회의 형성과 기원」 『한국중세사연구』 36, 2013(본 연구총서 2권 참조).

2) 조정자로서의 국왕과 왕권 중심의 사상정책의 정착

혜종과 정종대 호족과 공신세력의 지나친 성장은 결국 광종대 일련의 정책에 대한 문제의식을 형성하였다. 광종은 주지하다시피 과거제를 시행하였으며, 이 중에서도 승과제도는 불교 교단에 대한 국가권력의 확실한 우위를 확인시켜주었고, 왕권은 유교와 불교의 수장으로서의 권위를 제도적으로 공인받을 수 있게 되었다.

최승로의 시무28조에 보이는 광종에 대한 비판은 대체로 광종의 지나친 불교신앙과 공신세력에 대한 무차별적인 탄압에 초점을 두고 있다.[54] 특히 과거제 시행에 대해서는 "쌍기를 등용한 이래로 문사(文士)를 숭상하기를 중하게 하고 은례(恩禮)가 과도하게 풍족해졌다"고 하고, 국왕의 측근과 신진들의 진출이 두드러져 구덕(舊德)이 마침내 쇠퇴하게 된 결과 "비록 화풍을 중히 여겼으나, 중화의 법령과 전장(典章)을 취하지 못하였으며, 비록 중국의 선비를 예우하였으나, 중화의 어진 인재를 얻지 못하였다"고 평가하였다.[55] 이는 과거제가 국왕의 측근을 비롯한 일부에 대해서만 의미가 있었을 뿐, 광범위한 지지를 얻지 못하였던 방법상의 문제가 있었음을 지적한 것이다.

그러나, 이에 대해 14세기 이색은 광종의 과거제 시행으로 고려가 유교적 전통을 이어올 수 있었다고 하였다.[56] 이는 과거제가 광종의 정치적

---

54) 『고려사』 권96, 崔承老, "加以酷信佛事 過重法門 常行之齋設旣多 別願之焚修不少 專求福壽 但作禱祈 窮有涯之財力 造無限之因緣 自輕至尊 好作小善 … 又及末年 多殺無辜 臣愚以爲 若使光宗 恒思恭儉節用 勤政如初 豈其祿命不永 纔得享年五十而已哉 … 自庚申 至乙亥 十六年閒 姦兇競進 讒毀大興 君子無所容 小人得其志 遂至子逆父母 奴論其主 上下離心 君臣解體 舊臣宿將 相次誅夷 骨肉親姻 亦皆翦滅."

55) 『고려사』 권96, 崔承老, "南北庸人競願依投 不論其有智有才 皆接以殊恩殊禮 所以後生爭進 舊德漸衰 及雙冀見用以來 崇重文士 恩禮過豊 … 雖重華風 不取華之令典 雖禮華士 不得華之 賢才."

56) 『牧隱文藁』 권9, 贈金敬叔秘書詩序.

목적과는 별개로 전체적으로 유교를 제도적으로 뒷받침함으로써 유능한 문사들이 정치권에 진출할 수 있는 발판이 되었던 것으로 인식하고 있는 것이다. 더욱이 과거로 선발된 인재는 신진들뿐만 아니라, 기존의 구세력 출신의 인물들도 다수가 포함되어 있었다.[57] 결과론이기는 하지만, 961년 (광종 11)에 시행된 공복제는 단순히 공복을 입는 것에 그치지 않고, 과거제로 시작된 다양한 인재선발과 체계적인 인력 구성이라는 방향성을 담고 있다. 또한, 과거 합격자는 좌주문생관계 이전에 국왕을 중심으로 하는 관료사회의 일원에 편입됨으로써, 유교가 왕권을 뒷받침하고 왕권의 지배 아래에 들어갈 수 있는 확고한 제도적 바탕이 마련된 것이다.

과거에서 잡과의 존재는 유교 이외의 다른 사상을 제도권 아래로 포섭하는 기능을 하였다. 이 중 복업(卜業)과 지리업(地理業)은 점술과 풍수지리를 담당하는 하급관료를 선발하기 위한 것이다. 그러나, 복업 출신자들은 물론 지리업 출신자들 모두가 기능상 사원 건립할 곳을 선정하는 역할을 담당하고 있다는 점에서, 양자가 밀접한 관련이 있었을 것으로 생각된다.[58] 더욱이 복업은 959년(광종 9)에 이미 시행되었으며, 이때 제술과와 명경과 외에 치러진 비유교에 관한 시험이라는 점에서, 국가적으로 복업을 제도적으로 포섭해야 할 필요성이 일찍부터 제기된 것으로 볼 수 있다.[59] 또한, 광종대 이후의 일이기는 하지만, 지리업의 경우 『신집지리경(新集地理經)』, 『유씨서(劉氏書)』, 『지리결경(地理決經)』 등 풍수지리에 관한 경전 시험을 치른다는 점에서, 풍수지리 사상을 국가적으로 포섭하려는 의도가 있었다고 할 수 있겠다.[60]

승과[61]는 합격생에게 승계와 고급승려가 될 수 있는 기회를 부여하는

---

57) 許興植,「高麗 科擧制度의 成立과 發展」『高麗科擧制度史硏究』, 일조각, 1981, 7~16쪽.
58) 許興植, 앞의 책, 1981, 118쪽.
59) 『고려사』 권93, 雙冀.
60) 『고려사』 권73, 선거1 과목1, 인종.
61) 허흥식 편, 앞의 책, 1984, 崔冲「居頓寺圓空國師勝妙塔碑」, "顯德初 光宗大王立皇 極崇法

것으로서 제도적 외형은 일반 과거와 크게 다르지 않다. 승과는 교종과 선종 모두를 대상으로 시행되었으며, 고승이 고시관으로 시험의 실시를 주관한다거나, 예부의 관할 하에 시험이 치러지며, 예비고시와 최종고시가 존재하는 등 일반 과거와 유사한 형태의 시험제도를 갖추고 있었다.[62] 이와 함께, 승계가 승과 합격생에게 주어진다는 점은 승려가 왕권에 예속된다는 것을 의미한다. 이에 더하여 승록사(僧錄司)를 통한 승적 관리와 승정체계의 확립은 결국 교권의 속권에의 예속을 제도화한 측면이 강하다.[63]

이와 같은 광종대 과거제와 승과 시행으로 유교와 불교 등 고려사회에서 강력한 영향력을 지닌 두 사상을 왕권 아래로 확고하게 예속시켰다. 그리고 유교와 불교, 풍수지리의 수장으로서의 왕권의 위상을 확립할 수 있었다.[64] 이로써 광종대는 사상정책이 제도적인 기초를 마련한 것으로 평가할 수 있겠다. 그 결과 사상들 사이의 불균형이 초래되거나 기타 여러 가지 변동이 발생할 경우, 수장인 국왕의 역할이 중요해질 수밖에 없을 것이다.

앞서 언급한 최승로의 광종에 대한 비판도 사상들 사이의 조정자로서 국왕의 역할을 강조한 것으로 생각된다. 즉, 최승로의 관점에서 과거제도는 광종의 정치적 목적 하에 시행된 것이며, 신진들에 대한 지나친 우대책으로 신진과 구세력 사이의 세력 불균형이 초래되었다고 보고 있었던 것이다. 그렇기 때문에, 사상정책이라는 점에서 본다면 최승로의 광종에 대한 평가는 결국 지나친 호불정책으로 말미암아 유불 사이의 불균형이

門 徽雪嶺之禪 俾伸角妙 選丹霞之佛 明示懸科."
62) 許興植,「僧科制度와 그 機能」『高麗佛敎史硏究』, 일조각, 1986.
63) 許興植, 앞의 책, 1986.
64) 文宗代에 제정된 更定田柴科에서는 일반 과거와 잡과, 승과 합격생 모두에게 국가가 登科田과 別賜田을 지급하였다(『고려사』권78, 식화1 田制 田柴科, 문종 30년). 이는 경제적 수단을 통하여 유교와 불교, 그리고 풍수지리 등 사상의 저변을 유지할 수 있도록 함으로써 이들 사상의 공존과 균형을 이룰 수 있도록 하고 있다는 것을 의미한다.

발생하고 말았다는 이야기로 정리할 수 있다.

광종의 사상정책은 태조와 성종의 사이에 위치하며, 양자 사이의 가교역할을 한다. 광종의 제도적 기반 마련을 위한 노력은 균여에 의하여 제창된 성상융회(性相融會)와 성속일여(聖俗一如)에 의해서도 설명할 수 있다. 즉, '성(性)'으로 표현되는 이(理)와 '상(相)'으로 표현되는 사(事)가 혼연일체가 되어 하나로 통섭된다는 것은 곧, 성(聖)과 속(俗)이 서로 구애받지 않는 상황과 일치한다. 이를 정치적으로 해석하면, 왕권 아래 여타의 모든 것이 통섭되어 나간다는 논리로 발전할 수 있다.[65] 결국, 이것은 종교의 내부적 모순을 제거하면서 정치적으로 왕권 아래로 유교와 불교를 비롯한 여러 사상들이 통합되어 나갈 수 있다는 가능성을 제시하는 것이라 생각된다. 그런 점에서 광종의 사상정책은 최승로의 지적과 같이 불교에 치우친 것이기는 하였으나, 사상 간의 통합성을 유지해나가는데 있어 왕권이 조정자로서의 역할을 합리화하고 과거제와 승과 시행으로 제도적인 틀을 처음으로 만들어냈다는 의미를 지닌다.

성종은 유교와 불교 사이의 역할을 나누고 서로의 독립된 영역을 지니게 함으로써 유교와 불교 사이의 충돌을 방지하고자 하였다. 최승로의 시무28 조 중 제20조에는 다음과 같은 구절이 나온다.

삼교(三敎)는 각각 업(業)으로 하는 바가 있어서, 그를 행하는 것을 가히 혼동하거나 하나로 합쳐서는 안됩니다. 불교를 행하는 것은 수신(修身)의 근본이요, 유교를 행하는 것은 치국(治國)의 근원입니다. 수신은 내생(來生)의 도움이 되고자 하는 것이요, 치국은 오늘날에 힘써야 하는 것이니, 오늘날의 힘써야 하는 바는 지극히 가깝고, 내생에 도움을 받고자 하는 바는 지극히 멉니다. 가까운 것을 버리고 먼 것을 구하는 것은 또한 잘못이

---

65) 김두진, 「불교사상의 전개」 『한국사 16』, 국사편찬위원회, 1996, 30~36쪽.

아니겠습니까?[66)]

위의 인용문에서는 유불도 삼교 사이의 균형을 지향한다. 그러나, 여기서 유의해야 할 점은 유교의 역할이다. 유교는 인간의 마음에 작용하는 불교와는 달리 국가 통치라는 형이하학적인 역할을 부여받았다. 위에서 최승로는 성종에게 오로지 유교에 충실해야 한다고 당부하였다. 이를 근거로 한다면, 성종의 사상정책은 유교중심적인 것으로 볼 수 있다.

하지만, 관점을 불교는 수신의 근본이요, 유교는 치국의 근원이라고 하였던 부분으로 옮겨보면, 불교와 유교는 각각 종교와 정치로 역할이 나뉜다. 그리고 정치의 수장으로서의 국왕은 종교보다는 정치에 중심을 두는 것이 명분에 충실한 것이 된다. 그런 점에서 위의 사료를 해석하는데, 국왕으로서의 성종을 충분하게 고려해야 한다고 생각된다. 최승로의 지적과 같이 광종이 다소 불교에 치우쳐 양자 사이의 균형을 잃었다면, 성종의 사상정책의 기조는 유교와 불교의 균형을 이루어나가는 가운데, 통합성을 유지해나가려고 하는 통합성과 다원성의 균형에 있는 것이라 할 수 있다.

그러나, 『고려사』 세가의 기록이나 『고려사절요』 성종대 기사를 검토하다보면, 유교 관계 기록이나 팔관회나 연등회 등 불교행사들을 축소하거나 폐지하였다는 기사들이 눈에 띈다.[67)] 성종의 사상정책은 989년(성종 8)에 태조와 아버지 대종(戴宗), 어머니 선의왕후(宣義王后)에 대한 제사를 불교식으로 지낸 것을 기점으로 유교에서 다원적인 것으로 경향이 바뀐다. 이는 최승로가 죽자 경향을 바꾼 것으로 볼 수도 있으나,[68)] 성종대 사상정

---

66) 『고려사』 권93, 崔承老, "三敎各有所業 而行之者 不可混而一之也 行釋敎者 修身之本 行儒敎者 理國之源 修身是來生之資 理國乃今日之務 今日至近 來生至遠 舍近求遠 不亦謬乎."

67) 『고려사』 권3, 성종 즉위년 11월 ; 같은 책, 성종 2년 정월 을해 ; 같은 책, 성종 2년 2월 무자 ; 같은 책, 성종 4년 10월 ; 같은 책, 성종 5년 3월 ; 같은 책, 성종 6년 10월 등.

책의 기조가 통합성과 다원성의 균형이었다는 점을 상기한다면, 즉위
초의 노력들은 광종대 불교에 치우친 정책적 방향을 바로잡기 위한 노력이
자 유교정치이념의 확립 과정이라고 할 수 있다.

더욱이 최승로의 출생과 관련된 설화를 참고한다면, 최승로의 사상적
경향을 굳이 유교 일변도로 볼 수는 없을 것으로 생각된다.[69] 즉, 최승로의
아버지 최은함이 늦도록 아들이 없어서 중생사(衆生寺)에 기도를 한 후
태기가 있어서 최승로를 낳았으며, 견훤이 경주를 습격할 때 최은함이
급하게 아들을 중생사에 숨겨두었다가 되찾은 이야기로 본다면, 최승로가
불교와 연관이 전혀 없다고 할 수는 없다.[70]

> 중국의 제도는 따르지 않을 수 없습니다. 그러나, 천하의 습속이 각각
> 토성(土性)을 따르고 있으므로 모두 변화시킬 수는 없는 것입니다. 예악과
> 시서의 가르침과 군신과 부자의 도리는 마땅히 중화를 본받아서 비루한
> 것을 개혁할 것이지만, 그 나머지 거마와 의복의 제도는 가히 토풍을
> 따른다면 사치와 검약이 알맞음을 얻을 것이므로, (중국과 반드시) 같아질
> 필요는 없습니다.[71]

최승로의 시무28조에도 태조의 훈요10조와 같이 보편과 전통의 조화를
추구하는 부분이 나온다. 위에서 언급한 중국의 제도는 시서와 예악의
가르침, 군신과 부자의 도리, 즉 유교 윤리를 가리킨다. 그리고 거마와
의복의 제도만큼은 토풍, 즉 전통을 따르는 것으로, 사치와 검약의 조화,

---

68) 具山祐,「高麗 成宗代 對外關係의 展開와 그 政治的 性格」『韓國史硏究』78, 1992 ; 조경시,
   앞의 논문, 2000.
69) 河炫綱,「崔承老의 政治思想」『韓國中世史硏究』, 일조각, 1988.
70) 『삼국유사』 권3, 三所觀音衆生寺.
71) 『고려사』 권93, 崔承老, "華夏之制 不可不遵 然四方習俗 各隨土性 似難盡變 其禮樂詩書之
   敎 君臣父子之道 宜法中華 以革卑陋 其餘車馬衣服制度 可因土風 使奢儉得中 不必苟同."

즉 보편과 전통의 조화를 추구할 수 있다고 보았다. 이때 유교를 보편으로, 불교 등 비유교를 전통이라고 본다면, 이는 사상 간의 조화를 넘어 국가적 지향 사이의 균형도 추구하고 있는 것으로 설명할 수 있다. 그리고 광종대 떠오르기 시작한 사상의 조정자로서의 국왕을 고려한다면, 여기서 말하는 보편과 전통의 조화도 결국에는 왕권의 조정 아래서 이루어져야 하는 것으로 해석할 수 있다.

이와 관련하여 성종은 거란의 침입 당시 이지백이 할지론에 반대하며 제기한 연등회와 팔관회, 선랑 등의 국풍을 중시할 것을 주장하는 간언을 받아들였다.72) 특히 이 기사에 대하여 『고려사』 찬자는 성종이 화풍을 모방하는 것을 즐겨하였는데, 국인들이 좋아하지 않으므로 이지백이 이와 같이 말한 것이라고 하였다. 여기서 국인들이 성종의 정책적 방향에 대해 탐탁지 않아 하였다는 점에 주목한다면, 국인들이 바라는 사상정책은 보편보다는 전통에 기울어 있는 것으로 보인다. 따라서, 이들은 광종대 불교 위주의 사상정책에 동조하고 있는 이들로서, 성종의 사상 간의 균형 정책에 대한 반대를 표명하고 있는 것으로 해석된다.

이것은 거란의 침입을 계기로 유교와 비유교 사이의 대립이 수면 위로 떠오른 것이라 할 수 있다. 그러나, 국왕의 입장에서 외침에 대응하기 위해서는 분열보다는 통합성을 지향해야만 하였다. 때문에 다원성을 인정하되 국인의 의견을 받아들이지 않을 수 없었다고 생각된다. 하지만, 성종대 사상정책은 어디까지나 균형에 있었던 것으로 판단된다. 성종이 죽기 얼마 전에 행한 동경(東京) 행차는 그와 같은 지향을 반영한다고 생각된다. 거란의 침입을 물리치고 난 이후 불안한 대외 정세의 변화 속에서 서경이 아닌 동경에 행차한 것은73) 결국, 고구려계승의식 보다는 신라계승의식으로 좀 더 다가가 있는 듯한 인상을 받는다. 성종이 얼마 후 서거하였다는

---

72) 『고려사』 권94, 徐熙.
73) 『고려사』 권3, 성종 16년 8월 을미.

점에서 생각해보면, 성종의 사상정책이 전체적으로 완결성을 지닌다고
볼 수는 없다. 하지만, 이러한 여러 정황들은 즉위초부터 성종이 광종대의
불교 중심의 사상정책을 어느 정도의 의식했는지 살펴볼 수 있는 부분이
아닐까 한다.

목종은 다시 불교 위주의 정책으로 회귀하였다. 목종은 즉위 원년(998)
에 성종대 태조와 대종, 선의왕후에 대해서만 취해지던 기재(忌齋)를 혜종,
정종, 광종, 성종으로 확대하고 이를 항례화할 것을 명하였다.[74] 이것은
성종대 광종에 대한 비판적 분위기가 이때 와서 바뀌게 되었음을 의미하며,
993년(성종 12) 이지백의 건의의 기반이 되었던 사상지형을 지향하는 것으
로 이해된다. 이와 함께 목종은 서경을 호경(鎬京)이라 개칭하였는데, 이는
서경의 명칭을 아화(雅化)하는 한편, 주대(周代)의 도읍과 같은 이름을 사용
함으로써 서경에 대한 우대책을 쓴 것이라 할 수 있다.[75] 그만큼 역사계승
의식에서 신라보다는 고구려계승으로 기울었으며, 이것이 바로 불교정책
을 강화하는 결과로 이어진 것으로 보인다.

현종대에는 지금까지 고려왕조가 취해온 사상정책이 확고하게 자리잡
게 되었다. 현종은 원년(1010)에 연등회와 팔관회를 모두 부활하였는데,[76]
이 중 팔관회에 대해서는 태조대와 같이 군신이 서로 소통하고 화합하는
장으로서의 역할을 부여하였다. 그리고 연등회는 매년 2월에 여는 것을
항식으로 삼게 하였다.[77] 이후 지속적으로 현종대의 예식을 기본으로
하여 보강되었다.[78] 연등회도 항식이 확립됨에 따라 국중대회로서의 성격
이 강화되었다.[79] 국가적 제례 의식이 현종대를 기준으로 보강되는 것은

---

74) 『고려사』 권3, 목종 원년 5월 무오.
75) 李泰鎭, 「金致陽 亂의 性格」 『韓國史硏究』 17, 1977, 94~95쪽.
76) 『고려사』 권3, 현종 원년 윤2월 갑자 ; 『고려사』 권3, 현종 원년 11월 경인.
77) 『고려사』 권3, 현종 2년 2월 기미.
78) 안지원, 앞의 책, 2005, 208~209쪽.
79) 안지원, 위의 책, 2005, 111쪽.

결국, 당시까지 취해온 사상정책의 정착으로 볼 수 있을 것이다.

현종의 정책 중에서 무엇보다도 주목되는 것은 목종대에 이어서 서경과 관련한 정책을 강화하였다는 점이다. 1011년 5월 평양의 목멱(木覓)과 동명왕(東明王) 등의 신에게 훈호를 더하였으며,[80] 이듬해 12월에는 목멱의 신사에 신상을 세웠다.[81] 그리고 1018년에는 서경에 사신을 보내어 성용전(聖容殿)에 태조의 제사를 모시고 새 초상을 다시 그리게 하였다.[82] 이는 1010년(현종 1) 거란군이 서경성을 포위하였을 때, 통군록사(統軍錄事) 조원애(趙元隘) 등이 신사에 기도하고 점을 쳐서 길조를 얻은 이래 행해진 것으로 보인다. 이들에 대한 제사가 숙종과 예종, 인종, 명종, 충렬왕대까지 지속적으로 행해지고 있었고, 특히 성용전이 태조의 진전을 모신 곳이라는 점을 고려한다면, 이는 국가의 안녕을 비는 제사였으며, 고구려계승의식과 관련이 있었을 것으로 생각된다.[83]

이와 더불어 현종은 고구려, 신라, 백제의 능묘를 해당 군현에서 수리하도록 하고, 능묘 주변에서 땔감을 채취하지 못하게 하였다.[84] 이는 후삼국 이래의 고구려와 백제, 신라로 갈라져 있는 역사계승의식을 고려가 포용하겠다는 의도로 풀이된다. 즉, 고려는 삼국 중에서 어느 하나의 왕조에 치중하지 않고 여러 역사계승의식의 공존을 인정하겠다는 것이다. 이는 신라계승과 고구려계승을 동등하게 인정함으로써[85] 한쪽으로 치우친 정책 방향을 바로잡고자 하였던 성종대 이래의 사상정책을 계승한다는 의미를 내포한다.

그럼에도 불구하고 현종은 유학을 진흥하기 위한 정책들을 펼쳐나갔다.

---

80) 『고려사』 권4, 현종 2년 5월 정해.
81) 『고려사』 권4, 현종 3년 12월.
82) 『고려사』 권4, 현종 9년 정월 을미.
83) 金昌賢, 「고려시대 평양의 동명 숭배와 민간신앙」, 『歷史學報』 188, 2005, 124~128쪽.
84) 『고려사』 권4, 현종 8년 12월.
85) 河炫綱, 「高麗時代의 西京」, 『韓國中世史의 研究』, 일조각, 1988, 336쪽.

현종은 과거시험에서 복시(覆試)를 강화하였다.[86] 그는 성종대 14회의 과거에서 3회 실시하였던 것을, 14회 시험 중 7회로 시행 횟수를 늘렸는데, 이는 과거 시험에서 좌주(座主)의 영향력을 배제하고[87] 유학적 교양을 강화함으로써 응시생의 질적 수준을 올릴 수 있는 것이었다. 이와 함께 현종은 최치원을 문창후(文昌侯)로 추봉하였다.[88] 이는 1020년 8월 최치원에게 내사령을 추증하고 선성(先聖)의 묘정에 종사(從祀)하게 한 것[89]에 대한 후속조치였다.

이와 같은 현종대 일련의 움직임들은 태조에 이어서 성종대 사상정책을 계승한다는 의미를 갖고 있으며, 광종대 시작된 조정자로서의 왕권을 보다 확고히 하였다는 의미를 지닌다. 현종은 팔관회와 연등회의 의례를 항구적으로 정하였으며, 서경과 동경을 동등하게 취급함으로써 역사계승의식에 대해서도 조정자로서의 역할을 하였다. 나아가 이것은 보편과 전통의 조화를 실천하는 밑바탕이 되었던 것이라 할 수 있다.

4. 맺음말

지금까지 나말여초의 혼란을 수습하고 새롭게 건설된 국가의 통치질서를 확립하는 과정 속에서 고려가 사상들 사이의 관계를 조정하고 통합을 이루어가는 과정을 살펴보았다.

신라말은 사상지형에서 통합성과 다원성이 이미 형성되어 있었다. 최치원의 「난랑비서」에서와 같이 신라사회 내에서는 유불도 삼교가 공존하면

---

86) 『고려사』 권4, 현종 4년 9월 병오 ; 같은 책 현종 7년 7월 신해 ; 같은 책 현종 12년 8월 임신 등.
87) 許興植, 앞의 책, 1981, 36~37쪽.
88) 『고려사』 권4, 현종 14년 2월 병오.
89) 『고려사』 권4, 현종 11년 8월 정해.

서 이것을 '풍류'라고 하는 하나의 범주가 만들어졌다. 다만, 신라의 국가질서가 빠르게 붕괴하고 있었던 상황에서 여러 가지 사회적 요구를 국가가 담아낼 수 없었기 때문에, 사상들 사이에서의 질서를 잡아가고 몇 가지 규칙들을 만들어 가야 하였다. 그리고 그 책무는 신국가 고려가 떠안아야 하였다.

신정정치를 추구한 궁예를 내쫓고 즉위한 태조 왕건은 국왕의 전제적 통치아래 묵살 당하였던 다양한 요구사항을 왕권의 이름으로 담아내고자 하였다. 태조의 사상정책을 확인하기 위하여 우리는 훈요10조 중에서 일부 조항들을 분석하였다. 이를 통하여 태조가 지향하고자 했던 바는 불교의 지나친 비대화를 막고 국가 권력 아래로 편입시키는 한편, 유교와 도교, 풍수지리, 민간신앙 등 여러 사상들이 공존할 수 있는 환경을 국가가 마련해주어야 한다는 것으로 이해할 수 있었다.

그러나 태조가 마련하였던 것은 국가적 지향에 불과하였다. 이를 제도화하고 구조화한 것은 광종이었다. 광종은 과거제와 승과제도를 마련하여 유교와 불교를 국가 권력 아래로 편입시키는 한편, 풍수지리도 국가 고시 체계 안으로 포섭하였다. 이로써 고려초기 사상지형에서 나타난 다원성을 왕권 아래 통합할 수 있는 제도적 장치들이 마련되었다고 할 수 있었다.

그러나, 광종이 추구한 통합성은 최승로의 시무28조에서 비판한 것처럼, 불교를 중심으로 한 것으로서, 엄밀하게 말하자면 균형을 갖춘 것이 아니었다. 이에 성종은 즉위초기 친유교정책을 취하였으며, 정치는 유교에 종교는 불교에 맡김으로써 역할 분담을 해나가도록 하였다. 이것은 왕권이 조정자 역할을 해나감으로써 사상 간의 균형을 추구하는 것으로 평가할 수 있다.

이렇게 마련된 제도적 틀과 사상 간의 공존과 균형은 목종과 현종대를 거치며 정착되어 나갔다. 현종은 성종대 초기에 폐지된 연등회와 팔관회를 부활하고 의식을 제정함으로써 사상을 통한 국가적 통합을 꾀하고 고구려,

백제, 신라의 삼국유민의식을 고려국가의 테두리 안에서 포용하고자 하였다. 그럼으로써, 현종은 태조대 사상정책을 재확인하는 한편, 유불도 삼교간의 공존을 지향하고 사상들 사이의 이해관계를 국왕이 조정할 수 있는 근거를 보다 확고하게 다져나갔던 것이다.

이상의 내용을 통하여 고려초기 다원적 사상지형이라는 배경 하에서 국가가 이들을 어떻게 공적인 영역 안으로 편입시키며, 정비해나가고자 하였는지 그 방향성을 확인할 수 있었다. 이것은 통일신라 말기에 형성된 사상적인 틀의 연장선에서 이해할 수 있다. 신라말 최치원이 말한 '풍류'안에 유불도 세 가지 요소가 공존하는 것은 결국, 통합성 안의 다원성이라고 말할 수 있다. 그리고 이것은 고려초기 왕권 아래 유교와 불교를 비롯한 풍수지리를 통합하고 있었던 것이며, 다른 한편으로는 통합성 안의 다원성이라고 할 수 있는 것이었다.

이 경우 통합성과 다원성은 어느 정도의 구조성을 띠지 않을 수 없다고 생각된다. 이는 조정자로서의 국왕, 즉 왕권에 의하여 유지되는 측면이 컸다고 할 수 있다. 하지만, 이것은 반대로 국왕이 일정한 능력을 발휘하지 못하면, 균형이 무너지게 되며 심각한 혼란을 초래할 수도 있는 것이었다. 그런 만큼, 국왕은 균형과 다원, 통합을 유지하는데 매우 중요한 역할을 한다고 볼 수 있다.

제3장

고려시대의 삼경(三京)과 국도(國都)

신 안 식

1. 머리말

고려왕조의 국도(國都)[1] 개경(開京)은 신라의 변방에서 국가의 중심으로 성장하였지만, 왕조 내내 천도 논쟁에 휘말리기도 하였다. 하지만 조선왕조의 국도 한양(漢陽) 건설에 큰 영향을 끼쳤다. 때문에 개경은 고대사회의 국도에서 조선의 한양으로 나아가는 중간 역할을 하였다는 점에서 우리나라 도시사 연구에서 중요한 위치를 차지하고 있다.[2]

고려시대에는 개경 외에도 서경(西京, 平壤)·동경(東京, 慶州)·남경(南京, 楊州)·강도(江都, 江華島) 등 여러 '경(京, 都)'이 있었다. 그동안의 연구에서는 대몽항쟁기의 천도지였던 강도를 제외하고 이들을 통칭하여 '3경제(三京制)',[3] '다경제(多京制)'[4] 등으로 부르기도 하였다.[5] 그런데 경(京)의 위상에

---

1) 전통시대에서는 '京'이 하나가 아니라 여럿일 경우 가장 중심인 것을 '國都' 혹은 '京都'라 했고, 그 나머지는 副都로서 '陪都[陪京]·別都[別京]·下都' 등으로 불렸다.

2) 개경에 대한 연구사 정리는 박종진(「고려시기 개경사 연구동향」『역사와 현실』 34, 1999 ; 「고려시기 개경사 연구동향2(2000~2009)」『역사와 현실』 75, 2010)과 고동환(「한국 도시사 연구동향─고려 개경과 조선 한양을 중심으로」『歷史學報』 207, 2010)의 글을 참고하기 바란다.

는 그에 걸맞은 형식적인 틀이 중요하였다. 전근대의 경(京)에는 궁궐을 비롯한 도시의 기반 시설을 보호하기 위해 성곽체제를 갖췄다. 개경은 궁성을 비롯한 황성·나성[외성]의 3성체제로 구축되었고, 이런 3성체제를 황제국의 위상으로도 설명한다.6) 그렇다면 개경 이외의 서경·동경·남경· 강도에도 과연 3성체제가 적용되었을까? 서경은 태조대로부터 현종대에 걸쳐 3성체제가 구축되었고,7) 강도는 대몽전쟁이라는 긴박한 상황에서 조성되었지만 개경과 같은 3성체제를 갖췄던 것으로 밝혀졌다.8) 그런데 동경과 남경은 사료 부족 때문에 성곽체제가 어떻게 구축되었는지 밝혀진 바가 없다. 물론 동경은 신라의 국도였기 때문에 그에 걸맞은 방어체제가 구축되었을 것이지만,9) 고려시대에 그 체제가 계속 유지되었는지는 밝혀지지 않았다. 문종대 이후 새롭게 부상했던 남경 또한 궁궐 등의 시설이 조성되었다는 기록은 있지만,10) 성곽체제가 구축되었다는 구체적인 기록

---

3) 姜玉葉,「高麗時代의 西京制度」『國史館論叢』92, 2000.

4) 金昌賢,「신라 왕경과 고려 도성」『新羅文化祭學術論文集』29, 2008.

5) 『고려사』에서는 여러 '京'을 합쳐 '兩京'·'三京'·'京四'라고 했는데, 이 글에서는 이를 통칭하여 '京制'라고 하였다.

6) 전룡철,「고려의 수도 개성성에 대한 연구(1)·(2)」『력사과학』2·3, 1980 ; 박용운, 『고려시대 開京 연구』, 一志社, 1996 ; 신안식,「고려전기의 축성(築城)과 개경의 황성」 『역사와 현실』38, 2000 ; 김창현,「고려시대 개경 황성의 구조」『사학연구』67, 2002 ; 한국역사연구회,『고려의 황도 개경』, 창작과 비평사, 2002.

7) 李丙燾,「西京의 在城과 羅城」『(改訂版)高麗時代의 研究』, 亞細亞文化社, 1980 ; 김창현, 「고려 서경의 성곽과 궁궐」『역사와 현실』41, 2001.

8) 李丙燾,『高麗時代의 研究』, 乙酉文化社, 1948 ; 李丙燾,『(改訂版)高麗時代의 研究』, 亞細亞文化社, 1980 ; 金庠基,『東方文化交流史論攷』, 乙酉文化社, 1948 ; 강화군·육군박물관,『강화도의 국방유적』, 2000 ; 윤용혁,「고려시대 강도의 개발과 도시정비」『역사와 역사교육』7, 2002 ;「고려 강화도성의 성곽 연구」『國史館論叢』106, 2005 ; 김창현, 「개경과 강도의 도성 비교고찰」『韓國史研究』127, 2004 ; 신안식,「고려 江都時期 도성 성곽의 축조와 그 성격」『軍史』76, 2010.

9) 여호규,「國家儀禮를 통해 본 新羅 中代 都城의 空間構造」『한국의 도성-都城 造營의 傳統』, 서울시립대학교 서울학연구소, 2003 ; 전덕재,「신라의 王京과 小京」『역사학보』209, 2011.

10)『고려사』권8, 문종 22년 12월, "是歲 創新宮于南京" ; 같은 책 권12, 숙종 9년 5월,

을[11] 찾아보기 어렵다. 경(京)을 기보(畿輔)하는 경기제(京畿制) 또한 마찬가지였다. 국도 개경을 보호하는 경기에 대해서는 그동안 꾸준한 연구성과가 있었고,[12] 서경에도 경기가 설정되어[13] 있었다. 하지만 동경과 남경을 기보하는 경기가 설정되었는지는 여전히 의문점으로 남아있다.

지금까지의 고려시대 경제(京制) 연구는 주로 풍수지리설과 밀접한 관련을 가졌다거나,[14] 국도 개경과 지방을 이어주는 '중간행정기구'였다는[15] 점을 강조하였다. 이는 곧 고려시대 경제의 의미와 위상과도 연결되었고, 개경이 왕조 내내 천도 논란에 빠졌던 배경으로도 설명되었다. 하지만

"南京宮闕成."

11) 남경에도 개경·서경과 같은 성곽체제의 구축 가능성을 보여주는 자료를 찾아볼 수 있다(『고려사』 권13, 예종 5년 9월 기묘, "御南明門 閱神騎軍擊毬 賜物有差" ; 같은 책 권13, 예종 5년 9월 임진, "御北寧門 閱文武臣僚射 中的者 賜物有差").

12) 尹武炳, 「所謂「赤縣」에 對하여」『李丙燾華甲紀念論叢』, 一潮閣, 1956 ; 邊太燮, 「高麗時代 京畿의 統治制」『高麗政治制度史研究』, 一潮閣, 1982 ; 朴龍雲, 「開京과 開城府」『고려시대 開京 연구』, 一志社, 1996 ; 안병우, 「경기제도(京畿制度)의 성립과 경기의 위상」『경기도 역사와 문화』, 경기도사편찬위원회, 1997 ; 박종기, 「고려시대 남경지역의 개발과 경기제」『서울역사박물관 연구논문집』1, 2003 ; 신안식, 「고려시대 '京畿'의 위상과 역할」『人文科學研究論叢』25, 2003 ; 정학수, 「高麗前期 京畿制 研究」, 건국대학교 박사학위논문, 2008 ; 정은정, 「고려시대 開京의 도시변화와 京畿制의 추이」, 부산대학교 박사학위논문, 2009 ; 윤경진, 「고려전기 京畿의 편성과 운영」『역사문화연구』33, 2009.

13) 윤경진, 「고려시대 西京畿의 형성과 재편-《고려사》 지리지 연혁의 補正을 중심으로」『東方學志』148, 2009.

14) 李丙燾, 앞의 책, 1948·1980 ; 崔柄憲, 「高麗時代의 五行的 歷史觀」『韓國學報』13, 1978 ; 강옥엽, 「高麗 西京의 風水地理的 考察」『국사관논총』71, 1996 ; 김기덕, 「高麗時代 開京의 風水地理的 考察」『韓國思想史學』18, 2001 ;「高麗時代 開京과 西京의 風水地理와 遷都論」『韓國史研究』127, 2004 ;「高麗時代 西京의 風水地理的 考察-高麗初期 西京의 政治的 位相과 관련하여」『史學研究』73, 2004 ;「高麗 中·後期 遷都論議와 風水·圖讖說」『역사민속학』20, 2005 ;「韓國中世社會에 있어 風水·圖讖思想의 전개과정-高麗初期에서 朝鮮初期까지 遷都論議를 중심으로」『한국중세연구』21, 2006 ; 김창현, 「고려의 운수관과 도읍경영」『韓國史學報』15, 2003 ; 장지연, 「고려, 조선초 國都風水 연구」, 서울대학교 박사학위논문, 2010.

15) 朴龍雲, 『高麗時代史(上)』, 一志社, 1985, 129쪽 ; 金潤坤, 「지방의 통치조직」『한국사』13, 1993, 184쪽 ; 姜玉葉, 앞의 논문, 2000, 110~111쪽.

여기서 간과해서는 안될 것이 개경이 대몽전쟁기 강화천도를 제외하고 왕조 내내 국도로서의 위상을 잃은 적이 없었다는 점이다. 따라서 이 글에서는 고려시대와 관련된 자료에서 발견할 수 있는 '양경(兩京)'·'3경(三京)'·'경4(京四)'·'국도(國都)'·'국성(國城)'·'순행(巡幸)' 등의 용어를 통해서 고려시대 경제(京制)의 의의에 주목해 보고자 한다. 또한 연구 초점을 '3경'과 '국도'에 둔 것은 '경(京)'의 건설 과정에서 보여준 고려왕조의 특징적인 면모를 살펴보기 위함이다.[16]

2. 양경(兩京)과 삼경

왕조시대에는 국도 이외에 정치·경제·군사 등의 필요에 따라 여러 개의 '배도(陪都, 別都)'를 설치하였다. 그 대부분은 '경(京)' 혹은 '도(都)' 앞에 '동(東)·서(西)·남(南)·북(北)·상(上)·중(中)'의 방향에 따라 별칭을 정했다. 이런 별칭이 시간이 지나면서 정식 지명이 된 경우가 있었지만, 배도의 경우 중심 국도의 변화에 따라 그 별칭이 바뀌기도 하였다. 중국의 역대 왕조에서도 '1경·2경(양경·양도)·3경·4경·5경' 등 다양한 국도와 배도 운영 사례를[17] 찾아볼 수 있다. 우리나라 또한 고구려의 3京,[18] 신라의 국도

---

16) 서경과 동경은 각각 고구려와 신라의 국도로서 역사적인 전통을 지녔지만, 개경과 남경은 새롭게 건설되었다는 차이점이 있었다. 이런 차이점에서도 개경의 특징적인 면모를 찾아볼 수 있을 것으로 생각한다.

17) 중국 역대 왕조의 국도와 배도를 정리해 보면 다음과 같다.

왕조	국도·배도	왕조	국도·배도
隋	西京·東京	後漢	東京·西京·北京
唐	長安[西京]·東京	後周	東京·西京
後梁	東都·西都	北宋	汴京[開封]·東京]·西京·北京·南京
後唐	東京·西京·北京	遼	上京·南京·中京·東京·西京
後晉	東京·北京	金	中都·南京·北京·東京·西京

18) 『北史』 권94, 열전82, 高句麗, "其王好修宮室, 都平壤城 亦曰長安城 東西六里 隨山屈曲

금성(金城)과 5소경(小京),[19] 발해의 5경[20] 등과 같이 국도와 배도를 동시에 운영한 사례들이 있었다. 이는 광대한 영역을 통치하기 위한 수단, 전대 왕조의 역사계승, 중국의 영향 등 여러 측면이 반영되었다고 할 수 있다. 고려왕조에서도 국도 개경 외에 별도로 서경·동경·남경을 설치 운영하였고, 1232년(고종 19)에는 대몽전쟁으로 인해 강화천도[강도(江都)]가 단행되기도 하였다. 이를 정리해 보면 다음 <표 1>과 같다.

〈표 1〉 고려왕조의 경제(京制)[21]

개경	서경	동경	남경	강도
태조 2년에 송악(松嶽) 남쪽에 도읍을 정하고, 개주(開州)로 삼았다.	태조 원년에 평양(平壤)…대도호부(大都護府)로 삼고 곧 서경(西京)으로 삼았다./(태조 5년) 서경에 행차하여 새로 관부(官府)와 원리(員吏)를 설치하고, 비로소 재성(在城)을 축조하였다./(21년 7월)서경에 나성(羅城)을 축조하였다.			
	(정종)2년 봄에 서경에 왕성(王城)을 축조하였다.			
광종 11년에 개경을 고쳐 황도(皇都)로 삼았다.	광종 11년에 서도(西都)로 개칭하였다.			
성종 6년에 다시 5부방리(五部坊里)를 정하였다./14년에 개성부(開城府)로 삼	성종 14년에 서경유수(西京留守)라 고 하였다.	성종 6년에 동경유수(東京留守)로 고쳤다./14년에 유수사(留守使)라 하고, 영동도		

南臨浿水 城內唯積倉儲器備 寇賊至日 方入固守 王別爲宅於其側 不常居之 其外復有國內城 及漢城 亦別都也 其國中呼爲三京."

19) 『삼국사기』 권1, 始祖 赫居世居西干 21년, "築京城 號曰金城" ; 『삼국사기』 권40, 職官下 外官, 外位, "文武王十四年 以六徒眞骨出居於五京九州 別稱官名 其位視京位."

20) 『新唐書』 권219, 열전144, 渤海, "初 其王數遣諸生詣京師太學 習識古今制度 至是遂爲海東盛國 地有五京·十五府·六十二州."

아 적현(赤縣) 6, 기현(畿縣) 7을 관할하게 하였다.		(嶺東道)에 속하게 하였다.	
	목종 원년에 호경(鎬京)으로 고쳤다.		
현종 9년에 부(府)를 파하고 현령(縣令)을 설치 …경기(京畿)라 불렸다. /15년에 경성 5부방리(京城五部坊里)를 정하였다./20년에 경도(京都) 나성(羅城)을 완성하였다.	(현종 2년 8월)서경에 황성(皇城)을 축조하였다.	현종 3년에 유수관(留守官)을 폐지하고 경주방어사(慶州防禦使)로 강등하였다./5년에 안동대도호부(安東大都護府)로 고쳤다./21년에 다시 동경유수(東京留守)로 삼았다.	
문종 16년에 지개성부사(知開城府事)로 회복하였다.	문종 16년에 다시 서경유수관(西京留守官)이라 하고, 경기(京畿) 4도(道)를 설치하였다.		(문종 21년) 문종이 양주(楊州)로 남경(南京)을 삼고 유수(留守)를 설치하였다./(문종 22년)남경에 새 궁궐을 만들었다.
	숙종 7년에 문무반(文武班)과 5부(部)를 설치하였다.		(숙종 4년 9월)재신(宰臣)과 일관(日官)으로 하여금 양주(楊州)에 남경(南京) 건설을 의논하게 하였다./(6년 9월)남경을 설치하고 도감(都監)을 개창하였다./(9년 5월)남경 궁궐이 완성되었다.
	인종 13년에 서경 승려 묘청(妙淸)과 유참(柳旵)…곧 경기 4도(道)를 삭제하고 6현(縣)을 설치하였다.		
		(신종 7년)지경주사(知慶州事)로 강등하였다./고종 6년에 다시 유수(留守)로 삼았다.	고종 19년에 몽고병을 피하여 도읍을 옮기고, 승격하여 군(郡)으로 삼았으며, 강도(江都)라고 하였다.

	원종 10년에 몽고가 서경을 동녕부(東寧府)로 삼았다.		원종 원년에 다시 송도(松都)로 돌아왔다.
충렬왕 34년에 부윤(府尹) 이하의 관직을 설치하였다.	충렬왕 16년에 마침내 다시 서경유수관(西京留守官)으로 삼았다.	충렬왕 34년에 계림부(雞林府)로 고쳤다.	충렬왕 34년에 한양부(漢陽府)로 고쳤다.
	공민왕 18년에 만호부(萬戶府)를 설치하고 후에 평양부(平壤府)로 고쳤다.		
			우왕 3년에 부(府)로 승격하였다.

1) 양경

다음의 자료를 살펴보면, 고려초기의 경제가 개경과 서경의 '양경제'로 운영되었음을 알 수 있다.

가-① 왕경(王京) 개성부(開城府)는 본래 고구려의 부소갑(扶蘇岬)이다. 신라에서 송악군(松嶽郡)으로 고쳤다. 태조 2년에 송악(松嶽) 남쪽에 도읍을 정하여 개주(開州)라 하고 궁궐을 창건하였다.[22]

가-② 태조 원년에 평양이 황폐하다 하여 염주(鹽州)·배주(白州)·황주(黃州)·해주(海州)·봉주(鳳州)의 민들을 옮겨 그곳을 채워 대도호부(大都護府)로 삼았다. 얼마 되지 않아 서경(西京)이 되었다.[23]

---

21) 이 도표는 『고려사』 세가·지 및 『고려사절요』를 참고하여 정리한 것이다.

22) 『고려사』 권56, 지리1, 王京開城府, "王京開城府 本高句麗扶蘇岬 新羅改松嶽郡 太祖二年 定都于松嶽之陽 爲開州 創宮闕."

23) 『고려사』 권58, 지리3, 西京留守官 平壤府, 태조 원년, "以平壤荒廢 量徙塩·白·黃·海·鳳諸 州民 以實之 爲大都護府 尋爲西京."

가-③ 개경(開京)을 고쳐 황도(皇都)라 하였고, 서경(西京)은 서도(西都)라
    하였다.[24]
    서경을 고쳐 호경(鎬京)이라 하였다.[25]

개경은 919년(태조 2) 정월에 철원에서 송악으로 천도하면서[26] 고려왕
조의 중심이 되었다. 하지만 개경이라는 명칭이 어떻게 정해졌고 그 의미
가 무엇이었는지는 알려지지 않았다. 개경이라는 명칭은 960년(광종 11)에
황도(皇都)로 개칭될 때 처음으로 발견되며(가-③), 그 이전의 자료에서는
'개주(開州)'라는(가-①) 명칭만 확인된다. 이런 점에서 보면, '개경(開京)'은
'개주 왕경(開州 王京)'에서 비롯되었을[27] 것으로 추정된다.

사료 가-②에서 보면, 918년(태조 원년) 9월에 평양을 대도호부로 삼고[28]
얼마 안 되어 서경으로 삼았다고[尋爲西京] 하였다. 이때의 '심(尋)'이 정확
히 언제인지를 알려주는 자료는 없지만, 고려 건국이후 개경으로의 천도가
태조 2년 정월이었고[29] 평양을 '경(京)'이라는 명칭으로 확인할 수 있는
것이 태조 2년 3월의 '양경(兩京)'이었다.[30] 이런 점에서 보면 서경은 개경

---

24) 『고려사』 권2, 광종 11년, "改開京爲皇都 西京爲西都."
25) 『고려사』 권3, 목종 원년 7월 계미, "改西京爲鎬京."
26) 『고려사』 권1, 태조 2년 정월.
27) '開州 王京'의 줄임말이 '開京'이었음은 <표 1>에서 1232년(고종 19) 최씨정권의
    江華遷都로 江華島가 '江都'라고 불린 것과 마찬가지였다고 생각된다. '江都'는 곧
    '江華 王都'의 줄임말이었을 것이다. 이런 점은 『宋史』에서 고려의 왕경을 '開州
    蜀莫郡'(『宋史』 권487, 列傳246 外國3 高麗, 隆興 2년, "王居開州蜀莫郡 曰開成府.")이라고
    했는데, 개주촉막군은 개주와 촉막군의 복합어이다. 그리고 촉막군은 개경의 또
    다른 명칭이었다(『신증동국여지승람』 권4, 開城府上 郡名, "扶蘇岬·松岳郡·比忽·開州·
    開京·皇都·蜀莫郡[宋史 高麗王居開州蜀莫郡 曰開城府 依大山置宮室立城壁 名其山曰神
    嵩]").
28) 『고려사』 권1, 태조 원년 9월 병신.
29) 『고려사』 권1, 태조 2년 정월, "定都于松嶽之陽 創宮闕 置三省·六尙書·官九寺 立市廛
    辨坊里 分五部 置六衛."
30) 『고려사』 권1, 태조 2년 3월, "創法王·王輪等十寺于都內 兩京塔廟 肖像之廢缺者 並令修

으로의 천도와 거의 동시에 이루어졌을 것으로 생각된다.

개경은 이전에 궁예의 후고구려 국도였기 때문에 국도로서의 기반 시설이 갖춰져 있었을 것이다. 하지만 평양은 구고구려의 국도였지만 오랫동안 황폐화되어 있었다. 이런 평양을 개경으로의 천도와 거의 동시에 서경으로 삼았던 배경에 대해서는 구고구려 지역세력들을 포섭하기 위한 정치적인 의도 및 고구려 역사계승의식[31] 등으로 이해되고 있다. 이에 태조 왕건의 '훈요십조(訓要十條)'에서는 서경의 중요성을 강조했을[32] 뿐만 아니라 이후 '재성(在城, 內城)·나성(羅城)·왕성(王城)·황성(皇城)'[33] 등의 성곽체제를 정비하여 개경과 대등한 위상을 갖췄다. 심지어 태조 왕건은 후삼국 통일 이후 서경으로의 천도를 의도하였고,[34] 3대 정종은 서경 천도를 시도했다가 실패하기도[35] 하였다.

따라서 『고려사』 등 고려시대 관련 자료에서 확인되는 '양경'이라는[36] 용어는 일반적으로 개경과 서경을 통칭해서 쓰였다.[37] 개경은 태조 왕건의

___

葺."

31) 『고려사』 권56, 地理1, "高麗太祖 興於高句麗之地 降羅滅濟 定都開京 三韓之地 歸于一統."

32) 『고려사』 권2, 태조 26년 4월, "御內殿 召大匡朴逃希 親授訓要曰 … 其五日 朕賴三韓山川陰佑 以成大業 西京水德調順 爲我國地脈之根本 大業萬代之地 宜當四仲巡駐 留過百日 以致安寧."

33) 『고려사』 권1, 태조 5년 11월, "是歲 徙大丞質榮·行波等父兄子弟 及諸郡縣良家子弟 以實西京 幸西京 新置官府員吏 始築在城 親定牙善城民居." ; 같은 책 권2, 태조 21년 7월, "築西京羅城." ; 같은 책 권2, 정종 2년, "春 築西京王城." ; 같은 책 권4, 현종 2년 8월, "是月 增修松嶽城 築西京皇城."

34) 『고려사』 권2, 태조 15년 5월 갑신, "諭群臣曰 頃完葺西京 徙民實之 冀憑地力 平定三韓 將都於此 …."

35) 『고려사』 권2, 정종 4년 3월 병진, "王疾篤 召母弟昭内禪 移御帝釋院薨 在位四年 壽二十七 王性好佛多畏 初 以圖讖 決議移都西京 徵發丁夫 令侍中權直 就營宮闕 勞役不息 又抽開京民戶 以實之 群情不服 怨讟胥興 及薨 役夫聞而喜躍."

36) 兩京과 같은 용어로 '兩都'(『고려사』 권102, 李藏用, "(원종)九年 拜門下侍中 藏用嘗言於朝欲使宗社無虞中外晏然莫如還都舊京金俊及其黨皆不欲之藏用曰 若不能席卷以出且令作宮室 夏居松京冬返江都 如上國之有兩都可也.")도 찾아볼 수 있다.

37) 개경과 서경 이외에 양경이라는 용어로는 동경과 서경의 '東西兩京'(『고려사』 권7, 문종 즉위년 12월 병오, "朔 百官詣乾德殿 賀成平節 宴宰樞給舍中丞以上侍臣于宣政殿

세거지(世居地)인 동시에 '일국지본(一國之本)'[38] 등으로 인식되었고, 서경
은 '구도(舊都)'인[39] 동시에 '우리나라 지맥의 근본[我國地脈之根本]'[40] 등으
로 인식되었다.

　그런데 평양을 '서경'이라는 별칭을 사용했다는 것은 이에 대비되는
개경의 별칭도 함께 부상되었을 것으로 생각된다. 중국 수(隋)·당(唐) 시기
의 '장안(長安, 西京)과 낙양(洛陽, 東京)'[41] 양경제에서도 '서경과 동경'이라
는 별칭이 쓰였고, 그 이외에서도 국도를 중심으로 방향을 나타내는 용어
의 별칭을[42] 확인할 수 있다. 따라서 개경 또한 방향을 나타내는 별칭이
쓰였을 것으로 993년(성종 12)의 '상경(上京)'과[43] 1096년(숙종 원년)의
'중경(中京)'[44] 등이 각각 처음 확인된다. 평양의 별칭은 서경뿐만 아니라
사료 가-③에서 보듯이 '서도'와 '호경'이 있었다. 서경과 서도는 방향을

成平節 王生日也 每遇節日 國家設祈祥迎福道場於外帝釋院七日 文武百寮 於興國寺 東西兩
京·四都護·八牧 各於所在佛寺行之 以爲恒式.") 혹은 '東西二京'(『고려사』 권6, 정종 즉위
년 11월 庚子, "設八關會 御神鳳樓 賜百官酺 夕幸法王寺 翼日大會 又賜酺觀樂 東西二京·東
北兩路兵馬使·四都護·八牧 各上表陳賀 宋商客·東西蕃·耽羅國亦獻方物 賜坐觀禮 後以爲
常."; 『고려사』 권9, 문종 32년 6월 정묘, "… 太子率群臣陳賀 東西二京·東北兩界兵馬使
八牧·四都護府 亦表賀 命太子 宴客使于乾德殿.") 등을 찾아볼 수 있다.

38) 『고려사』 권84, 형법1 職制, 충선왕 즉위년.

39) 『고려사』 권58, 지리3 北界, 西京留守官 平壤府, "本三朝鮮舊都 … 太祖元年 以平壤荒廢
　　量徙鹽·白·黃·海·鳳諸州民 以實之 爲大都護府 尋爲西京."

40) 『고려사』 권2, 태조 26년 4월, "其五曰 朕賴三韓山川陰佑 以成大業 西京水德調順 爲我國地
　　脈之根本 大業萬代之地 宜當四仲巡駐 留過百日 以致安寧."

41) 중국의 隋文帝는 長安을 국도로 삼았는데, 隋煬帝가 등극하면서 장안을 西京으로
　　삼고 洛陽을 東京을 조영하였다. 隋에 이어 唐은 長安을 국도로 삼아 西京이라 하였고,
　　洛陽을 배도로 삼아 東京이라고 하였다. 이때 동경과 서경의 명칭은 국도와 배도라는
　　점 외에 그 방향에 따라 정해졌음을 알 수 있다.

42) 주 17) 참조.

43) 『고려사』 권80, 식화3 常平義倉, 성종 12년 2월, "置常平倉于兩京十二牧 敎曰 漢食貨志'千
　　乘之國必有千金之價以年豐歉行斂糶 民有餘則歛之以輕民不足則散之以重 今依此法行之以
　　千金准時價金一兩直布四十五則千金爲布六十四萬匹折米十二萬八千石半之爲米六萬四千
　　石 以五千石委上京京市署歛糶令大府寺出管共管出納餘五萬九千石分西京及州郡倉一十
　　五所西京委分司司憲臺州郡倉委其界官員管之以濟貧弱."

44) 『고려사절요』 권6, 숙종 원년 8월.

나타내는 명칭이었음에 비해 호경은 또 다른 의미를 내포하는 것으로 이해된다. 호경은 평양을 '호주(鎬州)'라고[45] 한 데서 비롯된 것으로 생각되는데, 이는 곧 개경의 명칭이 정해지는 것과 마찬가지로 '호주 왕경(鎬州王京)'을 의미했다고 하겠다.

개경과 서경의 양경제는 국도와 배도의 관계로 볼 수 있지만, 고려초기의 개경과 서경은 동일 선상에서 이해할 부분이 있다. 이는 앞에서도 언급했던 태조 왕건과[46] 3대 정종의 천도 계획뿐만 아니라 성종대 거란의 소손녕과 외교담판을 벌였던 서희의 "우리나라가 곧 고구려의 옛 땅이기 때문에, 국호를 고려(高麗)라 하고 평양(平壤)에 도읍하였던 것이다."라는[47] 발언에서 평양을 고려의 도읍이라고 부른 것에서도 알 수 있다. 물론 이는 고려왕조가 고구려를 계승했다는 점을 강조하기 위한 외교적 발언으로 이해할 수도 있다. 하지만 이런 점은 고려초기의 개경과 서경이 국도와 배도의 관계를 떠나 동질적인 의미를 가졌음을 알 수 있는 것이며, 이후

---

45) 『宋史』 권487, 外國3 高麗, 隆興 2년, "王居開州蜀莫郡 曰開成府 依大山置宮室 立城壁 名其山曰神嵩 民居皆茅茨 大止兩椽 覆以瓦者才十二 以新羅爲東州樂浪府 號東京 百濟爲金州金馬郡 號南京 平壤爲鎬州 [按長編卷三三九 作鎬州] 號西京 西京最盛 總之 凡三京·四府·八牧·郡百有十八·縣鎭三百九十·洲島三千七百."

46) 태조 왕건은 평양에 서경을 설치한 이후 후삼국 통합 때까지 적극적인 서경 巡幸 및 정비를 꾀하였다.

北界			西京			
3년	是歲 王 巡北界而還	節	4년	10월	壬申 西京	史
11년	是歲 巡幸北界	史	5년		幸西京 新置官府員吏 始築在城	史
15년 7월	辛卯 遣正胤武 巡北邊	史	8년	3월	幸西京	史
			9년	12월	癸未 幸西京 親行齋祭 巡歷州鎭	史
			12년	4월	幸西京 歷巡州鎭	史
			13년	5월	壬辰 幸西京	史
			13년	12월	庚寅 幸西京 創置學校	史
*			14년	11월	辛亥 幸西京 親行齋祭 歷巡州鎭	史
史→『고려사』 권1, 세가1·2, 태조1·2			17년	1월	甲寅 幸西京 歷巡北鎭	史
節→『고려사절요』 권1, 태조			18년	9월	甲午 幸西京 歷巡黃·海州	史

47) 『고려사』 권94, 徐熙, "我國即高句麗之舊也 故號高麗 都平壤."

서경이 개경에 버금갈[48] 정도로 성장할 수 있었던 토대였다고 하겠다.

따라서 고려 건국초기에는 시조의 세거지로서의 국도 개경과 후삼국 통일이후 새로운 국도 천도지로서의 서경이 공존했다고 생각된다. 이러한 서경이 국도 개경의 배도로서 위상의 변화를 가져온 계기는 경주에 '동경(東京)'을 설치하여 '3경제(三京制)'가 성립한 것이었다.

2) 삼경

고려왕조의 '3경제'는 987년(성종 6) 구신라의 국도 경주에 '동경'을 설치하면서부터 이루어졌다. 경주를 3경제의 일원으로 격상시킨 것은 신라의 '고도(古都)'였음을[49] 우대함으로써 고려왕조의 역사계승의식을 정립할 뿐만 아니라 이 시기 정치세력의 동향과도 관련이[50] 있었을 것이다.

> 가-④ 성종 6년에 동경유수(東京留守)로 고쳤다가, (성종) 14년에 유수사(留守使)라 칭하고 영동도(嶺東道)에 소속시켰다. 현종 3년에 유수관(留守官)을 폐지하고, 경주방어사(慶州防禦使)로 강등하였다. (현종) 5년에 안동대도호부(安東大都護府)로 고쳤다. (현종) 21년에 다시 동경유수로 고쳤다. 당시 예방(銳方)이 올린 『삼한회토기(三韓會土記)』에 고려삼경(高麗三京)이라는 문구가 있으므로 다시 설치한 것이다.[51]

---

48) 『고려도경』 권3, 城邑, 郡邑, "惟西京最盛 城市略如王城 又有三京四府八牧 又爲防禦郡一百一十八 爲縣鎭三百九十 爲洲島三千七百 皆設守令監官治民."

49) 『고려사』 권57, 지리2 慶尙道, 東京留守官 慶州, "本新羅古都."

50) 姜玉葉, 앞의 논문, 2000, 110~111쪽.

51) 『고려사』 권57, 지리2 慶尙道, 東京留守官 慶州, "成宗六年 改爲東京留守 十四年 稱留守使屬嶺東道 顯宗三年 廢留守官 降爲慶州防禦使 五年 改安東大都護府 二十一年 復爲東京留守 時銳方所上 三韓會土記有高麗三京之文 故復置之."

가-⑤ 양주(楊州)를 고쳐 남경유수관(南京留守官)으로 삼고, 근처 고을의 민을 이주시켜 채웠다.[52]

가-⑥ 위위승동정 김위제가 상서하여 남경(南京)으로 천도하기를 청하였다. 대략 이르기를, "『도선기(道詵記)』에서 말하기를, '고려 땅에는 3경(三京)이 있어 송악(松嶽)이 중경(中京)이 되고, 목멱양(木覓壤)이 남경(南京)이 되며, 평양(平壤)이 서경(西京)이 된다. 11·12·1·2월에는 중경에 머물고, 3·4·5·6월에는 남경에 머물며, 7·8·9·10월에는 서경에 머문다면, 36국이 천자를 알현할 것이다.'라고 하였습니다. 또한 말하기를, '개국한 이후 160여 년이 되면 목멱양에 도읍할 것이다.'라고 하였습니다. 신이 생각하건대 지금이 바로 신경(新京)에 순행하여 머무를 시기입니다. 지금 국가에 중경과 서경은 있으나 남경이 빠졌습니다. 엎드려 바라건대 삼각산(三角山) 남쪽 목멱 북쪽의 평야에 도성을 건립하시어, 때마다 순행하여 머무르십시오."라고 하였다. 이에 일관[日者] 문상(文象)도 그에 따라 영합하였다.[53]

이들 자료에서 나타나는 『삼한회토기』(가-④)와 『도선기』(가-⑥)는[54] 『송악명당기(松岳明堂記)』·『도선답산가(道詵踏山歌)』·『삼각산명당기(三角山明堂記)』·『신지비사(神誌秘詞)』·『옥룡기(玉龍記)』·『해동비록(海東秘錄)』 등과 더불어 고려시대 풍수지리와 관련된 지리서로 알려져 있다. 사료 가-④에서는 『삼한회토기』를 인용하여 3경을 지적했는데, 이때의 3경은 개경·서경[평

---

52) 『고려사절요』 권5, 문종 21년 12월, "改楊州爲南京留守官 徙旁郡民實之."

53) 『고려사절요』 권6, 숙종 원년 8월, "衛尉丞同正金謂磾上書 請遷都南京 略曰道詵記云 高麗之地有三京 松嶽爲中京 木覓壤爲南京 平壤爲西京 十一·十二·正·二月住中京 三·四·五 ·六月住南京 七·八·九·十月住西京 則三十六國朝天 又云開國後百六十餘年 都木覓壤 臣謂 今時 正是巡駐新京之期 今國家 有中京·西京 而南京闕焉 伏望 於三角山南木覓北平建立都城 以時巡駐 於是 日者文象 從而和之."

54) 『道詵記』는 『道詵密記』의 이칭일 것으로 생각된다.

양·동경[경주]이었다. 사료 가-⑥에서는 『도선기』를 인용하여 3경을 중경 [松嶽, 개경]·남경[木覓壤, 양주]·서경[평양]이라고 하였다. 이 두 책에서는 같은 3경을 지적하면서 동경과 남경의 차이를 보여주고 있다. 이런 점에서 고려왕조의 '경제(京制)'는 개경과 서경의 양경제를 주축으로 해서 동경과 남경이 시기에 따라 3경제의 일원으로 인식되었던 것으로 생각된다.

태조 왕건은 태조 2년 철원(鐵圓)에서 송악으로 천도하면서 철원의 지명을 동주(東州)로 고쳤고,[55] 국도 개경이 위치한 지역을 '개주(開州)'라고 하였다(가-①). 그리고 철원을 방향을 나타내는 동주라고 했다는 점은 평양을 '서경'으로 명명하는 데 영향을 끼쳤을 것으로 생각된다. 이런 점에서 성종 12년의 자료에서 찾아볼 수 있는 개경을 '상경'이라고[56] 한 자료가 주목된다. 개경은 상경 외에 960년(광종 11)에는 '황도'라고[57] 개칭되었다. 황도와 상경은 같은 개념으로 쓰인 경우도[58] 있었다. 따라서 성종 6년에 경주를 '동경'이라고 명명할 수 있었던 것은 방향을 나타내는 상경[개경]을 중심으로 서경과 대비되는 동경[경주]이 명명될 수 있었을 것이다. "신라(新羅)는 동주(東州) 낙랑부(樂浪府)로 삼아 동경(東京)이라고 불렀다." 라는[59] 기록에 의하면, 앞에서 개경 및 호경의 명칭과 마찬가지로 동경

---

55) 『고려사』 권58, 지리3 交州道, 東州, "後弓裔起兵 略取高句麗舊地 自松岳郡 來都 修葺宮室 窮極奢侈 國號泰封 及太祖卽位 徙都松嶽 改鐵圓 爲東州."

56) 『고려사』 권80, 식화3 常平義倉, 성종 12년 2월, "置常平倉于兩京十二牧 敎日 漢食貨志'千乘之國必有千金之價以年豐歉行糴糶 民有餘則歛之以輕民不足則散之以重 今依此法行之以千金准時價金一兩直布四十四匹則千金爲布六十四萬匹折米十二萬八千石半之爲米六萬四千石 以五千石委上京市署糴糶令大府寺司憲臺共管出納餘五萬九千石分西京及州郡倉一十五所西京委分司司憲臺州郡倉委其界官員管之以濟貧弱."

57) 『고려사』 권2, 광종 11년, "改開京爲皇都 西京爲西都."

58) '皇都'는 중국에서 秦始皇이 皇帝를 칭하면서 국도 長安이 皇都로 불린(『史記』 권6, 秦始皇本紀6) 이래로 중국 역대 국도의 일반 명칭으로 불렸으며, 契丹(遼)도 국도를 皇都라 했다가 뒤에 '上京'으로 개칭하였다(『遼史』 권37, 地理志1 上京道, 上京臨潢府, "神冊三年 城之 名曰皇都 天顯十三年 更名上京 府曰臨潢").

59) 『宋史』 권487, 外國3 高麗, 隆興 2년, "王居開州蜀莫郡 曰開成府 依大山置宮室 立城壁 名其山曰神嵩 民居皆茅茨 大止兩椽 覆以瓦者才十二 以新羅爲東州樂浪府 號東京 百濟爲金

또한 '경주 왕경(慶州 王京)' 혹은 '동주 왕경(東州 王京)'에서 비롯되었을 것으로 이해된다.[60] 그런데 성종 6년 경주에 동경을 설치한 이후 997년(성종 16) 8월에 처음으로 국왕의 순행(巡幸)이 이루어졌지만,[61] 그 이후에는 국왕의 순행이 더 이상 이루어지지 않았을 뿐만 아니라 경주방어사·안동대도호부로 전락하기도 하였다(가-④). 이후 1030년(현종 21)에 동경으로 복구되어, 그 위상이 숙종 원년 '지금 국가에 중경(中京)과 서경(西京)은 있으나 남경(南京)이 빠졌습니다.'라고(가-⑥) 할 때까지 이어졌다.[62]

　사료 가-⑤·⑥을 통해서는 1067년(문종 21)과 숙종 원년에 남경이 각각 설치되었음을 알 수 있다. 양주(楊州)를 남경으로 삼은 배경에 대해서는 정치세력의 동향에 주목하거나, 1069년(문종 23) 경기제의 확대와 관련하여 이해하거나, 풍수도참을 이용한 왕권강화 등 다양한 견해들이[63] 제기되었다. 남경은 앞서 '상경·서경·동경'이 각각 '개주 왕경' '호주 왕경' '동주 왕경'의 별칭이었듯이 '양주 왕경(楊州 王京)'의 별칭으로 쓰였을 것이다. 이런 남경의 등장은 고려왕조의 새로운 3경제의 성립이라고 할 수 있다. 기존의 '상경[개경]·서경[평양]·동경[경주]'의 3경제에서 '중경[개경]·

州金馬郡 號南京 平壤爲鎭州 [按長編卷三三九 作鎬州] 號西京 西京最盛 總之 凡三京·四府·八牧·郡百有十八·縣鎭三百九十·洲島三千七百."

60) 옛 신라의 국도 金城이 일찍이 東京으로 불렸음을 알 수 있는 기록도 있는데(韓國古代社會研究所編,『譯註 韓國古代金石文Ⅲ』, 가락국사적개발연구원, 1992,「斷俗寺神行禪師碑」, "禪師 俗姓金氏 東京御里人也"), 그 이유가 신라의 여러 京 중에서 가장 동쪽에 있었기 때문이라고 한다(전덕재,「신라의 王京과 小京」『역사학보』209, 2011, 16~17쪽).

61)『고려사』권3, 성종 16년 8월 을미, "幸東京"; 같은 책 권3, 세가3, 成宗 16년 9월, "王不豫 己巳 至自東京."

62)『고려사』권6, 정종 즉위년 11월 경자, "設八關會 御神鳳樓 賜百官酺 夕幸法王寺 翼日大會 又賜酺觀樂 東西二京·東北兩路兵馬使·四都護·八牧 各上表陳賀 宋商客·東西蕃·耽羅國亦獻方物 賜坐觀禮 後以爲常.";『고려사』권7, 문종 즉위년 12 병오, "朔 百官詣乾德殿 賀成平節 宴宰樞給舍中丞以上侍臣于宣政殿 成平節 王生日也 每遇節日 國家設祈祥迎福道場於外帝釋院七日 文武百寮 於興國寺 東西兩京·四都護·八牧 各於所在佛寺行之 以爲恒式"; 같은 책 권9, 문종 32년 6월 정묘, "… 太子率群臣陳賀 東西二京·東北兩界兵馬使 八牧·四都護府 亦表賀 命太子 宴客使于乾德殿."

63) 이익주,「고려시대 남경 연구의 현황과 과제」『도시역사문화』3, 2005.

서경[평양]·남경[양주]'의 3경제로의 변화였다. 전자의 경우에는 개경의 별칭으로 '상경'이 쓰였던 반면, 후자의 경우에는 개경의 별칭으로 '중경'이 쓰였다. 개경의 별칭으로 중경이 처음으로 확인되는 시기가 숙종 원년이다(가-⑥). 하지만 남경은 이미 문종 21년에 설치되었기 때문에 이 시기를 전후해서 개경의 별칭으로 중경이 사용되었을 가능성이 있다.

한편 문종 21년 양주에 설치된 남경이 숙종 원년에 다시 설치되었는데, 그것은 1078년(문종 32)을 전후해서 남경이 양주로 환원되었고 이후 숙종의 왕권강화 등 정치적 목적에서 비롯되었을 것으로[64] 생각한다. 그런데 사료 가-⑤에서는 문종 21년에 양주를 남경유수관으로 삼았음을 보여주고, 사료 가-⑥에서는 목멱양에 도읍을 정하여 남경으로 삼자는 의견이 제기되었음을 보여주고 있다. 그리고 1068년(문종 22)에 '신궁(新宮)'과[65] 1104년(숙종 9) '남경궁궐(南京宮闕)'이[66] 각각 창건되었다. 이들 궁궐은 사료 가-⑥을 통해서 같은 위치에 설치되지 않았을 것으로 생각된다. 따라서 숙종대의 남경은 '양주 목멱양(楊州 木覓壤)'에 설치되었을 것이고,[67] 이는 개경을 '개주 촉막군(開州 蜀莫郡)'이라고[68] 했던 것과도 상통한다고 하겠다. 숙종

---

64) 權純馨, 「高麗中期 南京에 對한 一考察」『향토서울』49, 1990 ; 나각순, 「고려시대 양주지방의 변천과 그 관인의 임용형태」『향토서울』53, 1993 ; 崔惠淑, 「高麗時代의 南京遷都」『竹堂李炫熙教授華甲紀念韓國史學論叢』, 국학자료원, 1997 ; 金甲童, 「고려시대의 南京」『서울학연구』18, 2002 ; 박종기, 「고려중기 남경 건설의 배경과 경영」『향토서울』68, 2006.

65) 『고려사절요』권5, 문종 22년 12월, "創新宮于南京."

66) 『고려사절요』권6, 숙종 9년 5월, "南京宮闕成." 궁궐은 '京'의 영역을 이해할 수 있는 중요한 시설로 성곽으로 둘러져 있었다. 남경 궁궐에서도 南明門(『고려사』권13, 예종 5년 9월 기묘, "御南明門 閱神騎軍擊毬 賜物有差.")과 北寧門(『고려사』권13, 예종 5년 9월 임진, "御北寧門 閱文武臣僚射 中的者 賜物有差.") 등과 같은 성문이 확인되는데, '閱神騎軍擊毬' '閱文武臣僚射'라는 행사가 개경의 궁궐에서 행해지던 행사였음을 비춰볼 때 궁궐을 둘러싸고 있던 宮城의 성문으로 생각된다.

67) 『고려사』권56, 지리1 楊廣道, 南京留守官 楊州, "肅宗元年 衛慰丞同正金謂磾 據道詵密記 請遷都南京云 楊州有木覓壤 可立都城 日者文象 從而和之."

68) 『신증동국여지승람』권4, 開城府上, 郡名, "扶蘇岬·松岳郡·冬比忽·開州·開京·皇都·蜀莫郡 [宋史 高麗王居開州蜀莫郡 曰開城府 依大山置宮室立城壁 名其山曰神嵩]."

대의 남경 건설은 사료 가-⑥에서도 볼 수 있듯이, '도성을 세웠다[建立都城].'라는 천도의 목적에서 비롯되었고, '지금 국가에 중경(中京)과 서경(西京)은 있으나 남경(南京)이 빠졌습니다.'라고 하여 고려왕조의 3경제가 '중경[개경]·서경[평양]·남경[양주]'으로 재정립되었음을 의미한다고 하겠다. 이런 점은 개경·서경의 경기제(京畿制)와 마찬가지로 남경에도 '남경기내(南京 圻內)'라는[69] 경기제가 설정되었던 것에서도 알 수 있다.

결국 고려왕조의 경제(京制)는 개경·서경의 양경제를 근간으로 당대의 정치 사회적 목적에 따라 동경 혹은 남경을 덧붙인 3경제로 운영되었다고 생각된다. 3경제를 시행한 배경에 대해서는 관련 사료의 부족으로 사실적인 면을 밝히기가 어렵지만, 고려왕조의 '삼한(三韓)' 의식[70] 혹은 고려시대에 만연했던 풍수지리설의 유행에서 비롯되었다거나,[71] 이를 먼저 시행했던 신라의 제도[72] 등에서 비롯되었을 것이다. 이런 3경제의 근본적인 목적은 국도 개경을 중심으로 한 국토 운영의 효율성을 높이려는 의도였을 것으로 생각한다.

하지만 고려왕조의 3경제는 국도 개경의 역사적 위상의 한계성을 보완했다는 측면이 있었지만, 정작 대외전쟁과 같은 위기 상황에서는 개경을 보완하지 못했다. 예컨대 1010년(현종 원년)의 거란 2차 침략에서는 국왕 현종이 전주로 피난갔고, 대몽전쟁기에서는 최씨정권의 강화천도가 단행

---

69) 『고려사』 권14, 예종 12년 8월 정묘, "王至南京 契丹投化人 散居南京圻內者 奏契丹歌舞雜戲以迎駕 王駐觀之." 이 자료에서 '南京圻內'의 '圻[畿]內'는 남경의 畿輔 지역을 일컫는 것으로 개경 및 서경과 마찬가지로 京畿가 설정되었음을 보여주는 것으로 추정된다.

70) 동경과 남경의 의미를 신라와 백제의 역사와 결부시킨 자료도『宋史』권487, 外國3 高麗, 隆興 2년, "王居開州蜀莫郡 曰開成府 依大山置宮室 立城壁 名其山曰神嵩 民居皆茅茨 大止兩椽 覆以瓦者才十二 以新羅爲東州樂浪府 號東京 百濟爲金州金馬郡 號南京 平壤爲鎭州 [按長編卷三三九 作鎬州] 號西京 西京最盛 總之 凡三京·四府·八牧·郡百有十八·縣鎭三百九十·洲島三千七百.") 발견된다.

71) 李丙燾, 위의 책, 1948·1980 ; 崔柄憲, 앞의 논문, 1978 ; 강옥엽, 앞의 논문, 1996 ; 김기덕, 앞의 논문, 2001·2004·2005·2006 ; 장지연, 앞의 논문, 2010.

72) 김창현, 앞의 논문, 2008, 82~83쪽.

되었으며, 고려말 홍건적의 침략에서는 공민왕이 안동으로 피난하기도 했다. 이런 점에서 보면 고려왕조의 3경제는 군사적인 목적보다는 정치 사회적인 목적이 더 컸음을 보여준다고 하겠다.

3. 국도와 순행(巡幸)

앞에서 살펴보았듯이, 개경은 고려왕조의 국도(國都)였고, 서경·동경·남 경은 배도였다. 개경은 시조의 세거지였고, 서경과 동경은 이전 왕조의 '고도(古都, 舊都)'였으며, 남경은 새롭게 건설되었다. 또한 서경과 남경은 천도를 목적으로 설치되었던 반면, 동경은 신라역사계승의식에서 비롯되 었다고 할 수 있다.

국도란[73] '일국 도읍(一國 都邑)'이라는 뜻으로 이를 상징했던 것이 '국성 (國城)'이었고,[74] 개경의 '나성(羅城)'이 곧 그것이었다. 개경의 나성은[75] 건국이후 100여 년이 흐른 1029년(현종 20)에야 완성되었다. 이런 점은 곧 개경의 국도로서의 위상과 연결되는 문제였고, 서경으로의 천도 문제가 첨예하게 대두되었던 실상을 반영하기도 하였다. 서경에는 '재성[내성]· 나성·왕성·황성' 등의 성곽이 축조되었는데, 서경의 나성은 개경의 나성보 다 먼저 축조되었을 뿐만 아니라 용어도 먼저 사용되었다(<표 1>). 하지만

---

73) 『고려사절요』 권3, 현종 원년 윤2월, "復燃燈會 國俗自王宮國都 以及鄕邑 以正月望 燃燈二夜 自成宗以來 廢而不擧 至是 復之.";같은 책 권14, 신종 7년 6월, "有人言於忠獻曰 東京古之國都."

74) '國城'이란 '國都 城郭'으로 국도의 상징적인 시설이었다. 『고려사』 권63, 예5 吉禮小祀, 風師雨師雷神靈星, "風師壇 高三尺 廣二十三步 四出陛 燎壇在內壝之外二十步丙地 廣五尺 戶方二尺 開上南出 在國城東北令昌門外 立春後丑日祀之 祝版稱高麗國王臣王某敢明告 牲 牢豕一";같은 책 권65, 예7 賓禮, 迎大明賜勞使儀, "使臣至國境 先遣關人入報 王遣官遠接 前期 有司 於國門外公館 設幄 結綵 設龍亭於館之正中 備金鼓·儀仗·鼓樂於館所 以伺迎引 又 於國城內街巷 結綵."

75) 『고려사』 권5, 현종 20년 8월.

148 제1부 통합과 조절

서경의 나성을 '국성'이라고 하지 않았다. 남경 또한 천도를 목적으로 설치되었기 때문에 개경과 서경의 위상에 견줄 수 있는 시설들이 설치되었을 것으로 생각된다. 또한 대몽전쟁기에 강화천도(1232~1270, 고종 32~원종 11)가 이루어지면서 개경은 '구도(舊都)'로 전락하였고,[76] '강도(江都)'가 '신도(新都)'로[77] 인식되었다. 고려 정부는 천도한 그 이듬해(1233, 고종 20)에 강도의 외성을 축조하였고,[78] 이것이 곧 새로운 '국성'이 되었을 것이다.

한편 국도와 배도를 이어주는 실제적인 관계 정립은 국왕의 순행(巡幸, 巡駐)으로 이루어졌다.[79] 순행은 '사방을 순행하여 두루 살피고 백성의 풍속을 관찰하여 교화를 베푼다[省方設教]'의[80] 실천에서 비롯되었다.[81]

<표 2>는 서경·동경·남경에 대한 국왕의 순행을 정리한 것이다. 『고려사』·『고려사절요』에서 '행서경·서도·호경·동경·남경(幸西京·西都·鎬京·東京·南京), 지서경·동경·남경(至西京·東京·南京), 발서경·동경·남경(發西京·東京·南京), 지자서경·호경·동경·남경(至自西京·鎬京·東京·南京), 환경도(還京都)' 등으로 검색해 보면, 태조(서경 10회)·성종(서경 3회, 동경 1회)·목종(서경 4회)·현종(서경 1회)·정종(서경 1회)·문종(서경 3회)·선종(서경 2회)·

---

76) 『고려사』 권24, 고종 46년 3월 임자, "別將朴天植 偕車羅大使者溫陽加大等九人還 奏曰 朴希實·趙文柱至車羅大屯所 謂曰 我國 但爲權臣所制 違忤帝命者有年矣 令已誅崔竩 將復舊都 遣太子朝見 車羅大等 喜形於色曰 若太子來 則湏及四月初吉."

77) 新都가 곧 國都였음은 다음 자료를 통해서도 알 수 있다. 『고려사』 권23, 고종 19년 12월, "是年 移葬世祖·大祖二梓宮于新都" ; 『고려사절요』 권17, 고종 41년 정월, "說也窟曰 我國都介于海島."

78) 『고려사』 권23, 고종 24년 10월, "是歲 築江華外城."

79) 고려 국왕의 순행에 대한 연구는 김창현의 논문(「고려시대 국왕순어와 도읍경영」, 『한국중세사연구』 21, 2006)을 참고할 수 있다.

80) 『周易』 風地觀.

81) 『고려사』 권2, 태조 26년 4월, "御內殿 召大匡朴述希 親授訓要曰 … 其五日 朕賴三韓山川陰佑 以成大業 西京水德調順 爲我國地脈之根本 大業萬代之地 宜當四仲巡駐 留過百日 以致安寧." ; 같은 책 권14, 예종 11년 4월 신묘, "王還京都赦 制曰 巡狩之禮 所以省方設敎也."

〈표 2〉 서경·동경·남경 순행(태조~의종)[82]

		시기[83]	출발~귀경	목적	출전
태조	①	4년 10월 임신(20)	幸西京	*	『고려사』 권1
	②	5년 11월	幸西京	·관부원리(官府員吏) 설치	
	③	8년 3월	幸西京	*	
	④	9년 12월 계미(12)	幸西京	·친행재제(親行齋祭) ·순력주진(巡歷州鎭)	
	⑤	12년 4월 을사(6)	幸西京	·순력주진(巡歷州鎭)	
	⑥	13년 5월 임진(29)	幸西京	*	
		6월 경자(8)	至自西京		
	⑦	13년 12월 경인(1)	幸西京	·창치학교(創置學校)	『고려사』 권2
	⑧	14년 11월 신해(28)	幸西京	·친행재제(親行齋祭) ·순력주진(巡歷州鎭)	
	⑨	17년 정월 갑진(3)[84]	幸西京	·순력주진(巡歷州鎭)	
	⑩	18년 9월 갑오(2)	幸西京	·황주·해주 순행	
성종	⑪	9년 10월 갑자(22)	幸西都	·위무교서(慰撫敎書)	『고려사』 권3
	⑫	10년 10월 무진(3)	幸西都	·재제(齋祭) ·주군(州郡) 순행	
	⑬	12년 윤10월 정해(3)	幸西京	*	
	⑭	16년 8월 을미(3)	幸東京	·위무(慰撫)	
		9월 기사(7)	至自東京		
목종	⑮	2년 10월	幸鎬京	·재제(齋祭) ·위무(慰撫)	
	⑯	7년 11월 갑인(4)	幸鎬京	·재제(齋祭) ·위무(慰撫)	
	⑰	10년 10월 무신(15)	幸鎬京	·재제(齋祭) ·위무(慰撫)	
	⑱	11년 10월	幸鎬京	·재제(齋祭) ·위무(慰撫)	
현종	⑲	6년 3월 계미(3)	幸西京	·김훈·최질 등 척결	『고려사』 권4
		4월	至自西京		
정종	⑳	7년 10월	幸鎬京	·팔관회(八關會)	『고려사』 권6
		11월 병오(1)	至自鎬京		
문종	㉑	7년 9월 병술(20)	幸西京	·안서도호부 시찰 ·나한재(羅漢齋) ·팔관회(八關會)	『고려사』 권7
		10월 을묘(20)	發西京		
		10월 신유(26)	至自西京		
	㉒	11년 8월 신미(27)	幸西京	·팔관회(八關會)	『고려사』 권8
		11월 병자(4)	至自西京		
	㉓	34년 9월 병술(27)	幸西京	*	『고려사』 권9
		11월 기해(11)	至自西京		
선종	㉔	4년 8월 병오(27)	幸西京	·친초(親醮) ·팔관회(八關會)	『고려사』 권10
		11월 을묘(7)	至自西京		

	㉕	9년 8월 무진(17)	幸西京	*	
		10월 병자(27)	至自西京		
숙종	㉖	7년 7월 경술(27)	幸西京	·태조진전(太祖眞殿) ·팔관회(八關會)	『고려사』권11
		10월 갑술(23)	發西京		
		11월 정해(6)	至自西京		『고려사절요』권8
	㉗	9년 7월 무술(27)	幸南京	·반야도량(般若道場) ·승가굴(僧伽窟)	『고려사』권12
		8월 신해(10)	至南京		
		8월 계해(22)	發南京		
	㉘	10년 8월 을해(11)	幸西京	·태조진(太祖眞) ·왕불예(王不豫)	
		9월 정사(24)	發西京		
예종	㉙	2년 11월 경오(19)	幸西京	·여진정벌군 환송	『고려사』권12
		11월 을해(24)	至西京		
	㉚	3년 9월 갑술(27)	幸南京	·승가굴(僧伽窟) 등	
		11월 을묘(9)	還京都		
	㉛	5년윤8월 계묘(7)	幸南京	·반야도량(般若道場) ·승가굴(僧伽窟) ·태묘(太廟)	『고려사』권13
		10월 을묘(20)	發南京		
		11월 을축(1)	至自南京		『고려사절요』권7
	㉜	11년 3월 을묘(21)	幸西京	·태조진전(太祖眞殿) ·태묘(太廟) ·태조행재소(太祖行在所) ·신교(新敎) 반포	『고려사』권14
		4월 갑자(1)	至西京		
		4월 갑신(21)	發西京		
		4월 신묘(28)	還京都		
	㉝	12년 8월 무오(3)	幸南京	·승가굴(僧伽崛) ·장의사(藏義寺)	
		8월 정묘(12)	至南京		
		9월 계묘(18)	發南京		
		10월	至自南京		『고려사절요』권8
	㉞	15년 2월 병신(25)	幸南京	*	『고려사』권14
		4월 계유(3)	至自南京		
	㉟	15년 8월 을유(17)	幸西京	·팔관회(八關會)	
		11월 임인(5)	至自西京		
인종	㊱	3년 8월 기미(20)	幸西京	*	『고려사』권15
		11월 정축(10)	至自西京		
	㊲	4년 10월 계축(21)	幸南京	·장의사(藏義寺) 등	
		11월 경오(9)	至自南京		
	㊳	5년 2월 을해(15)	幸西京	·태조진전(太祖眞殿) ·척준경(拓俊京) 유배	
		7월 신해(23)	至自西京		
	㊴	6년 8월 을해(23)	幸西京	·신궁(新宮) 터 탐색	
		10월 갑인(3)	至自西京		
	㊵	7년 2월 임신(23)	幸西京	·신궁(新宮)	『고려사』권16
		3월 경인(12)	至自西京		
	㊶	8년 8월 을미(25)	幸西京85)	·도량(道場)	
		10월 임신(3)	至自西京		

㊷	10년 2월 임오(20)	幸西京	·인왕도량(仁王道場)	
	윤4월 갑오(4)	至自西京		
㊸	12년 2월 계묘(23)	幸西京	*	
	3월 정묘(17)	至自西京		
㊹	4년 9월 정축(4)	幸南京	*	『고려사』 권17
	9월 갑오(21)	至自南京		
㊺	21년 8월 기미(25)	幸南京	·삼각산(三角山) 등	『고려사』 권18
	9월 경오(6)	發南京		
	9월 을해(11)	還京都		
㊻	22년 3월 정축(15)	幸西京	·변란 의심 피란 ·태조진전(太祖眞殿) ·신령(新令) 반포	『고려사』 권18
	3월 을유(23)	至西京		
	추	至自西京		
㊼	23년 3월 을축(9)	幸西京	*	『고려사』 권19
	3월 을해(19)	至西京		
	3월 을유(29)	發西京		
	4월 계묘(17)	還京都		

※ '*' : 목적을 잘 알 수 없는 경우, '행(幸)' : 개경에서 출발, '지(至)' : '경(京)'에 도착, '발(發)' : '경(京)'에서 출발, '지자(至自)'·'환(還)' : 귀경(歸京)

숙종(서경 2회, 남경 1회)·예종(서경 3회, 남경 4회)·인종(서경 7회, 남경 1회)·의종(서경 2회, 남경 2회) 등 총 47회의(서경 38회 81%, 동경 1회 2%, 남경 8회 17%) 순행이 이루어졌음을 확인할 수 있다. 이를 재위 연간을 고려하여 평균을(재위년/순행횟수) 계산해 보면, 태조(26/10, 평균 2.6년당 1회)·성종(16/4, 4년)·목종(12/4, 3년)·현종(22/1, 22년)·정종(12/1, 12년)·문종(37/3, 12.3년)·선종(11/2, 5.5년)·숙종(10/4, 2.5년)·예종(17/3, 5.7년)·인종(24/8, 3년)·의종(24/4, 6년) 등 총 평균 5.4년마다(태조 원년~의종 24/순

---

82) 巡幸 사례를 의종 때까지로 한정한 것은 무인집권기~고려말(명종~공양왕)의 정치적 상황이 왕권의 실추 혹은 외세 침탈로 인하여 정상적인 순행 사례를 찾아보기가 어렵기 때문이다.

83) 이 글에서 干支의 날짜 계산은 한국천문연구원의 『高麗時代 年歷表』, 동양문화사, 1999를 참고하였다.

84) 『고려사』에서는 태조가 서경에 행차한 시기를 '17년 정월 갑진'으로 기록하였는데, 이때의 갑진(3)은 윤정월에 해당한다.

85) 『고려사절요』에서는 이때 인종이 서경으로 출발한 시기를 8년 9월로 표기하였다 (『고려사절요』 권9, 인종 8년 9월, "幸西都").

행횟수, 252/47) 1회씩 배도 순행이 이루어졌음을 알 수 있다. 개경·서경·남경의 3경제가 성립하는 숙종 원년을 전후하여 순행 횟수의 평균을 계산해 보면, 태조 2년 서경 설치로부터 숙종 원년까지의 서경 순행은 22회로 총 평균 4.5년(177/22)이었다. 또한 숙종 원년으로부터 1170년(의종 24)까지 서경 순행이 14회로 평균 5.4년(75/14)이며, 남경 순행이 8회로 평균 9.4년(75/8), 총 평균 3.4년(75/22)이 된다.[86] 이러한 평균치로 보면, 개경·서경·남경의 3경제에서의 순행 빈도수가 가장 높았음을 알 수 있다.

월별로는 서경의 경우는 정월(1회)·2월(4회)·3월(5회)·4월(1회)·5월(1회)·7월(1회)·8월(8회)·9월(3회)·10월(7회)·윤10월(1회)·11월(4회)·12월(2회) 등 6월을 제외하고 모든 달에 걸쳐 순행이 단행되었다. 태조의 훈요10조에서 '마땅히 네 계절의 중간 달[四仲月]에 왕은 그 곳에 가서 100일 넘도록 체류한다.'라고[87] 했던 4중월(四仲月, 2·5·8·11월)의 경우는 21회(/38회)로 약 55%를 차지하였고, 숙종대 김위제(金謂磾)의 상소에서 '7·8·9·10월에는 서경(西京)에 머문다.'라고[88] 했던 경우는 19회(/38회)로 약 50%를 차지하고 있다. 남경의 경우는 2월(1회)·7월(1회)·8월(2회)·윤8월(1회)·9월(2회)·10월(1회) 등에 순행이 이루어졌다. 숙종대 김위제의 상소에서 '3·4·5·6월에는 남경(南京)에 머문다.'라고 했던 경우를 찾아볼 수 없다. 이런 점들을 참고하면, 국왕의 순행은 부정기적으로 이루어졌고, 특별한 목적을 수행하기 위해서 이루어진 경우가 대부분이었던 것으로 이해된다.

태조대(918~943)는 10회의 서경 순행이 거행되었다. 하지만 935년(태조 18) 이후에는 검색되지 않는데, 이는 고려왕조의 고구려역사계승의식이 절실했던 시기와 936년(태조 19) 후삼국 통합이후 통일왕조로서의 영토의식과 맞물려 있었다고 하겠다. 태조의 서경 순행 목적은 '재제(齋祭)'와

---

86) 동경 순행에 대한 평균은 순행이 성종대 1회에 그쳤기 때문에 무의미하였다.
87) 『고려사』 권2, 태조 26년 4월, "宜當四仲巡駐 留過百日."
88) 『고려사절요』 권6, 숙종 원년 8월, "七·八·九·十月住西京."

같은 의례 및 '주진 시찰[순력주진(巡歷州鎭)]'과 같은 북방정책을 위한 것과 개경의 국도로서의 한계를 보완하려는 차원으로 파악된다.

서경 순행은 태조 19년으로부터 989년(성종 8)까지 약 50년 동안 이루어지지 않다가 성종 9년에 재개되었다. 성종대(981~997) 이후의 서경 순행목적은 <표 2>에서도 확인되듯이, 태조대와 마찬가지로 '재제(齋祭)' 등과 같은 의례, '주군 시찰[역주군(歷州郡)]' 등과 같은 위무(慰撫), '팔관회(八關會) 설행'과 같은 정기적인 행사 등이었다. 그 외에 1015년(현종 6) 현종의 서경 순행 목적이 무장 김훈(金訓)과 최질(崔質) 등 19명의 척결과(<표 2>-⑲)[89] 같은 변란에 대한 도피성 순행(<표 2>-㊻·㊼), 신교(<표 2>-㉜)·신령(<표 2>-㊻)의 반포를 위한 정치적인 목적, 주진 순시와 같은 군사적목적 등으로 정리할 수 있다. 현종대와 정종대는 각각 단 1차례만 서경순행이 이루어졌는데, 이는 거란의 침입으로 인한 북방지역의 황폐화에서 비롯되었을 것이다. 더구나 정종대는 선대 덕종대로부터 '고려장성(高麗長城)'이 구축되던 시기로 북방에 대한 중요성이 부각되었지만, 다른 왕대에 비해 서경 순행이 활발하지 않았다. 문종대는 거란의 쇠퇴와 여진의 흥기로 대륙의 판세가 요동치는 시기였기 때문에 북방 전진기지인 서경이 보다 중요한 시기였지만(<표 2>-㉑), 3차례에 걸쳐 서경 순행이 이루어져 그의 재위 연간에 비해 그다지 활발하지 못했다. 인종대(1122~1146)는 7차례에 걸쳐 서경 순행을 단행하여 태조 이후 가장 많은 순행이 단행되었다. 인종 3년의 서경 순행은 선대왕들의 순행과 같은 목적에서 비롯되었고, 그 외의 순행은 인종 4년(1126) 이자겸의 반란 진압이후 서경 천도운동과 연관된 것이 대부분이었다. 하지만 1135년(인종 13) 묘청 등 서경세력에 의한 정변이 실패로 돌아가면서 서경 순행이 중지되었을 뿐만 아니라

---

89) 『고려사』 권4, 현종 5년 11월 계미, "朔 上將軍金訓·崔質等率諸衛軍作亂 流中樞院使張延祐 日直皇甫兪義."; 같은 책 권4, 현종 6년 3월 갑오, "王宴群臣於長樂宮 誅金訓·崔質等十九人."

정치적 행사도 중지되기도 하였다.

　이러한 서경 중심의 순행에 1차적인 전환점이 되었던 것이 성종 6년의 '동경' 건설이었다. 성종은 성종 12년 거란의 1차 침입이후에는 서경 순행을 하지 않다가 성종 16년에는 오히려 동경 순행을 단행하였다(<표 2>-⑭). 성종의 동경 순행은 서경 순행에 비해 특별한 의미를 지닌다고 할 수 있었다. 지금까지 오로지 서경 순행만 진행되던 시점에 동경 순행이 단행된 것은 여러 정치적인 문제를 불러일으킬 수 있었을 것이다. 성종의 동경 순행이후 지방 위무 행사와 같은 사례를90) 찾아볼 수 있기 때문에 개경·서경·동경의 3경제에 따른 국토의 효율적인 운영 및 장악에 그 목적이 있었던 것으로도 파악된다. 또한 성종의 동경 순행 목적은 한편으로는 서희와 거란 장수 소손녕 사이에서 불거진 역사계승 논쟁을91) 개경[고려]·서경[고구려]·동경[신라]의 3경제로 정립함으로써 통일왕조의 정체성을 보다 강화하려는 목적도 있었을 것이다. 하지만 동경 순행은 이후 다른 왕대에는 전혀 이루어지지 않았기 때문에 '경(京)'이라는 명맥만 유지되었을 뿐 실제적인 순행 대상지로서의 위상을 상실했다고 생각된다.

　서경 일변도의 국왕 순행을 보다 제도적인 체제로 확대시킨 계기는 무엇보다 '남경' 건설이었다. 숙종대 남경 건설이 본격화되면서 서경 순행 때 중요한 행사로 '태조진전(太祖眞殿)' 참배가 이루어졌고(<표 2>-㉖·㉘·㉜·㉘·㊻), '태묘(太廟)' 제사도 거행되었다(<표 2>-㉜). 개경에서의 태조 진전 참배는 태조의 원찰이었던 봉은사(奉恩寺)에서 주로 이루어졌다.92)

---

90) 『고려사』권3, 성종 16년 8월 을미, "幸東京 宴群臣 扈從臣僚軍士 賜物有差 中外官各加勳 階 義夫·節婦·孝子·順孫 旌門賜物 遂頒赦." ; 같은 책 권80, 식화3, 賑恤, 성종 16년 8월, "幸東京 減所過州縣今年田租之半." ; 같은 책 권3, 성종 16년 9월, "遂幸興禮府 御太和樓 宴群臣 捕大魚於海中."

91) 『고려사』권94, 徐熙.

92) 개경의 太祖眞殿에 대해서는 다음의 사료들을 참고할 수 있다. 『고려사』권6, 정종 4년 2월 계미, "燃燈 王如奉恩寺 謁太祖眞." ; 같은 책 권12, 예종 원년 8월 신사, "王如奉恩寺 謁太祖眞殿." 등.

남경에서도 개경·서경과 마찬가지로 태묘에 제사 지내는 사례를 찾아볼 수 있다(<표 2>-㉛). 이러한 남경의 태묘는 앞서 살펴봤던 남경의 궁궐·성곽·경기제 등과 더불어 남경이 개경과 서경의 체제와 동등하게 건설되었음을 알려주는 것이다. 특히 예종대에는 2·11·15년의 3차례에 걸친 서경 순행과(<표 2>-㉙·㉜·㉟) 3·5·12·15년의 4차례에 걸친 남경 순행을(<표 2>-㉚·㉛·㉝·㉞) 거행하였다. 이 중에서 1120년(예종 15)에는 한 해에 2번 순행을 거행하였는데,[93] 2~4월까지의 남경 순행과(<표 2>-㉞) 8~11월까지의 서경 순행이(<표 2>-㉟) 그것이었다. 이는 '3·4·5·6월에는 남경(南京)에 머물고, 7·8·9·10월에는 서경(西京)에 머문다.'라고[94] 했듯이 고려왕조 3경제의 정형적인 모습을 보여주는 것이기도 하였다. 따라서 성종대의 동경 설치보다 숙종 원년부터 거론된 천도를 목적으로 한 남경 건설이 고려왕조의 3경제 정립에 중요한 역할을 했다고 할 수 있다.

이상과 같은 점에서 3경제는 고려왕조 영토운영의 토대가 되었고, 국왕의 순행이 그 위상을 유지하는 수단이 되었다. 그렇다면 순행에 걸린 기간은 얼마나 되었을까? 이를 알 수 있는 방법은 <표 2>의 목차에서 '시기'와 '출발~귀경'의 사례 비교를 통해서이다. 즉 '행(幸)'·'지(至)'는 순행 지역으로 출발부터 도착까지의 '도착 기간', '지(至)'·'발(發)'은 순행 지역 도착부터 재출발까지의 '체류 기간', '발(發)'·'지자(至自)'·'환(還)'은 순행 지역의 출발부터 귀경(歸京)까지의 '귀경 기간', '행'·'지자'·'환'은 순행 지역으로의 출발부터 귀경까지의 '총 기간' 등을 각각 계산할 수 있다.

우선 '개경 ↔ 서경' 순행 기간이다. '개경 → 서경'까지의 도착 기간은 <표 2>-㉙·㉜·㊻·㊼을 통해서 '6·10·9·11일'이라는 기간을 산출할 수

---

93) <표 2>에서 보면, 한 해에 2번 이상의 배도 순행이 이루어진 사례는 찾아볼 수 없다.

94) 『고려사절요』 권6, 숙종 원년 8월.

있고, 평균 9일이 걸렸음을 알 수 있다. '서경 → 개경'까지의 귀경 기간은 <표 2>-㉑·㉖·㉜·㊻·㊼을 통해서 '7·14·8·19일'이라는 기간을 산출할 수 있고, 평균 12일이 걸렸음을 알 수 있다. 체류 기간은 <표 2>-㉜·㊼을 통해서 '20·10일'이라는 기간을 산출할 수 있지만, 이는 총 순행 기간에 따라 달라질 수밖에 없었을 것이다. '개경 ↔ 서경' 순행의 총 기간은 <표 2>-⑥·㉑·㉒·㉓·㉔·㉕·㉖·㉜·㉟·㊱·㊳·㊴·㊵·㊶·㊷·㊸·㊼을 통해서 '9·36·66·74·69·70·98·37·78·19·25·38·40·73·79·157·39일'이라는 기간을 산출할 수 있는데, 짧게는 9일로부터 길게는 157일까지 걸렸음을 알 수 있다.

'개경 ↔ 동경' 순행 기간은 성종 16년 사례밖에(<표 2>-⑭) 없었기 때문에 기간을 산출하기가 어렵다. 이때 총 순행 기간이 '35일'밖에 안 되는데, 이는 국왕의 병 때문에 일찍 귀경했기 때문이다.[95] 동경으로 갈 때는 육로를 이용했겠지만,[96] 개경으로 돌아올 때는 그 시기상으로 선박을 이용했을[97] 가능성이 있다.

다음으로는 '개경 ↔ 남경' 순행 기간이다. '개경 → 남경'까지의 도착 기간은 <표 2>-㉗·㉝을 통해서 '14·10일'이라는 기간을 산출할 수 있고, 평균 12일이 걸렸음을 알 수 있다. '남경 → 개경'까지의 귀경 기간은 <표 2>-㉛·㊺를 통해서 '11·6일'이라는 기간을 산출할 수 있고, 평균 8.5일이 걸렸음을 알 수 있다. 체류 기간은 <표 2>-㉗·㉝을 통해서 '12·36일'이라는 기간을 산출할 수 있고, 이는 총 순행 기간에 따라 달라질 수 있다. '개경 ↔ 남경' 순행의 총 기간은 <표 2>-㉚·㉛·㉞·㊲·㊹·㊺을 통해서 '39·42·83·18·17·18일'이라는 기간을 산출할 수 있는데, 짧게는 17일로부

---

95) 『고려사』권3, 성종 16년 9월, "遂幸興禮府 御大和樓 宴群臣 捕大魚於海中 王不豫 己巳 至自東京."

96) 『고려사』권80, 식화3 賑恤, 성종 16년 8월, "幸東京 滅所過州縣 今年田租之半."

97) 성종이 병든 시기가 9월이었고(『고려사』권3, 성종 16년 9월, "王不豫"), 귀경한 날이 9월 己巳(7일)이기(『고려사』권3, 성종 16년 9월 己巳, "至自東京") 때문이다.

터 길게는 83일까지 걸렸음을 알 수 있다.

이와 같은 순행 기간은 앞서 순행 목적과 더불어 배도의 위상을 가늠할 수 있는 것이었다고 할 수 있다. 동경은 배도로서의 위상이 주어졌지만 국왕의 순행 목적을 이룰 수 없었기 때문에 신라역사계승이라는 상징적 의미가 강했다고 할 수 있다. 이에 비해 서경과 남경은 천도 목적으로 건설되었을 뿐만 아니라 영토의 남북을 함께 아우를 수 있는 순행 목적에도 충실할 수 있었다.

4. 맺음말

이상에서 고려왕조의 국도와 배도를 '양경와 삼경, 국도와 순행'의 관점에서 살펴보았다. 개경[개주·황도·상경·중경]은 국도였고, 서경[평양·서도·호경]·동경[경주]·남경[양주]은 배도였다. 개경은 시조의 세거지였고, 서경과 동경은 이전 왕조의 '고도(古都, 舊都)'였으며, 남경은 새롭게 건설되었다. 개경은 '개주 왕경', 서경은 '호주 왕경', 동경은 '경주 왕경', 남경은 '양주 왕경' 등의 명칭에서 비롯되었다. 서경과 남경은 천도를 목적으로 설치되었던 반면, 동경은 신라역사계승의식에서 비롯되었다고 할 수 있다.

고려 건국초기에는 국도 개경과 후삼국 통일이후 새로운 국도 천도지로서의 서경이 '양경'으로 공존하였다. 이러한 서경이 개경의 배도로서 위상의 변화를 가져온 계기는 경주에 '동경'을 설치하여 '3경'이 성립하면서부터였다. 경주를 3경의 일원으로 격상시킨 것은 고려왕조의 신라역사계승의식을 정립할 뿐만 아니라 정치세력의 동향과도 관련이 있었을 것이다. 하지만 동경은 성종대 이후 순행의 대상지에서 벗어났기 때문에 개경·서경 중심의 양경제가 지속되었다. 개경·서경·동경의 형식적인 3경제를 보다 제도적인 체제로 구축된 계기가 남경 건설이었다. 남경은 서경과 더불어 숙종대의 천도 목적으로 설치되었고, 서경 일변도의 순행에서 남경까지 확대되어 개경·서경·남경의 3경제가 정립될 수 있었다.

국도의 상징은 '국성'이었고, 개경의 '나성[외성]'이 곧 그것이었다. 서경에도 개경보다 먼저 나성이 구축되었지만 이를 '국성'이라고 하지 않았다. 또한 국도와 배도를 이어주는 실제적인 관계 정립은 국왕의 순행으로 이루어졌고, 숙종대 이후에는 서경과 남경으로의 순행이 꾸준히 전개되었다. 이러한 3경제는 국도 개경의 역사적 위상의 한계성을 보완했다는 측면이 있었지만, 정작 대외전쟁과 같은 위기 상황에서는 개경을 보완하지 못했다. 이는 곧 3경제가 군사적인 목적보다는 정치 사회적인 목적이 더 컸음을 보여준다고 하겠다.

개경이 시조의 세거지로서 국도가 되었지만, 새로운 국도로의 천도 논의가 꾸준하게 제기되었다. 국도의 위치는 이를 중심으로 한 국토 운영의 체계적인 질서가 이루어지는 중요한 사안이었다. 물론 고려왕조의 천도 논쟁은 대몽전쟁기 강화천도 외에는 모두 무마되었다. 그 이유는 '개경·서경'의 양경제와 '개경·서경·동경' 혹은 '개경·서경·남경'의 3경제에서 비롯된 순환 구조에서 비롯되었다고 생각한다. 따라서 고려왕조의 경제(京制)는 국도 개경을 중심으로 한 체계적인 영토 운영뿐만 아니라 정치세력의 부침에도 큰 영향을 끼칠 수 있었던 것이다.

제4장

고려식 석탑양식의 완성과 지방사회 통합
―현종대 명문석탑(銘文石塔)의 건립목적과 새로운 양식 성립과정을 중심으로―

홍 대 한

1. 머리말

고려초 석탑은 문화적으로 후삼국 시대 복고주의 영향 아래 다양한 양식기조(樣式基調)의 출현과 통합을 특징으로 한다. 통일신라 석탑은 왕실과 국가가 건립을 독점한 반면 후삼국 이래 호족·불교세력 등이 새로운 후원세력으로 등장하면서 조탑(造塔) 목적과 석탑양식에서 변화가 두드러진다. 고려시대 불교는 왕권강화와 사회통합을 달성하기 위한 유력한 수단이었으며, 국가차원에서 불교계를 지원, 통제함으로써 조형미술의 발전을 촉진시켰다.

석탑은 불교 전래 이래 가람을 구성하는 핵심시설일 뿐 아니라 『무구정경』과 『보협인다라니경』 등의 조탑 신앙과 연계해 불교미술을 주도했다. 특히 고려는 비보풍수가 불교와 결합하면서 비보사탑(裨補寺塔) 사상을 창출했고, 국가운영의 방편으로 적극 활용했다. 그 결과 사찰 경내를 벗어난 장소에 석탑을 건립하거나 규모와 형식 역시 전례의 규범에서 이탈해 자유로운 양식의 출현을 촉진했다. 이것은 왕권강화가 본격화 되는 광종 때 탑전공양상(塔前供養像)1)과 같은 새로운 도상의 출현을 통해, 불교계와 왕권이 긴밀한 협력관계를 유지하고 있었음을 통해 확인할 수 있다.

고려 석탑 중 건립시기·목적·후원세력 등을 기록한 명문이 탑신에 새겨진 석탑은 15기가 조사되었다. 이 가운데 개심사지(開心寺址) 오층석탑(현종 원년, 1010~1011)·흥국사지(興國寺址) 다층석탑(현종 12, 1021)·고흥 상림리(上林里) 삼층석탑(1021)·사자빈신사지(獅子嚬呻寺址) 사사자삼층석탑(현종 13, 1022)·정도사지(淨兜寺址) 오층석탑(현종 22, 1031) 등 5기가 현종 재위기간 건립되었다. 탑신에 명문을 음각하지는 않았지만 천흥사지(天興寺址) 오층석탑(현종 원년)과 현화사지(玄化寺址) 칠층석탑(현종 11, 1020)까지 포함한다면 이 시기 석탑건립이 집중되었음을 알 수 있다. 이들 석탑은 복고주의 양식을 토대로 새롭게 완성되는 고려식 석탑을 창출함으로써 이후 고려석탑의 새로운 기준을 제시하게 된다.

현종대 건립된 석탑의 건립지역은 흥국사지와 현화사지 석탑을 제외하면 개경 이외 지역에 건립되었고, 후원세력 역시 불교계를 중심으로 다양한 세력이 참여했음이 확인된다. 건립목적은 앞선 시대 넓은 의미의 국가태평 위주에서 직접적으로 국왕축수와 전쟁종식이라는 현실적인 내용으로 변모했다. 이것은 현종 때 건립된 석탑이 특별한 목적을 담고 있으며, 후원세력 역시 전대(前代)와는 바뀌었음을 반영한다. 현종은 즉위과정의 난관과 거란의 침입으로 초기 집권기반이 취약했다. 그럼에도 불구하고 유교적 소양을 겸비한 관인세력을 양성함으로써 서경세력을 견제하고 중앙집권을 완성한 것으로 평가할 수 있다. 명문석탑 5기 중 3기가 현종 12년과 13년 건립됐고 공통적으로 국왕축수를 강조한 점은, 현종 13년 전후로 거란에 대해 온건 입장을 견지하고 과거출신 관료를 중심으로 정국운영을 개편한 시점과 관련해 주목된다.

---

1) 洪大韓, 「高麗 前期 塔前 供養像 考察」『博物館紀要』 18, 2003.

본 논문에서는 현종 때 건립된 석탑 명문분석과 양식연구를 통해 새롭게 고려식 석탑의 창안을 가져온 양식발전과정을 검토하겠다. 동시에 선행연구에서 간과되었던 건립세력과 목적 등에 대한 검토를 진행하고자 한다. 이를 통해 현종시기 명문석탑이 지방 세력만이 아닌 현종이 중앙집권과 전후복구를 추진하는 과정에서 건립을 주도했고, 고려 통합의 수단으로서 적극 이용했음을 고찰하겠다.

2. 현종시기 건립된 명문석탑과 고려식 석탑양식의 완성

1) 현종시기 건립 명문석탑의 양식 특징

고려석탑 발전에 있어 현종 때는 명문을 새긴 석탑의 증가로 일찍부터 주목받아 왔다.[2] 특히 개심사지 오층석탑 석탑기를 분석한 이태진의 선구적 연구를 계기로 향도가 수많은 불사의 조성에서 보이는 불교의 자율적 단체로서 갖는 일차적 기능 보다 향촌사회의 문제와 관련한 측면이 학계에서 더 큰 비중으로 주목되기 시작하였다. 뒤이어 정도사 오층석탑의 건립에 대한 많은 연구가 발표되는 등, 경제사적인 접근을 통해 건립주체, 기간, 비용, 소요 노동력에 대한 이해를 높일 수 있는 계기가 되었다.[3]

---

2) 강병희, 「高麗 顯宗代 銘文石塔의 一考察」, 이화여자대학교 석사학위논문, 1983 ; 박방룡, 「漆谷 淨兜寺址五層石塔 銘文과 形止記」『인간과 문화 연구』 18, 2011 ; 최성은, 「고려 현종대 석탑부조의 연구」『강좌미술사』 30, 2008 ; 서성희, 「高麗 初 예천 지역세력과 開心寺 석탑 건립」『역사와 세계』 25·26, 2002 ; 이태진, 「예천 개심사 석탑기의 분석」『역사학보』 53·54, 1972.

3) 홍기문, 「淨兜寺 석탑기」『이두연구』, 1957, 321~332쪽 ; 허흥식, 「1031년 淨兜寺 塔誌의 분석」『한국의 古文書』, 민음사, 1988, 64~89쪽 ; 신호철, 「高麗 顯宗代의 '淨兜寺五層石塔造成形止記」 註解」『이기백 선생 고희기념 한국사학논총(上)』, 一潮閣, 1994.

건립기록을 갖고 있는 현종시기 건립 석탑은 모두 7기로 이중 천흥사와 개심사지 오층석탑은 거란전쟁 기간, 나머지 5기는 종전 직후 건립됐다. 천흥사지 오층석탑은 사지에서 반출된 천흥사 동종에 새겨진 명문을 토대로 현종 즉위 원년(1010) 건립으로 추정하고 있다.[4] 천흥사 창건 시기는 알 순 없지만 고려초까진 불등이 꺼지지 않았던 것으로 보인다. 사찰이 위치한 성거산(聖居山)과 사찰의 이름을 고려한다면 태조가 창건한 천호산 (天護山) 개태사와 같이 국가경영 재정비와 같이 각별한 의미로 창건되었을 것으로 추정된다.[5] 천흥사 동종은 당좌 사이에는 2구의 비천상을 두었는데, 1구씩 대각선 위에 배치해 신라종과 다른 모습을 하고 있다. 바로 아래에 위패형(位牌形)으로 명문곽(銘文廓)을 설치 후 명문을 양각했다. 이러한 위패형 명문곽은 고려시대 처음 나타나는 새로운 양식이다.[6]

〈표 1〉 현종시기에 건립된 명문기록 석탑

명칭	제작시기	원 소재지	비고
천흥사지오층석탑	1010년(현종 1) 추정	충청남도 천안시 천흥리	천흥사동종 명문
개심사지오층석탑	1010년(현종 1)	경상북도 예천군 예천읍	승속낭(僧俗娘), 광군 (光軍), 향도(香徒)
현화사칠층석탑	1020년(현종 11)	황해북도 개성시 월고리	현화사비문
흥국사지다층석탑	1021년(현종 12)	황해북도 개성시 만월동	강감찬, 국가태평
고흥상림리삼층석탑	1021년(현종 12)	전라남도 고흥군 풍양면	국가, 국왕, 불법
사자빈신사지사사자석탑	1022년(현종 13)	충청북도 제천시 송계리	국왕축수, 국가태평
정도사지오층석탑	1031년(현종 22)	경상북도 칠곡군 약목면	국가태평, 전쟁종식 형지기(形止記)

---

4) 朝鮮總督府 編, 『朝鮮金石總覽(上)』, 亞細亞文化社, 1919(1976 영인) ; 藤田亮策, 「高麗鐘 の銘文」『朝鮮學報』 14, 朝鮮學會, 1959. "聖居山天興寺 鐘銘 統和二十八年 庚戌二月 日."

5) 『신증동국여지승람』 권16, 직산현, 山川條 성거산, "고을 동쪽 21리에 있다. 고려 태조가 일찍이 고을 서쪽 수헐원에 거동했다가 동쪽을 바라보니 산 위에 오색구름이 있는지라, 이는 신이 있는 것이라 하여 제사를 지내고 드디어 '성거산'이라 일컬었다. 우리 태조와 세종이 온천에 갈 적에 역시 여기에 제사지냈다."

6) 崔應天, 「癸未銘 梵鐘의 特徵과 編年」『丹豪文化研究』 4, 1999, 10~11쪽.

〈사진 1〉 천흥사지 오층석탑　　　　　〈사진 2〉 천흥사지 오층석탑 기단부

　오층석탑은 넓은 지대석 상면 단층 기단 위에 5층 탑신을 올렸다. 고려왕조 건국 직후 석탑의 규모가 대형화되던 동시기 흐름을 반영하고 있다. 기단 저석(底石)은 4매석으로 구성되었는데 각 면마다 안상(眼象) 7구씩을 촘촘히 조각했다. 저석 상면 중앙부에는 각호형 2단 중석받침을 조식했다. 기단 면석 모서리에는 우주를 모각했고 2매석으로 만들어진 갑석은 상면 중앙에서 외곽으로 경사지게 치석했고 옥개석을 연결하기 위해 두꺼운 호형과 각형 2단의 탑신받침을 조각했다. 갑석 아래는 사선으로 2단구조의 부연(副椽)을 표현했다. 각 층의 탑신석과 옥개석을 1매의 석재로 조성했다. 탑신석에는 폭이 좁은 우주를 모각했고 체감이 비교적 완만하다.

　옥개석 두께가 얇고 너비가 좁으며, 옥개 3단 옥개 층급받침은 전각(轉角)과 같이 옥개석 상면을 향해 '/' 형태로 치석과 물끊기 홈을 조각했다. 또한 1~2단에 비해 3단을 두껍게 표현했고 전체적으로 곡면으로 마감했다. 신라계 석탑의 옥개 층급이 각형 위주로 표현된 반면 백제계 석탑은 미륵사지와 왕궁리 석탑 전통을 계승해 곡면으로 처리했다. 옥개석 낙수면 경사는 가파르지만 말단은 수평을 이루고 있어 그 반전감이 크고, 네 귀퉁이 전각에서 경쾌한 반전을 이루고 있다. 전체적으로 웅장하고 아름다

〈사진 3〉 개심사지 오층석탑　　　　　〈사진 4〉 개심사지 오층석탑 기단부

우며 석재 치석과 조립에도 균제미가 두드러진다.

개심사지 오층석탑은 지대석 위에 2층 기단이 있고, 상부에 1석으로 된 5층의 탑신과 옥개석이 중첩된 구조를 취하고 있다. 하층기단은 각 면에 3구씩 첨두형 안상을 새긴 후 내부에 문인복장의 수면인신형(獸面人身形) 12지신을 3구씩 조각했다. 갑석은 두껍고 하면은 수평으로 부연이 없으며,[7] 상면은 경사지게 치석했다. 하층기단을 유지하고 있으나 중석과 저석이 일체형으로 제작되어 신라석탑에 비해 지대석과 구분이 뚜렷하지 않다. 상층기단은 면석에는 우주와 탱주를 모각한 후 팔부중 입상을 부조 했다. 1매석으로 된 상대 갑석 상부에는 탑신석 면적으로 1단의 호형 탑신받침을 표현했는데, 바깥 측면에는 앙련을 음각했다. 하면에는 폭을

---

7) 洪大韓, 「高麗 石塔의 建立背景과 製作技法 硏究」 『文化史學』 43, 2015, 17쪽. 인제 갑둔리 오층석탑(1036), 원주 일산동 오층석탑 등 강원도 지역의 일부 석탑에선 상대갑석 하부에 부연을 조식하지 않았다. 반면 하대 갑석은 석탑 전체 부재 중 면적이 가장 넓고, 우수도 지대석 아래로 흐르기 때문에 대부분 부연을 표현하지 않는다.

달리한 2단의 층급으로 이루어진 부연과 물끊기 홈을 표현했다.

　우주를 모각한 1층 탑신석 남면에는 중앙에 자물쇠를 조각한 문비 좌우에 무기를 양손으로 잡고 암좌(巖座) 위에 시립한 인왕상을 입체적으로 표현했다. 기단부와 초층 탑신에 장엄조각을 한 사례는 통일신라 말 석탑의 특징으로, 나말여초 기간에 건립된 영양 현일동 삼층석탑, 화천동 삼층석탑, 화엄사 서오층석탑에서 하층기단에 십이지신상, 상층기단에 팔부중입상, 초층 탑신에 사천왕입상을 부조하였다. 개심사지 석탑에서는 초층 탑신 각 면에 사천왕상을 부조한 대신 자물쇠와 인왕상을 표현했는데, 장항리사지 동서오층석탑, 안동 조탑동 오층석탑과 같이 8세기 경주지역 석탑과 친연성을 보여주며, 동시에 복고적 영향 또는 개심사 석탑 제작자의 보수적인 경향을 반영하고 있다. 고려석탑은 통일신라 양식을 기반으로 후삼국시대 백제계 양식이 결합되면서 11세기를 기점으로 고려식 석탑양식으로 통합되는 경향을 보인다. 동일한 신라계 석탑이라도 체감과 옥개석 낙수면 경사각과 두께 그리고 기단 간략화 등을 거치면서 양식적인 통합이 진행된다. 2층 이상의 탑신석부터 급격한 축소를 보이며, 우주를 모각했다. 옥개석 아래 받침은 일제 4단을 표현한 후, 물끊기 홈을 표현했다. 완만한 낙수면과 전각부의 얕은 반전이 보인다.

　고려시대 석탑은 표면 장엄이 감소하는 경향을 보이는데 급격한 소형화의 결과 장엄조식을 표현할 공간 부족이 중요한 원인으로 추정된다. 개심사지 오층석탑 조각상은 4등신 신체비례를 보이며 형식화가 진행되어 과거의 사실주의 표현양식의 퇴조가 역력하다. 통일신라 석탑이 경주 외곽지역으로 확산되는 시점은 9세기 중엽으로 추정되는데, 고려 건국 후 경주지역에서 활동하던 신라계통 호족과 이들의 지원을 받은 신라계 장인들이 석탑건립을 주도한 마지막 시기 작품으로 평가할 수 있다.

　고려시대 불교는 나말여초 기간 융성했던 선종이 광종을 기점으로 약화되는 대신 새롭게 교종이 지배층과 결합된다. 문벌귀족의 불교로서 교종은 화엄종과 법상종이 주도했는데, 양자는 귀족지배를 정당화하고 체제존속을 특징으로 한다. 교리 측면에서 불교를 구분하면 법성종(法性宗)과 법상종(法相宗)으로 나눌 수 있는데 법성종은 일체만물이 성불할 수 있다는 가능성을 열어두_____면, 법상종은 성불할 수 없는 사람이 있다고 한다. 전자에는 _____엄종을 비롯해 천태종(天台宗)과 삼론종(三論宗)이 이에 속한다. _____에는 구사종(俱舍宗)과 법상종이 속한다.[8]

그런데 현종대를 기점으로 화엄과 법상종의 대립이 고조된다. 화엄종은 흥왕사(興王寺)를 거점으로 왕실과 연결되고 법상종은 현화사를 후원한 외척과 인주 이씨세력과 긴밀한 관계가 나타나기 시작한다.[9] 현화사는 현종의 부모인 태조의 6자(子) 안종(安宗)과 헌정왕후 황보씨를 위한 원찰로 창건되었다. 현화사는 대지국사(大智國師) 법경(法鏡)이 첫 주지였지만 3대 해린(海麟, 문종 8~21)과 사법제자(嗣法弟子)인 5대 주지 소현(韶顯, 선종 원년~숙종 즉위년) 때 종단을 주도할 수 있었다. 해린은 원주 토착세력 출신이고, 소현은 인주 이씨 이자연(李子淵)의 다섯째 아들이었다. 인주 이씨 가문의 적극적인 후원으로 소현은 2차에 걸쳐 현화사 중건을 주도했는데, 이때를 기점으로 현화사는 왕실 원찰에서 문벌귀족 불교의 중심으로 부각된다.

현화사는 현종 9년(1018) 법상종[慈恩宗] 사찰로 창건되어 현종 11년(1020) 왕실사원으로 완공된다.[10] 현화사가 법상종 사찰이 될 수 있었던 것은 현종이 승려생활을 시작한 곳이 숭교사(崇敎寺)였고 자연스럽게 법상종 승적을 얻게 된 것과 관계있다. 현화사 칠층석탑은 동왕 11년(1020) 현종의 직접지시로 건립되었는데, 선비(先妣)의 고향인 황주와 선고(先考)

8) 洪大韓, 「高麗 石塔 研究」, 단국대학교 박사학위논문, 2012, 229쪽.
9) 崔柄憲, 「高麗中期 玄化寺의 創建과 法相宗의 隆盛」 『高麗中後期佛敎史論』, 民族社, 1986, 100쪽.
10) 『고려사』 권4, 현종 12년 8월 기미.

〈사진 5〉 현화사지 칠층석탑   〈사진 6〉 현화사지 칠층석탑
                                                              초층탑신과 옥개석

의 산릉 근처 보명사(普明寺)에서 사리 출현 소식을 듣고 궁궐로 맞아들인
후 건립됐다.[11] 현화사 칠층석탑은 현화사 공사의 대미로 사리영험을
통해 부모의 정통성을 높이고 원찰건립을 통해 현종 역시 왕권을 강화하기
위한 목적을 담고 있다. 석탑 건립은 현화사 공사를 지휘했던 별감사(別監
使) 최사위(崔士威)가 도맡았던 것으로 추정된다. 최사위는 신라계 유신(儒
臣) 중심으로 현종을 추대한 중심인물이었다. 신라계 유신들은 강조(康兆)
가 제거된 현종 3년(1012)을 기점으로 요직에 등용된다. 수문하시중(守門下
侍中) 유진(劉瑨), 문하시랑평장사 최사위,[12] 내사시랑평장사 최항,[13] 이부
상서참지정사 채충순[14] 등은 이후 현종 기간 정치권력을 장악한다.
　신라계열이 정치권력을 장악한 것은 공신작호를 통해서도 알 수 있는데
최사위는 추충좌리동덕공신호(推忠佐理同德功臣號)와 청하현개국남(淸河縣
開國男)[15]을, 최항에게는 추충진절술사공신호(推忠盡節術社功臣號)[16]가 제

11) 朝鮮總督府 編, 『朝鮮金石總覽(上)』, 亞細亞文化社, 1976, 「靈鷲山大慈恩玄化寺之碑銘(御
　　書篆額)」; 劉燕庭, 『海東金石苑(下)』, 亞細亞文化社, 1976.
12) 『고려사절요』 권3, 현종 5년 4월.
13) 『고려사절요』 권3, 현종 7년 11월.
14) 『고려사절요』 권3, 현종 9년 6월.

수되었다. 이를 통해 최사위와 최항이 현종의 최측근이면서 신라계 정치세력의 중심인물로 부각했음을 알 수 있다. 현종 5년에는 왕권을 상징하는 신궁(新宮)으로 이어하면서 부모에 대한 존익(尊謚)초처와 사직단(社稷壇)을 수리했다. 주목되는 점은 사직단 수리를 건의한 인물이 뒤에서 언급할 흥국사지 다층석탑을 스스로 건립한 강감찬이다. 이러한 조치는 모두 유교적 왕도정치를 지지했던 신라계 유신들과 현종의 왕권강화 의지가 뜻을 함께한 결과였다.

최항은 현종의 사부였으며 동시에 승려와 같은 생활을 한 것으로 알려져 있다. 뿐만 아니라 성종 때 폐지된 연등회와 팔관회를 부활시켰고 황룡사 수리를 청원해 현종 3년 스스로 감독을 맡았다.[17] 따라서 현화사 창건은 단순히 현종의 의지뿐만 아니라 신라계 정치세력이 조직적으로 주도했음을 알 수 있다. 최사위가 공사를 도맡은 것 역시 최항의 의도를 누구보다 잘 알고 있었던 인물이었기에 천거되었을 가능성이 높다.

뿐만 아니라 현화사 완공 이후 신라계의 대표라고 할 수 있는 최치원이 내사령 추증과 문창후(文昌候)로 추봉되어 문묘종사(文廟從祀)됐다. 최치원은 유교와 불교에 통달했던 인물이었지만 문묘종사는 유신들의 반발을 초래할 수 있는 사건이다. 문묘종사가 비록 신라계 유신들의 권력을 강화하는 측면이 있지만, 최치원의 친불교적 성향은 일부 신라계 유신들의 저항을 가져왔을 가능성도 배제할 수 없다. 하지만 최치원이 문묘종사될 수 있었던 것은 불교가 단순 수신(修身)이 아닌 국가에 기여해야 한다는 사상을 최치원 스스로 가지고 있었고, 당시 유신들도 동조했음을 보여준다.[18] 따라서 현화사 창건은 현종대 불교정책에서 최항의 영향력이 높았

---

15) 『고려사절요』 권3, 현종 10년 12월.
16) 『고려사절요』 권3, 현종 11년 정월.
17) 『고려사』 권93, 최항.
18) 金鎔坤, 「高麗 顯宗代의 文廟從祀에 대하여」 『高麗史의 諸問題』, 三英社, 1986, 536~538쪽.

고, 이 과정에서 신라계 세력의 위치가 강화되었던 것으로 판단된다. 현종
이후의 현화사는 앞서 언급한 바와 같이 주지를 역임한 해린과 소현 그리고
이들을 후원한 인주 이씨세력의 중심지로 바뀌게 된다.

　현화사 칠층석탑은 기단과 탑신, 상륜부를 포함한 옥개석에서 기존과는
다른 양상을 보여주는 특수한 석탑이다. 단층으로 마련된 기단은 판석이
아닌 우주와 탱주를 세운 후 석재를 벽돌형태로 다듬어 쌓았다. 석주
사이에 자연석을 결합하는 형식은 불국사 석축기단에서도 확인된다. 불국
사와 같은 석축기단 결구법은 하중분산에 효과적인 구조로 정(井)자 쌓기
방식이라고도 한다. 구조적인 장점에도 불구하고 널리 사용되지 못한
원인은 노력과 경제적 비용이 증가하기 때문이다.[19] 따라서 현화사 칠층석
탑에 이러한 기단 결구법이 사용된 것은 현종과 국가차원의 각별한 관심
그리고 권력의 중심세력으로 등장한 신라계 세력들의 의지가 반영된 것으
로 볼 수 있을 것이다.[20] 동시에 고려초 불국사가 법상종 사찰이었음을
고려한다면 현화사 석탑의 기단 구성은 동일종파 그리고 신라계 세력의
근거라고 할 수 있는 경주지역 법상종 사찰을 모델로 불사가 진행되었을
가능성이 높다고 생각된다.

　그리고 불일사 석탑과 같이 현종 때 앞서 개경에 건립된 석탑들에서도
신라계 석탑의 영향력을 확인할 수 있다. 불일사는 고려 4대 광종이 어머니
유씨(신명순성왕태후)를 위해 세운 사찰이다. 광종은 신라 마지막 경순왕
의 부인인 낙랑공주와 형제간으로 한 형제의 어머니 원당을 세우는 과정에
사위인 경순왕도 일정부분 참여했을 가능성이 있으며 이 과정에서 경순왕
의 발원으로 불일사 석탑이 조성됐을 개연성이 높다. 특히 석탑 내부에서

---

19) 洪大韓, 앞의 논문, 2012, 230~231쪽.
20) 양식적인 특징과 달리 현종 때는 정치적으로 신라계 중심의 영향력이 감소하기
　　시작했다. 하지만 석탑양식에 있어서는 여전히 신라의 영향력이 잔존하고 있었음을
　　보여준다.

출토된 금동탑이 목탑양식을 갖추고 있어, 황룡사 9층목탑 또는 왕건이 건국 초 평양에 9층목탑을 세운 기록과 관련해 주목된다. 만일 황룡사 9층목탑과 가까운 양식이라면 신라계 불교세력의 영향력을 토대로 고려초부터 불탑이 조성됐고, 현화사탑 역시 이러한 연장선상 위에서 건립됐을 것이기 때문이다.

평평한 기단 갑석은 김제 금산사 오층석탑 탑신받침과 유사한 형식으로 두껍고 하단에 경사진 부연을 표현한 후, 상면에는 각호각형이 모각된 별석형 탑신받침을 설치했다. 탑신받침은 9세기 신라석탑부터 등장하는데 대부분 1매석으로 제작하는데 반해 2매석을 사용했다.[21]

탑신석 네 면에는 안상을 모각 후 내부에 설법인(說法印)을 결한 중앙본존불과 좌우로 2제자, 2보살, 사천왕과 공양상 등의 권속을 거느린 전체 11존으로 이루어진 불회(佛會)장면을 부조했다. 2층 이상의 탑신에는 1불, 2제자, 2보살상으로 구성된 5존불을 조각했다. 이들 조각은 신라석탑의 장엄조각과는 차이를 보이는데 미륵정토와 아미타정토가 융합된 불교세계를 표현한 것으로 해석하고 있다.[22]

옥개석은 신라계 석탑과 달리 백제계 석탑의 특징을 반영하고 있다. 처마가 깊고 낙수면 두께는 얇으면서 평박하다. 낙수면 4면의 합각은 예리하고 전각부 반전이 강하다. 고려초 건립된 불일사지 오층석탑·관촉사 오층석탑·금산사 오층석탑·남계원지 칠층석탑은 옥개석이 두꺼워지면서 추녀선이 반전했는데 현화사 칠층석탑은 이들 석탑 옥개석과 양식적으로 통하고 있다. 특히 옥개석 아랫면에는 층급을 생략한 채 도식적인 2조선을 새긴 후 외곽에 물끊기 홈을 표현했다. 정읍 천곡사 칠층석탑,

---

21) 洪大韓, 「高麗初 石塔의 塔身받침 造形特性에 관한 硏究」『文化史學』 27, 2007, 616쪽.
22) 文明大, 「高麗 法相宗美術의 展開와 玄化寺 七層石塔 佛像彫刻의 硏究」『講座 美術史』 17, 2001, 9~23쪽 ; 최성은, 「고려 현종대 석탑부조의 연구」『講座 美術史』 30, 2008, 209~246쪽.

〈사진 7〉 흥국사지 다층석탑　　　〈사진 8〉 흥국사지 다층석탑
기단 명문

화순 운주사 9층석탑처럼 층급받침이 생략되거나 문양으로 대체현상이 나타나는 것은 12세기 초를 기점으로 백제계 석탑을 중심으로 뚜렷해진다. 그리고 현화사 칠층석탑에서 옥개석 하면이 배불러지면서 반전되는 표현은 마곡사 오층석탑과 유사한데, 11세기 이후 고려식 석탑을 중심으로 낙수면이 두꺼워지고 급경사를 이루는 현상을 반영한다. 고려는 광종시대부터 중국의 문물을 적극적으로 수입하는 동시에 쌍기를 포함한 외국 출신 인재들을 대거 등용했다. 이들 다수는 관료였지만 나머지는 기술자로서 능력에 따른 관직을 하사받았다.[23) 현종시대 건립된 석탑을 시작으로 옥개석의 변화가 두드러지는 것은 목조건축양식의 적극적 반영의 결과다. 특히 강남지방에서 유행한 다포계 건축양식과 이 지역의 기후를 반영한 처마곡선이 하늘을 향해 치켜 올라가는 목조건축 양식이 국내에 수입되면서 석탑에까지 양식적 변화를 가져오게 한 것으로 추측된다.[24)

흥국사 다층석탑은 태조의 훈요십조를 받들어 개경에 창건한 사찰에 현종 12년(1021) 강감찬이 스스로 건립했다. 석탑은 단층방형의 연화대좌를 기단으로 삼고, 그 위에 탑신을 올렸는데 현재 초층탑신과 3매의 옥개석

23) 박종기, 『고려사의 재발견』, 휴머니스트, 2015, 82~90쪽.
24) 洪大韓, 앞의 논문, 2015, 27~28쪽.

이 남아 있다. 체감을 고려하면 5층탑으로 추정된다. 기단 상하대석에는 16엽의 연판을 조각했고 지대석 4측면에는 첨두형 안상을 표현했다. 중대석에는 불상대좌와 달리 우주를 모각했고, 정면 중앙부에 음각으로 6행의 조성 기록을 남겼다. 탑신석 남면에는 자물쇠를 모각한 문비를 조각했다. 옥개석은 파손이 심하지만 낮은 3단 옥개석 층급받침을 표현했다. 전각부에는 반전이 확인되며 하면에는 얕게 물끊기 홈을 새겼다. 연꽃을 조각한 대좌는 상면에 불상을 봉안하는 시설물로 그 자체가 부처의 존재를 상징한다.

9세기 통일신라 석조미술에서 새롭게 나타나는 특징으로 기단 공유현상의 증가를 빼놓을 수 없다. 불상뿐 아니라 철원 도피안사 삼층석탑 같이 연화좌 형태의 기단을 채용하거나 석등 역시 전통적으로 불상대좌와 동일한 형식의 기단을 사용했다. 기단 공유는 850년대를 기점으로 불교계가 경상도지역을 탈피하면서 과거 신라왕실 주도의 사찰이 창건되지 못했던 곳을 중심으로 집중되는 모습을 보인다. 석등은 교리 상 등공양(燈供養)이며 석탑 역시 사리를 봉안하는 묘주처이기 때문에 근본적으로 불상과 조형의지를 함께한다. 따라서 사찰창건의 급속한 확대, 지방 호족중심의 불사 과정에서 수도에서 유행한 석조미술을 모방하는 경향이 증가했고 그 결과 불상대좌를 여러 석조미술의 기단으로 공유하게 된 것이다. 흥국사 다층석탑의 기단은 9세기 중엽 이후 등장한 방형 연화좌를 채용한 것으로, 뒤이어 건립된 사자빈신사지 사사자석탑의 연판을 생략한 기단으로 계승된다.

고흥 상림리 석탑은 기단을 제외하면 원형을 상실했다. 소형석탑의 특징을 반영해 부재가 1매석으로 감소했다. 방형 단층기단은 저석 위로 4매의 판석을 결구했고 갑석 중앙부에는 16엽 복련을 도톰하게 조각해 탑신받침을 표현했다. 평박한 갑석 하면은 부연을 생략했는데, 갑석과 2단으로 마련된 저석의 크기가 같아 소형석탑임에도 불구하고 급격한 체감을 보여준다. 훼손이 심한 옥개석은 얇은 편이며 각 층마다 형식화된 4단의 옥개받침을 표현했고 낙수면 밑으로 물끊기 홈이 남아 있다. 갑석 상면에 탑신받침을 연판으로 대체하는 형식은 지보사 삼층석탑·춘천칠층석탑·원주 용곡리 삼층석탑·개심사지 오층석탑과 같이 독립적인 탑신 받침석 표면에 연판을 조각하는 과정을 거쳐 사자빈신사지 사사자석탑 상층기단 갑석·승안사지 삼층석탑·논곡리 삼층석탑·보현사 구층석탑에서는 갑석 상면에 연판을 조식하는 형식으로 변화한다. 탑신받침을 연판으로 대체하게 된 것은 석탑규모의 축소가 중요한 원인이었으며, 연화좌 형식의 불상대좌를 기단으로 공유했던 양식의 변화를 반영한다.

사자빈신사지 사사자석탑은 변형된 이중기단을 사용한 독특한 구조를 갖추고 있다. 불탑에 사자를 조식하기 시작한 것은 인도 스투파부터다. 경주를 탈피해 처음으로 창건된 화엄사 사사자삼층석탑을 통해 조형화 되었는데, 고려시대 석탑건립이 전국적인 확산 양상을 보이는 것과 같이 고려 전 국토에 건립되었다. 고려시대 사자탑은 화엄사 사사자석탑의 형식을 따라 사자가 하층기단 모서리에 위치해 역학적인 기능을 담당하고 있다. 사자빈신사지 사사자석탑을 제외하면 하층기단은 남아 있지 않지만 건립 당시에는 홍국사 다층석탑의 기단이 형식화된 방형기단과 유사한 형식의 하층기단을 갖추었을 것으로 추정된다.

사자석탑의 형식은 독립된 사자상을 조각 후 석탑에 배치하는 형식과 사자빈신사지 사사자석탑과 같이 기단의 일부로 결합된 일체형으로 나뉜다. 현재까지 고려시대 제작의 사자석탑은 5기가 조사됐는데, 이 중 4기가 일체형으로 건립됐다. 일체형은 독립형에 비해 석탑의 규모가 소형이며, 사자의 크기와 기능 역시 석탑의 부재로 축소됐다.

사자빈신사는 창건기록을 알 순 없지만 석탑 기단에 새겨진 조성기를 통해 사명(寺名)이 확인되었다. 사자빈신이란 '사자가 포효하면서 기운을 뻗는 상태에 도달'한다는 의미로 60권『화엄경』입법계품(入法界品)에는 사자분신삼매(獅子奮迅三昧)로 기록되어 있다. 사자분신삼매는 대자자비한 부처가 삼매에 들기 위한 정신통일의 경지를 대변한다. 하지만 단순히 정각을 위한 것이 아니고 중생들을 불쌍히 여기고 그들을 구원하기 위해 용맹한 사자처럼 떨치고 일어나 적극적으로 활동하기 위한 삼매를 상징한다. 입법계품에는 부처가 사자분신삼매에 들어가면 "세간 모두가 깨끗하게 장엄되고, 대장엄 누각이 갑자기 한없이 넓어지며, 모든 곳이 여러 보배로 훌륭하게 장식된다. 또한 부처님의 신통으로 서다림이 홀연히 커져서 불가설 불찰미진수(不可說 佛利微塵數) 세계의 나라들과 같은 면적에 도달하는데, 그 모든 세계 또한 여러 가지 내용과 모습으로 훌륭하게 장엄돼 있다."고 했다.

〈표 2〉 국내 사자석탑의 건립사례

구분	명칭	건립	배치형식	비고
독립형	불국사 다보탑	통일신라(751년)	기단 갑석 위	
	관덕동 삼층석탑	통일신라(9세기)	상층기단 갑석 위	현재 2구
	중흥사지 삼층석탑	통일신라(9세기)		
	논곡리 삼층석탑	고려(12세기 초)	기단 주변 배치	
일체형	화엄사 사사자석탑	통일신라 (8~9세기)	우주	인물상 공양석등
	화엄사 원통전 사사자석탑	통일신라(9세기)	우주	
	함안 주리사지 사사자석탑	고려(10세기 말)	우주	석탑 복원
	사자빈신사지 사사자석탑	고려 현종 13년 24(1022)	우주	피모장보살 연화형 탑신받침
	금장암 사사자삼층석탑	고려(11세기 초)	우주	지권인여래상 공양석등
	괘석리 사사자삼층석탑	고려(11세기 말)	우주	연화형 탑신받침

입법계품에서 설한 여러 장엄과 그 대상은 결국 고려를 상징한다고 할 수 있다. 여래의 선근과 위신력(威神力) 그리고 여래가 한 몸으로 자재하게 변화하여 모든 세계에 함께하는 것, 여래가 신통한 힘으로 모든 부처와 불국토의 장엄을 몸 안에 들어오게 함으로써 티끌 속에 여래가 있고 그

여래가 티끌로 집약된다는 내용이다. 사자빈신사지 석탑이 건립된 현종 13년(1022)은 전쟁으로 국토가 황폐해진 상황이었다. 따라서 국가위기 극복을 위해 사자빈신의 세계가 도래할 것을 염원하기 위한 목적으로 석탑이 건립된 것으로 추정할 수 있다. 사자빈신사 부근에는 미륵대원이 위치해 있다. 미륵대원이 고려 건국 초 혼란을 미륵을 통해 중생을 구제하려는 염원을 담고 있다면 사자빈신사는 현종이 추진하던 왕권강화 정책에 동조하면서 전쟁 이후 피폐된 고려를 복구하려던 목적을 담고 있다.

사자빈신사지 석탑 기단은 신라석탑의 하층기단 양식을 유지하고 있지만 갑석이 투박해졌고 하면에는 두꺼운 테두리를 두르고 사선으로 처리한 부연을 표현했다. 상층기단은 단독의 사자상을 우주 위치에 배치하고 중앙에 지권인을 결한 비로자나좌상 1구를 배치했다.25) 상층기단 갑석은 기본적으로 화엄사 사사자석탑 양식을 계승하고 있지만 갑석 상면에는 고려시대 석탑의 특징인 연판을 이용한 탑신받침이 표현됐다. 또한 갑석 하면에는 광배를 상징하듯 살찐 16엽의 연화문을 원형으로 조각했다. 화엄사 사사자석탑을 비롯해 현재까지 알려진 사자탑은 모두 이와 같은 형태의 연판을 갑석 하면에 조각한 것으로 보아, 현재 독립상이 남아있지 않은 홍천 주리사지와 함안 괘석리 사사자석탑 역시 독립 인물상을 갖추었던 것으로 추정된다. 특히 사자빈신사지는 피모형태의 지권인 여래상을 봉안했는데, 법신불인 비로자나여래로 판단된다.

탑신부는 복련대 상면에 각출한 1단 각형 괴임 위에 놓여있다. 탑신석과 옥개석이 각기 1석으로 제작됐는데 현재는 5층까지만 남아 있다. 초층 탑신은 다른 탑신석에 비해 유난히 크고 높으며 2층부터는 급격한 체감을 보이는데 모두 정연한 우주를 모각했다. 4층까지 남은 옥개석은 전체적으로 평박하며 3단의 옥개받침도 형식화 되었다. 추녀는 전각부가 크게

---

25) 신용철, 「統一新羅 石塔 硏究」, 동국대학교 박사학위논문, 2006, 202쪽.

반전되었고, 낙수면 경사는 완만하면서 우동이 수평을 이루고 있다. 사자빈신사지 사사자석탑은 화엄사 사사자석탑 양식을 직접적으로 계승한 고려시대 첫 사자석탑으로 이후 건립되는 고려시대 사자석탑의 양식 규범을 제시하고 있다. 그리고 독립된 여래상은 화엄사에서는 직립형태의 합장승려상 형식인데 반해 사자빈신사지와 금장암지 사사자삼층석탑에선 지권인(智拳印)을 결합한 여래형(如來形)으로 변모하였다.

2) 현종대 고려식 석탑양식의 완성

고려 석탑은 통일신라 석탑양식을 토대로 후삼국기간 복고주의 기조의 전통양식을 재생산하면서 완성된다.[26] 정형석탑 양식을 기준으로 신라계와 고구려·백제계 석탑 그리고 고려식 일반형과 특수형으로 세분되는 5가지 양식으로 발전한다. 고구려와 백제계 석탑은 삼국시대 이들의 활동영역을 중심으로 건립되는 지역적 차별성이 강하다. 고구려계 석탑은 팔각목탑양식을 토대로 오대, 송 건축양식의 영향을 받았던 것으로 추정된다. 특히 고려 건국과 함께 서경과 개경에 세운 목탑의 건립의도가 석탑에 전이되어 팔각형태의 석탑이 유행하게 된다. 팔각은 원을 상징하는데 목조건축의 기본인 방형에서 전각부분을 가공하면 어렵지 않게 팔각을 구성할 수 있다. 따라서 팔각(八角)에서 원(圓)으로 계승되는 조형의지는 직접적으로 우주를 상징한 것으로 볼 수 있는데, 고구려계 석탑의 건립의

---

26) 후삼국과 고려초 건립된 석탑은 신라계 석탑양식을 중심으로 미륵사지 목탑양식을 토대로 건립되는 백제계 석탑과 구 고구려 지역을 중심으로 평면 팔각형으로 건립된 고구려계 석탑양식이 유행한다. 이러한 구 양식의 재등장은 후삼국에서 지향하던 구 체제에 대한 회귀를 기반으로 완성됐다. 고려초부터 현종 사이 건립된 석탑은 신라계 석탑양식이 중심을 이루는 가운데 점차 기단과 옥개석, 체감 등의 변화가 증가해 본 논문에서 고찰한 고려식 석탑양식으로 완성된다. 따라서 복고양식은 과거 통일신라 석탑의 정형양식 완성 이전의 고구려, 백제계 양식이 신라 정형양식과 별개로 후삼국과 고려초 건립된 사례를 지칭한다.

지가 단순한 부처의 묘주처를 넘어 비보와 풍수까지 결합된 다원적인 배경 아래 건립되었음을 시사한다.

백제계 석탑 역시 과거 백제 지배지역을 중심으로 미륵사지 서석탑과 정림사지 오층석탑 양식의 계승 차원에서 건립됐다. 이들 석탑은 현 충청도와 호남지역을 중심으로 상대적으로 목조건축의 전통을 강하게 유지하고 있다. 후삼국과 고려 건국 초 통일전쟁기간 건립된 백제계 석탑은 후백제 건국의 당위성과 과거 백제계통 세력들의 결집수단으로 활용됐다. 먼저 입지를 살펴보면 신라계 석탑과 달리 대부분 평지를 택하고 있어 주목된다.

다음으로 여러 매의 석재를 이용해 가구식(架構式)으로 결구한 초층 탑신을 특징으로 한다. 미륵사지 서석탑에서 유래한 평박한 옥개석과 탑신받침을 이용한 독특한 탑신부 구성은 이후 건립되는 백제계 석탑에서 지속적으로 확인된다. 혜거국사비문(惠居國師碑文)에는 "용덕(龍德)[후량 말제(末帝)의 연호] 여름에 국사가 특별히 미륵사 탑을 여는 은혜를 입어"라고 기록되었는데,[27] 당시는 견훤 31년(922)으로 후백제가 미륵사 석탑과 미륵사를 여전히 백제인들의 정신적 지주로 간주했음을 보여준다. 백제계 석탑양식은 순수 백제계 석탑과 함께 부분적으로 신라계 석탑과 결합되었다. 군산 발산리 삼층석탑, 마곡사 오층석탑에서 석재 평면을 파낸 후 부재를 결합하는 기법이나 풍탁공을 수직으로 투공(透孔)하는 방식은 백제계 석탑의 고유한 기법이 신라계 석탑과 결합된 사례다.

신라계 석탑은 옛 신라영토 대부분에 분포하고 있는데, 고려초에는 경기도 일대에 집중되는 특징이 확인된다. 고려 건국과 함께 신라계통 귀족과 관리들이 개경으로 집단이주한 상황과 무관하지 않을 것이다. 신라 정형기 석탑을 충실히 계승하면서 탑신과 기단에 장식이 증가하고 낙수면 반전, 규모의 장대화 등 일부 차이를 보이는 외에는 9세기 석탑과

---

27) 權相老 編,「惠居國師碑文」『朝鮮佛教略史』, 新文館, 1917.

〈표 3〉 현종대 건립된 명문기록 석탑의 양식일람

명칭	기단	탑신석	옥개석
천흥사지 오층석탑			
개심사지 오층석탑			
현화사 칠층석탑			
흥국사지 다층석탑			
고흥상림리 삼층석탑		결실	
사자빈신사지 사사자석탑			
정도사지 오층석탑			

대동소이한 양상을 보인다.[28] 이외 여타 석탑양식과 뚜렷이 구분되는
특징은 이중기단의 존속이다. 백제계 석탑이 단층기단으로 바뀌거나 퇴화

된 이중기단 형식인데 반해 신라계 석탑은 고려중기 이전까지 정형양식 이중기단을 유지한다. 옥개석에서도 충급 수와 두께가 변화하고 있으나 백제계 석탑에 비해선 정형성 유지가 뚜렷하다. 신라계 석탑의 이와 같은 특징은 고려시대 석탑건립의 복고주의 전통과는 대비되는 것으로, 동시에 정형양식을 고수하려던 일종의 보수성이라고 할 수 있다.

신라계 석탑의 기술적 완성은 석재의 결구법을 통해 뚜렷해지는데 9세기 때 정착된 기단과 면석, 탑신의 석재 수가 유지된다. 이와 같은 조탑원리는 고려식 석탑의 단일화나 백제계 석탑의 개별화 현상과는 구분된다. 특히 고려식 석탑이 신라계 석탑양식을 모본으로 지역양식을 수용해 출현한 점을 고려했을 때, 신라계 석탑의 조립방법을 모방한 결과 단일화된 석재사용을 창출했다. 이러한 고려석탑의 석재 단일화는 늘어난 석탑 수요를 충족하기 위한 조치였고, 고려말 석탑이 급격히 축소되거나 지속적으로 건립되지 못하는 결과를 가져왔다.

고려식 석탑은 삼국의 석탑양식을 따르는 복고주의와 달리 고려시대만이 지닌 독자양식의 석탑을 가리킨다. 기단의 단층화, 기단을 1석으로 제작, 부재 수 감소, 옥개석 낙수면의 두께 증가, 전각부 반전(轉角部 反轉) 심화, 별석받침을 탑신 전체에 설치하거나 별석받침과 탑신을 한 몸으로 제작하는 현상이 일반화 된다. 하지만 고려초는 일시적으로 불상의 대형화 현상과 같이 신라 정형양식 석탑을 충실히 계승하는 경향이 나타났다. 비록 고려가 건국됐지만 신라가 존속했고 수준 높은 문화의 공급지로서 신라의 역할은 여전히 유지되고 있었음을 반영한다. 고려식 석탑은 신라 정형양식 석탑을 토대로 삼국의 복고주의 전통의 통합을 거쳐 완성됐다.

---

28) 박경식은 역사적으로 볼 때 한강과 개경 일대의 경기지역은 신라가 통일을 이루기 전까지는 어느 한 국가가 장기간 점유하지 못한 삼국의 각축장이었다. 따라서 특정 국가의 문화적 기반이 수립될 수 있는 상황이 아니라 삼국의 문화가 혼재되는 역사적 기반을 지니고 있었다고 한다(『우리나라의 석탑』, 역민사, 1999, 268쪽).

특히 세장고준(細長高峻)한 모습의 급격한 체감변화와 옥개석 낙수면 두께의 증가, 전각 반적의 확대 등은 당시 목조건축의 경향까지도 반영하고 있음을 보여준다. 고려식 석탑양식은 11세기 초를 기점으로 정립되는데, 본 논문의 논의 대상인 현종대를 기점으로 뚜렷해진다.

현종대 건립된 7기의 석탑은 이후 건립되는 고려식 석탑의 모범역할을 담당했다. 이 중 정도사지와 천흥사지 오층석탑은 신라 정형양식을 계승한 고려식 석탑이며 사자빈신사지 사사자석탑은 특수형 석탑으로서 기준작 역할을 담당한다. 이와 같이 현종대 고려식 석탑양식이 완성될 수 있었던 것은 광종의 개혁 이후 왕권 전제화가 강화됐고, 중국 강남지방의 학문을 적극 수용한 결과 통일신라의 문화적 역량 위에서 선진문화가 결합되어 고려만의 독특한 석탑양식을 창출할 수 있었다. 특히 현종의 지지기반이었던 신라계 관료들이 불교에 우호적인 입장을 견지한 측면은, 불교를 개인적인 수신을 넘어 국가와 왕권강화에 적극 이용하게 된 배경이었다고 생각된다. 그 결과 개경뿐 아니라 지방 곳곳에 불사를 광범위하게 진행하는 과정에서 회통(會通)을 목적으로 통합된 고려식 석탑양식이 창출될 수 있었다.

3. 현종대 조탑명문(造塔銘文)의 성격과 건립목적

통일신라 석탑 건립은 처음 국가중심으로 시작해 왕실과 승려 등으로 분화가 진행됐다. 고려 석탑은 조성 기록을 통해 통일신라에 비해 건립세력이 다양해지고 있음이 확인된다. 특히 692년 최초의 원탑인 황복사 삼층석탑이 건립된 이래 9세기 초까지 왕실 중심을 유지하다가 9세기 중엽부터는 원탑 건립이 감소하면서 국가태평 등 혼란한 정국을 반영한 주제로 바뀌게 된다. 아무리 국가차원에서 불사를 진행하더라도 석탑건립은 다수의 노동력과 경비가 필요하기 때문에, 취약한 왕권 아래서는 대규모 석탑건립이 감소할 수밖에 없다. 아울러 이 시기 석탑건립의 감소는 건립세력이 왕실과 일부 귀족에 한정되어 있었음을 반증한다.

고려시대 역시 이러한 현상이 역력한데 혼란했던 건국 초와 원 간섭기간 건립된 석탑은 모두 국가태평과 전쟁종식을 염원했던 반면 현종 때 건립된 석탑은 국왕을 축수 대상으로 한정하는 경향이 확인된다. 고려시대는 비보설이 불교와 결합되면서 비보사탑설로 발전했는데, 길지와 흉지의 통제를 사찰 창건과 석탑건립을 통해 해결하려고 했다.[29]

〈표 4〉 조성 기록을 남긴 석탑의 시기별 건립 목적

구분	명칭	제작시기	비고
I 중앙정부 혼란기	불국사 삼층석탑 묵서지편	948년(정종 4), 1013년(현종 15)	중수기, 형지기
	금산사 오층석탑	979년(경종 4) ~982년(성종 1)	금산사 중창기
	지현리삼층석탑	991년(성종 10)	국가태평
	통화명안성장명사석탑지	997년(성종 16)	국태민안, 향도
II 거란 침략기	동대탑지석	1005년(목종 8)/ 1508년(정덕 3)	승려발원
	성풍사지오층석탑	1009년(목종 12)	호장, 국가, 조야
	개심사지오층석탑	1010년(현종 1) 추정	승속낭, 광군, 향도
	흥국사지다층석탑	1021년(현종 12)	강감찬, 국가태평
	고흥상림리삼층석탑	1021년(현종 12)	국가, 국왕, 불법
	사자빈신사지사사자석탑	1022년(현종 13)	국왕축수, 국가태평
	정도사지오층석탑	1031년(현종 22)	국가태평, 전쟁종식, 형지기
	보현사구층석탑	1044년(정종 10)	황제칭송, 국태민안
	소태리오층석탑	1109년(예종 4)	황룡사 출신 승려
III 원간섭기	장갑사청석탑	1162년(의종 16)	왕실추복, 승려창건
	개천사석탑	1214년(고종 1)	광릉후 면(廣陵候 沔)
	신광사오층석탑	1342년(충혜왕복위 3)	
	경천사지십층석탑	1348년(충목왕 4)	원황실 추복

<표 4>의 조성기에 기재된 주된 건립목적은 국가태평 기원이다. 이것

---

29) 홍대한, 「高麗時代 塔婆 建立에 反影된 裨補風水」 『역사와 경계』 82, 2012, 47~93쪽.

은 과거 통일신라 원탑이 왕실 추복목적으로 건립된 것과 커다란 차이를 보여준다. 즉, 고려시대 석탑이 비록 지방에서 건립되었다고 해도 국가를 위해 세워졌고, 이 과정에서 개경에 직간접적으로 석탑건립이 알려졌을 가능성을 고려한다면 원 간섭기간을 제외한 고려 전 기간에 걸쳐 중앙정부의 통제가 지방에 실질적으로 행사되고 있었던 것으로 보아도 무방하다. 개심사지 오층석탑 건립에 광군이 동원된 점은 이들이 비록 지방군이었음에도 불구하고 개경에서 파견된 지방관의 감독을 받고 있었기 때문에 실질적으로 중앙정부의 허가와 지원 아래 석탑이 건립되었음을 입증한다. 특히 현종대에만 국왕축수 기록이 등장하는 것은 광종과 성종을 거쳐 중앙집권화가 완성되었고, 비록 대규모 전란이 발생했음에도 왕권이 지방 곳곳에 파급되었다고 사료된다.

<표 4>에서 Ⅰ기에 해당하는 시기는 광종과 성종 때 진행된 체제정비가 완성되고 관료중심의 귀족층이 형성됨으로써, 고려 전 기간 운영된 지배구조의 기본 틀이 구축되는 시기라고 할 수 있다. 조성 기록을 갖춘 석탑이 성종 때 처음 등장하는 것은 지방통제와 밀접한 관련이 있다. 성종 2년(982) 12목에 외관파견을 계기로 중앙의 통치권이 지방으로 침투되기 시작한다. 이러한 지방관 파견은 지방호족의 재편을 가져왔는데 지방 세력의 독자적 지위를 감소시켜 나갔다. 조성 기록에 빈번히 등장하는 호장 등 향리직제가 마련된 것 역시 성종 2년 외관파견을 기점으로 하고 있으므로 이때를 기점으로 지방사회 구조뿐 아니라 석탑건립의 목적과 후원세력 역시 변화가 시작된다.

지배체제의 정비과정에서 활약한 인물로는 경주 출신의 육두품 계통이 주류를 형성하고, 일부 후백제 출신들이 가세하는 형국이었다. 이들은 성종에게 정치이념을 제공해주고 중요 정책결정에 참여했다.[30] 이들은

---

30) 이기백, 「高麗 成宗代 政治的 支配勢力－慶州, 羅州地方 출신의 儒學者들과 近畿地方 출신의 豪族系 官僚들」 『韓國史 4』, 국사편찬위원회, 1974, 169~170쪽.

당시 지배적 지위를 누리지만 본래부터 신라는 평화적으로 고려에 귀속되었기 때문에 신라계 출신들은 줄곧 후대를 받았으며 정치, 사회적 진출에 있어서도 유리한 위치에 있었다. 고려 귀족사회에서 구 신라귀족들이 유력한 계층을 형성하는 것도 이러한 사실과 밀접한 관련을 가지며 그같은 현상이 성종초년 이후 두드러지고 있다는 것은 주목되는 사실이다.[31]

특히 성종 때 건립된 석탑의 위치가 전라도, 충청도, 경기도인 반면 구 신라지역은 배제되어 있는 것은 성종 2년의 지배체제 정비가 1차적으로 구 신라지역을 제외한 구 백제와 개경 인근지역을 중심으로 이루어졌음을 추정할 수 있다. 따라서 지방세력들이 석탑을 건립하고 국가와 국왕의 축수를 기원한 조성 기록을 남긴 이유는 약해진 호족들의 지위를 보존하기 위한 목적이 있었을 것이다. 이와 같이 Ⅰ기 석탑의 조성은 지방제도의 정비에 따라 호족계층이 중앙정부의 통제에 흡수되는 정치상황을 반영하고 있다.

Ⅱ기의 석탑은 목종 2회, 현종 5회, 정종 1회, 예종 1회에 걸쳐 건립되는데, 현종 때 집중되고 있다. 이 시기는 성종 12년(993) 거란의 1차 침입 이후, 현종 원년 2차 침입을 거쳐 현종 10년(1019) 3차 침입이 지속되었다. 현종은 즉위 2년 거란의 침입으로 인한 몽진 길에서 겪은 지방통치의 문제를 해결하기 위해 향리제도와 삼성육부를 근시기구를 중심으로 개편함으로써 내치에 전력했다. 현종은 성종 때 폐지된 연등회와 팔관회를 부활시키는 등 호불 정책을 추진했다.[32] 현종 22년 건립된 정도사지 오층

---

31) 朴龍雲, 『高麗時代史(上)』, 일지사, 1985, 64~65쪽.
32) 『고려사』 권4, 현종 경술 원년. 연등회와 팔관회가 부활되는 등 불교의례가 본격적으로 재정립되고 불교정책이 적극적으로 추진되기 시작한 현종대는 고려의 중앙집권적 지배체제가 완성되고 문벌귀족이 대두되는 시기이다. 따라서 현종대를 기점으로 후삼국 이래 지방의 실질적 지배세력이었던 호족은 중앙정부의 통제를 받는 향리층으로 분화하거나, 문벌귀족화 함으로써 개경을 중심으로 한 지배체제로 편제된다. 이러한 현상을 고려초 조성기를 남기고 있는 석탑건립 집단의 구성원과 연관지어 살펴보면 현종 이후로 지방세력에 의한 조탑행위는 감소하고 문벌귀족 내지는

석탑은 국가태평과 전쟁종식을 목적으로 건립되었는데, 이때는 거란과의 전쟁이 끝난 시기로 종전(終戰)을 기념하고 전쟁의 공포로부터 벗어나기 위한 지방 민(民)들의 염원을 담은 일종의 승전기념탑의 성격을 갖는다.

정도사지 오층석탑에서 발원 내용은 국가, 장리(長吏), 군내(郡內), 백성의 세 입장으로 구분된다. 국가에 대해서는 패업과 기틀이 길이 흥성하고 안정되어 오랫동안 보존되며 국왕의 수명이 더하기를 기원하였다. 장리들에 대해서는 재앙에 들지 않고 복수(福壽)가 불어서 곳곳마다 모두 좋아하고 사람마다 업(業)을 즐기며 이웃 나라의 군대는 빨리 멸망하고 위로 나라가 더욱 편안해서 백곡이 풍년 들고 만민의 화락태평을 기원하였다. 군내 노소남녀 백성들은 오래 살고 수명을 더하며 복을 받고 재앙이 사라져서 길이 편안함을 보존하고 항상 즐겁게 지내기를 기원하였다. 내용상 원문의 내용은 장리에게 있음이 분명한데, 장리층이 국가와 민 사이의 매개적 역할뿐 아니라 지역사회의 안녕과 질서를 책임지는 위치로서 부각되었다.

재언하면 발원문의 작성은 장리의 입장에서 작성된 것으로, 가장 먼저 국가의 복원과 기틀이 흥성하여 오래 보존되고 국왕의 수명이 더해져 장수하기를 기원하는 등 국가가 지역공동체의 상부에 위치하고 있음을 명백히 하고 있다. 또한 국가가 사회 안정을 위한 절대적 기반임을 확실히 하고 있다. 그 결과 재지 지방세력은 왕권에 대한 절대적인 복종을 취하게 되었고, 국왕축수와 같은 왕권옹호의 내용을 담은 석탑을 건립한 것으로 추정된다. 강화된 왕권의 상징이자 현종 때부터 지방에 파견된 관리를 통한 직접통제가 가능해졌음을 입증하는 사례라고 할 수 있다.

더불어 현종 때 불사증가와 지방에서의 석탑건립이 늘어난 것과 관련해 연등회와 팔관회의 부활은 적지 않은 영향을 미쳤을 것이다. 양 행사의

왕실의 후원을 받는 승려집단으로 대체되어 가는 현상과 일치한다.

부활은 중앙집권적 입장과 지방 호족들의 분권적 성향 사이의 갈등이 해소되었음을 의미한다. 거란의 침입이라는 위기 앞에서 지방과 중앙을 떠난 고려라는 공동체적 일체감은 이러한 갈등을 해소시키는 타협점을 찾게 만들었다. 당시 중앙과 지방 사이의 갈등해소에 대해 이태진은 군사권은 중앙정부에 돌리고 농경을 비롯한 대민관계의 소관사는 지방호족에게 맡겨지는 형식의 타협을 통해 해소되기 시작하였다고 한다.[33] 이렇게 성종 6년 이후 폐지되었던 팔관회, 연등회의 부활은 중앙정부와 지방 사이의 갈등해소를 가져왔으며 현종 때 지방민이 중심이 되어 건립되는 빈번한 왕실축수 목적의 불사경영의 배경이 되었다.

이상의 검토를 통해 현종 때는 왕위계승, 왕권강화를 위한 숙청작업, 외적의 침입으로부터 기인한 국가적 위기상황 해결이 본격적으로 시행되었음을 알 수 있다. 그 결과 통일신라 원탑의 발원내용인 국왕과 왕실의 추복 보다는 국가 안녕을 기원하기 위한 목적으로 다수의 석탑이 건립되었다. 고려시대 석탑건립 목적이 정치상황과 연계되어 있음은 현종 때까지 지속되던 석탑 조성 기록이 예종 때에 이르러 단절되는 상황을 통해 확인된다. 즉 현종 10년을 끝으로 외적의 침입이 소강상태에 접어들고, 국정의 안정이 이루어졌기 때문에 부처의 가피에 의지하려던 석탑건립이 감소한 것이다. 이러한 현상을 통해 지방에서 건립된 석탑이라도 중앙정부의 관심과 지원 아래 민심수습이라는 국가차원의 불사로 석탑이 건립되었음을 확인할 수 있다. 태조가 훈요십조에서 불교를 강력히 언급한 것은 불교가 전제왕권에 기여하는 측면이 강했기 때문이며, 이러한 전통은 취약한 건국 초 고려왕실과 여전히 지방에 잔존하고 있는 호족계층들을 통합하기 위한 수단으로 불교를 적극적으로 활용하게 된 원인이었다. 태조의 왕권획득 과정에서 미륵하생신앙 같은 불교세력의 효용성은 꾸준

---

33) 이태진, 「社會史的으로 본 韓國中世의 시작」, 『韓國史의 時代區分』, 신서원, 1995, 46~52쪽.

히 유지되면서, 부처가 되고자 했던 고려인들의 간절한 소망으로 정착되었다. 석탑 건립에는 부처가 될 수 있다는 공덕추구와 혼란기 미륵하생염원이 결합되면서 고려 전국으로 확산되었고, 급기야 불교교리를 탈피해 비보중심의 기복신앙으로 변질과정을 보인다.

4. 맺음말

사상과 문화 그리고 정치에 있어 고려는 다원사회였다. 다양이 시간과 지역적 차이를 기준으로 통합되어 나타나는 현상을 가리킨다면, 다원은 현상을 제공하는 근원의 많음을 지칭한다. 다시 말해 양식출현의 배경이면서 기존 양식과 함께 새로운 양식을 만들거나 병존할 수 있는 이론적 토대가 된다.

고려는 건국 이래 불교에 대해 보호와 견제를 병행하면서 현실적인 사회운영 원리로 성리학과 유신들 중심의 지배질서를 공고히 했다. 하지만 이원적인 행태로 운영한 것이 아닌 상호 융합되는 모습을 보여주는데, 그것은 현종의 권력기반이었던 신라계 유신들이 불교에 대해 폭넓은 이해를 가지고 있었고, 유불을 모두 국가안녕과 왕권강화 목적으로 불교를 활용한 사례를 통해 확인된다. 여기에 비보와 풍수, 민간신앙까지 결합된 비보사탑사상을 통해 길지를 보호하고 흉지를 개조하려는 시도를 멈추지 않았다. 이러한 사상적 조류는 고구려계 세력을 중심으로 서경천도 운동으로 나타나기도 했지만, 대부분 개경을 중심으로 지방사회를 통합하려는 지배논리로 활용됐다.

단순 묘탑 인식이 강했던 통일신라와 달리 고려시대는 석탑을 매개체로 이용해 지방과 중앙정부를 통합하는 유효한 수단이었다. 현종 때 건립된 명문석탑 5기의 내용만 보더라도 핵심주제는 국가안녕이면서 건립은 지방세력이 주도했다. 그런데 조성 기록을 갖고 있는 고려시대 석탑 17기 중 5기가 현종 때 건립되었고 국가 이외 직접적으로 국왕축수를 석탑건립의 핵심 목적으로 제시한 점은 자못 시사점이 크다.

고려사회 다원성의 원천은 우리 역사에서 유일하게 지방호족들의 지지를 기반으로 성립한 국가성격에서 찾을 수 있다. 지방호족은 왕권약화의 원인이 되기도 하지만 고려 전 기간에 걸쳐 중앙정부로 진출하거나 향리로 재편과정을 거치면서 중앙과 지방이 공존하는 사회체제를 경영한 것은 고려만의 독특한 특징으로 평가된다. 석탑양식에 있어서도 비록 고려초에 국한되는 상황이지만 구 삼국의 석탑양식이 재현되고 뒤이어 고려만의 독특한 고려식 석탑양식이 출현한다. 주목되는 점은 고려석탑의 다양한 양식이 현종 기간 일시에 완성된 것이다. 고려석탑 양식의 또 다른 특징은 비록 고려식 석탑양식이 창출됐음에도 불구하고 구 삼국계통의 석탑양식과 제작기법이 소멸 또는 흡수되지 않으면서 유지되는 것이다. 이러한 현상은 통일신라 석탑의 일원화된 정형양식 석탑과는 구별되는 특징이며, 고려사회가 문화에 있어서 통합의 대상이었던 다원성을 잃지 않고 유지해 나갔음의 반증이다.

고려는 북방세력 이외에도 무역을 통해 활발한 대외교류를 진행했다. 석탑양식에 있어서 옥개석의 변화는 남송대 강남지방에서 유행한 다포계 건축, 특히 전각부 변화를 수용해 등장했다. 체감의 급격한 변화 역시 세장고준한 다층건축의 영향이라고 할 수 있다. 이 같은 대외교류는 고려 사회를 개방적으로 유지할 수 있었던 원동력이었으며, 중국계 인재들을 관료로 적극 등용함으로써 고려적 문화기반 위에서 국제적 문화를 완성하는 자양분이 되었다.

현종대 제작된 석탑은 2기를 제외하면 지방에서 지방민 중심으로 건립 됐다. 이들은 공통적으로 국가와 국왕의 안녕과 축수를 기원했다. 비록 성종 때부터 지방관 파견이 보편화되었지만 여전히 호족 또는 향리세력들이 유지되는 상황에서 지방민 중심으로 석탑이 건립될 수 있었던 원동력은 수직적인 지방통제와 지방사회의 자율성이 병존했음을 보여준다. 500개가 넘었던 고려시대 지방 군현제도는 규모, 성격, 목적에 따라 지방사회를 세분해서 통치했기 때문이다. 이들 군현에 건립된 석탑 역시 지방민들의 적극적 참여와 노동력 동원에 의해 건립되었는데, 개심사지 오층석탑의 광군 사례에서 보여주듯 부분적으로 중앙정부의 지원과 동의아래 건립되었던 것으로 추정된다. 따라서 고려시대 석탑 건립은 중앙정부와 지방이 독립적으로 진행된 것이 아닌 양자가 고려라는 지향점을 달성하기 위해 통합적으로 이루어졌음을 알 수 있다. 아울러 지방사회의 석탑건립에 중앙정부가 관계할 수 있었던 것은 행정뿐 아니라 불교교단이 지방에 제도적으로 영향력을 행사했기 때문에 가능할 수 있었다.

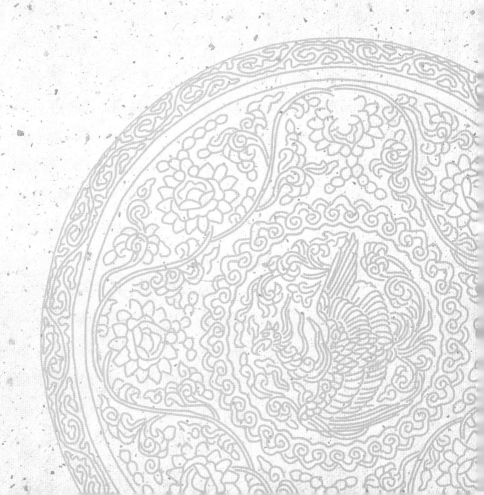

제2부
다양한 물질적 삶의 양식

제1장

고려후기 분묘 출토 도기(陶器)의 지역적 차이와 그 배경

한 혜 선

1. 머리말

2000년대 이후 유적 발굴조사가 급증하면서 고려시대 분묘 조사가 많이 이루어졌고, 자료가 축적됨에 따라 고려 분묘의 묘제(墓制) 종류와 편년에 집중한 연구들이 나오기 시작하였다.[1] 지금까지의 연구에 따르면 고려시대 분묘는 석실분(石室墳)을 비롯해 석관묘(石棺墓), 석곽묘(石槨墓),[2] 토광묘(土壙墓), 화장묘(火葬墓) 등으로 구분된다.[3] 왕실의 무덤이었던 석실분을 정점으로 고위귀족의 무덤인 판석조 석곽묘, 그 이하 계층은 석곽묘와 토광묘를 사용한 것으로 파악된다. 이중에서 석곽묘와 토광묘가 가장 많은 비율을 차지하며, 고려전기에는 석곽묘의 비중이 좀 더 높다가 중기 이후에는 토광묘의 개체수가 많아지는 것으로 알려져 있다.[4] 묘제와 더불

---

1) 기존의 고려시대 묘제에 대한 연구성과는 다음의 연구를 참고하기 바란다. 이희인, 「中部地方 高麗古墳의 類型과 階層」『韓國上古史學報』45, 2004, 107~136쪽 ; 주영민, 『고려시대 지방 분묘의 특징과 변화』, 혜안, 2013, 19~26쪽.
2) 석곽묘는 석재의 상태에 따라 다시 판석조(板石造)와 할석조(割石造)로 나누어진다.
3) 이희인, 앞의 논문, 2004, 110쪽.
4) 묘제를 구분하는데 있어 일부 연구자는 목관묘를 설정하기도 하는데, 목관이 남아

어 출토유물에 대한 연구는 부장품의 다수를 차지하는 청자에 집중되었으며, 일부 도기·청동유물·동전에 대한 연구가 이루어졌다. 특히 청자와 도기는 그 구성에 있어 상호보완관계인 것으로 보고 있는데, 도기는 주로 병과 호처럼 중형 이상의 것이 많은 반면 청자는 완, 잔, 접시 등 작은 소형기명이 대부분을 차지하고 있다.[5]

한편 고려분묘 출토품의 구성을 차문화와 연관하여 다례(茶禮)를 함축하여 표현한 것으로 파악하거나 음식공헌을 위한 것으로 보기도 하는 등 부장품 구성에 나타난 함의를 분석한 연구들이 시도되기도 하였다.[6] 그러나 여전히 대부분의 연구가 묘제의 유형분석과 부장유물의 편년에 집중되어 있고, 현재의 행정구역을 중심으로 분절적으로 진행되다 보니 단순하게 양상을 서술하는 것에 그치는 경우가 빈번한 실정이다. 무엇보다도 지역간의 비교연구가 활발히 이루어지지 못하여 고려분묘의 다양한 특징과 성격이 간과된 측면이 있다.

필자는 그동안 고려시대에 해당하는 발굴보고서를 정리하면서 많은 수의 고려분묘를 확인하였고, 출토 유물의 현황을 파악할 수 있었다. 특히 음식기를 중심으로 한 청자·청동유물과 세트를 이루는 도기가 시기에 따라 기종이 다르다는 점을 알게 되었고,[7] 특히 고려후기 분묘에 부장되는 도기가 지역에 따라 기종이 달라진다는 사실도 발견하였다. 여기에서

있지 않은 상황에서 관정이 나오거나 흔적이 남아 있다고 해서 단정하기에는 무리가 따른다고 본다. 이재철 역시 관정이 없거나 토광묘의 상태가 불량하면 목관의 사용여부가 불분명함을 지적한 바 있다. 오히려 목관묘를 토광묘에 포함하여 파악하는 것이 혼란을 줄일 수 있을 것으로 생각된다. 이재철, 「경상도지역 고려시대 토광묘의 공간배치 변화에 대한 연구」 『야외고고학』 17, 2013, 72쪽 참조.

5) 李鍾玟, 「高麗 墳墓 出土 陶磁 硏究 ─ 소비방식의 관점에서」 『湖西史學』 46, 2007, 31쪽.

6) 장남원, 「소비유적 출토 陶瓷로 본 고려시대 청자의 수용과 茶禮의 관계」 『역사와 담론』 59, 2011, 407쪽 ; 전경숙, 「경기지역 고려 분묘 조성의 확대와 사후관」 『한국중세사연구』 41, 2015, 116쪽.

7) 한혜선, 「高麗時代 陶器 硏究」, 이화여자대학교 미술사학과 박사학위논문, 2014, 212~223쪽.

분묘를 고려후기로 가늠하는 근거는 시기에 따른 청자의 양식변화에 두고 있는데, 그 이유는 분묘 출토품의 대부분을 청자가 차지하고 있고 이를 통해 대체적인 편년이 가능하기 때문이다. 통상적으로 전기는 10~11세기 후반, 중기는 12~13세기 중반, 후기는 13세기 후반~14세기 말로 설정된다.[8] 13세기 후반 이후에 해당하는 고려후기 청자는 상감국화문팔각접시·상감운학문발·상감국화문발 등 도식화·패턴화된 상감문을 특징으로 하며, 14세기 전반에 해당하는 간지명(干支銘) 청자와 양식적으로 매우 유사하다.[9] 특히 청자팔각접시와 구연이 내만하는 형태의 청자발은 13세기 후반 이후에 많이 나오는 대표적인 기종들로,[10] 14세기 중반까지 제작이 많이 이루어졌다.[11] 따라서 후기 상감청자와 공반되는 도기는 그 시기를 고려후기로 설정할 수 있다.

이러한 기준을 바탕으로 필자가 지금까지 발간된 발굴보고서를 살펴본 결과, 남한지역에서만 도기를 포함한 고려후기 분묘가 약 82개 유적 600여 기 이상인 것으로 집계된다.[12] 여기에서 출토되는 도기는 2면편호·단경호·장신호와 같은 호류와 나팔입병·반구병·표형병과 같은 병류이다. 그런데 이중에서 호류와 나팔입병은 출토지역이 확연히 다른 양상을 보인다. 분묘의 수가 매우 적게 확인된 전라도를 제외하고 분석한 결과, 경기·충청도에서는 호의 비중이 높은 반면 경상도에서는 나팔입병의 비중이 매우 높게 나타났다. 전국적으로 비교적 동일한 양식적 특징을 가지고 있는 청동유물·청자와 달리 도기는 지역별로 부장도기의 종류가 다르다는 점이

---

8) 李鍾玫, 앞의 논문, 2007, 15쪽.
9) 김윤정, 「高麗末·朝鮮初 銘文靑瓷 硏究」, 고려대학교 문화재학협동과정 박사학위논문, 2011, 170~173쪽.
10) 韓盛旭, 「高麗 後期 靑瓷의 器形 變遷」『美術史學硏究』232, 2001, 78~90쪽.
11) 李鍾玫, 「14世紀 後半 高麗象嵌靑磁의 新傾向－음식기명을 중심으로」『美術史學硏究』 201, 1994, 15쪽.
12) 한혜선, 앞의 논문, 2014, 95~131쪽.

실제로 확인된 것이다. 여기에서 한 가지 유의할 점은 이들 기종이 양 지역에서 모두 사용되었다는 사실이다. 이것은 동시기 양 지역에서 비슷한 형태의 도기를 제작 사용하고 있었지만 분묘에 부장하는 용도로 선택할 때는 선호한 기종이 달랐다는 점을 시사한다. 즉 도기를 부장품으로 선택할 때 어떤 요인이 뒷받침되었다는 의미가 된다. 따라서 이러한 현상이 발생하게 된 배경이 무엇인지 고찰할 필요가 있다고 본다. 여러 가지 요인들 중 여기에서는 우선 부장도기 선택에 미친 사회적 배경으로써 향촌사회의 역할과 자율성에 주목해보고자 한다. 분석대상은 고려시대 분묘가 다수 확인된 경기도, 충청도, 경상도 지역으로 한정하였다.

2. 지역별 분묘 출토 도기의 양상

고려후기 분묘에서 출토되는 도기의 지역별 특징을 파악하기 위해서는 먼저 지역권을 어떻게 설정할 것인가가 중요하다. 지금까지의 연구에서는 대부분 현재의 행정구역을 기준으로 하여 고려시대 당시의 양상을 왜곡한 측면이 있었다. 따라서 이 논문에서는 고려시대의 지역구분을 적용하여 지역적 차이를 보다 분명히 밝히고자 한다.

고려후기 분묘는 현재의 행정구역상으로 대부분 경기도, 충청도, 경상도에 집중되어 있다.13) 이것을 다시 고려시기의 행정구역으로 바꾸어 보면 양광도와 경상도지역으로 대별된다. 여기에서 양광도는 지금의 경기도와 충청남북도, 강원도 영서지방의 남부지역을 일부 포함한다.14) 현재의 한강

---

13) 한혜선, 앞의 논문, 2014, 95~131쪽. 필자가 최근까지 발간된 유적발굴보고서를 확인한 결과 전라도지역에서는 도기를 부장한 분묘가 10여 개 유적 약 35기 정도로 수량이 적어서 다른 지역과 비교하여 유의미한 결과를 도출하기가 어렵다고 판단하였다. 따라서 여기에서는 분석대상에서 제외하고 차후에 발굴결과가 더 축적되면 살펴보도록 하겠다.

주변을 모두 아우르고 경기도 남부와 충청도 전지역을 포괄하여 지리적 범위가 상당히 넓었다. 크게 양주목과 광주목이 위치한 양광도의 서북쪽, 충주목을 중심으로 한 동쪽지역, 청주목과 공주목을 중심으로 한 남쪽으로 구분된다. 양광도는 성종 14년에 전국을 10개도로 나누고 양주·광주 소속 주현은 관내도(關內道)에, 충주·청주 소속 주현은 충원도(忠原道)에, 공주·운주(運州) 소속 주현은 하남도(河南道)에 각각 소속시켰으며 예종 원년에 이를 통합하여 양광충청주도(楊廣忠淸州道)로 만들었다. 명종 원년(1171)에 다시 2개 도로 분할하였다가 충숙왕 원년(1314)에 양광도로 정했으며, 공민왕 5년에 충청도로 만들고 경 1개, 목 3개, 부 2개, 군 27개, 현 78개를 관할하였다.[15]

경상도는 현종 9년(1018)에 개편된 5도와 양계체제에서 5도 중 하나인 경상도라는 지명을 처음으로 사용하게 되었다. 경상이라는 지명은 경상도의 큰 마을인 경주와 상주의 앞 글자에서 유래된 것이다. 이후 경상도는 다양한 명칭으로 바뀌게 되는데, 경상진주도(慶尙晉州道)·경상주도(慶尙州道)·상진안동도(尙晉安東道)·경상진안도(慶尙晉安道) 등으로 불리다가 최종적으로 충숙왕 1년(1314)에 경상도로 개칭되어 오늘날에 이르게 되었다.[16] 다음의 <표 1>은 『고려사』 지리지(이하 지리지)에 의거하여 양광도와 경상도지역에서 도기가 출토된 고려후기 분묘 유적을 정리한 것이다.[17]

지리지와 『세종실록』 지리지를 바탕으로 현재의 지명과 비교해 보았을 때, 고려에서는 경상도에 속해 있다가 조선초 충청도 지역으로 바뀐 곳이 있다. 바로 현재의 충북 옥천지역이다. 옥천 가풍리(II)와 옥각리는 경상도

---

14) 홍영의, 「고려시대 銘文기와의 발굴 성과와 과제」『한국중세사연구』 41, 2015, 25쪽.
15) 『고려사』 권56, 지리, 양광도.
16) 이재철, 앞의 논문, 2013, 65쪽.
17) 이 표는 현재의 지명을 고려시대 道와 主縣으로 구분한 것으로, 『고려사』 지리지를 비롯해 다음의 연구성과를 참고하여 작성하였다. 박종기, 『고려사 지리지 역주』, 한국학중앙연구원출판부, 2016 참조.

〈표 1〉 고려시기 행정구역에 따른 후기 분묘의 유적 현황

행정구역		유적명(보고서명 기준)
도	주현	
양광도	강화현	강화 대산리, 강화 옥림리, 강화 창후리, 강화 허유전묘
	양주	고양 중산 더부골(1), 파주 교하, 파주 와동리(Ⅰ)
	수주	서울 천왕동 연지
	광주목	용인 농서리, 용인 마북리(단국대), 용인 양지리, 용인 영덕동, 용인 좌항리
	수주	안산 대부도 육곡(1, 2차), 안산 부곡동, 오산 가장동, 오산 궐동, 의왕 오전동
	인주	화성 분천리, 화성 와우리
	원주	단양 현곡리, 제천 천남동 에버릿지, 영월 삼옥리
	충주목	충주 금릉동, 충주 단월동, 충주 연수동, 충주 호암동(충주박물관), 중원 누암리
	청주목	진천 송두리, 진천 회죽리Ⅰ, 청주 봉명동Ⅰ·Ⅲ, 청주 비하동
	천안부	천안 장산리
	공주목	부여 대양리, 부여 염창리
	가림현	서천 추동리 Ⅰ~Ⅲ지역
	홍주	보령 구룡리
경상도	안동부	봉화 금봉리, 안동 안막동, 안동 옥동, 안동 정하동
	상주목	옥천 인정리, 군위 학성리(Ⅱ,Ⅲ), 상주 청리(Ⅰ,Ⅱ,Ⅲ,Ⅳ,Ⅴ,Ⅷ,Ⅺ)
	경산부	옥천 가풍리Ⅱ, 옥천 옥각리, 고령 지산동(Ⅳ), 달성 설화리, 대구 봉무동, 대구 신당동, 대구 욱수동 경산 옥산동(Ⅰ,Ⅲ), 성주 가암리, 성주 대흥리
	경주	경주 검단리, 경주 녹동리, 경주 동천동, 경주 물천리(Ⅰ,Ⅱ), 경주 화천리, 경주 화천리 산214-1, 경주 화천리 산251-1(Ⅲ)
	울주	울산 매곡동 Ⅳ지구, 울산 범어, 울산 서동, 울산 유곡동 우정동, 울산 한지골(Ⅰ), 울산 효문동 죽전곡, 울산 효문동율동(Ⅲ)
	밀성군	청도 대전리(Ⅰ,Ⅱ)
	양주	구포 덕천동, 기장 방곡리
	금주	김해 구산동(Ⅶ), 김해 율하리(Ⅰ), 김해 죽곡리(Ⅱ), 김해 대청, 창원 귀산동
	진주	마산 진북 대평리

경산부였다가 후에 충청도 청주목 옥천군으로 바뀌었다. 옥천 인정리도 본래 경상도 상주목 소속이었다가 후에 충청도 청주목 옥천군 소속으로 개편되었다. 그런데 여기에서 흥미로운 사실이 발견되는데, 충북 옥천군과 경상도 상주의 고려전기 분묘에서 동일한 구조를 찾아볼 수 있다는 점이다. 무덤에서 시신을 안치하는 묘광바닥 위에 작은 할석을 깔아놓는 시상대시설이 고려시대에 같은 지역권이었던 충북 옥천군과 경북 상주 청리의 전기 분묘에서 모두 확인되었다. 이러한 시설은 경상도지역의 특징으로

옥천이 현재는 충청도이지만 고려시대 당시에는 경상도지역 분묘였음을 보여주는 증거이다.[18] 이것은 고려시대부터 혹은 그 이전부터 도(道)를 중심으로 한 대단위의 지역성이 존재했음을 시사한다.

한편 양광도와 접해 있으면서 수도 개경을 보위하는 역할을 했던 경기는 현재의 개성 인근에 해당한다. 이 지역은 현재 북한지역에 위치해 있어 발굴조사된 고려분묘에 대한 정보가 많지 않지만, 단편적으로 알려진 바에 따르면 고려후기의 분묘에서 상감청자들과 함께 단경호와 장신호 등이 출토되었다고 한다.[19] 이는 양광도의 출토양상과 유사하다.

1) 양광도

양광도지역의 고려후기 분묘는 앞의 <표 1>에서 확인할 수 있듯이 강화현·양주·수주·원주와 충주목·청주목·광주목 등에 집중 분포하고 있다. 이 지역의 고려후기 분묘 중 도기가 출토된 곳을 정리하면 다음 <표 2>와 같다. 유적명은 출간된 보고서를 기준으로 하였다.

몽고침입 이후 임시수도였던 강화현에서는 허유전묘를 비롯해 대산리·옥림리 등의 분묘에서 장신호, 단경호와 같은 호류가 청자상감국화문발

---

18) 황은경, 「고려시대 양광도지역 분묘 연구」, 경북대학교 고고인류학과 석사학위논문, 2011, 101쪽.

19) 개성 장풍군 고읍리에 위치한 고읍리 1호 석실분에서 청자접시, 청자병, 백자접시, 백자잔과 함께 도기단경호가 공반되었다. 단경호는 높이가 21㎝에 어깨부분에 파상문이 시문된 형태라고 소개되어 있다. 또한 정종 안릉이 위치한 개성 개풍군 고남리에서도 많은 토광묘가 조사되었는데, 제1지구 76기, 제2지구 27기, 제3지구 33기 모두 136기가 있는 것으로 알려졌다. 이중에서 제1지구 21호 토광묘에서 장신호가 청자상감국화문발 및 상감국화문접시와 공반되었다. 고남리의 분묘는 대체로 고려후기를 중심으로 하고 있으며, 제시된 표에 따르면 도기호와 병이 다수 부장되었던 것으로 보인다. 개성 일원의 고려후기 분묘에는 현재의 경기 북부지역과 마찬가지로 호가 주로 출토되고 있다. 김인철, 『고려무덤 발굴보고』, 백산자료원, 2003, 169~235쪽 참조.

《표 2》 양광도지역 도기출토 분묘 현황

번호	유적명[20]	분묘수	출토도기	공반유물	중심시기
1	강화 대산리	토광묘2	2면편호1, 장신호1	음각연판문발, 음각앵무문발, 상감국화문접시	후기
2	강화 옥림리	토광묘1	단경호1	상감여지문발, 청자접시, 상감국화당초문유병, 철제8자형가위	후기
3	강화 창후리	토광묘1	호 저부1	접시	후기
4	강화 허유전묘	석곽묘1	장신호1	잔	상한 1324년
5	파주 교하	토광묘3	2면편병2, 단경호1	편구병, 백자화형완, 발	전기~후기
6	파주 와동리(Ⅰ)	석곽묘1 토광묘1	반구병1, 나팔입병1	접시	중기~후기
7	고양 중산 더부골(1)	토광묘38	장신호16, 단경호8, 2면편호14, 나팔입병1	발, 접시, 상감국화문화형접시, 상감운학문발, 상감국화문접시	후기
8	의왕 오전동	토광묘1 옹관묘4	광견호4, 나팔입병1, 항1		중기~후기
9	안산 대부도 육곡(1차, 2차)	석곽묘2 토광묘7	반구병3, 단경호3, 2면편호2	발, 접시, 반구장경병, 압출양각화형소접시, 유병, 상감국화문발, 양각연판문접시	중기~후기
10	안산 부곡동	석곽묘2	매병1, 소병1	발	중기~후기
11	용인 농서리	토광묘3	4면편병1, 매병1, 나팔입병1	화형완, 발	전기, 후기
12	용인 마북리(단국대)	석곽묘3 토광묘1	발9, 항1, 나팔입병1, 단경호1		중기~후기
13	용인 양지리	석곽묘2 토광묘1	소병2, 나팔입병1, 반구병1, 향완1	발, 접시, 상감국화문팔각접시, 철제8자형가위	중기~후기
14	용인 영덕동	토광묘1	2면편호1	발, 접시, 잔	중기~후기
15	용인 좌항리	석곽묘3 토광묘1	매병1, 2면편병1, 반구병1, 단경호1, 소병2	백자발, 백자완, 백자접시, 발, 접시, 철제8자형가위	중기~후기
16	오산 가장동	석곽묘1 토광묘2	소병1, 나팔입병1, 단경호1		후기
17	오산 궐동	토광묘4	장신호2, 단경호1, 2면편호1	상감국화문병	후기
18	화성 분천리	토광묘17	매병6, 나팔입병1, 항2, 단경호3, 장신호5	발, 접시, 상감운학문매병, 합, 압출양각모란문접시, 잔, 잔탁, 철제8자형가위	후기
19	화성 와우리	토광묘1	매병형호1		후기
20	서울 천왕동 연지	토광묘9	단경호5, 장신호3, 매병형호1		후기

21	단양 현곡리	석곽묘14 토광묘4	반구병6, 표형병1, 나팔입병3, 소병2, 광구호2, 단경호4	발, 접시, 백퇴화문접시, 압출양각초화문완, 음각앵무문발, 유병, 중국청백자음각운문완, 철제8자형가위, 철제×자형가위	중기~후기
22	제천 천남동 에버릿지	석곽묘1 토광묘2	소병1, 반구병1, 표형병1, 단경호1	발, 접시, 음각앵무문접시, 음각뇌문잔, 화형접시, 상감국화문잔	중기~후기
23	영월 삼옥리	토광묘7	단경호2, 장경병1, 소병2, 매병2, 나팔입병1	발, 상감국화문발, 접시, 화형접시, 마상배, 철제8자형가위	중기~후기
24	중원 누암리	토광묘1	장신호1	상감국화문발	후기
25	진천 송두리	토광묘1	매병1		후기
26	진천 회죽리 I	토광묘2	항2	화형접시, 유병, 호, 철제8자형가위	중기~후기
27	청주 봉명동 I, III	토광묘5	반구병2, 표형병1, 정병1, 나팔입병1, 단경호1	발, 접시, 상감국화문병, 철제×자형가위	후기
28	청주 비하동	토광묘1	나팔입병1, 호1		후기
29	충주 금릉동	석곽묘1	매병1, 나팔입병1	음각당초문발	후기
30	충주 단월동	석곽묘2 토광묘2 화장묘1	2면편병1, 매병1, 항1, 장골1	압출양각모란문발, 접시, 탁잔, 상감화문발, 화형접시	중기~후기
31	충주 연수동	토광묘1	나팔입병1	반구장경병, 발, 상감국화문팔각접시	후기
32	충주 호암동	토광묘7	반구병1, 소병1, 나팔입병1, 매병형호1, 주자1, 광구호1, 장신호1, 단경호1, 장군1	발, 압출양각모란문발, 음각당초문접시	중기~후기
33	보령 구룡리	토광묘3	2면편호1, 나팔입병1, 단경호1, 항1	발, 접시, 잔, 화형접시, 항	중기~후기
34	부여 대양리	토광묘1	나팔입병1, 2면편호1	병	후기
35	부여 염창리	석곽묘2 토광묘2	2면편병1, 반구병1, 단경호2	발, 접시, 음각초화문발, 상감국화문잔, 상감국화문팔각접시, 음각연판문발	중기~후기
36	서천 추동리 I~III지역	석곽묘3 토광묘9	1면편병1, 2면편병2, 반구병3, 매병2, 장경병1, 단경호2, 장신호2, 향완1, 항1	발, 접시, 잔, 음각연판문발, 음각연판문접시, 유병, 반구장경병, 백자옥연형접시	전기~후기

* 이 표에서 출토도기 항목의 각 기종 뒤 숫자는 해당유적에서의 출토수량을 나타내며, 공반유물 중 청자는 명칭을 생략하였음.

또는 접시와 공반되었다. 여말선초 시기의 대표적인 분묘로 알려진 고양 중산 더부골유적에서는 모두 38기의 분묘에서 도기가 부장되었던 것으로 확인되었는데, 도기는 장신호·단경호·2면편호가 대부분을 차지한다. 공반되는 청자는 무문접시와 상감접시, 무문발과 상감운학문발 등으로 양식상 후기에 해당하는 것들이 많다.

안산 대부도 육곡 고분군에서도 단경호와 2면편호의 비중이 높으며, 수주(水州)를 주현으로 한 오산지역에서 확인된 궐동과 가장동도 비슷한

---

20) 中原文化財硏究院, 『江華 大山里 遺蹟』, 2011 ; 中原文化財硏究院, 『江華 玉林里 遺蹟』, 2012 ; 한국선사문화연구소, 『가락 허시중공 무덤 발굴조사보고』, 1988 ; 인천광역시립박물관, 『강화 창우리 청소년 유스호스텔 내 문화유적 발굴조사보고서』, 2008 ; 漢陽大學校博物館, 『파주 교하 택지개발지구 시·발굴조사 보고서(2003년도)』, 2005 ; 京畿文化財硏究院, 『坡州 瓦洞里 I 遺蹟』, 2009 ; 漢陽大學校, 『高陽中山地區文化遺蹟』, 1993 ; 漢陽大學校博物館, 『安山 大阜島 六谷 高麗 古墳群 發掘調査 報告書』, 2002 ; 漢陽大學校博物館, 『安山 大阜島 六谷 高麗 古墳群 發掘調査 報告書 II』, 2006 ; 단국대학교 중앙박물관, 『서해안 고속도로 건설구간(안산－안중간)유적 발굴조사 보고서(1)』, 1995 ; 국방문화재연구원, 『의왕 오전동유적』, 2010 ; 기호문화재연구원, 『龍仁 農書里 遺蹟』, 2009 ; 단국대학교 민족학연구소, 『용인 마북리 유적』, 1997 ; 한겨레문화재연구원, 『龍仁 陽智里 遺蹟』, 2011 ; 京畿文化財硏究院, 『龍仁 靈德洞 遺蹟』, 2010 ; 明知大學校博物館, 『龍仁 佐恒里 高麗墳墓群 發掘調査報告書』, 1994 ; 京畿文化財硏究院, 『烏山 佳長洞 遺蹟』, 2008 ; 中央文化財硏究院, 『烏山 闕洞遺蹟』, 2013 ; 기호문화재연구원, 『華城 汾川里遺蹟』, 2010 ; 기호문화재연구원, 『華城 臥牛里遺蹟 I』, 2009 ; 기호문화재연구원, 『서울 천왕동 연지유적』, 2013 ; 서울시립대학교박물관, 『丹陽 玄谷里 高麗古墳群』, 2008 ; 충청북도문화재연구원, 『제천 천남동 에버릿지 유적』, 2010 ; 江原文化財硏究所, 『寧越 三玉里遺蹟－歷史時代』, 2010 ; 文化財硏究所, 『中原 樓岩里 古墳群 發掘調査報告書』, 1991 ; 忠北大學校博物館, 『鎭川松斗里遺蹟發掘調査報告書』, 1991 ; 충청북도문화재연구원, 『진천 회죽리 유적 I』, 2010 ; 忠北大學校博物館, 『淸州 鳳鳴洞 遺蹟(I)－I地區 調査報告』, 2002 ; 忠北大學校博物館, 『淸州 鳳鳴洞遺蹟(III)』, 2004 ; 忠北大學校博物館, 『忠州 金陵洞遺蹟』, 2007 ; 中原文化財硏究院, 『淸州 飛下洞遺蹟』, 2006 ; 충주박물관, 『충주 단월동 고려묘 발굴조사보고서』, 1992 ; 충주박물관, 『忠州 丹月洞 高麗古墳群－第 2次 發掘調査 報告書』, 1996 ; 忠州博物館, 『忠州 虎岩洞遺蹟 發掘調査報告書』, 1998 ; 忠州大學校 博物館, 『忠州連守洞宅地開發豫定敷地內遺蹟 發掘調査報告書』, 1999 ; 公州大學校博物館, 『塩倉里古墳群』, 2003 ; 公州大學校博物館, 『扶餘 大陽里 遺蹟』, 2008 ; 忠淸文化財硏究院, 『舒川 楸洞里 遺蹟－I地域』, 2006 ; 忠淸文化財硏究院, 『舒川 楸洞里 遺蹟－II地域』, 2006 ; 忠淸文化財硏究院, 『舒川 楸洞里 遺蹟－III地域』, 2006 ; 中央文化財硏究院, 『保寧 九龍里遺蹟』, 2001.

양상을 보인다. 특히 오산 궐동에서는 후기 분묘에 주로 부장되는 도기나 팔입병 대신 청동제 나팔입병이 출토되어 주목된다. 5지점 6호와 14호 토광묘에서 청동나팔입병이 출토되었는데, 이를 통해 분묘 부장용 병이 재질을 달리하여 사용되었던 사실을 알 수 있다. 화성 분천리는 단경호와 장신호가 높은 비중을 차지하는 가운데 동체하부에 비해 어깨부분이 과도하게 풍만한 형태의 후기스타일 매병도 여러 점 출토되었다.

양광도 중 현재의 충청도지역에 해당하는 곳에서도 다수의 고려후기 분묘가 분포하고 있는데, 특히 충주목과 청주목 영역에 집중되어 있다. 현재 충북의 주요 도시인 충주와 청주는 이미 신라의 9주 5소경으로 지정된 지역의 거점지였으며, 고려시대에도 12목으로 지정된 곳이다. 고려시대 분묘가 이곳에 집중된 것도 지리적인 중요성과 무관치 않을 것이다. 충주목은 주현인 충주지역에 대부분의 분묘가 밀집해 있다. 연수동·호암동 등에서 고려후기 분묘가 확인되었는데, 여기에서는 장신호·단경호와 나팔입병이 출토되었다.

청주목 영역은 청주목을 비롯하여 그 영현으로 공주, 홍주, 천안부, 가림현, 부성현이 있었다. 현재의 행정구역으로 보면 충청남도 전부와 충청북도 서쪽에 해당하는 매우 넓은 영역으로, 각 지역은 대체로 산줄기 등 자연환경을 바탕으로 구분되어 각각 하나의 지역권을 형성하였다.[21] 고려후기 분묘도 이들 주현을 중심으로 주로 분포하고 있다. 청주 봉명동, 청주 비하동에서 단경호와 더불어 나팔입병이 출토되었다. 고려시대 중요 지역으로 공주목의 속군이었던 부여 대양리와 염창리유적에서는 단경호와 2면편호가 청자상감국화문팔각접시 등과 공반된 후기 분묘가 조사된 바 있다.

양광도지역의 고려후기 분묘 출토 도기는 현재를 기준으로 경기도와

---

21) 박종진, 「고려시기 주현 속현 단위 설정 배경에 대한 시론-'청주목 지역'의 지리적 특징의 분석」 『한국중세사연구』 25, 2008, 379쪽.

충청도로 나누었을 때 특징이 보다 선명하게 드러난다. 즉 현재의 경기도에 속하는 양광도 서북쪽지역에서는 단경호, 2면편호, 장신호 등 호류가 많이 출토되는 반면 현재의 충청도에 속하는 충주목·청주목·공주목 지역의 분묘에서는 호류와 함께 나팔입병도 비슷한 비율로 확인된다. 이것은 아마도 충청도지역이 경기와 경상도의 중간에 위치해 있기 때문인 것으로 추정되는데, 이 부분에 대해서는 앞으로 면밀한 고찰이 필요하다.

2) 경상도

앞의 <표 1>에서 제시된 바와 같이 경상도지역의 고려후기 분묘는 경산부·안동부·상주목을 비롯하여 동경이었던 경주, 울주, 지금의 경남지역에 해당하는 금주에 다수 분포하고 있다. 특히 지금의 경주와 대구지역 주변으로 대규모 분묘군이 위치한다. 경상도지역의 고려후기 분묘 중 도기를 포함하고 있는 유적 현황은 다음의 <표 3>과 같다.[22)]

〈표 3〉 경상도지역 도기출토 분묘 현황

번호	유적명[23)]	분묘수	출토도기	공반유물	중심시기
1	봉화 금봉리	토광묘1	나팔입병1, 단경호1	발, 접시	후기
2	안동 안막동	토광묘1	정병1, 접시1, 항2, 장신호1	접시, 화형접시, 음각앵무문발	후기
3	안동 옥동	토광묘7	반구병1, 나팔입병4, 항1, 장신호1, 단경호1	발, 접시, 철제×자형가위	후기
4	안동 정하동	토광묘4	매병형호1, 나팔입병2, 단경호1	발, 접시, 흑유편구병	중기~후기
5	옥천 인정리	토광묘2	나팔입병1, 호1	서수문동경	후기
6	군위 학성리 (Ⅱ), (Ⅲ)	토광묘2	반구병1, 나팔입병1	접시, 상감국화문잔	후기

---

22) 경상도지역 분묘조사 보고서에서는 목관묘로 보고된 것이 있는데, 주 3)에서 밝힌 바와 같이 토광묘와 확실히 구별하기가 어려운 것들도 있다. 그러나 여기에서는 일단 보고자의 판단을 존중하여 목관묘로 표기하였다.

7	상주 청리 (Ⅰ),(Ⅱ), (Ⅲ),(Ⅳ),(Ⅴ), (Ⅷ),(Ⅸ)	석곽묘9 토광묘6	1면편병3, 2면편병5, 매병2, 반구병2, 소병1, 나팔입병1, 접시1	해무리굽완, 완, 발, 접시, 상감화문팔각접시	전기~후기
8	옥천 가풍리 (Ⅱ)	토광묘1	나팔입병1, 표형병1, 항1	청자구연편	후기
9	옥천 옥각리	토광묘4	반구병1, 나팔입병2, 소병2, 항1, 장신호1		후기
10	고령 지산동 (Ⅳ)	석곽묘1 토광묘15	반구병8, 소병4, 나팔입병2, 단경호2, 등잔2	발, 접시, 해무리굽완, 화형접시, 상감국화문발, 유병	전기~후기
11	달성 설화리	석곽묘1 토광묘3	반구병1, 소병2, 매병형1, 단경호1	발, 접시, 반구장경병, 상감뇌문잔	중기~후기
12	대구 봉무동	석곽묘1 목관묘1	2면편병1, 나팔입병1	발	중기~후기
13	대구 신당동	토광묘3	소병1, 나팔입병1, 광구호1	발, 접시, 철제×자형가위	중기~후기
14	대구 욱수동 경산 옥산동 (Ⅰ), (Ⅲ)	토광묘6	반구병2, 소병2, 매병1, 나팔입병1	발, 접시, 잔	중기~후기
15	성주 가암리	토광묘2	정병1, 나팔입병1	접시, 유병, 상감운학문발, 상감국화문접시	후기
16	성주 대흥리	목관묘1	매병1, 나팔입병1, 항1	발, 접시	후기
17	경주 검단리	토광묘33	반구병3, 나팔입병25, 소병2, 매병2, 장신호2, 단경호3	발, 접시, 화형접시, 상감팔각접시, 상감국화문발, 상감국화문병	후기
18	경주 녹동리	토광묘44	소병6, 나팔입병39, 장신호1, 2면편병1	발, 접시, 상감국화문접시, 상감국화문팔각접시, 상감국화문발, 상감운학문발, 상감초문병, 칠보문동경, 철제8자형가위	후기
19	경주 동천동	토광묘11	소병1, 반구병1, 나팔입병9	각접시, 상감국화문발, 화형접시	후기
20	경주 물천리 (Ⅰ), (Ⅱ)	토광묘23	반구병4, 장경병1, 소병1, 나팔입병15, 매병1, 발1, 접시1, 2면편호1	발, 접시, 상감국화문팔각접시, 상감여지문발, 상감운학문발, 상감국화문접시, 팔각접시, 상감국화문팔각접시, 화형접시, 사자형문진, 쌍수서팔릉형동경, 칠보문동경	후기
21	경주 화천리	토광묘4	반구병1, 나팔입병3	발	후기
22	경주 화천리 산214-1	토광묘22	반구병3, 소병5, 나팔입병16, 장경병1, 항1, 장신호1, 접시1	발, 접시, 화형접시, 상감국화문발, 상감여지문발, 상감운학문발, 상감국화문팔각접시, 쌍룡문동경	후기

23	경주 화천리 산251-1(Ⅲ)	토광묘6	반구병1, 나팔입병5, 소병1	발, 접시, 팔각접시	후기
24	울산 매곡동 Ⅳ지구	토광묘2	나팔입병2	병	후기
25	울산 범어	토광묘5	나팔입병3, 정병1, 소병2, 동이1, 항1	접시, 상감국화문발, 상감운학문발	후기
26	울산 서동	토광묘23	2면편병4, 반구병5, 장경병1, 통형병2, 나팔입병6, 매병3, 장신호1, 소병1	발, 접시, 팔각접시, 유병	중기~후기
27	울산 유곡동 우정동	토광묘2	반구병1, 나팔입병1	발, 접시	후기
28	울산 한지골 (Ⅰ)	목관묘23	소병5, 나팔입병19, 주구병1	발, 접시, 팔각접시, 상감국화문접시, 상감운문팔각접시	후기
29	울산 효문동 죽전곡	토광묘3	반구병1, 나팔입병1, 항1	발, 접시	후기
30	울산 효문동 율동(Ⅲ)	토광묘2	2면편병1, 나팔입병1	발, 접시, 유병, 합	후기
31	청도 대전리 (Ⅰ), (Ⅱ)	토광묘62	반구병12, 소병11, 나팔입병36, 표형병1, 장신호3, 단경호7, 항1	발, 접시, 유병, 화형접시, 상감국화문병, 상감국화문팔각접시, 상감국화문발, 상감여지문발, 철제8자형가위, 철제×자형가위	후기
32	구포 덕천동	목관묘6	반구병3, 소병2, 나팔입병1, 장신호1, 항1	발, 접시, 화형접시, 상감모란문발, 상감화문접시, 압출양각국화문발, 상감여지문발, 유병	중기~후기
33	기장 방곡리	목관묘1 토광묘1	반구병1, 소병1, 단경호1		후기
34	김해 대청	토광묘2	나팔입병1, 단경호1	발, 화형접시	후기
35	김해 율하리 (Ⅰ)	토광묘4	소병2, 나팔입병1, 단경호1	화형발, 화형접시, 유병	중기~후기
36	김해 죽곡리 (Ⅱ)	석곽묘1 토광묘20	소병6, 반구병3, 나팔입병12	발, 접시, 화형접시, 압출양각초문발, 상감국화문잔, 상감국화문팔각접시, 음각앵무문발	후기
37	김해 구산동 (Ⅶ)	토광묘2	소병1, 나팔입병1	발, 철제8자형가위	후기
38	마산 진북 대평리	석곽묘4 토광묘1	반구병5	발, 접시, 유병, 철제8자형가위	중기~후기
39	창원 귀산동	토광묘2	나팔입병1, 항1	철제×자형가위	후기

* 이 표에서 출토도기 항목의 각 기종 뒤 숫자는 해당유적에서의 출토수량을 나타내며, 공반유물 중 청자는 명칭을 생략하였음.

고려시기 상주목 영역은 현재의 행정구역으로 보면 경상북도의 북쪽과 서남쪽 지역을 중심으로 하면서 충남과 충북의 동남쪽 지역을 일부 포함한 영역으로, 신라 후기 9주 중의 하나인 상주와 대체로 일치한다.[24] 상주

23) 안동대학교박물관, 『봉화 금봉리 분묘군』, 1999 ; 안동대학교박물관, 『안동 안막동 분묘군』, 2000 ; 東洋大學校博物館, 『安東 玉洞 主公아파트敷地 內 遺蹟』, 2007 ; 안동대 학교박물관, 『안동 정하동유적』, 2000 ; 中原文化財研究院, 『沃川 仁政里 遺蹟』, 2012 ; 慶北科學大學博物館, 『華北댐 工事用地 및 水沒地域 內 文化遺蹟 發掘調査 報告書－華北里 Ⅰ·華北里 古墳群·鶴城里 Ⅰ·Ⅱ·Ⅲ遺蹟』, 2009 ; 韓國文化財保護財團, 『尙州 靑里遺蹟(Ⅰ)』, 1998 ; 嶺南文化財研究院, 『尙州 靑里遺蹟(Ⅱ)』, 1998 ; 嶺南文化財研究院, 『尙州 靑里遺蹟 (Ⅲ)』, 1998 ; 嶺南文化財研究院, 『尙州 靑里遺蹟(Ⅳ)』, 1998 ; 嶺南文化財研究院, 『尙州 靑里遺蹟(Ⅴ)』, 1998 ; 嶺南文化財研究院, 『尙州 靑里遺蹟(Ⅷ)』, 1998 ; 嶺南文化財研究院, 『尙州 靑里遺蹟(Ⅸ)』, 1999 ; 中原文化財研究院, 『沃川 加豊里Ⅱ 遺蹟』, 2011 ; 中央文化財 研究院, 『沃川 玉覺里遺蹟』, 2002 ; 嶺南文化財研究院, 『高靈 池山洞古墳群 Ⅵ－高麗·朝鮮 墳墓』, 2006 ; 嶺南文化財研究院, 『達城 舌化里遺蹟』, 2005 ; 嶺南文化財研究院, 『大邱 鳳舞洞 古墳群』, 2006 ; 嶺南文化財研究院, 『大邱 新塘洞遺蹟』, 2005 ; 嶺南文化財研究院, 『大邱 旭水洞·慶山 玉山洞遺蹟Ⅰ』, 2003 ; 嶺南文化財研究院, 『大邱 旭水洞·慶山 玉山洞遺 蹟Ⅲ－墳墓Ⅰ』, 2011 ; 慶尙北道文化財研究院, 『성주 가암리유적』, 2008 ; 慶北科學大學 博物館, 『玄風－金泉間 高速國道(第45號線) 建設敷地內 文化遺蹟發掘調査報告書－金泉 扶桑里·星州 鳳亭里·伽岩里·大興里·시비실·별티遺蹟』, 2007 ; 慶尙北道文化財研究院, 『慶州 檢丹里 遺蹟』, 2007 ; 中央文化財研究院, 『蔚山 斗山里·慶州 鹿洞里 遺蹟』, 2013 ; 大 邱大學校博物館, 『慶州 東川洞遺蹟 發掘調査報告書』, 2002 ; 聖林文化財研究院, 『慶州 勿川里 高麗墓群 遺蹟』, 2007 ; 聖林文化財研究院, 『慶州 勿川里 高麗墓群 遺蹟Ⅱ』, 2013 ; 慶尙北道文化財研究院, 『慶州 花川里 遺蹟』, 2008 ; 嶺南文化財研究院, 『慶州 花川里 山 214-1番地 遺蹟』, 2010 ; 嶺南文化財研究院, 『慶州 花川里 山251-1遺蹟 Ⅲ-原三國~朝鮮時 代 墳墓』, 2012 ; 蔚山文化財研究院, 『蔚山梅谷洞遺蹟 Ⅳ地區』, 2006 ; 中央文化財研究院, 『蔚山 裕谷洞·牛亭洞遺蹟』, 2012 ; 蔚山大學校博物館, 『울산범어유적』, 2000 ; 울산발 전연구원문화재센터, 『울산 서동유적』, 2013 ; 蔚山文化財研究院, 『蔚山한지골遺蹟Ⅰ』, 2011 ; 蔚山文化財研究院, 『蔚山孝門洞竹田谷遺蹟, 蔚山孝門洞遺蹟』, 2004 ; 蔚山文化財 研究院, 『蔚山孝門洞栗洞遺蹟Ⅲ－石槨墓 外』, 2006 ; 聖林文化財研究院, 『淸道 大田里 高麗·朝鮮墓群Ⅰ』, 2008 ; 聖林文化財研究院, 『淸道 大田里 高麗·朝鮮墓群Ⅱ』, 2008 ; 東 亞大學校博物館, 『龜浦德川洞遺蹟』, 2006 ; 蔚山大學校博物館, 『기장 방곡리유적』, 2007 ; 慶南考古學硏究所, 『金海 龜山洞 遺蹟 Ⅶ－高麗·朝鮮墓群(7)』, 2009 ; 慶南發展硏究院 歷史文化센터, 『金海 栗下里遺蹟Ⅰ』, 2008 ; 東亞細亞文化財研究院, 『金海 竹谷里 遺蹟Ⅱ －高麗·朝鮮時代(上)』, 2010 ; 釜山大學校博物館, 『金海 大淸遺蹟』, 2002 ; 東亞細亞文化 財研究院, 『昌原 貴山洞 朝鮮墳墓群』, 2008 ; 慶南發展研究院 歷史文化센터, 『마산 진북 대평리유적』, 2011.
24) 박종진, 「고려시기 상주목지역의 구조와 지리적 특징」『한국중세사연구』 29, 2010, 305쪽.

청리유적은 전기부터 후기에 이르기까지 오랜 기간 조성된 분묘군으로 후기의 분묘에서 나팔입병이 청자상감접시와 공반되었다. 안동부에서는 안막동·옥동·정하동에서 고려후기 분묘가 조사되었는데, 나팔입병·단경호·장신호 등 고려후기 도기가 출토되었다.

경주는 고려시대 동경(東京)이었던 곳으로, 현재의 경북 동쪽지역인 대구·경산·울산·포항이 포함된다. 이 지역에는 도기가 부장된 토광묘가 20기 이상 밀집된 유적이 다수 확인되었으며, 후기양식의 상감청자와 나팔입병이 공반된 예가 많다. 대표적인 유적으로 경주 검단리·녹동리·물천리·동천동·화천리, 울산 범어·한지골·서동 등을 꼽을 수 있다. 이들 분묘에서는 나팔입병이 다수를 차지하는 가운데 일부 반구병·장신호·단경호·항 등이 출토되었다. 공반되는 청자는 화형접시, 상감팔각접시, 상감국화문 또는 운학문발 등으로 대부분 고려후기에 해당한다.

밀성군이었던 청도 대전리유적은 고려 분묘가 100기 이상 분포하고 있는 집단 묘역으로, 도기는 62기의 토광묘에서 확인되었다. 나팔입병이 많은 수를 차지하고 있으며, 일부 녹갈유가 시유된 것이 포함되어 있고 구연부가 결실된 것이 많다. 이외에 반구병과 소병이 주로 부장되었다. 공반되는 청자는 상감국화문팔각접시, 상감국화문유병, 화형접시, 상감여지문발, 상감운봉문발 등 고려후기에 해당하는 것이 대부분이다(<사진 1>).

현재의 경남에 해당하는 김해, 부산, 마산, 창원일대에서도 고려후기 분묘가 확인되었다. 김해는 금주(金州)로 불렸던 곳으로 신라 때 김해소경에서 출발하여 고려에 와서 7개의 속읍을 거느린 주읍으로 성장한 곳이다.[25] 비교적 많은 수의 분묘가 확인된 김해 죽곡리의 경우 나팔입병이 다수 확인되었으며, 동체하부가 풍만한 스타일의 반구병도 출토되었다.

---

25) 김광철, 「고려시대 경남지역의 군현 편제와 지역문화」『한국중세사연구』 34, 2012, 12쪽.

〈사진 1〉 청도 대전리(II) 유적 I-101호 토광묘 출토유물, 성림문화재연구원 발굴

경상도지역 고려후기 분묘의 특징은 양광도에 비해 한 유적당 분묘수가 많다는 점이다. 이것을 고려후기 경주를 예로 들어 경제력 회복과 인구증가에 따라 토광묘를 축조할 수 있는 계층이 확대되었기 때문으로 해석한

견해가 있다.[26] 또한 고려 전중기 내륙에 주로 위치하던 분묘가 후기에는 해안지역으로 확장되는 현상이 나타난다는 점이 지적되기도 한다.[27] 이유가 무엇이든지간에 경상도지역 분묘가 고려후기에 그 이전시기보다 수적으로 증가했다는 사실은 유적현황을 통해 직접 확인할 수 있다. 대체로 경상도지역 고려후기 분묘에서 출토되는 도기는 나팔입병을 중심으로 하고 있고 일부 장신호와 단경호가 확인된다. 특히 다른 지역과 달리 한 분묘 안에서 다수의 청자와 공반되고 있어 주목된다. 청자는 후기에 해당하는 패턴화된 상감문이 장식된 상감운학문·상감국화문·상감여지문발, 상감국화문팔각접시 등이 다수를 이룬다.

3. 고려후기 도기부장(陶器副葬)과 향촌사회와의 관계

1) 부장 도기의 지역적 차이[28]

앞에서 양광도와 경상도로 나누어서 고려후기 분묘 출토 도기에 대해서 살펴보았다. 이를 통해서 지역별로 서로 다른 기종이 출토된다는 사실을

---

26) 이재철, 앞의 논문, 2013, 87쪽.

27) 박현열, 「분묘유적을 통해 본 고려시대 경상도 지역의 장례문화」, 『한국중세사연구』 34, 2012, 127쪽.

28) 여기에서 앞에서와 달리 '副葬'이라는 단어를 선택한 것에는 다음과 같은 이유가 있다. Ⅱ장에서 양광도와 경상도지역의 고려후기 분묘 출토 도기의 양상을 살필 때는 현재적 맥락에서 유적성격을 고려하지 않은 채 남아 있는 상태 그대로를 의미하는 점을 강조하기 위해 '出土'라는 단어를 사용하였다. 하지만 '부장'은 當代的 맥락에서 무덤이라는 공간에 어떠한 의도를 가지고 여러 물건 중 일부를 선택하였다는 의미가 강하다. 즉 부장품은 단순히 물건을 가리키는 용어가 아니라 무덤 조영 집단 혹은 개인의 취향과 역사성 등 여러 의미를 함축하고 있는 것으로 생각된다. 따라서 무덤에 부장한다는 것은 결국 지역, 집단, 시대에 따라 변화하는 것이 당연하며 그것이 선택된 상황의 맥락이 중요하다고 본다. 이러한 의미에서 이 장에서는 '선택', '선호'의 의미를 내포하고 있는 '부장'이라는 용어를 사용하도록 하겠다.

확인하였다.[29] 대체로 고려전기 분묘에 부장된 도기는 동체의 일부를 눌러서 만든 편병(1면·2면·4면)으로 지역에 관계없이 대체로 유사하고, 중기에는 반구병·소병·매병 등으로 거의 비슷하게 나타난다.[30] 하지만 후기에 이르게 되면 지역별로 선호하는 기종이 확연히 달라진다.

고려후기 분묘에서 주로 출토되는 도기는 <표 4>와 같이 구연이 나팔입모양인 나팔입병, 구연이 넓고 동체가 낮고 통통한 형태의 단경호, 동체가 길고 날씬한 형태의 장신호, 장신호의 두 면을 눌러서 만든 2면편호로 대표된다. 이외에도 구연이 넓고 그릇의 높이가 낮은 형태의 항, 동체하부가 'S'자형을 이루는 매병, 동체 하부는 매병과 같으나 구연지름이 넓은 형태의 매병형호, 표주박형태의 표형병, 작은 크기의 소병 등이 있다.[31]

〈표 4〉 고려후기 분묘출토 도기의 주요 기종

기종	나팔입병	단경호	장신호	2면편호
사진				
출토유적	청도 대전리 토광묘	단양 현곡리 토광묘	고양 중산 더부골 토광묘	고양 중산 더부골 토광묘

앞의 <표 2, 3>의 자료를 바탕으로 두 지역의 고려후기 분묘출토 도기

---

29) 여기에서 묘제의 차이는 그게 고려히지 않았다. 물론 고려후기에 석곽묘와 토광묘가 모두 확인되기는 하지만 묘제차이에 따른 부장유물의 수량이나 품질차이 등을 간취하기 어렵기 때문에 묘제가 부장유물에 미치는 영향이 미미한 것으로 판단된다.
30) 한혜선, 앞의 논문, 2014, 214~219쪽.
31) 이 기종들은 출토수량이 적고 지역에 따라 특별히 선호도의 차이를 반영하는 것으로 보기 어렵기 때문에 이 논문에서는 자세히 살펴보지 않았다.

기종을 <표 5>와 같이 지역별로 파악해 본 결과, 양광도지역에서는 단경호·장신호·2면편호의 부장이 두드러지는 반면에 경상도지역에서는 나팔입병의 부장이 압도적이라는 사실을 확인할 수 있다.

〈표 5〉 고려후기 분묘출토 도기의 기종과 지역별 출토개수

기종＼지역	양광도(184기)	경상도(380기)
2면편호	21	1
장신호	32	12
단경호	39	19
나팔입병	19	218

* 괄호안의 숫자는 도기를 포함하고 있는 고려후기 분묘수임.

<표 5>에서 확인되듯이 2면편호는 특히 고양 중산 더부골유적에서 많이 출토되었는데, 이 기종을 경상도지역에서는 거의 찾아볼 수 없다. 장신호도 고양 중산 더부골을 비롯해 화성 분천리, 서울 천왕동 등 양광도지역의 분묘에서 출토 빈도수가 높은 편이다. 반면에 나팔입병의 경우 경상도에서 부장된 비율이 양광도에 비해 월등히 높다. 물론 여기에서 양광도와 경상도의 분묘수가 차이가 나기 때문에 신뢰도에 의문을 제기할 수도 있겠으나, 양광도의 분묘수를 2배로 어림잡아 경상도와 비슷한 수로 계산한다고 해도 나팔입병의 비율은 경상도에 비해 현저히 낮다고 볼 수 있다. 따라서 경상도지역의 고려후기 분묘에 나팔입병이 다수 부장되었다는 사실은 부정하기 어렵다고 본다. 이처럼 양광도와 경상도의 분묘 부장 도기는 지역에 따라 선택된 기종이 확연히 다르다는 점이 분명히 확인된다.

한편 경상도지역 고려후기 분묘에 주로 부장되는 도기 가운데 동체 하부가 풍만하고 구연이 반구형인 반구병은 다른 지역에서는 거의 보이지 않는 기종이다.[32](<사진 2>) 이러한 형태의 반구병은 완형이 출토되는 분묘가 28기인데, 24기가 경상도지역에 해당한다. 경주 검단리 3기, 청도

대전리 11기를 비롯하여 경주 녹동리, 경주 동천
동, 경주 물천리 등에서 확인되었다. 이 기종은
고려후기에 해당하는 상감모란문발·상감운학문
발·상감팔각접시와 같은 청자와 다수 공반되고
있어 그 유행 시기가 고려후기임을 알 수 있다.

〈사진 2〉 청도 대전리 토광묘
출토 반구병, 성림문화재연구
원 발굴

고려후기 분묘 부장용 도기가 지역에 따라 선호
된 기종이 다르거나 다른 지역에서는 잘 보이지
않는 기종이 나타나는 반면에 공반하는 청자는
유병, 각접시, 발(대접) 등으로 지역간에 큰 차이를
보이지 않는다. 각접시와 발은 상감문이 주로 시
문되어 있는데, 국화문이나 운학문 등으로 거의 유사하여 지역간의 뚜렷한
차이를 찾아내기가 어렵다. 이것은 청자가 고려초부터 생산과정에서 국가
의 개입이 상당하였고 중기 이후에도 왕실과 중앙에 청자를 공납하는
강진지역을 중심으로 '강진유형', 이른바 중심양식이 확립되어 있었으
며,[33] 12세기 이후 지방의 여러 청자요장은 이를 선택적으로 간략하게
모방하는 형태로 구성되었기 때문이다.[34] 또한 강진의 자기소 한 지역에서
만 이루어지던 상감청자의 제작이 14세기 어느 시점부터는 전국으로 확산
되었고, 이때 간지명 청자와 유사한 양식의 상감청자가 전국에서 제작되었
던 사실로 미루어 보아 청자는 지역에 크게 상관없이 동일한 양상이 나타났
던 것이다.[35] 이것이 부장용 청자의 양상에도 연결된다. 청동기 역시 지역

32) 필자는 이러한 형태의 반구병을 반구병 가-2형으로 분류한 바 있다. 한혜선, 앞의
   논문, 2014, 180쪽.
33) 장남원, 「'康津유형'의 공유 현상을 통해 본 11~12세기 청자의 성격」『美術史學研究』
   231, 2001, 97쪽.
34) 李鍾玟, 「11~12세기 粗質靑磁의 계통과 편년」『美術史學』 18, 2004, 164쪽.
35) 朴京子, 「14세기 康津 磁器所의 해체와 窯業 체제의 二元化」『美術史學研究』 238·239,
   2003, 142쪽.

별로 큰 차이 없이 합·접시·숟가락·젓가락·동곳이 비슷하게 부장되며, 철제품 중 가장 많이 부장되는 가위 역시 8자형 또는 ×자형으로 단일하다.

지금까지 고려후기 분묘에서 출토되는 도기의 종류가 경상도와 양광도로 지역구분이 가능할 정도로 확실히 차이가 나고 있음을 살펴보았다. 청자·청동기·철기가 전국적으로 비슷한 양상을 보여주는 것과는 달리 도기는 부장용 기종의 선택에 있어 지역적 차이가 선명하게 드러난다. 또한 동체 하부가 풍만한 반구병이 경상도에서만 집중적으로 출토되는 현상도 확인하였다. 양광도와 경상도 두 지역 모두에서 앞의 <표 4>에 제시된 기종이 제작 사용되었지만 유독 지역에 따라 부장용으로 선택하는 기종이 달랐고 지역에 따라 다른 지역에서는 보이지 않는 기종이 부장되기도 했다. 이것은 부장용 도기의 제작과 선택에 있어 지역의 선호도와 기호를 반영한 것으로 파악해도 무리가 없을 것이다. 같은 시기 동일한 기반을 갖고 있는 물질문화가 이처럼 지역에 따라 선호도가 분명히 달랐다는 점은 그것을 가능케 한 사회적 분위기가 조성되었기 때문일 것이며, 아래에서는 그 배경의 일면을 살펴보고자 한다.

2) 부장 도기의 선택에 미친 향촌사회의 역할

앞에서 살펴본 바와 같이 고려후기 분묘 부장용 도기가 지역에 따라 기종이 다른 이유는 무엇일까? 먼저 지역간 음식문화 혹은 장례문화의 차이, 그릇의 가장 기본적인 성격인 용도와 기능상의 차이에서 기인할 가능성이 크다. 이외에도 여러 가지 요인들이 복합적으로 작용하여 일어난 현상일 것이다. 그러나 이러한 요인들은 앞으로 좀 더 많은 자료의 축적과 분석이 요구되는 것으로 차후에 고찰하기로 하고, 여기에서는 향촌사회가 가진 사회적 배경에 초점을 맞추어 생각해 보고자 한다. 특히 고려시대 향촌사회가 가진 역할과 특성이 일정부분 작용한 것으로 추정된다.[36]

즉 고려후기 향촌사회의 지역공동체를 중심으로 형성되었던 '자율성'이 물질문화에서 직접 드러난 것으로 볼 수 있는데, 일정한 지역을 중심으로 한 '유행·선호·선택'이라는 관점을 적용할 수 있을 것이다.

고려중기 이후 당시 유통경제를 주도한 귀족의 사치행위와 귀족문화의 발달은 각종 수공업 제품의 수요를 증대시켜 그 수요를 채울 수 없는 지경에 이르게 되었고, 결국 이것은 부곡제 주민의 부담으로 작용하면서 이로 인해 주민들이 유망하였다.[37] 이것은 12세기 이후 전국 각지에서 민(民)의 항쟁을 촉발시켰고 관(官) 주도의 향촌사회에 대한 통제가 제대로 작동하지 못하는 결과를 가져왔다. 또한 13세기 초에 발생한 몽고의 침입은 고려사회의 근간을 흔드는 사건으로, 오랜 기간 지속된 전쟁으로 인해 고려사회 전체가 위기상황에 빠지게 되었다. 제대로 작동하지 않는 국가시스템은 중앙정부, 지방사회, 민 모두에게 혼란을 가중시켰고 이러한 상황에서 국가는 끊임없이 다양한 지방지배책을 강구하게 되었다. 중앙정부의 입장에서는 지방을 효과적으로 장악하지 않으면 안정적인 조세수취가 불가능하여 국가의 존립마저도 위태로워지기 때문이다. 따라서 고려후기 국가의 대표적인 지방지배책은 지방관의 증치와 역할을 강화시키고 반대로는 지방행정을 담당하던 향리층의 역할을 축소하여 중앙지배가 강화되는 쪽으로 정책을 실시하고자 했다.[38] 그러나 이러한 일련의 정책들은 중앙정부와 지방지배층간의 문제였고 지방에 직접 살고 있던 지방재지세력과 일반 민들은 12세기 이후 약화된 지역공동체의 안위가 몽고침입으로

---

36) 향촌은 중앙과 대칭되는 개념으로 '鄕'은 행정구역상 군현의 단위이고 '村'은 촌락 또는 마을을 의미한다. 따라서 향촌의 범위는 지방 군현 단위이며, 향촌사회는 하나하나가 그 자체로서 일정한 개별성과 독자성을 갖게 된다. 정진영, 『조선시대 향촌사회사』, 한길사, 1998, 24쪽 참조.

37) 박종기, 『지배와 자율의 공간, 고려의 지방사회』, 푸른역사, 2002, 460쪽.

38) 蔡雄錫, 『高麗時代의 國家와 地方社會-'本貫制'의 施行과 地方支配秩序』, 서울대학교출판부, 2000, 233~244쪽.

거의 붕괴수준까지 다다르면서 지역공동체 중심의 향촌사회 재건에 더 관심을 기울일 수밖에 없었다. 이것이 고려후기 향촌사회의 자율성이 확대될 수 있었던 배경으로 작용했다고 본다.

고려중기 이후 정치경제적인 부분에서의 향촌사회의 변화와 더불어 고려전기부터 향촌사회의 결속을 다지는 여러 제의(祭儀) 역시 각 지역의 자율성을 담보하는 방법으로 여전히 지속되었다. 고려전기부터 향촌사회는 지역공동체의 결속을 다지는 제의로 산천제와 성황제를 설행하고 있었다. 산천제는 국가제사로써 뿐만 아니라 지역제사로서 지역민들이 그 지역을 수호하는 진산(鎭山)에 제사를 지내 지역의 안녕과 수호를 기원하였다.[39] 또한 지역방어용 성을 지키는 성황신에게 제사를 지내는 성황신앙 역시 지역 향리층의 주도로 설행되던 공동체적 축제 형태의 제의였다.[40] 성황신을 모신 성황사(城隍祠)에 배향된 인물들은 대개 그 지역의 토성(土姓)들로, 그들은 그 지역에서 영향력을 행사하는 세력이었다.[41] 이렇게 신에 대한 공동의 인식과 그러한 인식의 구체적인 실현인 제의는 다양한 신분과 계층으로 구성되어 있던 지방사회를 하나의 공동체로 묶어서 유지할 수 있는 매개체 역할을 하였다.[42] 물론 이러한 제의에 고려국가가 지방사회의 자위와 자치의 질서를 국가체제로 편제하기 위해 적극적으로 개입하기도 했으나, 직접 제사가 이루어지는 공간이 지역공동체의 활동공간인 향촌사회였기 때문에 지역민의 의견이 무엇보다도 중요했을 것이다. 나아가 지역을 중심으로 한 여러 형태의 제의를 실현하는 과정에서 그들의 기호와 선호도에 따라 절차나 사용물품이 정해졌을 가능성이 농후하다. 이 과정에서 어떤 방식으로든 지역적 차이를 보일 수 있는 분위기는 조성되

---

39) 김철웅, 『한국중세의 吉禮와 雜祀』, 경인문화사, 2007, 91쪽.
40) 최종석, 『한국 중세의 읍치와 성』, 신구문화사, 2014, 149쪽.
41) 金甲童, 「高麗時代의 城隍信仰과 地方統治」『韓國史研究』74, 1999, 17쪽.
42) 강은경, 「고려시대 지방사회의 祭儀와 공동체 의식」『韓國思想史學』21, 2003, 112쪽.

어 있었다고 하겠다.

또한 고려후기 향도(香徒)의 성격변화는 직접적으로 분묘부장 도기의 선택과 연관되어 있었을 것으로 추정된다. 고려후기 사회모순이 표면화된 것과 더불어 외세의 침입까지 더해지면서 고려의 중앙은 깊은 타격을 입었다. 이러한 상황에서 지방의 향촌사회는 개별적으로 자신들의 지역기반을 보존할 수 있는 자구책을 모색하게 되었고 기존에 종교를 토대로 활동했던 향도에서도 이러한 변화의 모습이 나타나게 되었다. 본래 향촌사회에서 뿌리 깊게 전통이 유지되었던 향도신앙은 불교적인 요소가 강한 지방사회의 신앙형태였지만 고려후기가 되면 불교신앙보다는 지역민의 공동체적 유대강화에 더 큰 목적을 두게 되었다.[43] 조선초 기록이긴 하나 상장(喪葬)과 관계하여 마을마다 조직된 향도 사례들은 촌락민들이 자연촌을 바탕으로 조직하여 친목과 유대를 위한 연회 개최와 상장시의 상호부조 등을 통하여 향촌공동체적 결속을 도모한 모습을 보여주기도 한다.[44] 여기에서 특히 주목되는 것은 상장과 관련이 깊다는 점이다. 상장시에는 상복(喪服), 관곽(棺槨), 거화(炬火), 음식 등을 준비해주고 상여 운반과 조묘(造墓)를 도와주게 되는데[45] 이때 부장품도 중요 준비품목이었을 것이며, 지역을 기반으로 한 이러한 조직들은 자연스럽게 그 지역의 색깔을 드러내는 것 또는 지역에서 유행하던 것을 선택하였을 가능성이 농후하다.

이와 같이 고려후기 분묘부장품 중 도기 선택에 있어 지역성이 두드러지는 것은 당시 향촌사회의 성격변화와도 연관되어 있음을 추정할 수 있다. 고려후기 향촌사회를 중심으로 지역공동체의 결속을 중심기조로 한 향도

---

43) 蔡雄錫, 앞의 책, 2000, 311쪽.

44) 『태조실록』 권15, 태조 7년 12월 신미, "都堂採擇各司陳言以申 … ― 外方之民 其父母葬日 聚隣里香徒 飮酒歌吹 曾不哀痛 有累禮俗 乞自今 毋襲前非 違者痛理."

45) 『慵齋叢話』 권8, "今之風俗日漸澆薄 惟鄕徒爲美. 大抵隣里賤人 皆相聚作會 小者或七八九 多者或百餘 每月相遞飮酒 人有遭喪者 則同徒人或備喪服 或備棺槨 或備炬火 或備飮食結之 或報絑 或造墓 人皆服緦癲 此眞其厚風也."

의 성행과 산천제와 성황신앙처럼 지역 수호를 중시하는 경향은 충분히 각 지역에서 지역적 색채를 드러낼 수 있는 기반이 되었을 것이다. 여기에 부합하는 것이 도기였을 가능성이 높다. 특히 애초부터 장거리 유통과 소비보다는 지역소비를 염두에 두고 제작되었던 도기는[46] 생산단계에서 이미 충분히 지역민과 향촌사회의 특정 기종에 대한 선호도가 투영되었을 것으로 추정된다. 문헌자료에서 확언해주진 않지만 고려후기를 살던 사람들이 남긴 물질문화에는 그들의 유행·선호·선택·기호 등이 충분히 반영되어 있을 것임은 의심할 여지가 없다.

한편 고려후기 지방 분묘의 주요 조성계층이 누구인지 살펴보는 것도 필요하다. 왜냐하면 분묘의 조성계층과 향촌사회의 여론주도층 또는 지역성을 발휘하는 데 영향을 미칠 수 있는 계층이 동일하다면 앞에서 설명한 필자의 추정이 더 설득력을 얻을 수 있기 때문이다.

기존의 연구에서 부장품이 동반되는 분묘는 적어도 하급관리나 최소한의 경제적 능력을 보유한 일반민 이상의 신분을 가진 피장자의 것이라는 점이 지적되었다.[47] 이러한 사실은 문무양반의 직급에 따라 무덤을 조성하는 원칙이 존재했다는 점에서 설득력을 갖는다.[48] 또한 양광도지역 석곽묘와 토광묘의 피장자들은 부장품을 매장하고 제를 지낼 수 있는 사회적 계층이었을 것이며, 이들의 최소 경제력을 생각해보면 부곡민을 제외한 양민층 이상으로 향리, 서리와 같은 하급관료들로 추정한 연구도 있다.[49] 이를 종합하면 지방에서 분묘를 조성한 계층은 일정 수준 이상의 경제력과

---

46) 한혜선, 「高麗陶器의 生産과 流通」『高麗陶瓷新論』, 學研文化社, 2009, 230쪽.

47) 이종민, 앞의 논문, 2007, 8쪽.

48) 고려전기부터 무덤의 구체적인 크기를 정해놓은 다음의 기록은 비록 고려후기라 하더라도 일정수준 이상의 계층에서만 분묘조성이 허용되었다는 점을 시사한다. 『고려사』권85, 형법2 금령, "景宗元年二月 定文武兩班墓地 一品 方九十步 二品 八十步 墳高 並一丈六尺 三品 七十步 高一丈 四品 六十步 五品 五十步 六品以下 並三十步 高不過八尺."

49) 황은경, 앞의 논문, 2011, 112쪽.

지위가 있는 계층으로 추정되며, 크게 향리와 재지품관을 들 수 있다.

고려시대 향리(鄕吏)는 전기 이래 향촌사회의 주도 세력으로서 외관을 보좌하면서 조세 수취와 역역의 징발 등 실질적인 업무를 담당하였다.[50] 고려국가는 이들을 국가의 지배기구 속에 편제하여 지역의 실질적인 지배를 담당하게 했다. 중기 이후 중앙에서 파견된 지방관이 향촌사회에서 실질적인 지방지배를 강화해 나가면서 향리들의 입지가 줄어들었고 이전처럼 그들이 중심이 된 향촌사회의 운영이 어려워지긴 했으나 그들의 향촌지배 기능이 전면적으로 부정되었던 것은 아니었다. 여전히 향리층은 고려후기 향촌사회에 거주하면서 리더의 역할을 담당할 수 있는 계층이었다.[51] 특히 성황제와 같이 향촌사회의 공동체적 제의는 주로 향리층이 주도하였는데,[52] 공동체의 안위를 위해 행해진 제의와 축제의 주관자가 향리층이었다는 것은 그들이 향촌사회에서 차지하는 위치와 영향력이 크다는 점을 말해준다. 보통 제의는 많은 물자와 다양한 절차들로 이루어지는데 이를 조달하고 행사를 치르는데 있어 주관자였던 향리층의 선택과 선호가 반영되었을 가능성이 크다. 또한 고려중기 이후 새롭게 향촌사회에 대두한 품관층도 지역사회의 여론을 주도하는 또 다른 축이었다. 고려후기 관인층의 지방 거주가 늘어나는 한편, 국가가 내적 외적 모순을 겪으면서 부족해진 재정을 보완하기 위하여 여러 정책을 시행한 결과 재지품관층이 확대되었으며 지역사회에서 그들의 영향력이 커졌다.[53] 이들이 향도의 주요세력으로 활약했다는 사실도 중요하다.[54]

---

50) 박종기, 「14세기 군현구조의 변화와 향촌사회」『14세기 고려의 정치와 사회』, 민음사, 1994, 189쪽.
51) 채웅석, 「고려말 조선초기 향촌사회의 변화와 지배질서 재편」『중세사회의 변화와 조선건국』, 혜안, 2005, 258쪽.
52) 채웅석, 「고려 '중간계층'의 존재양태」『고려·조선전기 중인연구』, 신서원, 2001, 187쪽.
53) 채웅석, 위의 논문, 2005, 250쪽.
54) 蔡雄錫, 앞의 책, 2000, 300쪽.

기존에 향촌사회의 지배층이었던 향리와 고려후기에 본격적으로 하나
의 큰 세력으로 대두한 재지품관, 그리고 일부 부를 축적한 부민(富民)들과
같이 향촌사회에서 일정한 입지를 가진 계층이 많아졌다는 것은 곧 그들의
계층성을 드러낼 수 있는 가시적인 것으로 발현되었을 개연성이 충분하다.
이것은 고려후기에 분묘가 어느 지역에서건 급증하고 있다는 사실로 증명
된다 하겠다. 즉 고려후기 최소한의 형식을 갖추면서 부장품이 있는 토광
묘의 확산은 무덤을 축조할 수 있는 계층폭이 확대되었음을 알려준다.[55]

지금까지 살펴본 바와 같이 고려후기 분묘는 향촌사회에서 어느 정도
경제력과 지위를 갖춘 계층인 향리와 재지품관이 중심이 되어 조성하였을
것으로 파악된다. 이들은 향촌사회에서 지역공동체의 안위를 기원하는
산천제나 성황제와 같은 제의를 주관하면서 향촌사회의 결속과 여론을
주도하는 역할을 하였다. 또한 이들이 주로 참여하고 있는 향도조직도
고려후기 이후에는 향촌사회의 결속을 강화하는 측면이 부각되면서 상장
시에 각종 절차와 준비과정에서 영향력을 행사했음을 살펴볼 수 있었다.
특히 지역 중심으로 생산 소비되는 도기를 부장용으로 선택할 때, 각
향촌사회의 자율성을 추구하던 당시 분묘 조성계층의 선호도가 개입했을
가능성이 높다. 이러한 배경에 기인하여 고려후기 분묘에 부장되는 도기의
기종이 지역에 따라 달라질 수 있었다고 생각한다.

4. 맺음말

현재 고려후기 분묘 중 도기를 포함하고 있는 유적은 고려시대 당시의
행정구역으로 나누었을 때 양광도지역과 경상도지역으로 대별된다. 이

---

55) 이희인, 앞의 논문, 2004, 133쪽.

두 지역에서 조사된 고려후기 분묘 출토 도기를 분석한 결과, 부장용으로 선택된 도기의 기종이 확연히 다르다는 점을 확인하였다. 양광도지역에서는 장신호·단경호·2면편호가 선호되는 반면 경상도지역에서는 나팔입병의 부장비율이 월등히 높았다. 또한 경상도에서만 동체 하부가 풍만한 반구병이 출토되었다. 같은 시기 동일한 구조의 분묘에 부장되는 도기의 종류가 지역에 따라 다르다는 점은 그것을 선택했던 당시 향촌사회의 모습에서 그 배경을 추정할 수 있다고 보았다.

고려후기 이전부터 향촌사회를 중심으로 지역공동체의 안위를 기원하는 산천제나 성황제와 같은 제의가 널리 시행되고 있었고, 처음에는 종교적 성격이 강했던 향도조직도 고려후기 이후에는 향촌사회의 결속을 강화하는 측면도 가지고 있었다는 사실에 주목하였다. 특히 향도가 상장시에 각종 절차와 준비과정에서 영향력을 행사했다는 사실에서 부장용 도기의 선택도 지역에 따라 자율적으로 이루어졌을 것으로 보았다. 이것은 지방에 조성되었던 고려후기 분묘가 각 향촌사회의 주도층이었던 향리나 재지품관층의 무덤이었을 가능성이 높다는 점과 결부된다. 즉, 분묘 조성 주체가 그들의 무덤에 부장하는 도기를 직접 자신들의 취향에 맞게 선택할 수 있었을 가능성을 제기하였다.

도기는 전국적으로 비교적 동일한 양상을 보이는 청자 및 동기와 달리 기본적으로 장거리 운반이나 이동이 쉽지 않아서 대부분 지역차원에서의 생산과 소비가 이루어졌기 때문에 한 지역의 선호도가 반영된 도기를 적극적으로 소비하였을 것으로 생각된다. 이러한 점에서 고려후기 분묘 부장 도기의 지역적 차이는 당시 각각의 향촌사회가 갖고 있던 자율성과 선호도 등이 표면화되어 나타난 것으로 볼 수 있다.

이렇게 남겨진 물질문화의 양상을 분석하여 그것을 당시의 시대상에 대입해 보는 것은 어쩌면 무리한 추정일지도 모른다. 하지만 양쪽 사이의 간극을 메울 수 있는 방법이 될 것이라고 생각한다. 또한 지금까지 고려시대의 향촌사회에 관한 연구는 주로 국가와 지방간의 문제에 집중한 경향이 매우 강하여 각각의 향촌사회 사이의 비교는 거의 시도되지 않았다. 각 지역에서 출토된 유물을 분석하여 향촌사회 사이의 비교가 이루어진다면 고려의 지방사회 혹은 지방문화를 보다 입체적으로 복원할 수 있을 것이다.

고려 금속제 불구류 명문(佛具類 銘文)에 보이는 경·외 장인(京·外 匠人)의 제작활동

홍 영 의

1. 머리말

　금석문 자료들은 문헌사료에 못지않은 중요한 사료적 가치를 지닌다. 예컨대, 기와와 도자기에 쓰여진 명문의 내용 가운데 간지나 관청, 지명 등은 그 제품을 제작한 편년의 절대적 기준이 되고, 정확한 제작 장소를 알려준다. 또한 생산자와 수요자에 대한 신분, 주문 동기 등의 사용목적과 함께 유통경로 소비형태 등 많은 정보를 담고 있다.[1]

　명문이 있는 고려시대 금속제 유물의 대부분은 불교 의식에 사용된 도구이다.[2] 명문에는 연호(간지)를 비롯한 다양한 형태의 발원문이나 발원 주체, 장인 등에 대한 내용은 당시의 사회상을 알려주는 중요한 정보를

---

1) 홍영의, 「고려시대 명문(銘文) 기와의 발굴 성과와 과제」 『한국중세사연구』 41, 2015.

2) 佛敎 儀式具類란 불교의식에 사용되는 도구를 가리킨다. 그 목적과 기능에 따라 儀式具(梵鐘·金鼓·雲版·法鼓·木魚·바라·磬子), 供養具(香爐·香盒·經匣·淨瓶·燭臺·經床·佛函), 莊嚴具(舍利갖춤·龍頭寶幢·金屬製 小塔·風鐸·業鏡臺와 佛牌·殿牌) 및 승려의 持物(金剛杵·金剛鈴·錫杖頭飾·鉢盂)로 구분된다(최응천·김연수, 『금속공예』, 솔, 2003).

담고 있다.3) 때문에 이 유물을 만든 당시 장인의 수공업 기술뿐만 아니라, 예술적 가치를 보여주는 것이어서 자료적 가치가 매우 높다.

불구류 명문의 경우, 사찰을 위한 불구의 조성에 여러 부류의 주체들이 원주(願主)로4) 참여한 내용을 장인의 손으로 새긴 것이다. 이러한 불교의식구는 사찰에 봉안되기 때문에 기본적으로 장인을 매개로 사찰과 승려가 제작에 관여하였으며,5) 이를 후원하는 사람들은 불사의 규모에 따라 다양한 계층으로 구성되었다. 주로 명문을 통해 국태민안과 망자의 명복 또는 자신들의 복덕을 기원한 왕족과 귀족, 관료와 승려 등이 후원 계층으로 존재했지만, 지방 역시 향리층과 품관층이 주요 후원 계층이었다.6) 이렇게 사찰과 후원자들은 주요 소비처였지만 불구류를 제작한 사람들은 장인들이었다. 장인의 명칭은 백공(百工)·공장(工匠)·공기(工技)·공인(工人)·대장(大匠)·태장(太匠)·장인(匠人) 등으로 다양하게 불리었다.

수공업은 장인에 의한 생산 활동이다. 수공업품을 생산하고, 생산된 물품을 유통하는 문제와 그것을 소비하는 주체가 누구인가를 밝히는 작업은 매우 중요한 문제이다. 때문에 직접적인 수공업 활동의 주체이며 생산자인 장인 개인에 대한 작업과정과 원재료 수급 등 기술적인 문제, 그들의 활동과 신분, 경제적 대우에 대한 연구가 필요하다. 사실 그동안 수공업내

---

3) 이러한 내용을 담은 전시가 2015년에 국립중앙박물관에서 이루어졌다(『발원, 간절한 바람을 담다–불교미술의 후원자들』, 2015).

4) 여기서 願主란 佛具 명문상 施主로 명시되거나 棟梁, 次知 등으로 기재되었더라도 사실상 시주의 역할을 한 주체, 또는 많은 시주를 이끌어내는 緣化의 일을 맡은 것으로 판단되는 사람들을 포괄한 의미이다(서성호, 「高麗時代 金屬 佛具 造成과 願主」, 『丹豪文化研究』 10, 2006).

5) 고려시대에는 사찰에서 수많은 법회가 개최되었고 그만큼 불교의식과 관련된 공예품에 관한 수요도 많았다. 이러한 의식구나 공양구를 사찰에서는 자체적으로 제작하거나 신도들의 후원으로 제작하였는데, 사찰이 속한 지역의 香徒들의 참여로 제작된 경우가 많았다(이광배, 「高麗時代 梵鍾의 發願階層과 鑄鐘匠人」, 『東岳美術史學』 12, 2011, 123~127쪽 참조).

6) 신소연, 「고려·조선시대 佛事 후원자의 추이」, 『발원, 간절한 바람을 담다–불교미술의 후원자들』, 국립중앙박물관, 2015, 12쪽 참조.

의 장인의 제자과정에 대해서는 거의 알려진 바가 없으며, 국가와 장인의 상호관계, 중앙과 지방에서의 제작 활동과 경제적 활동 등에 대한 구체적인 모습 역시 명확하지 않았다. 지금까지의 장인에 대한 연구는 신분문제 같은 제도사적 측면에서 주목하였다.[7] 또한 미술사(금속공예)에서는 불구류의 경우, 형식(도식)의 변천과 제작 방식이나[8] 사찰에서의 원료의 수급 문제,[9] 청동제 성분 분석[10] 등이 진행되고 있으나 아직 큰 진전은 보지 못하고 있다.

따라서 이 글에서 다룰 불구류의 금속제 범종이나 금고[飯子], 향완[爐] 등에 보이는 명문을 통해 장인의 범주화와 제작활동, 그들의 조직 구성원과 위계관계를 파악해보려는 것도 그러한 인식의 출발이라 할 수 있다. 이를 해결하기 위해 장인의 범주와 존재 형태의 재검토를 통해 고려시대

7) 고려시대 장인과 수공업에 대한 연구는 다음을 참고할 수 있다. 洪承基, 「高麗時代의 工匠」『震檀學報』40, 1975 ; 姜萬吉, 「手工業」『韓國史』5, 국사편찬위원회, 1975 ; 홍희유, 『조선중세수공업사연구』, 지양사, 1992 ; 林英正, 「高麗時代의 使役, 工匠僧에 대하여」『伽山李智冠스님華甲記念論叢』, 1992 ; 徐聖鎬, 「高麗前期 지배체제와 工匠」『韓國史論』27, 1992 ; 「高麗前期 手工業 研究」, 서울대 박사학위논문, 1997 ; 추만호, 「나말려초 새김돌(塔碑) 건립에 보이는 사찰장인」『新羅文化祭學術發表會論文集』13, 1995 ; 金蘭玉, 「高麗時代 工匠의 身分」『史學研究』58·59, 1999 ; 宋聖安, 『高麗後期의 寺院手工業 研究』, 영남대 박사학위논문, 1999 ; 「高麗後期 寺院手工業의 工匠과 手工業場」『韓國中世社會의 諸問題-金潤坤敎授定年紀念論叢』, 2001 ; 徐英嬉, 「수공업과 상업」『신편 한국사』14, 국사편찬위원회, 2002 ; 이병희, 「高麗時期 寺院의 金屬 消費-銅 使用 佛敎 工藝品을 중심으로」『역사와 담론』75, 2015.
8) 沈奉謹, 「高麗 靑銅飯子 研究」『考古歷史學志』2, 동아대학교 박물관, 1986 ; 김창규, 「한국청동은입사향완의 연구-고려시대 高杯型을 중심으로」『佛敎美術』9, 1988 ; 崔應天, 「高麗時代 靑銅金鼓의 研究 ; 特히 鑄造方法과 銘文分析을 중심으로」『佛敎美術』9, 1988 ; 崔元禎, 「高麗 梵鐘 樣式 小考」『文化史學』17, 2002.
9) 신은제·허선영, 「14세기 銅器의 유행과 그 의미-고려시대 분묘 유적을 중심으로」『石堂論叢』51, 2011 ; 이정신, 「고려시대 동의 사용현황과 동소」『한국사학보』25, 2006 ; 이병희, 「高麗時期 寺院의 金屬 消費-銅 使用 佛敎 工藝品을 중심으로」『역사와 담론』75, 2015.
10) 강형태 외, 「청주 사뇌사(思惱寺) 청동기(靑銅器)의 과학 분석」『사뇌사-금속공예』, 2014 ; 최정호, 「고려시대 청동제은입사대향완의 신례」『문화사학』9, 2006.

공장안 내의 소속된 장인들은 중앙과 외방(지방)의[11] 각 관청 수공업내의 장인으로 구분할 필요가 있다는 점, 장인이 제작한 범종·청동금고·청동향완 등을 통해 그들의 제작활동과 위계의 서열조직, 나아가 장인의 중앙으로부터의 이탈과 기술의 확산과정을 소(所) 생산체제의 해체와 군현제도의 변동과정 속에서[12] 고려정부가 어떤 방식으로 대응하는지도 함께 추적하였다. 이러한 작업은 당시 장인의 전모는 알 수 없지만, 그 실체의 일면은 파악할 수 있을 것으로 기대된다.

2. 불구류 명문에 보이는 장인

고려시대 불구류의 조성기에는 불사(佛事)를 하기 위해 시주를 권하는 역할을 담당하는 동량(棟梁)[13] 비구와 제작을 직접 수행하는 장인의 이름이 기록되는 경우가 많은데, 후원자에 따라 발원문의 내용과 분량은 달라진다.[14]

현재까지 필자가 파악한 불구류 금속유물 가운데 명문이 있는 것이 총 202건이었다. 이 가운데 장인명 유물은 총 71건이 된다. 범종명 25건,

---

11) 중앙과 지방을 뜻하는 '京外'는 『고려사』의 경우는 33건, 『조선왕조실록』은 2741건으로 잡힌다. 따라서 우리가 역사용어로 쓰는 중앙이나 지방은 고려시대를 국한한다면 매우 추상적인 개념이다. 우리는 이러한 중앙과 지방, 지역에 대한 용례의 의미를 생각한 바 없이 사용해 왔다. 따라서 그 실질적 용어는 지방, 지역에 대신한 '京'과 '郡縣'이다. 이규보는 京師(서울)는 몸통, 郡縣은 四支로 파악하였다(『동국이상국전집』 권41, 釋道疏, "京師若一身也 雖幸免於毒牙 郡縣乃四支也").

12) 박종기, 『지배와 자율의 공간 고려의 지방사회』, 푸른역사, 2002, 449~462쪽.

13) 사원은 종교행위와 관련해서도 재물을 모으고 있었다. 새로운 사원을 창건하거나 중수할 때, 불탑을 세울 때 공식적으로 행해졌는데 이러한 행위를 勸善, 棟梁이라 한다(『동국이상국집』 권25, 王輪寺丈六金像靈驗收拾記, "所謂棟梁者 凡浮屠之勸人布施 營作佛事者之稱也"). 勸善이나 棟梁을 통해 당시 불교계와 중앙, 지방 사회의 인적망을 추적할 수 있을 것으로 보인다.

14) 신소연, 앞의 논문, 2015, 12쪽 참조.

법고명 26건, 향완명은 10건, 기타 금속명 10건을 파악하였다.[15] 명문 내용의 구성은 대체로 연호(간지)/발원문/후원자/주도인/제작자/중량의 순으로 기재되어 있다. 간혹 이두로 기술되어 있는 경우도 있다.

고려시대 장인의 명칭은 백공,[16] 공장,[17] 공기,[18] 공인,[19] 대장,[20] 태장,[21] 장인[22] 등 다양했다. 이와 함께 관청에서 일반 장인을 통솔하고

---

15) 그러나 이 수치는 기존의 자료를 통하여 얻어진 것이므로 향후 차이가 있을 것이다. 고려시대 금속류 명문의 자료 축출 대상은 다음의 것을 참고하였다(李蘭暎 編·李丙燾 監修, 『韓國金石文追補』, 아세아문화사, 1976 ; 黃壽永, 『韓國金石遺文』, 일지사, 1976 ; 許興植, 『韓國金石全文』, 亞細亞文化社, 1984 ; 秦弘燮, 『韓國美術史資料集成(1) 三國時代~高麗時代』, 일지사, 1987 ; 김용선, 『일본에 있는 한국금석문자료』, 한림대학교 출판부, 2008 ; 노명호 외, 『한국고대중세 지방제도의 제문제』, 집문당, 2004 ; 『한국 금석문종합정보시스템』[http://gsm.nricp.go.kr/_third/user/main.jsp] ; 채웅석, 『한국 금석문집성 35』, 한국국학진흥원, 2012).

16) 『고려사』권101, 文漢卿, "漢卿擁兵宜州 逗遛不戰 聚百工 營中造私物 利盡錐刀 及賊來圍 棄城潛逃 我軍大敗 以罪流海島."

17) 『고려사』권5, 현종 18년 9월, "戊戌朔 命創慧日重光寺 徵發人夫工匠 輔臣諫官皆奏 '百姓勞弊 不宜興作' 左承宣李瓛獨奏曰 '爲佛造寺 功德無量 勞民何傷'" 및 『목은문고』 권9, 序 周官六翼 序文, "典工之工匠造作."

18) 『고려사』권76, 백관1 小府寺, "小府寺掌工技寶藏 太祖仍泰封之制 置物藏省 有令卿."

19) 『고려사』권75, 선거3 銓注 凡限職, "(文宗)二十七年正月 有司奏 '按令典 '工商家 執技事上 專其業 不得入仕與士齒' 軍器注簿崔忠幸 良醞令同正梁悍 並工人外孫 別將羅禮 隊正禮順 亦皆工人嫡孫 自慕九流 去其所業 已登朝行 不可復充工匠 乞各限時職 不許遷除."

20) 大匠의 명칭은 872년(경덕왕 12)에서부터 873년까지 황룡사 탑을 새로 수리하고 나서 그 경위를 작성한 '황룡사구층목탑찰주본기(황룡사구층목탑사리함기)'에서 처음 보이며, 895년(진성왕 9)에 조성된 '海印寺妙吉祥塔誌'에도 보인다.

21) 1005년(목종 8)에 제작된 '東臺塔誌石'의 '旁頭(利善)千佛太匠"에서 太匠이라는 명칭이 확인되며, 大匠과 같은 의미로 사용된 것으로 보인다. 홍대한은 통일신라는 영선에 참여한 장인의 이름을 대장, 공장과 같은 직함과 함께 병기하는데 반해, 고려부터는 점차 이름만 표기하거나 석장과 같은 구체적인 담당업무를 명기하는 식으로 바뀌고 있다는 점을 지적하고, 이러한 표기방법의 변화에 대해서는 공장의 신분변화와 함께 전문 기술을 기준으로 공장 계층이 분화된 것으로 이해하였다(「고려시대 공장(工匠) 운영과 성격 고찰─조탑 공장 운영사례를 중심으로」, 『인문사회과 학연구』13-1, 2012, 219쪽 참조).

22) 『고려사』권78, 식화1 田制 貢賦 睿宗三年二月 判, "京畿州縣 常貢外 徭役煩重 百姓苦之 日漸逃流 主管所司 下界界首官 其貢役多少 酌定施行 銅鐵瓷器紙墨雜所 別貢物色 徵求過極 匠人艱苦 而逃避 仰所司 以其各所別常貢物 多少酌定 奏裁."

관리하는 최상층 장인들은 주로 '지유(指諭)'라 했다.[23] 대체로 명문에
보이는 장인은 고려초에 '대백사(大百士)'·'백사(百士)'로 명기되다가, 1032
년(덕종 1)에 제작된 「청부대사종(靑鳧大寺鍾)」에 처음 보이는 '대장'처럼,
국가 지배질서의 정비 이후에는 대부분 '대장'이나 '장'으로 표기되어
있음을 알 수 있다. 이외에 '상대장(上大匠)'·'삼대장(三大匠)'·'대장' 등으로
그들 구성원간의 위계와 서열의 차이를 드러낸 경우도 있다. 이들은 각
관청에 소속되어 부역 기간과 기술 수준, 공로나 노고에 따라 단계별로
'지유'·'행수지유(行首指諭)'로부터 '대장'·'부장(副匠)'에 이르는 27종의 직
위를 가지고 일반 장인을 지휘하였다.[24]

또 장인 가운데 한중서(韓仲敍)나 김경(金卿), 도정상(都正相), 최문패(崔汶
茷), 보석(甫石)처럼 '별장동정'·'중랑장'·'중랑장동정'·'일품별장(一品別
將)' 등 자신의 직위를 드러내는 경우도 있으며, 또한 한중서와 김언수(金彦
守)와 같이 '경사공인가(京師工人家)'·'재경(在京)', '경량공(京良工)'으로만
활동지역을 드러낸 경우도 있다. 이외에 '동장(銅匠)', '청동장', '입사장(入
絲匠)', '경장(鏡匠)'처럼 자신의 전문 직능을 드러내기도 하고, '누수(縷手)',
'누공'의 경우처럼 은유적으로 표현한 경우도 보인다.

1) 범종의 명문 장인

고려시대 범종은[25] 통일신라의 전통을 이어 고려초기에는 대형의 범종

---

23) 『고려사』 권80, 식화3, 祿俸 工匠別賜條.
24) 이들은 『고려사』 권80, 식화3 工匠別賜條에 나오는 '諸衙門工匠別賜'와 '役三百日以上
者'인 軍器監·中尙署·掌冶署·尙衣局·雜織署·尙乘局·太僕寺·內弓箭庫 소속의 위계를 정
리하면, 주로 무관 하위직인 指諭·指諭承旨·指諭承旨同正·行首指諭副承旨·指諭殿前·指
諭內殿前·殿直同正·指諭校尉·指諭副尉·校尉·校尉副尉·副尉·行首宣節校尉·行首校尉·
左右行首校尉·行首副尉·行首副正·行首陪戎副尉·陪戎校尉·左右行首校尉·左右行首·左
右行首大匠·行首·行首大匠·行首副匠·大匠·副匠 순으로 정리된다.
25) 현재 고려 범종은 약 160점이 파악되고 있다. 고려전기의 종으로는 43점 가운데

이 주조되기도 하였으나 시기가 내려올수록 점차 소종(小鐘) 제작이 늘어난다. 13세기 말부터 14세기에 들어 고려말기의 범종은 다소 형식화 경향이 강해지면서 전대에 비해 그 격이 떨어지는 종들이 많이 제조되고 있다. 이는 13세기 중반이후 원의 수탈로 인한 장인세력의 약화 및 관청 수공업의 쇠퇴로 인한 주조기술의 단절에 의해 나타나는 현상으로 이해된다.[26)

명문에는 범종의 봉안처, 발원의 내용, 후원자, 종의 제작에 들어간 무게, 제작 연대, 불사를 주관한 승려의 이름 등을 기록하였다. 규모가 큰 경우에는 고위 관료나 호장을 포함하여 수천 명의 사람들이 참여하기도 하였고, 규모가 작은 경우에는 소수의 후원자만이 제작에 참여하였다.[27)

956년(광종 7)에 제작된 「퇴화군대사종(退火郡大寺鍾)」(956)의[28) 내용은 불교 여신도 명호의 아들인 지방 유력자 수강이 보리(菩提)를 이루고 중생을 제도하며 황제의 덕이 백성에게 미치고 나라가 태평하며 중생들이 피안에 이르기를 기원하며 종을 만들었음을 기술하였다. 이때 조성에 관여한 인물로 도령, 금교지휘, 도감전(都監典) 촌주 등 3백인이 참여하였다. 여기에 도령으로 나오는 인물은 3명인데, 필조도령 정환달과 금교지휘 도령 석혜초와 석능회였다. 또한 '금교지휘'라는 용어가 구체적으로 무엇을 의미하는 것인지는 정확히 알 수 없으나, 대체로 종의 주조를 총괄하는 책임자의 불교식 호칭으로 추정된다. 즉, 필조도령은 국가에서 파견한 총감독관이고, 금교지휘도령은 교계(敎界)를 대표하는 감독 승려이며, 도감전 촌주 등의 현지인들로 실제 공사를 지휘하는 역할을 담당하였을

재명종 15점(국내 4, 일본 11) 무명종은 28점(국내 11, 일본 17)이며, 고려후기 117점 가운데 재명종 37점(국내 28, 일본 8, 프랑스 1)이며, 나머지 무명종은 국내 (68점, 일본 12점 정도로 알려져 있다(이광배, 앞의 논문, 2012, 121~122쪽 참조).

26) 이광배, 앞의 논문, 2012, 142쪽 참조.
27) 신소연, 앞의 논문, 2015, 12쪽 참조.
28) 退火郡 大寺鍾은 일본에서 가져가서 일본 沖繩縣 那覇區 若狹町 波上宮에 보관되어 있다가 1945년 제2차 세계대전 중에 파손되어 없어졌다. 종의 크기는 높이 82cm, 입지름 57cm인데, 유곽과 당좌 사이에 2구역으로 나누어 명문을 새겼다.

것이다.[29]

「고미현서원종(古弥縣西院鍾)」(963)은 종을 만드는 데 참여한 승려들과 고미현의[30] 관반인 사간·경 그리고 장인인 백사의 존재를 확인할 수 있다. 총규 사간은 광종을 대신하여 불사를 주도한 인물이고, 대백사는 나주에서 온 백사 지미(只未)가 주조하였다. 백사는 통일신라 종인 「성덕대왕신종」 (771)의 '태박사(太博士)'·'차박사(次博士)', 선림원종(804)의 '백사(伯士)'로 부터 비롯한다.

백사·조박사(助博士)·대백사 등의 명칭은 기술자로서의 박사라는 명칭은 본래 관장에게 주어진 칭호로서,[31] 대체로 4~6두품급의 신분층이었다. 이외에는 대부분 '대장'·'장'·'각(刻)'으로 표기되어 있으며, 「월봉사종」 (1223)의 '별장동정최문패', 「을사명동종」(1245)의 '별장동정한정○'와 같이 직급을 표기한 경우도 보인다. 이외에 주목되는 것은 평주(황해도 평산)의 월봉사에서 1223년(고종 10)에 제작된 평주(황해도 평산)의 「월봉사종」의 '대장별장동정최문패'와 13세기 중반(1249년, 고종 36년 추정)에 제작된 「월봉사금고」의 '중랑장동정도정상 장황광등주(匠黄光等鑄)'는 당시 중앙에서 활동하던 장인들에 의해 25년 정도의 시차를 두고 제작된 것으로 보인다.

한편, 국가 주도하에 조성된 「연복사종」(1346)은 제작을 위해 정동성위원, 제조관, 감조관, 조성도감, 역어(譯語) 등의 다양한 조직을 두었다. 이

---

29) 김갑동, 「고려시대의 都領」『한국중세사연구』3, 1996, 68~71쪽 참조. 北彌秩夫城(興海) 城主 萱達이 南彌秩夫城 성주와 함께 와서 항복하였다(『고려사』권1, 태조 13년 2월 경자)는 기사와 弼造都領 鄭喧達과 同一人인지는 확실하지 않으나, 두 개 사례 사이에는 시간상으로 보아 전후 26년의 격차가 존재하지만, 두 기록이 모두 동일 지역에서 있었던 사건의 기록인 것으로 보아 북미질성 성주 훤달과 그 지역 大寺의 종을 주조하는 임무를 담당했던 필조도령 좌승 정훤달은 동일인을 지적하였다.

30) 古弥縣은 본래 백제 때 부르던 이름으로서, 전라남도 영암군 始終面 일대에 해당한다. 그 지명은 신라 경덕왕 때 昆湄縣이라고 고쳤고, 고려시대에도 이어졌으며 靈巖郡의 속현이었다. 그리고 峻豊이라는 광종 때 고려의 독자적인 연호를 사용한 것과 "昭大王"이라고 왕의 이름을 표시한 것이 특색이다.

31) 朴敬源, 「高麗鑄金匠考—韓仲敍와 그의 作品」『考古美術』149, 1981, 13~16쪽.

명문에는 고려의 국왕과 모후를 비롯하여 정동행성과 고려의 주요 관원들이 망라되어 있고, 작업을 실제 담당한 원나라 장인들의 이름도 적혀 있다.[32]

〈표 1〉 범종의 장인 명문 사례

순번	연도	유물명	지역	봉안처	장인명	소재지
1	956년(광종 7)	退火郡 大寺鍾	退火郡 (흥해)	大寺	弼造都領佐丞鄭喧達公 禁敎指揮都領 釋慧初 釋能會 都監典 村主明相卿 庚順典吉貞𩓞能達 釋能寂景如幹如良吉	일본消失
2	963년(광종14)	古弥縣 西院鍾	古弥縣 (영암)	西院	聰規沙干 大百士 羅州只未 百士	일본소재
3	1032(덕종 1)	靑鳧大寺鍾	청도현 (청송)	靑鳧大寺	大匠位金慶則(門)	일본소재
4	1065년(문종19)	戒持寺金鍾		戒持寺	大匠金永 副大匠保只 未亭	일본소재
5	1066년(문종20)	仙岳寺鍾	東平縣 (동래)	仙岳寺	鑄匠 棟梁僧鏡玼	일본소재
6	1071년(문종25)	辛亥銘迴眞寺鍾	東京	迴眞寺	入香徒布糧添敬造	일본소재
7	1107년(예종 2)	川北觀世音寺鍾	川北	觀世音寺	大匠□先□等	일본소재
8	1192년(명종22)	大慈寺鍾	장풍	大慈寺	大匠崔石	평양
9	1197년(명종27)	丁巳銘安水寺鍾	尙州	安水寺	匠有先造」	부산박
10	11세기(현종대)	聖福寺 高麗鍾			工匠□□□	일본소재
11	1216년(고종 3)	吾魚寺鍾	포항	吾魚寺	大匠順光造	오어사
12	1222년(고종 9)	靑林寺鍾[來蘇寺 高麗銅鍾]	부안	靑林寺	匠韓仲敍	내소사
13	1223년(고종10)	月峯寺鍾	평주	月峯寺	大匠別將同正崔汶芿	국립중앙박, 月峯寺金鼓

32) 『稼亭集』 권7, 銘讚 演福寺新鑄鍾銘 및 演福寺鍾銘. 이 종은 1346년(충목왕 2)에 고려출신으로 원나라 고관이었던 姜金剛과 辛裔 등이 원나라 황실의 안녕을 기원하기 위하여 장인들을 이끌고 금강산에 종을 주조하러 왔을 때, 고려측에서도 황실의 안녕을 축원한다는 명분으로 원나라 장인들을 시켜 연복사의 종을 새로 만들었기 때문이었다. 명문은 李穀이 작성하였으며, 명문 뒤에는 종의 주조에 참여한 사람들의 명단이 기록되어 있다.

14	1225년(고종12)	貞祐13年銘鐘	大良坪部曲(고창)	觀音寺	(匠)七甫	일본소재
15	1238년(고종25 추정)	戊戌銘鐘	沙於鄉 (고흥)		大匠信仇 十周	부여박
16	1238년(고종25)	神龍寺小鍾	橫川縣 (횡성)	神龍寺	大匠韓仲敍	부산박
17	1239년(고종26 추정)	己亥銘頭正寺鐘	乃山村 (양산)	頭正寺	大匠斧道	고려대박
18	1245년(고종32)	乙巳銘銅鐘	하원군 (풍덕)		別將同正韓正	국립중앙박
19	1249년(고종36)	乙酉銘五聖寺小鍾	강진 대구	五聖寺	刻□□	경주박
20	1254년(고종41)	甲寅銘生千寺小鐘	공주	生千寺	大匠□□	청주박
21	1278년(충렬왕4)	戊寅銘修淵院小鍾	공주	修淵院	匠人 郎鑒	개인소장
22	13~14세기	癸卯銘香定寺小鍾	논산	香定寺	大匠金守	부여박, 香定寺바라
23	1324년 (충숙왕11)	文聖庵鐘	河陰縣 (강화)	文聖庵	大匠崔處(□)	일본소재
24	1346년(충목왕2)	演福寺鐘	개성	演福寺	江淛行中書省 富陽縣 赤松匠手 提領 何德貴, 提領 何邦達, 提領 趙明遠 등 1천 인. 上高把頭 牛德 張玉	개성, 원 장인
25	1392년(태조 1)	洪武25年長興寺銘鐘	천녕현 (여주)	長興寺	大匠朴	봉은사

2) 금고의 명문 장인

금고는 9세기경에 사찰 의식법구로 사용된 것으로 추측한다. 금고의 용도는 금광명경도량이나 설경 때 금고의 소리를 통해 청정히 참회하도록 하고 모든 고액(苦厄)을 멸해 주는 의미의 의식법구로 쓰였다.[33]

고려 이전의 유일한 작품은 「함통6년명금고」(865)이며, 고려시대 제작된 금고의 명문 가운데 연대가 가장 이른 것은 「경암사반자(瓊巖寺盤子)」(1073)이다. 명문이 남아있는 금고의 현존 사례는 매우 많다. 범종과 같이

---

33) 최응천, 앞의 논문, 1988, 66쪽 참조.

〈표 2〉 금고의 명문 장인 사례

순번	연도	유물명	지역	봉안처	장인명	소재지
1	1103년(숙종 8)	三角山重興寺鈑子	양주	重興寺	大匠盧珎	호암 미술관
2	1109년(예종 4)	衆林寺半子	경산	衆林寺	主持顯儀大師忠祚 造成	경주박
3	1160년(의종14)	溟州楊等寺半子	명주	楊等寺	大匠良且 李申 等	일본소재
4	1183년(명종13)	大定23年銘 屈石寺 반자	東京	屈石寺	大匠義成	백율사
5	1202년(신종 5)	泰和2年銘半子	원주		大匠約文鑄成	불교박
6	1202년(신종 5)	蒲溪寺盤子		蒲溪寺	京良工韓宗守	이대박
7	1214년(고종 1)	高麗 高嶺寺鈑子		高嶺寺	同時住持惠成 同房 侍衛軍仲叙	일본소재
8	1216년(고종 3)	貞祐4年銘半子	충청도		大匠辰亡	동국대박
9	1217년(고종 4)	奉業寺鈑子	竹州	奉業寺	上大匠夫金 大匠阿 角 三大匠景文 都色 大師洪植	연세대박
10	1218년(고종 5)	貞祐6年銘靑銅鈑子	대흥군 (예산)		大匠元淸助役孝文 孝貞僧	호암박
11	1224년(고종11)	利義寺鈑子	영동	利義寺	大匠仁天住夫(仁癸 丑尖?)	국립중앙 박
12	1225년(고종12)	乙酉銘華嚴寺半子	완주	華嚴寺	大匠大德	부여박
13	1238년(고종25)	福泉寺鈑子	橫川縣	福泉寺	別將同正韓仲敍	부산박
14	1252년(고종39)	玉泉寺壬子銘鈑子 (安養社鈑子)	지리산	安養社	京師工人家別將同正 韓仲敍, 工人別將同 正韓仲敍	옥천사
15	1269년(원종10)	己巳銘靑銅金鼓	청주	回陽寺	大匠仍及三	청주박
16	1301년(충렬왕27)	大德5年銘靑雲寺鈑 子		靑雲寺	鑄匠鄭	국립중앙 박
17	1305년(충렬왕31)	大德9年銘判子			匠三人 吳□半吳孝 良 吳涂□	경주박
18	1322년(충숙왕 9)	藥師寺禁口	海州 首陽山	藥師寺	大匠道人性卽 同願 散員同正金葉	일본 소재
19	1344년(충목왕 1)	至正四年銘金鼓	정융채		刻標造成匠 洪廣大	중국 소재
20	1346년(충목왕 2)	高麗兜率寺半子		兜率寺	朴成李天住造成?	일본 消失
21	1385년(우왕 11)	乙丑銘鈑子		石寺	銅匠小斤吾未	호림박
22	11~12세기	己酉銘思惱寺半子	청주	思惱寺	大匠金先	청주박
23	13세기 추정 (1249년, 고종 36)	月峯寺金鼓	平州	月峯寺	中郞將同正都正相 匠黃光等鑄	국립중앙 박
24	시기 미상	丙戌銘觀音寺般子		觀音寺	大匠老个同	호림박
25	시기 미상	丙寅銘禁鼓			匠洪主造	공주박
26	시기 미상	白蓮結社金鼓	상주		造納大匠[銀]先	상주시

봉안처, 발원자, 장인, 중량, 제작연대 등이 기록되어 있는데 명문을 주조하기 어려운 경우는 점선이나 선으로 새겨넣었다. 후원 계층도 다양해서 옥천사 소장 「임자명반자」(1252)처럼 고위 관료가 후원하고 당대 최고의 장인인 한중서가 만든 금고도 있지만, 대부분은 지방의 유력자인 호장이나 동정직자(同正職者) 또는 하급무관들이 후원하였다. 또한 승려나 여성 신도들도 향완이나 금고, 접시 등을 후원하며, 자신의 시납과정을 명문을 남겼다.

청동금고에서의 장인 명문 사례의 특징은 '대장'·'장'뿐만 아니라 '동장'·'주장'도 새로이 보인다. 또한 '별장동정 한정○'·'경량공 한종수'와 '경사공인가 별장동정한중서'의 연관관계, 그리고 '장삼인(匠三人) 오□반·오효량·오록□'은 가족관계와 법고 제작의 최소 인원을 파악할 수 있다. 또한 '시위군 한중서'·'별장동정한중서'·'중랑장동정도정상'은 장인의 능력에 따라 시위군으로부터 별장동정, 나아가 중랑장동정으로 승진하는 과정을 엿볼 수 있다. 이외에 '상대장−대장−삼대장'은 같은 직종 장인내의 위계와 서열을 파악할 수 있다.

3) 향완 및 기타 명문 장인

향완은 향을 피우는 공양구로서 범종이나 금고처럼 제작연대, 봉안처, 후원자, 발원문, 중량 등을 기록하였다. 「해안사향완(海安寺香垸)」(1221, 동아대)에는 "정우(貞祐) 9년(1221) 신사 2월에 추밀원사 어사대부 병부상서 상장군 최우가 해안사에 시납했다. 백좌회에서 사용한 것으로 이 모양과 같은 것을 1백개 제작하였다. 2근 9량이 들었다"34)라는 명문이 있다. 이 명문을 통해 백좌회를 위해 제작되었으며, 같은 모양의 향완 1백개가

---

34) 「貞祐九年銘銀絲香垸」銘, "貞祐九年辛巳二月日樞密院使御史大夫使兵部尚書上將軍崔瑀施納海安寺百座排籌香垸此樣一百入重二斤九兩印."

함께 만들어졌음이 확인된다. 더불어 당시 호국경인 인왕경을 바탕으로 국가에서 주관한 행사인 백좌회에서 사용되었다는 점은 기물과 기법의 성격은 물론 용도와 위상을 짐작케 한다.

청동 향완은 입사 기법에 사용되는 은을 사용하는지 여부에 따라 제작비용이 달라진다는 점에서 범종이나 금고와는 달리 후원 계층이나 제작 수준의 편차가 더 컸던 것으로 보인다. 때문에 청동향완의 장인 명문의 특징은 다른 기물에 비해 특성상 입사장의 존재가 눈에 띈다. 「대정십팔년명금산사향완(大定十八年銘金山寺香垸)」(1178)에 기록된 '상승부내승지동정 강신(尙乘府內承旨同正 康信)'과 「지정사년명중흥사향로(至正四年銘重興寺香爐)」(1344)의 '누수 중랑장 김경'이 그 예이다. 상승부내승지는 정9품의 액정국 소속의 관직이다. 강신은 액정국 소속 장인으로 산직으로 보인다. 김경의 직책인 중랑장 역시 중랑장동정 도정상, 별장동정 한중서에서와 같이 실직이 아닌 산직으로 파악된다.

현재 사용되는 입사라는 명칭은 고려시대에도 확인되지만, 주로 조선시대 문헌기록에 등장한다. 은사(銀絲)를 감입해 장식하는 장인을 『경국대전』 공조 경공장조에는 입사장(入絲匠)이라 칭했고, 『조선왕조실록』과 그 외 다수의 문헌에 입사장 활동이 기록되어 있다.[35]

금속제 기타 유물에서 보이는 장인 명문의 특징은 '태박사'(962), '도감 충순(都監忠順)'(1186), 일품별장 보석(1186)과 함께 '경장 김협'·'장김일(匠金一)'이 동경장으로는 보이는 사례이다.[36] 또 장명(匠銘) 대신으로 '조인(造

---

35) 김세린, 「高麗時代 禁制와 工匠制를 통해 본 金屬象嵌技法의 양상」 『미술사논단』 36, 2013.

36) 이 2개의 '高麗國造' 銅鏡 이외에는 아직 장인 명문이 보이지 않는다. 추후 관심이 필요하다. 동경은 대부분 중국에서 제작된 것이 많은데, 중국에서 수입한 동경의 명문들은 동경을 생산한 생산지나 생산자, 동경 제작을 승인한 官府의 표시가 대부분이다. 특히 '楊州'와 '杭州'·'胡州'로 지명이 확인되기도 하며, "杭州大陸家'처럼 'ㅇㅇ 家'라고 하여 동경을 제작한 집안의 이름이 남아 있기도 하다(국립중앙박물관, 『고려동경』, 2010, 17~18쪽 참조).

〈표 3〉 향완의 명문 장인 사례

순번	연도	유물명	지역	봉안처	장인명	소재지
1	1178년(명종 8)	大定18年銘金山寺靑銅銀入絲香垸臺座	전주	金山寺	納絲殿前尙乘內承旨 同正康信 鑄成高正	일본 소재
2	11~12세기	思惱寺靑銅香爐	청주	思惱寺	[匠新達]	청주박
3	1229년(고종 16)	興王寺銘靑銅銀入絲雲龍文香垸	덕수현	興王寺	在京金彦守造	호암박
4	1342년(충혜왕 후3)	松林寺香垸		松林寺	崔家造	
5	1344년 (충혜왕 복위 5)	重興寺香爐	삼각산	重興寺	縷手中郎將金卿	봉은사
6	1346년(충목왕 2)	至正6年銘靑銅銀入絲上院寺香垸	智異山	上院寺	靑銅匠人夫令	부산박
7	1352년(공민왕 1)	至正12年銘龍藏禪寺香垸	금강산	神溪寺	縷工	평양박
8	1368년(공민왕17)	表訓寺香爐	금강산	表訓寺	入絲匠徐勉造	表訓寺
9	1397(태조 6)	靑谷寺銘 香垸		靑谷寺	入絲金信剛 靑銅夫金	국립중앙박
10	시대미상	己丑銘月溪寺香垸		月溪寺	造納權應	동국대박

人) 이기'로 표기되고 있으며, 은제도금사리감을 만들 때 최소 3명(나득부·이씨노룡·박자청)이 한 조로 제작하고 있었음을 알 수 있다. 아마도 이들은 이성계발원사리구의 은제도금사리감 안에 모시는 은제도금탑형사리기, 그리고 사리감을 집어넣은 청동발 등 사리갖춤 일체의 제작에 관련된 장인들이었을 것이고, 박자청은 사리구를 봉안하는 석함의 조성 등을 주관한 총 책임 담당 장인으로 보인다.[37] 박자청은 여말선초에 건축가로 활동한 김사행의 제자로 알려져 있으며, 위화도 회군공신으로 동지밀직사사 황희석의 가인(家人)으로, 각종 기물제작이나 토목공사에 일찍 재능을

---

37) 조선 건국 초 태조·태종·세종 때 중용된 朴子靑(1357~1423)은 노비출신으로 공조판서·의정부참찬에까지 오른 인물로, 고려말 내시로 출사해 郞將, 1392년 조선이 건국되자 중랑장으로 승진하였다. 태종은 박자청이 건축에 재주가 있다는 걸 알고 공조판서에 임명했으며, 경회루, 창덕궁, 성균관 문묘, 건원릉(태조의 능), 헌릉(태종의 능), 살곶이다리(중랑천) 등 여러 건축물이 그의 손을 거쳐 완성되었다. 67세로 세상을 떠나자, 그의 부음을 들은 세종은 사흘간 조회를 중지시키는 한편, 손수 지은 제문을 내리고 나라에서 장사지내게 했다(『세종실록』 권22, 세종 5년 11월 병술).

<표 4> 기타 명문 장인 사례

순번	연도	유물명	지역	봉안처	장인명	소재지
1	962년(광종 13)	龍頭寺址鐵幢竿	청주	龍頭寺	鑄大博士□	청주시
2	1186년(명종 16)	日月寺鉢盆		日月寺	刻都監忠順造	국립중앙
3	1186년(명종 16)	金剛寺 光明臺	영주	金剛寺	工一品別將甫石	한국문물연구원
4	12세기	靑銅火爐	장풍		匠指諭托光	평양
5	12~13세기	靑銅대야	희천		○○匠	평양
6	13~14세기	癸卯銘香定寺小鍾(其二鈸羅)	논산	香定寺	癸卯銘香定寺鈸羅 卯八月十一日… 心 ☑☑愿乙卯秊□造 成全廷造	부여박
7	시대 미상	雙鳧花枝 鏡			高麗國鏡匠金叶造	일본 소재
8	시대 미상	無紋鏡			高麗國匠金一造	국립중앙
9	1310년(충선왕 2)	至大3年銘金銅舍利塔			造人李奇	개인소장
10	1390년(공양왕 3)	李成桂發願舍利具(銀製鍍金舍利龕)	금강산 월출봉		造羅得富李氏奴龍 朴子靑	국립중앙

보여 이 사리장엄구 제작에 관여한 것으로 보인다.[38]

이외에도 939년(태조 22)에 조성된 지평 「보제사대경대사탑비」의 '철장령 총민·철장 중원부인(충주) 향연', 941년(태조 24) 영풍 「명봉사경청선원자적선사능운탑비」의 '철장 능이거사' 958년(광종 9)~960년(광종 11) 사이의 괴산 「각연사통일대사탑비」의 '철장부오', 993년(성종 12)에 조성된 죽산 매산리 석탑[영태이년명탑지(永泰二年銘塔誌)]의 중수 명문의 '조장현안장로 [탑]조주박렴', 997년(성종 16)에 조성된 안성 「장명사석탑기」의 '박사 선연운□□김위, 요색광총사 현긍, 유장 지미지', 1005년(목종 8)에 조성된 「동대탑지석」의 '천불태장숭례등삼백여인(千佛太匠崇礼等三百餘人)', 승가굴 석조좌상광배의 '철장 □□', 1031년에 작성된 칠곡 「정도사오층석탑조성형지기」의 '철장'은 앞의 금속유물에서 보이지 않는 금속제 전문 야장들로 보인다.

---

38) 주경미, 「李成桂發願 佛舍利莊嚴具의 硏究」『미술사학연구』257, 2008, 45~46쪽 참조.

한편, 철장승(鐵匠僧)은 각각 마정(磨釘), 노야도인(爐冶道人) 등으로 기록되어 있는데, 건축에 필요한 철물을 제작하는 단야장이다. 철장령은 함께 표기된 철장중인을 고려한다면 철장 중에서 높은 기술을 습득한 대장으로 추측된다.[39]

3. 경·외 공장의 편제와 운영

고려는 장인을 국가에 등록, 편제하려고 노력하였다. 이를 바탕으로 관련 관청의 전문분야에 장인들을 소속시켜 체계적인 운영을 꾀했다.[40] 고려의 장인에 대한 인적 관리는 적어도 성종 연간(960~997)과 현종 5년(1015)에 두 차례의 백공안독(百工案牘, 공장안)이 작성되면서 이루어졌다.[41] 공장안은 장인의 인적 파악과 역의 수취를 위해 작성되었고, 개경과 외방으로 각기 활동 지역에 따라 등록·편제되었다. 때문에 장인들은 공장역의 세습과 입사가 제도적으로 제한되는 등 공장안을 통한 국가적 통제가 가해지면서 그들의 수공업 활동이 국가 제도 안에서 운영되었다.

이러한 고려시대 장인(공장, 이하 장인)에 대한 연구는 사료를 통한

---

39) 홍대한, 앞의 논문, 2012, 239쪽 참조.

40) 서성호, 앞의 논문, 1997, 13~14쪽. 고려시대의 장인제도는 통일신라시대 神文王(?~692), 景德王(?~765)의 편제와 이를 바탕으로 泰封(910~918)의 수정된 제도, 漢代에 체계가 잡혀진 중국의 장인제도를 혼용해 만들어졌으며, 통일신라시대에는 『삼국사기』에 工匠府에 대한 명칭이 기록된 것으로 보아 어느 정도 통제는 존재했던 것으로 추정한다. 그러나 장인의 소속보다는 金入宅이나 下典 등 공역을 담당하는 주체나 관청명만이 기록되어 있는 것으로 보아 아직 특정 工匠들이 특정 관청에 제도적으로 편제되어 있지 않았던 것으로 보고 있다(서성호, 앞의 논문, 1992, 86~87쪽 참조).

41) 서성호는 성종 연간에 지방에 대한 통제가 제도적으로 진전되고 전국적인 호적이 작성되는 것과 때를 같이하여 이루어진 것으로 이해하고 있다(앞의 논문, 1992, 91쪽 참조).

문헌 연구,[42] 유물의 형식과 명문을 이용한 미술사적(금속공예, 석조건축) 접근,[43] 이 두 가지를 절충한 방식으로[44] 진행되어 왔다. 문헌 연구에서 주목한 것은 국가의 장인에 대한 운영방식과 그들의 위계와 위상(신분) 문제였다. 논의의 자료는 현종대 활약한 최사위(961~1041)가 작성한 「공장안(백공안독)」과 『고려사』 식화3 녹봉 공장별사의 "제아문공장별사 병 이역삼백일 이상자 급지 문종삼십년 정(諸衙門工匠別賜 並以役三百日 以上者 給之 文宗三十年 定)"의 제아문 공장과 300일 이상 역을 담당한 자에게 지급한 공장별사 규정, 『고려사』 식화1 전제 전시과조의 '문종삼십년 경정 양반전시과 무산계' 제6과의 "전십칠결 대장, 부장, 잡장인, 어전부락건락 인, 지리업승인(田十七結 大匠, 副匠, 雜匠人, 御前部樂件樂人, 地理業僧人)"의 내용을 어떻게 해석할 것인가이다.

위의 사료에 근거해 장인의 구분을 국가로부터 일정한 액의 현물급료와 토지가 지급되는 관속공장(중앙관서와 지방관아의 전속공장)과 비관속공 장(제품판매, 기술판매)으로 보거나,[45] 개경과 지방에 따른 구분으로서 경공장·외공장, 관청 수공업장으로서의 위치 또는 예속의 정도에 따른 구분으로서 직역층·부역층으로 구분하고, 지방과 개경의 관청 수공업 운영상의 차이를 고려하여 직역층을 경공장에 한정하기도 한다.[46] 또한 중앙관청 수공업은 정부의 수요에 따라 개경의 중앙관청에 분류되었고, 각 관청마다 각종 공장이 전속되어 있었으며,[47] 왕실·관청의 수요품, 군수

---

42) 洪承基, 앞의 논문, 1975 및 金蘭玉, 앞의 논문, 1999.
43) 다양한 잔존 유물의 수가 많은 때문인지 다른 고고학적 유물보다 연구의 폭이 넓은 편이다. 최응천, 「고려시대 金屬工藝의 匠人」, 『美術史學研究』 241, 2004 ; 이영희, 「고려시대 재명불구와 장인」, 『미술사 자료와 해석』, 일지사, 2008 ; 홍대한, 앞의 논문, 2012 ; 이광배, 앞의 논문, 2012 ; 김세린, 앞의 논문, 2013 ; 陳政煥, 「新羅 下代~ 高麗 前期 佛敎石造美術 發願者와 匠人의 變化」, 『新羅史學報』 32, 2014.
44) 徐聖鎬, 앞의 논문, 1997 및 이병희, 앞의 논문, 2015.
45) 홍승기, 앞의 논문, 1975.
46) 서성호, 앞의 논문, 1992.

품, 조공품 등 지배층의 수요를 충족하기 위한 것으로, 그 수공업품은 전문성이 높고 수준도 뛰어난 것으로 파악하였다. 때문에 관청 수공업은 중앙·지방의 관청이 수공업장을 설치하고 공장을 징발하여, 제품을 만드는 체제로 운영되었을 것으로 보았다.[48]

이들 관청은 관리체계의 최고 담당기관인 공부(工部) 예하에 직능에 따라 선공시, 군기시 등 13개 부서로 분화하였고,[49] 그 비중에 따라 판사(정3품)~승(정9품)에 의해 지휘·통제되고 행정관리 체계는 신분적 위계질서가 철저하였으며, 그 등급은 단순히 생산의 규모나 중요성에 의해 규정되는 것이 아니라 기본적으로 어느 계층의 수요품을 생산하는가에 따라 규정된다는 것이다. 또 아문의 공장들에게 1년에 300일 이상 근무하였을 경우에는 공장별사를 주었으며, 별사의 액수는 작업의 중요성에 따라 벼는 최고 20섬으로부터 최하 6섬까지, 쌀은 최고 15섬부터 최하 7섬까지를 지급하였으며, 이 공장별사는 관청 수공업자들의 생활을 보장하여 그들의 재생산을 유지하게 하려는 최소한의 조치였다는 것이다.[50]

이와는 달리 장인은 '공실(公室)에 수고로움을 바치는'[51] 존재로서 관공장과 사공장으로 구분하여 중앙이나 지방 관청에 전속된 공장은 관공장으로, 그 이외에는 사공장으로 파악하였다. 또한 공장은 양인신분이라 하더라도 일반 백정농민과 동등한 지위에 있었던 것이 아니라 차별적인 대우를

47) 姜萬吉, 앞의 책, 1975.

48) 홍희유, 앞의 책, 1979, 85~86쪽 및 안병우, 앞의 책, 1994, 111쪽 ; 姜萬吉, 앞의 책, 1975, 184~187쪽.

49) 13개 업종에 23명의 상층 수공업자들이 배속되어 있었으며, 13개의 업종 가운데서 弩筒匠·箭頭匠·旗畵業을 제외한 나머지 10개 업종에는 2명씩의 상층 수공업자들이 指諭·行首·大匠·副匠이라는 명목으로 속해 있었고, 그들의 밑에는 몇 명씩의 일반 수공업자들이 속해 있었을 것으로 본다(홍희유, 앞의 책, 86~88쪽 ; 徐明禧, 앞의 논문, 2002, 419~421쪽).

50) 서명희, 앞의 논문, 2002.

51) 『淡庵逸稿』권2, 疏箚, "論商賈 我國 農則履畝而稅 工則勞於公室 商則旣無力役 又無稅錢 請自今其紗羅綿布 皆用官印 隨其輕重長短 逐一收稅 潛行賣買者 竝坐違制."

받고 있으며, 공장의 신분적 지위를 양인이면서도 백정농민보다 낮은 '천사자(賤事者)' 계층으로 설정하였다.[52]

한편, 미술사적 접근은 장인의 기술적 측면에서 사장은 일반 직업적 주금장(鑄金匠)으로 '장'이나 '장인', 그리고 이름만을 밝힌 경우가 이에 해당하며, 관장은 대장이나 부장 등의 직명을 이름 앞에 표시한 경우에는 무산계에 속해 있으면서 국가로부터 전(田) 17결의 녹봉을 받는 존재들이며, 승장은 사원에 소속되어 승려신분으로 각종 기술직에 종사하면서 관장의 관직명과 동일한 명칭을 따랐을 것으로 보았다.[53] 또 재명불구(在銘佛具)의 장인을 관속·비관속으로 구분하기 보다는 활동하는 공간을 중심으로 개경장인(한중서)과 지방장인(고미현 서원종명의 대백사나주지미백사)으로 분류하기도 했다.[54] 또한 공장은 대규모 영선, 수공업생산 활동에 종사하는 기술자로 소속집단의 기능에 따라 국공(國工)·경외공장·공장승 등으로 구분되며, 불교석조미술품을 직접 제작한 장인계층은 출신에 따라 관장·사장·승장으로 나누어지며, 사장의 경우, 9세기 초에 일반화되었을 가능성이 높다고 하였다.[55]

특히 범종에서 주종장인의 명문을 통하여 각 장인의 계열은 크게 관장, 사장, 승장으로 분류하여, 관장은 대장이나 부장, 별장동정 같은 직명을 이름 앞에 표시한 경우, 사장의 경우는 장, 장인, 각 그리고 이름만 밝힌 경우이며, 승장은 이름 앞에 승이란 글자를 확실히 승려임을 밝힌 것에 해당한다고 하였다.[56] 사장에는 승장도 포함되어 있었으며, 사장들 가운데 서로 연관이 있는 분야의 이들이 집단을 만들어 활동하거나 공예품 제작이 가업으로 이어져 사장가(私匠家)를 이루는 경우도 있었다고 보았다.[57]

---

52) 김옥란, 앞의 논문, 1999.
53) 최응천, 앞의 논문, 2004.
54) 이영희, 앞의 논문, 2008.
55) 진정환, 앞의 논문, 2014.
56) 이광배, 앞의 논문, 2012.

그러나 이렇게 관속공장과 비관속공장, 경·외공장, 관공장과 사공장, 사장과 관장, 국공, 공장승(승장) 등의 다양한 용어로 구분한 장인의 범주는 혼란을 가져온다. 그 원인은 고려의 경우, 조선의 『경국대전』 내의 경·외공장에 대한 법제적 구분이 있지 않다는 점 때문이다.[57] 선행 연구에서는 「공장안」에 성적(成籍)된 공장들과 각 관청 수공업장에 속한 별사자와 '300일 이상 역을 진 자[並以役三百日 以上者]'를 동일한 장인으로 이해하였다. 즉 제아문공장(諸衙門工匠)과 300일 이상 역을 부담하는 자로 이루어진 이 둘의 관계를 어떻게 파악하느냐에 따라 경·외공장의 범주화가 달라진다.

고려시대 장인들은 경외를 막론하고 모두 공장안에 성적되었다. 기술이 우수한 이들은 전문 직종에 따라 중앙과 지방의 각 관청에 전속되었다. 이외의 장인들은 300일 이상 부역의 대가로 국가로부터 대우를 받았다. 예컨대 "잡직·서사(胥史)·공장에 이르기까지 무릇 직역을 가진 자도 또한 모두 일정한 녹봉[常俸]으로 <본인이 직접> 경작하는 것을 대신하게 하였으며, 이를 일러 별사(別賜)"라고[59] 한 점은 이를 말해준다. 이들 가운데는 '공실에 수고로움을 바치는' 공로에 따른 별사와 함께 무산계의 전17결을 받는 상층 공장으로 대우를 받는 존재들이었다.

그러나 서성호의 연구를[60] 제외한 대부분의 기존 연구에서 각 관청

---

57) 김세린, 앞의 논문, 2013.

58) 이에 대해 서성호는 개경 공장과 지방 공장은 비록 그 법제적 구분이 확인되지는 않지만 적어도 양자는 현실적으로 準別된 것으로 보았다. 公役에 종사하는 이들은 기본적으로 서로 활동공간이 다를 뿐 아니라 公役 收取의 양상도 상이하였으므로, 법제적 구분은 아니지만 개경 공장과 지방 공장을 京工匠·外工匠으로 불러도 무방하다고 했다. 불완전하지만 조선의 京外工匠처럼 보아야 한다는 것이다. 한편 외공장은 소의 공장에 대해 군·현·향·부곡·소 등 각 출신 지역별로 공장안에 등록 파악한 것으로 이해하였다(앞의 논문, 1992, 93쪽).

59) 『고려사』 권80, 식화3 祿俸, "而以至雜職胥史工匠 凡有職役者 亦皆有常俸 以代其耕 謂之別賜."

60) 서성호는 개경과 지방에 따른 구분으로 京工匠·外工匠이란 개념과 관영 수공업장에서의 위치 또는 예속의 정도에 따른 구분으로 職役層·赴役層이라는 용어를 사용하고, 직역층과 부역층의 구분은 일단 지방과 개경의 관영 수공업 운영상의 차이를 고려하

〈표 5〉『고려사』제아문공장별사의 중앙 관청 소속 장인의 업종과 숫자[61]

관청명(종·수)	공장명(수)	업무역할	관청명(종·수)	공장명(수)	업무역할
軍器寺(軍器監) 13(23)	皮甲匠 2	가죽갑옷 제작	掌冶署(營造局) 8(15)	銀匠 3	은 가공, 기물 제작
	牟匠 2	창 제작		和匠 3	금속공예
	和匠 2	금속 세공		白銅匠 1	백동 가공, 기물제작
	白甲匠 2	백색 갑옷 제작		赤銅匠 1	적동 가공, 기물제작
	長刀匠 2	큰 칼 제조		鏡匠 1	거울 제작
	角弓匠 2	각궁제작		皮帶匠 2	가죽띠 제작
	漆匠 2	옻칠담당		金箔匠 1	금박 제작, 도금
	鍊匠 2	금속제련		生鐵匠 2	생철을 숙철로 가공
	弩筒匠 1	화살통 제작	都校署(雜作局) 6(7)	木業 2	목수
	旗畫業 1	의장기 도안작성 제작		石業 1	석공
	箭匠 2	화살 제작		彫刻匠 1	각자, 조이(조각)
	箭頭匠 1	화살촉 제작		石匠 1	석수
	皮匠 2	가죽가공		粧覆匠 1	잡상 등 세공품 제작
中尙署(供造署) 15(19)	畫業 1	도안 작성		泥匠 1	흙벽장이
	小木匠 1	목가구 제작	尙衣局(掌服署) 7(11)	繡匠 1	자수 담당
	韋匠 1	가죽 가공		幞頭匠 4	두건, 사모 제작
	紅鞓匠 1	붉은 띠 제작		靴匠 1	가죽, 비단신발 제작
	朱紅匠 1	색 물감 제작		帶匠 2	공복 띠 제작
	彫刻匠 2	각자, 조이(조각)		花匠 1	조화 제작
	螺鈿匠 1	나전시문		靸鞋匠 1	비단 신발 제작
	漆匠 2	옻칠담당		笏袋匠 1	옥으로 홀 제작
	花匠 1	조화 제작	雜織署 2(4)	罽匠 3	모직 제작
	紙匠 1	종이 제작		繡匠 1	자수 담당
	珠簾匠 1	돗자리, 발 제작	掖庭局(掖庭院) 3(4)	錦匠 2	비단(평직, 능직) 제작
	竹篠匠 1	대나무 자리 제작		羅匠 1	비단(나직) 제작
	御蓋匠 1	어용, 제례용 日傘 제작		綾匠 1	비단(능직) 제작
	黃丹匠 1	황색 염직물 제작	太僕寺(司僕寺) 3(3)	大鞦匠 1	말 다래 제작
	梳匠 1	빗 제작		鞍韉匠 1	말 안장깔개 제작
	磨匠 1	맷돌 제작		皮匠 1	가죽가공
尙乘局(奉車署) 6(7)	大鞦匠 1	말 다래 제작	內弓箭庫 4(4)	角弓匠 1	각궁 제작
	鞍轡匠 1	말 고삐 제작		箭匠 1	화살 제작
	鞍褥匠 1	말 안장깔개 제작		箭頭匠 1	화살촉 제작
	鞍轎匠 1	말안장 제작		弓袋匠 1	활집(궁대) 제작
	馬匠 1	말굽 등 제작	총공장명	68(57)종	
	持馬匠 2	왕실 마구 관리	총장인수	97명	

여 경공장에 한정하였다(앞의 논문, 92쪽 주 65 참조).

61) <표 5>는 김세린, 앞의 논문, 2013, 178쪽을 참고하여 정리하였다.

수공업장에 속한 별사자와 '300일 이상 역을 진 자'의 공장별사 규정, 그리고 무산계 6과 규정만으로 중앙의 각 관청에 소속된 장인을 모두 경공장으로 이해한 것은 납득하기 어렵다. 왜냐하면 <표 5> 『고려사』 제아문공장별사의 10개 관할 관청(태악관현방 제외)에서 조직·운영하던 중앙 관서 직속의 수공업장은 68개의 작업장에 97명의 상층 장인들이 소속되어 각기 해당 생산을 기술적으로 지도·통제하고 있었으며, 그들 밑에는 일정한 인원의 일반 장인들이 있었다.

이렇게 우수한 상층 장인이 소속된 각 관청의 업무는 용도와 기물의 재질을 기준으로 나눈 것으로 보인다. 금속재는 장야서, 군기시, 봉거서 등에서 다뤘을 것으로 추정되며, 이 가운데 왕실의 금속재 기물 제작은 장야서가 중추적 역할을 담당했던 것으로 여겨진다. 소속 장인은 적동장(赤銅匠), 백동장(白銅匠) 등으로 세분화되어 있었으며, 제련을 전문으로 하는 연장(鍊匠)이 기물의 세밀함과 견고함을 더해준 것으로 판단된다. 화업과 나전, 칠과 관련된 장인은 중상서와 군기시에 소속되어 있었다.[62]

그러나 이들은 68개 작업장에 57종에 불과한 관청 소속의 전문 장인이다. 즉 고려시대 공장안의 전체 장인들 가운데 중앙의 각 관청에 소속된 장인일 뿐이다. 이들을 모두 경공장으로 이해한다면 중앙에서 활동하는 장인의 숫자가 너무 적어지는 셈이다. 또 『경국대전』 내의 30개 관아 130종 부문에서 2,841명의 경공장과 비교해도 적은 수치이다.[63] 예컨대,

---

62) 김세린, 앞의 논문, 2013, 178~179쪽 참조.
63) 1485년(성종 16)에 편찬된 『경국대전』 공장 경·외공장조에는 중앙의 京工匠 경우는 한성부에 등록하였고, 지방의 外工匠은 각 도의 병영이나 해당 관청에 등록하였다. 『경국대전』에 의하면, 경공장은 30개 관아 130종 부문에서 2,841명이, 외공장은 27종 부문에서 3,656명이 종사한 것으로 보인다. 업무의 수만을 가지고 비교해도 외공장은 경공장의 대략 5분의 1정도이다. 중앙 관청 수공업의 업무가 세분화 되어 있음을 알 수 있다.

왕명을 귀하게 받들고 당시에 필요한 것을 홀로 결단하여 사찰과 궁실을 세운 것이 3곳이니, 그 이름을 살펴보면 현화사·봉은사·대묘이다. 또 스스로 주독사가 되어 임금에게 청하고, 왕명을 받아 세우고 고친 사찰과 관사와 궁성 건물이 15곳이다. 보제사 금당과 나한전, 의왕사의 사중원, 서경의 사천왕사와, 역시 서경의 장락궁 태조진전, 연주 경내의 진북 영화사, 선주의 신중사, 진도현의 점찰원, 시진현 경내의 포천 미륵원, 낭천군의 개통사와 계성사, 개차근산의 정양사, 수주의 자복사, 송림현 경내의 보현경관 등이 그것이다. … 경술년의 병난 때에 백공에 관한 모든 문서[百工案牘]가 불타 없어졌는데, 반정 후에 공이 홀로 글을 올려 요청하고 그 일을 주관하면서 5년 만에 중외(中外)의 공장 성명을 성적하여 각사에 분부(分附)하였다.[64]

위의 내용에서 경술년은 1010년(현종 1)이므로, 현종 이전에 이미 백공 안독이 정비되어 국가 차원에서 활용되고 있었음을 알 수 있다. 그러나 거란의 2차 침입으로 공장안이 불에 타 5년 뒤인 1015년에 다시 작성한 '중외의 공장'은 바로 서울[京]과 외방의 장인들이다. 최사위가 '중외의 공장들을 공장안에 성명을 성적하여 각사에 분부하였다'고 한 것은 이들을 국가의 직접적인 역을 부담하는 존재로 파악했기 때문이다. 따라서 공장별 사 규정의 '300일 이상 역을 진 자'는 중앙의 각 관청에 소속된 공장 이외에 역을 부담하는 잡장인들과 외방의 장인들도 포함되어야 한다. 현종은 거란의 침입으로 폐허가 된 개경의 궁궐뿐만 아니라, 성종 이후

---

64) 김용선, 『高麗墓誌銘集成』, 한림대학교 출판부, 2003, 「崔士威墓誌銘」, "貴承 王命獨斷 時宜造立三寶幷宮室者三所也 審其名焉 玄化寺奉恩寺大廟者也 況又自陳奉牘便奉 口兪創 立修營寺舍宮▨者一十五所也 普濟寺金堂及羅殿 醫王寺寺家院 西京四天三寺 其京長樂宮 大祖眞殿 延州境內鎭北靈化寺 宣州神衆寺 珍島縣▨察院 市津縣境內布川彌勒院 狼川郡開 通寺啓星寺 皆次斤山正陽寺 水州資福寺 松林縣境內普賢館等也 … 庚戌年兵難仍 以百工案 牘皆以燒亡 返正後公獨奏請與主典 五年之間 中外工匠姓名成籍 各司分附也."

위축되었던 불교의 중흥을 위해 다수 사원의 정비와 수축을 진행하였다. 특히, 현종은 황룡사 9층 목탑 수리(현종 3), 현종 7년부터 12년 사이에 홍경사(현종 7~12), 현화사(9~12), 개국사탑 수리와 계단 설치(현종 9), 혜일중광사(현종 18~21) 창건을 비롯한 다수의 불사가 이루어졌다. 이러한 공역을 수행하기 위해선 다수의 노동력 이외에도 수준 높은 기술자들이 필요했다.[65] 이 과정에서 현종은 최사위를 통해 대규모 국가영선 활동을 수행하기 위한 공장안을 집성했다고 보여진다.[66]

공장안은 장인의 수공업적 전문 기능을 수취하기 위한 기본 자료로서, 당초 그것을 작성하였던 것은 전국의 호구와 토지에 대한 파악과 같은 집권화 조치의 일환이었다. 그리고 공장 역의 세습과 장인의 입사 금지 규정은 사실상 장인의 지위를 일반 잡류와 같게 하여 일반 양인의 그것보다 차이를 두려는 의미가 있었다.[67]

그 예가 중앙 관청 소속의 상층 전문 장인과 1년에 300일 이상 근무한 장인들에게 직역의 대가로 공장별사가 주어진 것에서 알 수 있다. 즉 "잡직·서사·공장들에 이르기까지 무릇 직역이 있는 자라면 그들에게도 역시 정상적으로 주는 녹봉에 있어서 그가 농사를 지어서 얻을 수 있는 것만큼 보장하여 주는데, 이것을 '별사'라고 하였다"는[68] 것에서, 이들에

---

65) 현종 때 국가차원에서 공장이 운영되고 있었던 사실은 공장안을 비롯한 官制에서 확인된다. 현종 3년 2월과 3월 전국적으로 발생한 旱災에 대한 대처로 피해농가에 糧種을 지급하고, 국왕 스스로 減常膳하며 工匠을 歸休시키고 있어 적지 않은 수의 공장을 국가에서 관리, 운영했음을 살필 수 있다(『고려사』 권79, 식화2 農桑 현종 3년 2월 및 3월 ; 같은 책 권4, 현종 3년 2월 을묘).

66) 송성안은 공장안 작성 의도를 후삼국 통일 후 지방세력의 통제 아래 있던 사적 수공업 집단을 파악하기 위한 목적이 숨어 있다고 보았다(앞의 논문, 1988, 12쪽 참조).

67) 서성호는 이를 유교적 末業觀도 작용한 면도 있겠지만, 친족집단별 사회 편제인 골품제가 해체된 위에서 정치적 사회적 직분으로서의 역을 표준으로 하여 고려적인 신분 체제를 구성하려는 고려 국가가 골품제 하의 신분 관계와는 상관없이 모든 공장을 그 수공업적 전문성을 기준으로 일률적으로 파악하려는 강한 의도가 담겨져 있다고 보았다(앞의 논문, 1997, 9~11쪽 참조).

게는 직역의 대가로 별사가 주어졌다.

별사의 액수는 작업의 중요성에 따라 쌀[米]은 최고 20섬으로부터 최하
6섬까지, 벼[稻]는 최고 15섬부터 최하 7섬까지였다.[69] 또 나아가 문종
21년(1067)에 제정된 전시과에 의하면 대장·부장·잡장인 등에게는 무산계
를 받은 경우에[70] 17결의 토지에 대한 수조지가 주어졌다.[71] 대장·부장들
은 관청 소속의 상층 장인이었으며, 잡장인들은 중앙 관청 소속의 전문
직종의 장인이 아닌 일반 수공업자들로 이해된다.[72] 이들에게 17결의
수조지를 준 것은 그들이 '공실에서 복무'하는[73] 대상, 즉 관청에 소속되어
직역을 부담하는 것이 국가에 대한 의무였기 때문이다.

가-① 태화(泰和) 2년 임술년(1202, 신종 5) 4월 일. 포계사에서 새로 반자(盤
子)를 만들었다. 무게는 10근이다. 동량은 같은 절의 주지인 비구 저관(著
觀)이다. 이 절에 매달았다. 경량공인 한종수가 만들었다.[74]

가-② 고려 23대왕의 환갑이 되는 해인 임자년(1252, 고종 39) 4월 12일

---

68) 『고려사』권80, 식화3 祿俸 序文.
69) 『고려사』권80, 식화3 祿俸, "諸衙門工匠別賜 並以役三百日 以上者 給之 文宗三十年定."
70) 서성호는 별사를 지급받는 개경 관영 수공업장의 공장 중에서도 정규 무산계라
할 수 있는 陪戎副尉 이상의 무산계를 보유한 공장은 전체 10개 관아 소속 97명의
별사 지급 대상 공장 가운데 오직 군기감에 소속된 牟匠 行首宣節校尉 1인, 長刀匠
行首陪戎副尉 1인, 角弓匠陪戎校尉 2인 등 모두 4인에 그치고 있다고 하였다(앞의
논문, 1992, 87~88쪽).
71) 『고려사』권78, 식화1 田制 田柴科. 문종 30년, "更定兩班田柴科田十七結[大匠副匠雜匠人
御前部樂件樂人 地理業僧人]."
72) 서성호는 잡장인에 대해 별사 지급 대상 공장이 아닌 일반 부역층 공장이라고
생각하기는 어려우며, 정규 무산계 보유 공장들을 제외한 여타의 공장들로 보았다(앞
의 논문, 1992, 100쪽 참조).
73) 『淡庵逸稿』권2, 疏箚, "論商賈 我國 農則履畝而稅 工則勞於公室 商則旣無力役 又無稅錢
請自今其紗羅綿布 皆用官印 隨其輕重長短 逐一收稅 潛行賣買者 竝坐違制."
74) 「蒲溪寺盤子」銘, "泰和二年壬戌四月 日 蒲溪寺新造盤子 重十斤 棟梁同寺住持 北丘著觀懸
排此寺 京良工韓宗守."

경사공인(京師工人)의 집에서 지리산 안양사의 반자를 주조하여 만드니, 무게가 60여 근이었다. … 공인은 별장동정 한중서이며, 동량은 도인 종일이고, 부담인은 상좌(上座) 보심이니, 오래도록 사용하십시오.[75]

가-③ 기축년(1289, 충렬왕 15) 2월 일. 흥왕사의 학도 대덕, 진례군 부호장 전부 등이 마음을 같이하여 발원하여 제작하였다. 서울에 있는[在京] 김언수가 만들었다.[76]

위의 가-①·②·③의 내용은 지방의 사찰에서 제작된 불구류에 새겨진 기명이다. 기명에는 제작자들의 활동지역을 명기하고 있는데, '경량공', '경사공인가', '재경'은 경공장을 의미한다. 이들이 제작할 당시 공장별사에 해당하는 중앙 관청 소속의 공장이었는지는 명확치 않지만, 장인이 제품을 제작한 곳을 서울[京]이라는 점을 밝히고 있다. 또한 우왕이 거울을 주조하는 법을 배우고자 하여, 궁중으로 불러들인 경장[77] 역시 경공장으로 짐작된다. 이렇게 경공장들이 활동 거주지를 기명하고 있다는 점은 경공장과 외방 장인과의 차이를 뚜렷하게 드러내고자 의도로 보인다.

따라서 공장안에 성적되어 개경과 외방의 공역을 담당한 장인들은 기술 수준과 활동 공간만 다를 뿐 역에 따른 부담은 동일했을 것이다. 그러나 공역의 수취양상은 상이했다. 특히 외방의 장인은 경공장과 달리 군현과 향, 부곡, 소 등 출신 지역별로 공장안에 등록 파악되었을 것이기 때문이다.[78] 외방 공장 중 지방 관청소속 공장들에 대해 살펴보면 다음과 같다.

---

75) 「玉泉寺壬子銘飯子」銘, "高麗二十三王環甲之年壬子四月十二日在於京師工人家中鑄成智異山安養社之飯子入重六十餘斤 … 工人別將同正韓 仲叙 棟梁道人宗一 負擔人上座普心 使用長存."
76) 「興王寺銘靑銅銀入絲雲龍文香梡」銘, "己丑二月日興王寺學徒大德 文日 進礼郡副戶長全孚 等同心發愿在京金彦守造."
77) 『고려사』권134, 우왕 6년 11월, "禑欲學鑄鏡 召鏡匠."

현종 3년 2월에 "… 홍범의 팔정(八政)에 먹는 것을 첫째로 삼았는데, 이것이야말로 나라를 부유하게 하고 군대를 강력하게 하는 방도이다. 그런데 요즈음 사람들은 부화한 습관에 빠져 근본(농업)을 버리고 자그마한 이익을 따라가고 농사지을 줄은 모르니, 여러 도에 있는 금기·잡직방·갑방의 장인들은 모두 그 인원을 축소하여 농업에 종사하도록 하여야 할 것이다."[79]

위 내용은 1012년(현종 3) 현종이 교서를 통하여 사람들이 이익이 많이 남는 수공업에만 종사하므로, 각 도의 금기(錦綺)·잡직방(雜織坊)·갑방(甲坊) 소속 장인의 인원을 축소하고 농사일에 전념하도록 조처한 것이다. 금기방은 비단과 능직, 잡직방은 모직물 및 자수 등을 만드는 곳이고, 갑방은 원 간섭기에 활동한 권단의 기록에 의하면, "그가 동경유수로 있을 때, 그보다 앞서 동경에는 창고 하나가 있어서 백성들에게서 능라를 부과, 징수하여 저장해 두고 이름을 갑방이라 하였다"고 한다.[80] 갑방은 비단 생산과 세납을 징수하여 보관하는 기능을 하고 있었음을 알 수 있다. 따라서 위의 교서 내용은 각 도의 관청에 소속되어 있던 수공업 생산 장인들의 수를 줄이도록 한 것이지만, 이것은 오히려 지방 관청에 소속된 직속 장인들이 다수 활동하고 있었음을 알려주는 사례가 된다. 그러한 예가 '일품별장보석'이라 할 수 있다. 원래 일품별장은 부호장에서 선발 임명하였다.[81] 만일 보석이 지방 유력세력인 호장층이 아니라면

---

78) 徐聖鎬, 앞의 논문, 1992, 93쪽.

79) 『고려사』 권79, 식화2 農商 현종 3년, "三月 教曰 '洪範八政 以食爲先 此誠富國强兵之道也' 比者 人習浮靡 棄本逐末 不知稼穡 其諸道錦綺雜織甲坊匠手 並令抽減 以就農業."

80) 『고려사』 권107, 權㫜, "留守東京 舊有一庫 賦民綾羅貯之 名甲坊 充貢獻 嬴餘甚多 皆爲留守所私 㫜撤甲坊 以一年所收 支三年貢."

81) 『고려사』 권81, 병1 兵制, "(文宗)二十三年 三月 判 諸州一品別將則以副戶長以上校尉則以兵倉正戶正食祿正公須正隊正則以副兵倉正副戶正諸壇正試選弓科而差充."

보석은 지방 장인 가운데 7품직에 해당하는 관직을 가진 첫 사례가
될 것이다.[82]

한편, 939년(태조 22) 양평 보제사에 세워진 대경대사 여엄(862~930)의
「보제사대경대사현기탑비문」에는[83] '철장중원부인향연(鐵匠仲源府人香淵)'
이라 하여 탑비의 건립에 참여했던 재가제자(在家弟子) 중 철장으로
중원부인이었던 향연을 밝히고 있다. 같은 비문의 음기에 도고당사승
(都考當事僧)으로 철장령인 총민은 직책과 이름만 기록한 반면, 향연은
그 출신이 중원부(충주)임을 밝히고 있어 차이를 보여준다. 향연은 다른
구성원들과는 달리 충주에서 활동을 하다가 파견된 것을 알 수 있다.[84]
향연과 같은 외방 장인들의 경우, 지방 관청의 요구와 중앙 차원의 건축
토목 관련 역사가 발생할 경우에 정부(丁夫)와 같이 동원되어 필요한 노동
력을 제공했을 것으로 짐작된다.[85] 이러한 예는 「고미현 서원종기」에서
도 확인된다. 종을 만드는 데 참여한 승려들과 고미현의 관반인 사간·
경 그리고 장인인 백사의 존재를 확인할 수 있다.[86] 총규 사간은 광종을
대신하여 불사를 주도한 인물이고, 대백사는 나주에서 온 백사 지미가
주조하였다.

---

82) 지방에 속한 一品軍의 '軍'은 '군대'라는 일반적 의미 이외에 '노동'의 의미가 첨가된
   것으로 파악한다면(이건식, 「醴泉開心寺址五層石塔記 銘文의 국어학적 연구」『구결연
   구』 32, 2014, 20쪽), 一品別將甫石은 公役을 담당한 지방 장인이 된다. 이러한 예는
   마산 회원현성 출토 '一品八月造'와 관련하여 고찰해야 할 것으로 보인다.
83) 「菩提寺大鏡大師塔碑文」(裏面) "鐵匠令 聰敏' '鐵匠仲源府人香淵."
84) 홍대한은 國工은 개경의 중앙관청에 소속되어 왕실과 해당 관청이 요구하는 수공업
   과 營繕을 담당한 기술자 집단으로 규정하였다. 특히 탑비는 왕명으로 건립되었는데,
   국가차원에서 추인된 사업의 경우 최고 수준의 기술을 소유한 공장이 동원되었고
   거주지에서 찾을 수 없을 경우, 경공장 또는 타 지역의 우수한 공장이 초빙되었을
   것으로 보았다(앞의 논문, 2012, 239쪽 참조).
85) 서성호, 앞의 논문, 1992, 105쪽 참조.
86) 古弥縣 西院鍾記, "伐昭大王 當縣聰規沙干 峻豊四年癸亥九月十八日 古彌縣 西院鑄鐘記
   徒人名疏 同院主人領玄和尙信嚴長老 曉玄上坐 欣宜郷乂 言郷大博士 羅州只未百士."

1029년(현종 20) 20년에 걸친 개경 나성의 축성과정에 정부 30만 4천 400명, 공장 8천 4백 50명이 연인원으로 동원되었을 것으로 추정된다.[87] 그러나 공장 8,450인이 모두 경공장일 수는 없다. 따라서 부족한 노동력을 충당하기 위해 외방 장인이 부역 형태로 참여했을 것이다. 물론 외방 장인 중에는 우수한 기술을 보유한 이들도 있었겠지만, 경공장보다는 낮은 기술력을 보유했던 것 같다. 앞의 '경량공', '경사공인가', '재경'의 사례처럼 경공장의 기술을 높이 사 지방의 사찰에서 특별히 범종·반자와 같은 불구류의 제작을 의뢰했기 때문이다.

또 공민왕대 노국공주의 영전 운영에 필요한 비용을 공포(貢布)로 납부케 한 '제도제색인장'[88] 역시 각 도의 관청에 소속된 외방 장인을 말하는 것이고, 『고려사』 권83, 지37 병3, 주현군 동계의 안변부외 12개 지역에 주현군의 직급별 액수에 나오는 '공장일경(工匠一梗)' 396명이 소속된 외공장의 존재가 확인되고 있다.[89] 그리고 조선시대『경국대전』내의 공장조에 경·외공장의 구분이 명확한 점을 참고한다면, 고려시대 공장안 내의 소속된 장인들은 활동 거주 지역에 따라 경·외공장으로, 그리고 중앙과 지방의 관청에 소속된 장인을 관장으로, 여기에 속하지 않은 장인들을 사장, 즉 민간장으로 파악하는 것도 하나의 대안으로 여겨진다.[90]

---

87) 『고려사』 권56, 지리1 王京開城府 沿革 ;『고려사절요』 권3, 현종 20년 8월.

88) 『고려사』 권89, 공민왕 후비 노국대장공주, "諸道諸色人匠 合納貢布 幷委寶源庫收掌 雲岩寺納田二千二百四十結."

89) 고려에서는 44개의 주·군·현에 19,882명의 일품군에 망라되어 공역군으로 복무하고 있었으므로 여기에도 많은 수의 장인들이 소속되었을 것으로 보인다(『고려사』 권83, 병3 州縣軍).

90) 工匠案의 공장(장인)을 중심으로 활동 생산처가 중앙이나 지방이냐, 또는 관청에 소속되어 직역의 대가로 赴役하느냐와 그렇지 않느냐에 따라 京·外工匠과 관청의 소속 여부에 따라 官匠과 私匠 또는 僧匠으로 구분하는 것도 필요하며, 이를 바탕으로 장인의 기술적 직능에 따라 세분화된 분류도 가능할 것으로 보인다.

4. 장인의 제작 활동과 지방 확산

공장안에 성적되어 국가에 의해 파악된 각 직능별 전문 장인의 기술 수준은 어떠했을까? 또 중앙과 지방에 거주하는 장인들은 그들간의 상호 기술적 차이나 선진기술의 습득과 유행을 어떠한 형태로 진전시켰을까? 예컨대,

> 나-① 고려는 장인의 기술이 지극히 정교하여, 그 뛰어난 재주를 가진 이는 다 관아에 귀속되는데, 이를테면 복두소·장작감이 그곳이다. 이들의 상복은 흰 모시 도포를 입고 검은 건을 쓴다. 다만 시역을 맡아 일을 할 때에는 관에서 자주색 도포[자포(紫袍)]를 내린다. 또한 거란에서 항복한 포로 수만 명 중 장인이 열에 하나 꼴인데, 그 중 정교한 솜씨를 가진 사람을 뽑아 왕부(王府)에 머물게 하였다고 들었다. 그래서 근래에 기복은 더욱 정교해졌으나, 경박하고 겉치레[부위(浮僞)]가 너무 많아져서 예전의 순수하고 순질한 것을 회복할 수 없게 되었다.[91]

> 나-② 고려는 모시[紵]와 삼[麻]을 스스로 심어, 사람들이 베옷을 많이 입는다. 제일 좋은 것을 시(絁)라 하는데, 깨끗하고 희기가 옥과 같고 폭이 좁다. 그것은 왕과 귀신(貴臣)들이 다 입는다. 양잠에 서툴러 사선과 직임은 다 상인을 통하여 산동이나 민절 지방으로부터 사들인다. 극히 좋은 문라화릉이나 긴사(결이 곱고 얇은 비단)나 비단[錦]이나 모직물[罽]을 짜는데, 그동안 북로(北虜, 여진)의 항복한 병사 중에 장인[工技]이 많았으므로 더욱 기교하고, 염색도 그 전보다 나아졌다.[92]

---

91) 『고려도경』 권19, 民庶 工技, "高麗工技 至巧其絶 藝悉歸于公 如幞頭所 將作監 乃其所也 常服白紵袍皁巾 唯執役趣事 則官給紫袍 亦聞契丹降虜數萬人 其工伎十有一 擇其精巧者 留於王府 比器服益工 第浮僞頗多 不復前日純質耳."

92) 『고려도경』 권23, 雜俗2 土産, "自種紵麻 人多衣布 絶品者 謂之絁 潔白如玉 而窄邊幅

나-③ 7월 정몽주가 경사에서 돌아왔는데, 받들고 온 황제의 조서에 이르기를, "너희 고려 사람들은 한·당나라 때부터 중국에 와서 물건을 사고팔면서 정탐하였고, 또 우수한 장인을 매수하여 갔다. 근래에 들어서는 밀무역까지 하고 있으니, 부끄러운 일이다. …"[93]

위의 나-①·②는 1123년(인종 1)에 송나라 사신으로 고려에 들어온 서긍의 기록이다. 뛰어난 재주를 가진 장인들은 모두 복두소·장작감과 같은 관아에 귀속된다는 점, 또 장인들은 평상시의 옷차림과 시역할 때의 옷차림이 다르다는 점, 거란의 포로 가운데 기술이 뛰어난 공장을 골라 개경에 머물게 하였다는 점, 항복한 여진 포로 병사 가운데 장인을 직물에 종사시켰다는 점을 지적하였다. 또 나-③은 명의 황제 주원장이 우수한 장인[好匠人]들을 중원으로부터 매수해 갔다는 점을 지적하고 있다. 따라서 위의 내용에서 송과 원뿐만 아니라 거란의 공예기술과 여진인의 직조기술은 고려 장인들에게 일정한 영향을 주었음을 짐작케 한다.[94] 때문에 인종은 1129년(인종 7) 5월에 교서를 내려 "오늘날에는 위로는 조정으로부터 아래로는 백성들에 이르기까지 화려하고 사치스러움을 경쟁하고 거란의 풍속을 받아들이고는 돌이키지 않는" 풍조를 고치고자[95] 했지만, 이런 과정을

王與貴臣 皆衣之 不善蠶桑 其絲線織紝 皆仰賈人 自山東閩浙來 頗善織文羅花綾 緊絲錦罽 邇來北虜降卒工技甚衆 故益奇巧 染色又勝於前日."

93) 『고려사』 권136, 우왕 12년 7월, "鄭夢周還自京師 欽奉宣諭聖旨曰 恁那裏人 在前漢唐時節 到中國來 因做買賣打細 又好匠人也買將去 近年以來 悄悄的做買賣也 不好意思 再來依舊 悄悄的買賣呵 拿着不饒你 如今俺這裏也 拿些箇布匹·絹子·段子等物 往那耽羅地面買馬呵 恁那裏休禁者 恁那裏人也明白 將路引來做買賣呵 不問水路旱路 放你做買賣 不問遼陽·山東·金城·太倉 直到陝西·四川 做買賣也不當 這話恁每記者 到恁那國王衆宰相前說知一."

94) 요와 금의 북방문화의 기술적 전이과정에 대한 연구는 이미 지적되어 왔다(장남원 외, 『고려와 북방문화』, 양사재, 2011).

95) 『고려사』 권16, 인종 7년 5월 갑진, "詔曰 先王之法 正刑名 詳分守 大爲之備 曲爲之防 冠冕之式 衣服之制 上下有別 尊卑不同 故貴不以逼 而賤不敢踰 人心定矣 逮德下衰 法與時弊 衣服無等 而人不知節儉 我太祖之開國也 克愼儉德 惟懷永圖 景行華夏之法 切禁丹狄之俗 今則 上自朝廷 下至民庶 競華靡之風 襲丹狄之俗 往而不返 深可嘆也 今朕 庶幾率先 以革末俗

거쳐 1102년 숙종 때에는 동여진의 영가가 요청한 은기장을 파견하기도 했다.96)

이렇게 선진 기술을 습득하고 여진 등에 파견된 장인들은 소속 관청에서 그 업종에서 가장 뛰어난 자들이었을 것으로 짐작된다.97) 예컨대, 고려시대의 주금장이었던 한중서의 경우는『고려사』나『고려사절요』와 같은 사료와 문집에도 등장하지 않는다. 다만 범종과 금고 같은 금속유물에 새겨진 명문에만 등장하는 인물이다. 그가 사료에 보이지 않는 것은 그의 신분이 장인 신분의 수공업자였기 때문일 것이다.

한중서가 만든 것으로 확인되는 것은 총 5점의 유물이 있다.98) 강종 2년(1213)에는 고령사 반자, 고종 9년(1222) 청림사 동종, 고종 25년(1238)에는 신룡사 소종과 신천사 반자, 그리고 고종 39년(1252)에는 안양사 반자 등을 주조하였다. 유물의 명문에는 그의 직위가 새겨져 있는데, ① 수녕궁주방 시위군 ② 장 ③ 대장 ④ 별장동정 ⑤ 별장동정 순이다. 그는 범종뿐만 아니라 반자 등을 함께 제작하는 것으로 보아 불구류 일체를 제작하는 장인으로 시위군사→ 장→ 대장의 순으로 승진하였으며, 1238년에는 별장동정이란 동정직도 가지고 있었다. 시위군시절부터 별장동정에 이르기까지 대략 38년 정도를 활동하였다.99)

『고려사』권78, 지32 식화1 전시과의 양반전시과내에 전17결의 무산계를 받는 공장으로 대장과 부장·잡장인을 언급하고 있음을 볼 때,100) 공장안

　　　其乘輿服御之物 皆去華尙質 咨爾公卿大夫 其體朕意 奉而行之."

96)『고려사』권11, 숙종 7년 11월 정미, "東女眞盈歌遣使 請銀器匠 許之."

97) 이들은 '國工'으로도 표현되어 국가나 군현에서 벌어진 佛事에 역의 일환으로 참여하였을 것으로 본다(홍대한, 앞의 논문, 239쪽 참조).

98) ① 崇慶二年銘 高嶺寺飯子(1214) 도쿄국립박물관 소장 ② 來蘇寺高麗銅鐘(1222) 부안 내소사 소장 ③ 神龍寺小鐘(1238) 부산광역시립박물관 소장 ④ 福泉寺飯子(1238) 부산광역시립박물관 소장 ⑤ 玉泉寺壬子銘飯子(1252) 경남 고성 옥천사 소장.

99) 박경원, 앞의 논문, 1981 ; 최응천, 앞의 논문, 2004.

100)『고려사』권78, 식화1 田柴科 武散階.

에 성적된 공장들 가운데 관청 수공업자로 장에서 시작해 부장을 거쳐 대장의 직위를 거치고 있음을 알 수 있다. 한중서는 이러한 단계를 거쳐 별장동정직을 수여받은 것으로 보인다.

조선후기의 자료지만, 불구류 가운데 범종을 제작하는 한중서와 같은 장인의 모습은 다음 내용에서도 알 수 있다. 예컨대,

성주이씨(장인)가 법화암에 와서 범종을 만들고 돌아갈 즈음에 나에게 말하였다. "나는 대장장이[冶匠]올시다. 무릇 풀무질로 쇠붙이를 다루어서 만드는 그릇은 수백 가지입니다만, 수레바퀴의 궁글대, 말재갈쯤을 어찌 어렵다 하겠으며, 궁중 바느질에 쓰이는 바늘, 의원이 쓰는 침을 어찌 천한 연장이라 할 수 있겠습니까. 그러나 크기로 말하면 전쟁에 쓰이는 큰 칼이 제일이나 그것은 마침내 상서로운 그릇이 못 되고, 무겁기로 말하면 가마솥을 당할 것이 없으나 결국 물과 불에 시달리다가 닳아지고 맙니다. 그것은 모두 쇠붙이입니다. 비록 쇠붙이가 말이 없다고 해서 어찌 대장장이로서 다루는 방법을 가리지 않을 수 있겠습니까. 하물며 종은 소리를 내는 악기입니다. … 세상의 모든 그릇은 생김새에 따라 쓰이기 때문에 쉬 닳아집니다만, 오직 종은 소리에 의해서 쓰이고 소리는 형태가 없습니다. 그러므로 종은 억지로 해도 닳아 없어지지도 않고 그 수명이 오래 가는 것입니다. 비록 종을 만드는 수효는 적지만 종장이로 놀고먹는 사람은 없으며, 그릇이 무겁고 만들기 어렵기 때문에 그 값이 비싸지 않을 수 없는 것입니다. 나는 매양 풀무 불 앞에서 일하더라도 능히 나의 삶을 살아왔으며 그것이 나로 하여금 이 업에 종사하게 한 이유가 됩니다. 그러나 이제 나는 늙고 말았습니다. … 다만 절에 거는 종을 만듦에 초빙되었을 따름이니 약간의 서러움이 없지도 않습니다. 그러나 나는 제사에 쓰이는 고기를 담는 그릇을 만들지 않았으므로 소나 양의 원한을 살 일이 없고, 종을 잘 만든다 하여 나를 맞이하는 사람이

많아서 나는 이름난 산과 절을 두루 다녔습니다."[101]

이 글은 1764년(영조 40) 6월에 승려 추파 홍유(1718~1774)가 범종을 만드는 성주이씨인 대장장이[야장(冶匠)]의[102] 이야기를 기술한 것이다. 여기에서 '대장장이는 만들지 못하는 그릇이 없다는 점, 종을 만드는 수효는 적지만 종장이로 놀고먹는 사람은 없으며, 종이 무겁고 만들기 어렵기 때문에 그 값이 비싸지 않을 수 없다는 것, 풀무 불 앞에서 일하더라도 그것 때문에 자신의 삶을 살아왔으며 그것이 이 업에 종사하게 한 이유라는 것, 이 때문에 사찰에서 종 만드는 일에 불려 다녔다는 것을 자랑스럽게 여기고 있다. 비록 조선후기의 장인이지만 이러한 모습은 여러 지역에서 범종을 제작한 한중서와 크게 다르지 않을 것으로 짐작된다.

그런데 한중서가 제작한 「옥천사임자명반자」(1252)에는 '경사공인지가(京師工人之家)'라는 표현이 나온다. '경사'는 고려의 수도인 개경(강도)을 나타내는 것이고, '공인지가'는 수공업장을 뜻하는 것으로 추정된다. 그가 개경(강도)에서 공방을 두고 활동하고 금속제품을 제작했던 것을 알 수 있다. 「포계사반자」(1012)의 '경량공한종수'도 개경에서 활동한 장인이었다.

「청림사종(내소사고려동종)」의 경우에는, 종의 명문에 '청림사금종주

---

101) 『秋波集』 권3, 記 冶人 李子說記, "歲甲申林鐘之月 星山李子來法華庵 鑄鐘訖將歸 謂余曰 '余冶者也 凡冶之攻金 而成者以百數 車之釭馬之鉗 何其勞也 涓人之鉐 瘍醫之鍼 何其賤也 大而爲鎮鋼 終非祥器也 重而爲鼎鼐日使水火爭而已 亦隨而銷耗焉 彼金也 雖不知恩怨於冶 而爲冶者 術不可不擇也 夫鐘者樂之具 … 凡諸器 以形爲用 故易弊 而惟鐘之用也 以聲聲者無形也, 不竭而不勞 其壽長 長故鐘之鑄不數 不數故鐘之工希 希故遠道之人亦來 而邀之 鐘之鑄不數 而鐘之工未嘗終歲遊 其器重其成難 故其直高 未嘗日勞於鞴火之前 而其得足以 補吾生 是以吾以是業 然而吾生也晚 … 乃聘技於招提之懸 悲夫 然而吾不用牲血之釁 故牛與 羊皆無所怨之 而鐘善成人之邀我者多 故吾之遊名山勝利者多矣."

102) 조선시대에 冶匠은 爐冶匠·鍊匠·鉛鐵匠·승냥쟁이·승냥바치 등 다양한 용어로 불리었으며, 민간에서는 대장간에서 일하는 '대장장이'로 속칭되었다(장경희, 「조선시대 철물 제작 장인 연구」『한국공예논총』17, 2014, 56쪽 참조).

성(靑林寺金鍾鑄成)'이라 되어 있어 이 종이 청림사나 그 근처 공방에서 만들어졌을 것이다.[103] 이를 통해 한중서가 중앙에 소속된 관청 수공업 장인으로서, 또는 경공장으로서 지방의 불사에 참여해 범종 등의 불구류를 제작하였다는 것을 알 수 있다.[104]

또한 장인의 자식이 3~4명이상일 경우 아들 1명으로써 업을 잇게 하였다는 점에서[105] 고려시대 수공업 장인은 그 업이 아버지에서 아들로 직업을 계승하고 있음을 볼 때,[106] 한중서도 시위군 소속으로 첫 활동을 시작했지만 대대로 기술을 계승받았던 장인으로 보인다. 이러한 점은 앞의「대덕구년명판자(大德九年銘判子)」(1305)의 '장삼인 오□반·오효량·오록□'에서 같은 가족의 일원으로 집단을 만들어 활동하거나, 가업으로 이어져 사장가를 이루는 경우도 있었다. 이들은「정우오년봉업사명반자(貞祐五年奉業寺銘盤子)」(1217)에는 '상대장－대장－삼대장'의 순으로 그들 사이의 서열을 지니고 작업 분화를 꾀하였던 것으로 보인다. 또「정우육년명청동반자(貞祐六年銘靑銅飯子)」(1218)에는 대장 원청과 조역인 효문·효정승이 보인다. 이는 승려 효문·효정의 도움을 받아 반자를 제작하고 있다는 뜻이다.[107]

---

103) 이 종의 크기는 115(높이)×66(지름)㎝이며, 명문에는 700근으로 적혀있다. 이것을 개경에서 주조하여 옮기는 것은 실질적으로 힘들었을 것이다. 또한 범종은 크기에 따라 다르겠지만 공정과정에서 적어도 7~8명의 인원이 함께 작업하는 것 등을 고려하면 보다 넓은 장소가 필요하였다. 이외에 법고나 향완 같은 경우는 적어도 2~3인 이상의 인원이 되어야 분화된 작업이 진행되었을 것이다.

104) 제작자와 생산 장소뿐만 아니라 원료의 공급처도 중요하다. 고려시대는 所가 수공업 생산에 필요한 원자재를 담당했다. 국가에 공납한 것 이외의 산물에 대해서는 사적으로 처분하였을 가능성이 높은데, 종을 제작할 때 원료인 銅을 어디서 누구로부터 조달받았는지에 대한 것을 파악한다면 제작자와 생산지, 원료의 이동과 유통에 대한 다각적인 측면에서 수공업 생산을 바라볼 수 있을 것이다. 이와 관련한 연구로 이병희의 연구가 참고된다(앞의 논문, 2015).

105)『고려사』권75, 선거3 銓注 限職,"文宗七年十月 判, '樂工有三四子者 以一子繼業 其餘 屬注膳·幕士·驅史 轉陪戎副尉·校尉 限至曜武校尉."

106)『고려사』권75, 선거3 限職 정종 6년 4월 判,"南班及流外人吏·將校等子 不付工匠案者 依父祖有痕咎人例 入仕"및"文宗二十七年正月 有司奏."

107) 최응천은 大匠 元淸을 승려 신분의 僧匠으로 추측하고 있으나(앞의 논문, 2004,

이렇게 중앙의 각 관청이나 경공장으로 활동한 장인집단은 40년간의 몽골의 침입과 항쟁 속에서 소 수공업체제의 쇠퇴, 공장안의 부실한 관리 등과 함께 지방으로의 이주와 확산이 진행되면서 새로운 기술의 전파가 이루어졌을 것이다.

12세기 이래 국가의 과중한 수탈과 권세가의 탈점으로 소민(所民)의 유망을 초래하여 소의 생산체제는 붕괴되고 있었다. 소가 붕괴되면서 이를 해결하기 위해, 소민에게 잡역이나 기타 부역을 면제해 주는 조치를 취하기도 하였지만 이것은 근본적인 대책이 되지 못하였다. 예컨대,

> 예종 3년(1108) 2월에 판하기를 "경기 주현은 상공(常貢) 외에 요역이 무거워 백성들이 고통스러워 날마다 도망치고 흩어지니, 이를 맡은 관청 은 계수관에게 공역의 많고 적음을 물어 이를 헤아려 정하고 시행하라. 구리, 철, 자기, 종이, 먹을 생산하는 여러 소에 별공을 징수하는 것이 지나쳐 장인들이 도망하고 있다."고 하였다.[108]

위의 내용에 따르면, 구리, 철, 자기, 종이, 먹을 생산하는 여러 소의 장인들이 별공의 지나친 징수로 도망한다는 것이다. 결국 유망의 원인은 요역과 별공 등 과중한 부세수취 때문이었다. 특히 경기 주현은 개성현과 장단현만 주현이었고 나머지 13개 군현은 모두 속현으로, 이 지역의 유망 이 더 심했음을 알려준다. 속현과 부곡지역에서 유망이 심각한 것은 이곳 이 주현에 비해 조세와 역역 수취에서 부담이 컸기 때문이다.[109]

179쪽), 뒤의 助役人 孝文·孝貞을 僧이라고 표기한 것으로 보아 대장 원청은 일반 장인으로 보인다.

108) 『고려사』 권78, 식화1 田制 貢賦 예종 3년 2월 判, "京畿州縣 常貢外 徭役煩重 百姓苦之 日漸逃流 主管所司 下問界首官 其貢役多少 酌定施行 銅鐵瓷器紙墨雜所 別貢物色 徵求過極 匠人艱苦 而逃避 仰所司 以其各所別常貢物 多少酌定 奏裁."

109) 박종기, 앞의 책, 2002, 408~409쪽.

부곡과 속현지역은 12세기 고려 전역에서 광범위하게 발생한 농민항쟁의 기폭제가 되었으며, 1108년(예종 3)에는 이미 지방의 소 수공업체제가 무너지기 시작한다. 외방 공장들은 경공장과 달리 2중의 역을 지고 있었다. 즉 중앙정부에 납부해야 하는 공물 공급과 지방정부의 기물 소요 충당과 같은 1차적인 상공과 지방 세력가의 기물 제작에 응해야 했다. 더구나 몽골의 침입을 거치면서 외방의 공장 운영은 사실상 마비되었다.[110]

이와 같이 소의 생산방식의 해체를 가져온 것은 소의 수취방식의 문제에 원인이 있었다. 부곡제 지역에서 생산된 물품은 국가가 필요로 하는 수요에 긴요한 것으로서 제도적으로 군현제를 통하여 수취하였으나, 실제로는 그것을 필요로 하는 중앙의 기관이 해당 부곡제 지역에서 직접 수취하였다. 또한 군현제를 통한 수취방식은 속현이나 부곡제 지역에게 있어 불리하게 적용되었다. 행정적으로는 주현의 지배를 받았지만 실제로 향리나 호장층이 수취를 전담했다. 이러한 구조는 주현에 비해 더 침탈을 받는 원인이 되었고, 이러한 폐단으로 인해 소를 포함한 부곡제 지역은 해체되었다.[111] 때문에,

다-① 또 여러 부류의 공장을 보내라고 말씀하셨는데, 우리나라에는 옛날부터 공장이 부족한데다가 기근과 질병으로 인해 또한 많이 없어졌으며, 더구나 귀국의 병마가 크고 작은 성보를 거쳐감으로써 피해를 입었거나 쫓겨난 자가 적지 않습니다. 이로부터 사라지고 분산되어 정착해 전업하는 자가 없기에 명령대로 절차에 따라 보내드릴 수 없습니다. 이는 모두

---

110) 홍대한, 앞의 논문, 2012, 226쪽. 이러한 사실은 고려 초 지방에서 건립된 석탑 중 **빼어난** 조형미를 보여주는 개심사지 오층석탑과 현종 때 건립된 일군의 석탑들이 더 이상 건립되지 않음으로써 양질의 기술을 보유한 경외공장이 감소했음을 보여주는 것으로 파악했다.
111) 박종기, 「고려후기 부곡제의 소멸과 그 원인」, 『한국고대중세의 지배체제와 농민』, 지식산업사, 1997, 309~313쪽 참조.

사실대로 말씀드리는 것이니, 이와 같은 애처로운 사정을 양찰(諒察)하시기 바랍니다.112)

다-② 근래에 유동장(鍮銅匠)이 많이 외방에 거하니, 주현 관리 및 사명인원(使命人員)이 다투어 유동을 거두어 기명을 삼는 고로 민호의 그릇이 날로 모손(耗損)됩니다. 마땅히 공장으로 하여금 기한을 세워서 환경(還京)케 하십시오.113)

다-③ 경시의 공상인을 등적하여[籍京市工商] 우거하면서 은루하여 호적에 붙이지 않는 자는 그 주객을 논죄하였다.114)

위의 내용은 13세기 몽골의 침입 이후 장인의 부족현상(다-①), 유동장의 외방 주거(다-②), 경시의 공상인을 성적은루 하는 자(다-③) 등을 언급하고 있다. 특히 1390년(공양왕 2)의 '적경시공상(籍京市工商)'은 새로운 공장 장적을 작성하고 숨기는 자는 논죄하겠다는 것으로, 관청이 아닌 개인에 소속된 장인의 존재를 알려준다. 적어도 13세기 이전부터 많은 수의 장인들이 소속 관청을 이탈했으며, 이는 국가의 통제가 정상적으로 기능하지 않았음을 의미한다.

고려후기는 경제사정으로 국가 재정이 정상적으로 운영되지 못하였고, 수공업 장인에게 급료를 제대로 지급하지 못하고 있었다. 조세가 제대로 걷히지 않고 전쟁으로 인해 농지가 피폐해지면서 녹봉조차 관리들에게

---

112) 『동국이상국전집』 권28, 書·狀·表 隣國交通所製 送撒里打官人書, "又稱諸般工匠遣送事 我國工匠 自昔欠少 又因飢饉疾疫 亦多物故 加以貴國兵馬經由 大小城堡 以罹害被驅者不少 自此耗散而莫有地著專業者 故第次不得押遣應命 此皆以實告之 伏惟諒情哀察."

113) 『고려사』 권84, 형법1 職制 충렬왕 22년 5월, "中贊 洪子藩 條上便民事 一 近有鍮銅匠 多居外方 凡州縣官吏及使命人員 爭斂鍮銅 以爲器皿 故民戶之器 日以耗損 宜令工匠 立限還京."

114) 『고려사』 권85, 형법2 禁令 공양왕 2년 4월, "籍京市工商 其寓居隱漏 不付籍者 主客論罪."

지급할 수 없는 상황에서[115] 중앙과 지방의 관청 수공업 장인들에게 지급하는 것은 불가능하였다. 오히려 자신들의 역에 대한 대가를 제대로 받지 못하고 과도한 역 부담에 시달리던 관청 소속의 공장들은 이탈할 수밖에 없었다.

관청 수공업의 쇠퇴는 결국 '관청에서 필요한 물품은 모두 시전에서 구입'하는 상태가 되고,[116] 중앙관청 소속으로 판단되는 유동장이 지방에 거주하는 등 장인이 공역체계로부터 이탈하는 현상이 늘어났으며, 그에 대응하여 국가가 공장세를[117] 거두는 형태로 장인에 대한 수취를 변화시킨 사실에서 엿볼 수 있다. 때문에 중앙에서 활동하던 수공업 장인들의 지방으로의 이탈은 관청 수공업을 붕괴시키고 민간수공업을 활성화시켜 나갔다. 지방 민간수공업자 중에는 전업적인 수공업자가 상당히 있었다. 유동장·금장·나장·능장·금박장 등이 대표적이다.[118]

관청 수공업의 붕괴로 이탈한 장인들은 대납 물품의 생산에 참여하여 그 대가를 받았을 것으로 생각된다. 당시 성행한 대납은 물품 수요를 증대시켰다.[119] 지방의 민간수공업품 수요가 늘어나는 양상은 그릇의 수요에서 잘 볼 수 있다. 1391년(공양왕 3) 방사량(房士良)은 구리나 철로

---

115) 『고려사』 권79, 식화2 科斂, "忠烈王 十四年 十月 兩府宰樞議 先王設倉廩儲蓄積 以充國用 而備凶荒 比來 郡縣罹患 賦稅多欠 百官月俸 且未准給 國家如有不虞之需 將何以支 宜立直倉 員吏 據兩班祿科田數 當秋科斂 以瞻其用 從之 於是 張榜約日斂米 隨品有差 至於工商賤隷 科等收納."

116) 『고려사』 권84, 형법1 職制, "是年正月 忠宣王卽位 下敎曰 王京 一國之本 要令人物安堵 不可搔擾 自今以後 各司凡所須 不得於市廛侵奪 如不得已 而徵求 當與其直."

117) 『고려사』 권124, 閔湏, "湏又分遣惡少諸道 或收山海稅 或徵巫匠業中貢布 民不堪苦 康允忠 爲問民疾苦使 執送惡少 囚巡軍 王怒黜湏 未幾召之 復得幸焉."

118) 徐明禧, 앞의 논문, 1993, 435~436쪽 참조.

119) '모든 주현의 관리와 사명의 인원이 서로 다투어 놋쇠와 구리를 거두어 그릇을 만들고 있어서(凡州縣官吏及使命人員 爭斂鍮銅 以爲器皿)'라고 하는 점에서 수공업자들이 대납 활동을 하고 있었던 것을 알 수 있다(『고려사』 권84, 형법1 公式 職制, "忠烈王 二十二年 五月 中贊洪子藩條上便民事.").

만든 그릇의 사용을 금하고 대신 자기나 목기로 만든 그릇을 사용할 것을 주장하였다.[120] 이러한 건의가 나오게 된 것은 일반민들까지 철기·유기 그릇을 사용할 정도가 되었으며, 자기 생산능력 또한 민간수요에 부응할 수 있었기 때문이다.

이러한 이유로 국가의 통제에서 벗어난 중앙의 관청 소속 장인들은 자신의 역에서 이탈해 있었고, 수공업품 생산에 차질을 빚던 국가에서는 이들을 속히 복귀시켜야 했다. 1280년(충렬왕 6)에는 충렬왕이 관리를 시켜 장인들을 찾아오도록 한 것과[121] 1296년(충렬왕 22)에는 외방에 머물러 있었던 유동장들을 개경으로 복귀시키려 한 것은[122] 그들이 중앙 관청 수공업에서 이탈한 장인들이었기 때문이었다. 이들에 대한 복귀 시도는 공양왕대에도 계속되었다.[123]

이들은 지방에 거주하던 외공장이 아닌 개경에서 활동하던 경공장이었다. 무신난 이전에는 중요한 불사에 경공장이 지방에 파견되는 사례가 있으나, 정해진 업무를 끝내면 환경하는 것이 보편적이었다. 그러나 고려 말에 이르면 중앙 정부의 통제미비와 경공장에게 지급되던 별사의 부족으로 인해 경공장들의 지방 진출이 증가한다. 공장안이 정상적으로 관리되었다면 경공장의 무단 지방 이탈은 불가능했겠지만, 공장안이 유명무실해진 결과 우수한 기술력을 바탕으로 지방 유력자나 사원에 소속되어 제품생산에 종사했던 것으로 보인다.

결국 고려후기 중앙 장인의 지방으로의 확산은 관청 수공업체제와 소

---

120) 『고려사』 권85, 형법2 禁令 (공양왕) 3년 3월, "中郎將房士良上疏 一 鍮銅 本土不産之物也 願自今 禁銅鐵器 專用瓷木 以革習俗."

121) 『고려사절요』 권20, 충렬왕 6년(1280) 6월, "遣親從將軍朴延 中郎將李仁于東寧府 推刷工 匠."

122) 『고려사』 권84, 형법1 公式 職制, "忠烈王 二十二年 五月 中贊洪子藩條上便民事 一 近有鍮銅匠 多居州外方 凡州縣官吏及使命人員 爭斂鍮銅 以爲器皿 故民戶之器 日以耗損 宜令 工匠立限還京 …."

123) 『고려사』 권85, 형법2 禁令 공양왕 2년 4월, "籍京市工商 其寓居隱漏 不付籍者 主客論罪."

생산체제의 붕괴, 장인의 이탈과 지배층의 사적인 생산 활동 등의 변화에서 비롯된 것이었다. 이러한 현상은 고려가 멸망할 때까지 지속, 심화되어 갔다. 국가에서도 장인을 조사하여 적에 올리려 하였지만, 결국 성공하지 못하였고, 원료를 공급하던 소 역시 재건 시도가 불가능하였다. 그러나 이 과정에서 외방 장인들은 새로운 기술을 습득할 수 있는 기회가 되기도 했을 것으로 짐작된다.

5. 맺음말

이 글은 고려시대 백공·공장·공기·공인·대장·태장·장인 등으로 다양하게 호칭된 장인의 역할(제작활동과 기술 전이과정)을 통해 중앙과 지방과 사찰을 중심으로 장인의 생산 활동과 관련한 네트워크를 찾아보려는 것이었다. 때문에 금속불구류의 범종이나 금고, 향완 등에 보이는 명문을 통해 장인의 범주화와 제작활동, 그리고 그들의 조직 구성원과 위계관계를 파악해 보았다. 특히 경·외 공장의 범주와 존재 형태의 재검토를 통해 고려시대 공장안 내의 소속된 장인과 각 관청 수공업내의 장인을 구분할 필요가 있다는 점, 장인이 제작한 범종, 청동금고, 청동향완 등을 통해 그들의 제작활동과 위계조직, 나아가 장인의 기술 확산을 소 수공업의 해체와 관련해서 고려정부가 어떤 방식으로 대응하는지를 검토하였다.

위와 같은 문제인식을 통해서 얻어진 결과는 크게 3가지이다. 첫째, 현재까지 파악한 불구류 금속유물 가운데 명문이 있는 것이 총 202건으로, 이 가운데 장인명 유물은 총 71건이 된다. 범종명 25건, 법고명 26건, 향완명은 10건, 기타 금속명 10건을 파악하였다. 대체로 명문에 보이는 장인은 고려초에 '대백사'·'백사'로 명기되다가, 국가 지배질서의 정비 이후에는 대부분 '대장'이나 '장'으로 표기되어 있었다. 이외에 '상대장'·

'삼대장'·'대장'등으로 그들 구성원간의 위계와 서열의 차이를 드러낸 경우도 있으며, 이들은 국가로부터 부역기간과 기술수준, 공로나 노고에 따라 '지유'로부터 '부장'에 이르는 직위를 가지고 일반 장인을 지휘하였을 것으로 보인다. 둘째, 고려시대 공장안 내의 소속된 장인을 거주 지역에 따라 경·외공장으로, 중앙과 지방의 관청에 소속된 장인을 관장으로, 여기에 속하지 않은 장인들을 사장, 즉 민간장으로 파악하는 것도 하나의 대안으로 제시하였다.

셋째, 고려후기 이후 중앙 장인의 지방으로의 이주와 확산이 폭넓게 진행되었다는 점이다. 이는 관청 수공업체제와 소 생산체제의 붕괴에 따른 장인의 이탈과 지배층의 사적인 생산 활동 등의 변화에서 비롯된 것이었다. 이러한 현상은 고려가 멸망할 때까지 지속, 심화되었다. 이 과정에서 외방 장인들은 새로운 기술을 습득할 수 있는 기회가 되기도 했을 것이다.

사실 장인의 범주와 제작 활동, 기술의 전이과정에 대한 검토는 각종 실물자료를 통해 수공업 제품 자체를 분석하는 방법이 유효하다. 즉 금속제 유물 자료의 성분에 대한 과학적 분석 방법의 성과와 축적 속에서 원료 산출처와 제품 생산지, 제작자, 작업 형태, 제작 기술, 제작시기, 나아가 제작 이후의 유통 문제 등을 해결할 수 있을 것이다.

이러한 문제를 해결하기 위해서는 다음의 몇 가지가 선행되어야 한다. 장인들이 큰 규모의 불상이나 범종을 주조할 때, 공방의 운영과 구성원을 어떻게 조직했는가(분업과 공정), 금속장인은 원자재의 수급을 어떤 경로로 해결했는가, 나아가 소 수공업의 해체와 장인의 지역에서의 생산방식과 역할, 나아가 수급자의 주문생산의 경우에는 그들의 인적 교류 네트워크의 형성과정과 제작비용을 주선한 동량의 역할, 불구류 금속제 유물의 연호명 또는 장인명 명문을 통한 형식의 편년 작업, 나아가 명문 판독의 오류에 대한 점검 및 해결이 우선되어야 한다. 이러한 장인의 수공업의 기술적

수준에 대한 면밀한 검토는 고려사회의 통합과 자율의 기저 속에서 문화적
정체성의 확보, 고려사회가 지닌 중앙과 지방의 기술적인 네트워크를
확인할 수 있는 계기가 될 것이다.

제3장

고려시대 철제 농구(農具)와 농경의례

김 재 홍

1. 머리말

다양성은 정체성을 가진 개체가 서로간의 차이를 인정하고 경쟁하면서 새로운 통일성을 추구해 가는 과정이며, 상호 존재를 인정하고 소통하는 과정에서 통일성을 획득해 가는 것이다. 이러한 측면에서 고려사회는 다양성과 통일성이 교차하는 복합적인 사회이며, 다른 한편으로 개방성과 역동성을 특징으로 한다. 그 사회와 문화는 중앙과 지방, 질과 양의 문화가 공존하는 다양성을 기초로 이를 조화시켜 통일성을 지향하고 있다. 다양성을 특징으로 하면서 중앙과 지방이 연결되어 폐쇄성을 띠지 않고 서로 결합된 통일성을 가지고 있다.[1]

고려사회의 다양성과 통일성에 대한 이해는 주로 사상과 문화를 통해 이루어졌으나 고려사회의 기반인 농업 생산력의 측면에서는 적극적으로 거론되지 않았다. 농업 생산력은 노동력, 노동수단, 노동대상의 3가지 구성요소가 어우러져 총체적으로 발휘된다. 고려시대 농업 생산력의 자료

---

[1] 박종기,『새로 쓴 5백년 고려사』, 푸른역사, 2008 ;『고려사의 재발견』, 휴머니스트, 2015.

와 연구가 부족한 상황에서 노동수단(생산용구)인 철제 농구에 대한 연구는 실물자료가 전하고 있다는 점에서 강점을 가지고 있다.

고려시대 농업 생산력에 대한 연구는 문헌사료를 중심으로 진행되어 많은 성과를 거두었으며,[2] 농업 생산력을 바탕으로 전개된 농경의례,[3] 지역사회의 운영원리에[4] 대한 연구도 심화되었다. 그러나 고고학 자료를 이용한 실증적인 연구는 이루어지지 않았다. 고고학 발굴조사의 성과가 축적되면서 실물자료인 철제 농구(農具)를 대상으로 농업 생산력에 접근하는 논고가 발표되었는데, 신라 통일기와[5] 고려시대로[6] 나누어 연구가 진행되었다. 아직은 문헌사료와 고고학 자료를 정합적으로 이해할 수 있는 단계로 나아가지 않았으나 역사학, 고고학, 농업기술사의 협업이 기대되는 상황이다.

이 글은 고려시대 농업사와 사회사의 연구성과를 기초로 하여 고고학 자료인 철제 농구를 이용하여 농구의 실용적인 측면과 의례를 분석하고자 한다. 분석 과정에서 고려사회가 가진 기본 성격인 통일성과 지역적인 다양성을 해명하려고 한다. 이제 연구의 첫발을 내디딘 철제 농구의 연구가 사회적 성격과 결합하기에는 어려움이 있으나 새로운 분야를 개척한다

---

2) 李泰鎭, 『韓國社會史研究』, 지식산업사, 1986 ; 위은숙, 『高麗後期 農業經濟研究』, 혜안, 1998 ; 金容燮, 『韓國中世農業史研究』, 지식산업사, 2000 ; 李景植, 『高麗時期土地制度研究－土地稅役體系와 農業生産』, 지식산업사, 2012.

3) 한정수, 『한국 중세 유교정치사상과 농업』, 혜안, 2007 ; 한정수, 「고려시대 농업정책과 농경의례」 『한국중세사연구』 38, 2014.

4) 蔡雄錫, 『高麗時代 國家와 地方社會』, 서울대학교출판부, 2000 ; 崔鍾奭, 『한국 중세의 읍치와 성』, 신구문화사, 2007.

5) 김재홍, 「新羅 統一期 專制王權의 강화와 村落支配」 『新羅文化』 22, 2003 ; 宋閏貞, 「統一新羅時代 鐵製 牛耕具의 特徵과 發展樣相」 『韓國考古學報』 72, 2009 ; 김재홍, 「韓國 古代 쟁기의 規格性과 國家的 性格」 『考古學探究』 14, 2013.

6) 김재홍, 「中·近世 農具의 종합적 분석」 『中央考古研究』 10, 2012 ; 신은제, 「고려시기 사회경제사 연구의 진전을 위한 모색－농업생산력을 중심으로」 『한국중세사연구』 38, 2014.

는 의미에서 적극적인 의미를 부여하고자 한다.

2. 철제 농구의 분석

고려시대 철제 농구를 이해하기 위해서 먼저 문헌사료에 나오는 자료를 기초로 하여야 하지만 철제 농구에 대한 직접적인 기술은 보이지 않는다. 당시의 시(詩)나 문학작품 등에서 농작업을 노래하는 과정에서 언급하는 정도이다. 따라서 고고학 발굴조사에서 출토된 실물자료를 근거로 분석할 필요가 있다.

고려시대의 쟁기는 철제 보습과 볏이 있다. 보습(<그림 1>)은 파주 혜음원지, 안산 대부도 육곡 23호 토광목관묘, 용인 마북리사지, 화성 안화동 1호 수혈 및 지표, 충주 숭선사지, 대전 상대동 고려시대 23호 건물지, 아산 대추리 고려시대 1호 건물지, 경주 물천리 II-6호 토광묘, 거창 천덕사지 등이다. 충주 노계마을 야철유적 D지구 3호 매납유구에서는 다수의 보습과 함께 2점의 볏이 출토되었으며, 안화동 1호 주거지에서는 파손된 상태로 볏이 출토되었다(<그림 2-④>). 지역적으로 남한 전역에 걸쳐 골고루 출토되며, 유적의 성격상으로는 사원터, 무덤, 건물지 등 다양한 유적에서 출토되었다. 이는 쟁기의 사용이 지역이나 사용처의 제한을 받지 않는다는 사실을 반영하고 있다. 특히 사원이나 관아의 건물지에서 출토된 경우가 많아 공적인 영역에서 많이 사용한 것을 알 수 있다.

고려시대의 보습은 기본적으로 신라 통일기의 보습을 계승하고 있지만 다른 특성을 보이고 있다(<그림 3>). 신라 통일기의 보습은 세장한 삼각형이고 양 가장자리 귀가 돌출하며 전면에 1개, 배면에 2개의 구멍이 뚫려 있다.[7] 고려전기의 보습은 세장한 삼각형에 양 가장자리 귀가 심하게

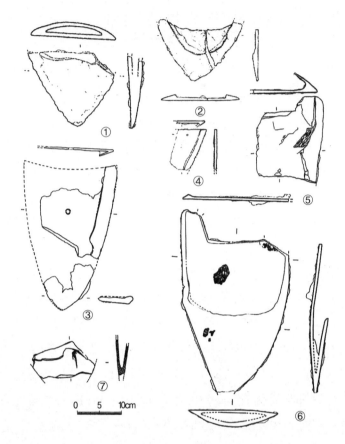

〈그림 1〉보습
① 혜음원지 ② 대부도 육곡23호 ③ 마북리사지 1호 ④ 마북리사지 2호건물지
⑤ 성주사지 ⑥ 상대동 23호 ⑦ 천덕사지

돌출하고 전면과 배면에 각각 1개의 구멍이 뚫려 있어 쟁기술에 고정하게
되어 있다. 고려후기에는 날의 각도가 넓어지고 있다.

　주조괭이는 용인 마북리사지, 수원 영통 고려유적, 수원 구운동 중세
주거유적 4호 주거지, 청주 봉명동 유적 Ⅳ지구 B-4호·C-25호 토광묘 등의

---

　7) 송윤정, 앞의 논문, 2009, 203쪽.

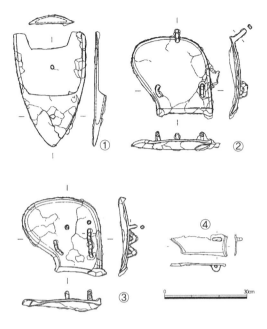

〈그림 2〉 보습(①)과 볏(②~④)
①~③ 노계D3호 ④ 안화동1호

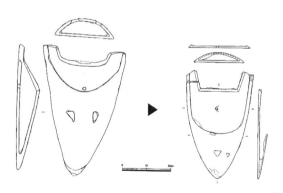

〈그림 3〉 보습(신라 통일기 ; 언남리 → 고려 ; 대추리)

유구에서 출토되었다. 주조괭이는 신라 통일기를 고비로 출토량이 급격하게 줄고 대신 코끼리이빨따비가 새로이 등장한다. 코끼리이빨따비는 그 날부분이 안산 대부도 육곡 4호 석곽묘, 용인 마북리사지, 평택 지산동유적

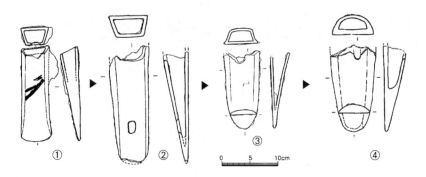

〈그림 4〉 ① 주조괭이(삼국) → ② 주조괭이(신라 통일기) → ③ 따비(고려) → ④ 따비(조선)

건물지, 평택 궁리유적 도랑, 강릉 신복사지, 옥천 백지리 I지구 상층유구, 대전 상대동 고려시대 13·17·19호 건물지, 충주 노계마을 야철유적 D지구 3호 매납유구, 아산 대추리 고려시대 1호·2호 건물지, 상주 성동리 건물지, 고령 지산동 주변채집, 경주 화천리 산214-1번지 15호·16호 토광목관묘, 거창 천덕사지 8점, 장흥 상방촌 B유적 16호 적석 등 유적에서 출토되었다.

주조괭이와 코끼리이빨따비는 그 형태가 유사하여 구별하기 곤란한 측면도 있으나 평면 형태와 단면으로 보아 구별할 수 있다(<그림 4>). 주조괭이는 횡단면이 사다리꼴이며, 평면 형태가 직사각형이고 날과 투겁의 너비가 거의 비슷하다. 이에 비해 코끼리이빨따비는 횡단면이 타원형이며, 평면 형태가 쐐기형이고 날의 너비가 투겁에 비해 뾰족하다.[8] 코끼리이빨따비는 두 점의 날이 하나의 세트를 이루어 따비나 삽처럼 사용하는 우리나라 고유의 농구이다.

U자형쇠날은 평면형태가 U·凹자형의 쇠날을 가진 농구로서 나무자루의 부착 방법에 따라 기능이 다양하였다. 이것은 날과 자루가 평행하게 연결되어 요즈음의 삽날, 따비날, 가래날로 사용하기도 하고, 날과 자루가

---

8) 김재홍, 앞의 논문, 2012, 50~52쪽.

직각(直角)으로 연결되어 화가래와 같이 땅을 파는 기능으로도 쓰였다. 고려시대에는 파주 혜음원지, 화성 안화동 1호 주거지, 청주 봉명동유적 Ⅳ지구 B-13호·C-25호 토광묘, 대전 상대동 고려시대 12호 건물지 등에서 출토되었다. 고려시대의 U자형쇠날은 삼국시대에 비해 출토량이 절대적으로 적은데, 이는 쟁기가 보급되면서 U자형쇠날의 사용이 줄었기 때문이다.

쇠스랑은 3개의 발이 하나의 투겁에 연결되어 있는 형태로 현재 농가에서 거름을 칠 때 주로 사용하고 있으나 삼국시대 제주도에서는 땅을 일구는 도구로서 사용하였다. 이로 보아 쇠스랑은 다양한 용도로 사용되었으며 주로 논과 밭을 막론하고 땅을 정지하는 작업구나 흙을 부수는 농구로 사용되었다. 화성 송산동 10호 매납유구, 청주 봉명동유적 Ⅳ지구 B-2호 토광묘, 거창 천덕사지, 진도 용장성 등에서 출토되었다. 살포는 논에 물꼬를 트거나 막을 때에 사용하는 농구로서 고양 중산지구 더부골고분 59호 토광목관묘, 대전 가오동 제1건물지 등에서 발견되었다. 전자는 날과 투겁의 경계부분에서 꺾여 올라가는 형태로서 유일한 예이다.

호미(<그림 5>)는 동아시아와 같이 장마철에 강수량이 많은 지역에서 중요하게 다루는 농구의 하나로서 여름철에 왕성하게 자라는 잡초를 제거하는 데에 주로 이용되었다.9) 우리나라의 경우 기후 조건상

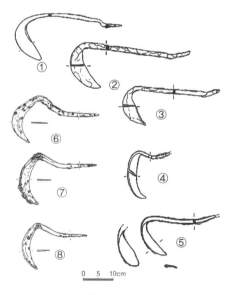

〈그림 5〉 호미
① 수원 고읍성 ②·③ 충주 숭선사지 ④ 대전 가오동 1호건물지 ⑤ 대전 상대동 23호건물지 ⑥~⑧ 포천 영송리 건물지

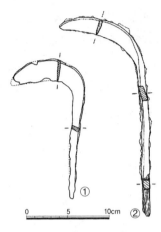

〈그림 6〉 고대 호미
① 경주 월지 ② 상주 병성동·헌신동 3-3호

김매기를 하지 않으면 잡초로 인하여 좋은 수확을 기대하기 어려우므로 생산력을 높이기 위해서 호미의 사용이 무엇보다 중요하다. 삼국시대 말기인 7세기 이후에 현재의 호미와 유사한 형태인 날이 좁고 날카로운 호미(낫모양 호미)가 나타나지만 고려시대의 것에 비해 자루의 길이가 짧고 날과 자루의 경계부분이 꺾이지 않아 힘을 적게 받는 형태(<그림 6>)로서 차이를 보이고 있다.[10] 고려시대에 완성된 형태를 갖추게 되고 전국적인 분포양상을 보여주고 있다. 고려시대의 출토품은 포천 영송리 건물지, 수원 고읍성, 충주 숭선사지, 전 청양 호미, 아산 대추리 4호 건물지, 대전 상대동 고려시대 23호 건물지, 대전 가오동 석렬유구, 울산 연좌동 209호 수혈 등에서 발견되었다.

고려시대의 낫(<그림 7>)은 파주 혜음원지, 포천 영송리 건물지, 화성 장지리 Ⅱ지구 KM004 토광목관묘, 용인 마북리사지, 평택 궁리유적 도랑, 충주 숭선사지, 충주 노계마을 야철유적 B지구 1호 추정공방지·D지구 3호 매납유구, 아산 대추리 고려시대 4호 건물지 등의 출토품이 있다. 이 중에서 용인 마북리사지 출토 쇠낫은 다른 것에 비해 그 크기가 크고

---

9) 飯沼二郎, 『風土と歴史』, 岩波新書D19, 岩波書店, 1970, 37~53쪽 ; 飯沼二郎·堀尾尚志, 『農具』, ものと人間の文化史19, 法政大學出版局, 1976, 8~13쪽 ; 李春寧, 『한국農學史』, 민음사, 1989, 46~54쪽.

10) 낫형 호미는 삼국시대인 7세기에 해당하는 상주 병성동·헌신동 3-3호 석실분에서 출토되었으며, 신라 통일기에 해당하는 유적인 경주 월지에서도 발견되었다. 삼국시대의 날이 넓은 네모형태의 호미[鐵鋤]에서 발전된 형태로서 주로 남부지방에서 많이 사용하였다. 이러한 호미의 출현으로 '중경제초(中耕除草)'의 김매는 기능이 가능하였을 것이다. 그러나 고려 이전의 자료는 단 2점에 불과하며, 형태상 계승관계가 분명하지 않으므로 자료의 증가와 정밀한 검토가 필요하다.

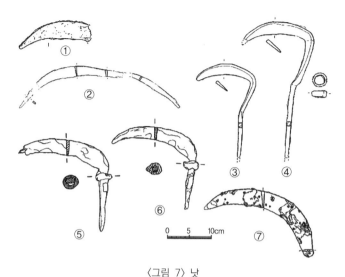

〈그림 7〉 낫
① 파주 혜음원지 ② 평택 궁리유적 ③·④ 용인 마북리사지 2호 석축
⑤·⑥ 충주 숭선사지 ⑦ 포천 영송리 건물지

습베도 비상하게 긴 형태이다. 이러한 쇠낫은 풀을 벨 때 사용하였던
'장병대겸(長柄大鎌)'[11])에 해당할 가능성도 있다.

　고고학 자료에 보이는 고려시대의 철제 농구를 형태에 따라 분류하면,
쟁기(보습·볏), 주조괭이, 코끼리이빨따비, U자형쇠날, 쇠스랑, 살포, 호미,
낫 등이 있다. 이를 다시 기능에 따라 분류하면, 갈이 농구(쟁기·U자형쇠날
·따비·괭이), 삶는 농구(쇠스랑), 물 대는 농구(살포), 김매는 농구(호미),
걷는 농구(낫) 등으로 나눌 수 있다. 이 중에서 우리나라의 기후와 관련하여
발달한 농구이자 고려시대에 수량이나 중요도에서 높은 비중을 차지하는
농구는 쟁기, 따비, 호미이다. 쟁기는 볏 달린 선쟁기[無床犂]가 발달하였
고, 따비는 쟁기가 갈기 힘든 산간이나 해안가의 밭에서 유용하게 사용되
었다. 특히 호미는 김매는 작업이 가장 긴요한 우리나라의 기후와 지형에

---

11) 鄭招, 『農事直說』, "種大小麥 附春麰篇."

맞는 농구이다.

3. 철제 농구의 통일성

1) 농구 형태의 통일성

고려시대 농구 중에서 그 특징을 잘 보여주는 쟁기, 따비, 호미를 중심으로 그 형태의 정형성을 파악하기로 한다.

고려시대의 보습은 그 형태로 보아 2종류로 나눌 수 있다. 완형으로 출토된 것이 많지 않아 가장 주요한 부분인 날의 각도를 통해 알 수 있다. 하나는 날의 각도가 작아 예리한 뾰족한 보습인데, 아산 대추리와 충주 노계 야철유적에서 출토된 예이다. 이러한 형태의 보습이 출토된 유적은 대체적으로 10~12세기의 고려전기에 해당되며, 신라 통일기 보습의 형태를 계승하고 있다. 출토된 유적의 대부분이 사원터(원도 포함), 관청 건물지, 농경 제의 시설 등 공공시설물과 관련을 가지고 있다.

다른 하나는 날의 각도가 넓어 날이 벌어진 형태의 보습이다. 이러한 형태의 보습은 완형으로 출토된 예가 없어 귀 부분의 형태를 복원할 수 없으나 날이 벌어진 것으로 보아 땅에 닿는 날 부분의 너비가 넓어지고 있다. 안산 대부도 육곡 23호 토광목관묘와 경주 물천리 Ⅱ-6호 토광묘 등 분묘유적에서 출토되었으며, 12세기 이후 고려후기에 나타나고 있다. 고려전기의 보습에 비해 개인의 무덤에 부장용으로 사용되고 있으므로 고려후기의 보습은 개인적인 소유와 관련하여 이해할 수 있다.

그러나 고려전기 쟁기의 전체적인 형태가 동일한 것으로 보아 기본적인 형태의 통일성이 존재하였을 것이다. 이것은 신라 통일기의 쟁기 형태를 모범으로 개량하여 고려 쟁기를 지속적으로 생산하였기 때문이다. 이렇게 국가에서 관리한 생산유적이 충주 노계 야철유적지이다.

따비는 현재의 삽과 같이 사용하는 것이나 전통시대에는 주로 자갈밭이나 산전 등에서 유용하게 사용한 농구였다. 현재도 서해안의 섬이나 제주도에서는 날 부분을 철기로 한 코끼리이빨따비를 이용하여 쟁기로 갈수 없는 거친 밭이나 돌밭에서 떼를 일구기 위하여 사용되고 있다. 청동기시대의 대전 괴정동 출토의 <농경문청동기>에도 코끼리이빨따비로 밭을 가는 장면이 나온다.

고려전기에 새로이 따비의 제작과 보급이 늘어난 이유는 농지가 크게 늘어나는 현상과 결부되어 있었다. 고려전기에는 토지를 평지와 산지로 구분하였다.[12] 고려전기에 산전의 개간이 상당히 넓은 범위에서 이루어진 것을 볼 수 있으며, 이것은 신라 통일기에 작성된 <신라촌락문서>에서도 엿볼 수 있다.[13] 고려전기에는 하천변이나 해안가의 저지대의 개발을 통한 경지 확대보다는 산전의 개간을 통한 농경지의 확대가 주된 방향이었다. 이러한 산전의 개발에 사용된 농구가 코끼리이빨따비인 것이다. 그러나 12세기 이후에는 농지 개발의 방향이 저습지나 해택지(海澤地)를 개척하는 것으로 바뀌고 있다. 저습지나 해택지 등지에서는 따비보다는 쟁기로 경지를 가는 것이 효율적인 것이었다. 그래도 산전에서는 여전히 코끼리이빨따비가 사용되었으며, 조선시대에도 계승되고 있다.

고려시대 철제 농구 중에서 주목되는 것이 호미이다. 이 시기부터 호미의 수량이 많아지고 형태도 다양성과 더불어 통일성을 반영하고 있다. 우리나라에서 본격적으로 호미가 사용된 시기는 고려시대이다. 이 시기의 호미는 2가지 형태가 존재하였다. 하나는 자루에 박히는 슴베가 짧은 단병서(短柄鋤)이며, 영송리와 대추리에서 출토되었다. 다른 하나는 자루에

---

12) 金容燮,「高麗 前期의 田品制」『韓㳓劤博士停年紀念論叢』, 지식산업사, 1981, 189쪽 ; 李景植,「高麗前期의 山田과 平田」『李元淳敎授華甲紀念論叢』, 敎學社, 1986, 26쪽.

13) 김재홍,「新羅 統一期 專制王權의 강화와 村落支配」『新羅文化』22, 2003, 126쪽.

박히는 슴베가 긴 장병서(長柄鋤)이며, 수원 고읍성·충주 숭선사지 등에서 발견되었다.

이 시기의 단병서는 조선시대에 비해 슴베가 긴 형태를 하고 있다. 고대에는 네모 난 형태의 날이 넓고 나무자루가 긴 장병서가 사용되었으나[14] 날이 날카로운 호미는 삼국시대 말기부터 나타난다. 고려시대에는 날이 날카로운 호미가 주로 사용되었으며, 장병서와 단병서가 함께 사용되었다. 그러나 고려시대의 단병서는 슴베의 길이로 보아, 조선후기에 논에서 사용된 단병서 논호미가 아니라 밭에서 사용된 단병서 밭호미로 추정된다. 따라서 고려·조선시대에 호미의 발전방향은 슴베가 긴 것(장병서)에서 짧은 것(단병서)으로 변하고 있으며, 날의 너비에 비해 길이가 지나치게 긴 낫형 호미에서 날의 길이가 점차 짧아지는 호미로 변하고 있다. 그리고 슴베의 길이도 짧아지는 것으로 보아 나무자루도 짧은 단병서로 변해 갔을 것으로 추정된다.

이것을 근거로 장병서 밭호미(고려전기) → 단병서 밭호미(고려전기) → 단병서 논호미(조선후기)로 전개되는 농업사의 양상을[15] 연결할 수 있다. 고고학 자료에 보이는 호미를 살펴보면, 철제 농구의 장병서는 장병서 밭호미, 단병서는 단병서 밭호미로 규정할 수 있다.

---

14) 김재홍, 「살포와 鐵鋤를 통하여 본 4~6세기 농업기술의 변화」 『科技考古硏究』 2, 1997, 29~35쪽(김재홍, 『韓國 古代 農業技術史 硏究 - 鐵製 農具의 考古學』, 考古, 2011, 343~349쪽에 재수록).

15) 한국 고대부터 장병서와 단병서가 공존하였다는 견해(배영동, 「호미의 변천과 농경문화」 『민족문화』 6, 1993, 129쪽 ; 위은숙, 앞의 책, 혜안, 1998, 311쪽)가 있으나, 고대에는 장병서가 주로 출토되고 단병서는 거의 확인되지 않는다. 이 논문들은 문헌 사료에 근거한 것으로 고고학 자료인 실물을 검토한 것은 아니다. 고고학 자료에서는 삼국시대까지 네모난 날을 가진 장병서가 사용되었고, 신라 통일기에도 단병서는 단편적인 자료만 나오므로 단병서의 출현 시기는 좀 더 검토를 요하는 문제이다. 고고학 자료에서 본격적으로 단병서가 출현하는 것은 고려시대부터이지만, 그것도 조선후기 회화자료에 보이는 단병서에 비해서는 장병서에 가깝다고 할 수 있다. 고려시대의 단병서는 장병서와 단병서의 중간 형태에 해당하는 호미가 사용되었던 것이다.

고려시대에는 농업기술사적으로 중경제초(中耕除草)가 가능한 호미가
주로 사용되었으며, 용도에 맞게 호미가 분화하고 있었다. 또한 장병서와
단병서는 각각 형태가 정형화되어 있어 농구의 통일성을 엿볼 수 있다.
이러한 호미의 통일성은 고려 국가에서 호미의 보급에 노력하고 있었기
때문이다. 고려시대에 중경제초의 기능을 가진 호미의 생산이 이루어지고
여러 지역으로 보급되면서 한국적 기후에 맞는 김매는 작업이 발달하게
되었다. 이와 같이 고려 호미에서 장·단병서가 모두 확인되므로 휴한농법
과 상경농법의 단순 대비보다는 그 기능을 구체화하는 작업이 필요하다.

갈이 농구인 쟁기·따비, 김매는 농구인 호미 등에서 형태상 정형화된
통일성을 보여주고 있어 농구의 생산에서 일정한 통제성을 보이고 있다.
이러한 측면은 보습과 볏·따비날 등이 제작틀에 주물을 부어 생산하는
방식과도 관련을 가지고 있으며, 생산이 국가권력에 의해 통제되고 있었기
때문이다.

이에 비해 쇠낫은 다른 양상을 보여주고 있다. 고려시대의 낫은 전국적
인 분포를 보여주고 있으며, 철제 농구 중에서 가장 수량이 많고 넓은
지역에 걸쳐 분포한다. 다른 농구에 비해 형태가 다양하지만, 기본적으로
3가지 계통이 있다. 하나는 날의 폭이 상대적으로 넓으며, 아주 짧은 슴베에
원형 구멍이 뚫려 자루대에 못으로 연결하는 형식이다. 날이 두텁고 육중
하며 날이 굽은 낫공치 안쪽에서 슴베 위까지 날을 세운다. 대표적인
예가 포천 영송리 건물지의 대옹에서 발견된 낫이다. 다른 하나는 날의
길이가 길고 폭이 상대적으로 좁은 형태이며, 긴 슴베와 더불어 자루대를
연결하는 고정하는 낫갱기가 있는 형식이다. 대표적인 예가 충주 숭선사지
의 출토품이다. 이와 다른 특이한 형태가 용인 마북리사지 출토품이다.
이것은 다른 것에 비해 그 크기가 크고 슴베도 비상하게 긴 형태이다.
이것은 슴베의 일부까지 날이 연장되어 있는 것으로 벼나 보리를 베기보다
는 수수대나 옥수수 등을 베기 좋은 형태인 '장병대겸'에 해당할 가능성도

있다.

이와 같이 낫은 다른 농구에 비해 다양한 종류가 존재하고 있었다. 이와 더불어 같은 종류 내에서도 상대적으로 그 형태적 차이가 많이 나고 있다. 다른 철제 농구에 비해 다양한 형태의 쇠낫이 존재하였고 지역마다 특색을 반영하고 있다. 이러한 연유로 인하여 쇠낫에는 지역마다 특성이 반영될 수 있었다.

쟁기, 따비 등 갈이 농구와 새로이 보급되던 호미 등의 농구는 국가가 관장하는 철소 등에서 제작 유통되어 통일성을 가지고 있었고, 쇠낫은 지역마다 다양한 형태로 제작되어 지역적인 다양성이 다른 농구에 비해 높은 편이었다.

2) 농구 통일성의 배경

고려전기에 보습과 볏, 따비, 호미 등에서 동일한 형태의 철제 농구가 농경에 사용되었다는 것은 사회적인 배경이 존재하였을 것이다. 개인이 자체적으로 제작하였다기보다는 국가나 지역사회에서 동일한 형태의 철제 농구를 모범으로 현지에서 제작하여 유통하였을 것이다. 이러한 고려시대 철제 농구의 통일성에 관철된 사회적 배경을 이해하기 위해서는 농구의 통일성과 관련된 국가적인 차원의 조치를 검토하면서 논의를 시작하려고 한다.

철제 농구와 관련하여 국가적인 범위에서 수행된 농구의 제작과 유통에 대한 이해가 필요하며, 이와 관련하여 주목되는 사료로 다음을 들 수 있다.

　가. … 무기를 녹여 농기구를 만들었으며 백성을 어질고 장수하는 땅으로
　　　 이끌었다. 세금을 가볍게 하고 요역을 덜어주니 집집마다 넉넉하고 백성

들이 풍요하며 민간은 안정되고 나라 안에 근심이 없게 되었다. …16)

위 사료는 문무왕이 남긴 유조로서 당시 최고 지배층의 이념을 담고 있다. 당시 통일 전쟁이 마무리되고 민생을 안정시키는 것이 시급한 과제인 신라로서는 철제 농구의 보급을 통하여 농업 생산력을 진흥시키고자 하였을 것이다. 신라 통일기에 동일한 형태의 보습과 볏이 전국적으로 출토되는 양상으로 보아 이 시기에 기본적인 형태가 결정되었을 것이다.

이러한 철제 농구의 제작과 유통을 통한 농업 생산력의 확대는 국가를 중심으로 전개되고 있었다. 이것은 현재 발견되는 철제 농구의 절대적인 양이 국가와 관련된 유적에서 출토되는 상황을 통해서도 추정할 수 있다.17) 특히 보습과 볏으로 구성된 쟁기는 그 형태가 전국적으로 유사하여 규격성을 띠고 있으며, 국가가 통제하고자 하는 의지를 충분히 감지할 수 있다.18)

신라 통일기에 국가적 차원에서 이루어진 농구의 보급은 지방제도의 개편과 비슷한 시기에 이루어졌다. 이 당시의 상황은 다음의 사료에서 잘 보인다.

　나. 지금 살피건대, 신라가 주군을 설치할 때엔 전정과 호구가 현을 채우기 힘든 것은 향이나 부곡을 설치하여 그 소속 군현에 속하게 하였다.19)

신라가 주군을 설치할 때의 구체적인 연대는 알기 어려우나 주군을 설치한 신라 중고기라기보다는 현이 지방통치의 단위가 되는 통일기로

---

16) 『삼국사기』 권6, 신라본기6, 문무왕 21년(681), "… 鑄兵戈爲農器 驅黎元於仁壽 薄賦省徭 家給人足 民間安堵 域內無虞 …."
17) 김재홍, 앞의 논문, 2003, 118~120쪽 ; 송윤정, 앞의 논문, 2009, 224~227쪽.
18) 김재홍, 앞의 논문, 2013.
19) 『신증동국여지승람』 권16, 驪州牧 古跡條, "今按新羅建置州郡時 其田丁戶口未堪爲縣者 惑置鄕惑置部曲 屬于所在之邑 …."

보는 경향이 강하다.[20] 전정과 호구의 많고 적음에 따라 현령이 파견된 현과 소수(少守)가 파견된 현으로 나뉘고 다시 향·부곡과 같은 행정구역이 설정되었다. 신라 국가는 농구의 보급을 통하여 농업 생산력을 증대시키고 경지를 확장하였다. 이것을 기반으로 전국적인 범위에서 주·군·현-부곡·향·성의 지방제도를 정비할 수 있는 경제적 기반을 형성하였던 것이다.

고려초기에도 국가에서 철제 농구를 주조하게 하거나 국가에서 농구를 하사하는 기사가 보인다.

다-① 성종 6년(987)에 농구가 부족함을 염려하여 주·군에 명을 내려 병기를 거두어 농구를 주조케 하였다.[21]

다-② 현종 9년(1018) 11월에 우산국이 동북여진의 침입을 받아서 농사를 짓지 못하게 되었으므로 이원구를 보내어 농구를 내려주었다.[22]

전체적인 시대상이 문무왕대에 비슷한 양상을 보이고 있다. 기본적으로 유교적 덕정을 상징하는 조치일 가능성이 크나, 적극적으로 해석하고자 한다. 두 시기에는 기본적으로 국가가 주도하여 철제 농구를 대량으로 주조하고 있으며, 철제 농구의 보급에 노력하고 있는 모습을 볼 수 있다. 성종 6년의 농구 제작 기사는 성종이 강조하던 농경의례와 관련을 가지고 있다.

---

20) 朴宗基, 「신라시대 향 부곡의 성격에 대한 一試論」 『韓國學論叢』 10, 1988 ; 盧重國, 「統一期 新羅의 百濟故地支配」 『韓國古代史研究』 1, 1988, 142~143쪽 ; 朴宗基, 『高麗時代部曲制研究』, 서울대학교출판부, 1990.
21) 『고려사』 권79, 식화2 農桑, "(成宗)六年六月 收州郡兵器 鑄農器."
22) 『고려사』 권4, 현종9년 병인, "(顯宗)九年十一月癸亥 以于山國被東北女眞所寇 廢農業 遣李元龜賜農器". 우산국에 내려준 농구를 고려의 전역으로 확대하기 곤란한 측면이 있으나 국가에서 주도하여 농구를 제작, 배포하였다는 점에서 의의를 찾고 싶다.

라-① 왕(성종)이 친히 원구에서 기곡제를 지내면서 태조로서 배향하였다. 기곡의 예는 이에서 시작되었다.[23]

라-② 성종이 친히 적전을 갈고 신농을 제사하면서 후직으로서 배향하였다. 적전의 예는 이에서 시작되었다.[24]

사료 라-①·②는 모두 성종 2년의 사실을 전하고 있는 것으로 농경의례와 관련을 가지고 있다. 성종은 처음으로 기곡제(祈穀祭)와 적전지례(籍田之禮) 등 유교적인 농경의례를 거행하였다. 성종대 농경의례의 제정과 농구의 보급은 농경을 진작하고자 하였던 고려 왕조의 정책을 잘 보여주고 있다.

이와 비슷한 시점에 신라와 마찬가지로 지방제도의 개편도 이루어지고 있었다.

마-① 성종 2년(983) 처음으로 12목을 설치하고 관련 조서를 내리다.[25]

마-② 성종 14년(995) 10도를 정하였다.[26]

단편적인 사료를 이용하여 구체적으로 논증하기 곤란하지만 철제 농구를 주조하여 농구의 생산을 확대하는 시점과 지방제도가 개편되는 시점은 연결하여 이해할 수 있다. 고려 성종대에 농구의 주조와 더불어 지방제도의 개편이 이루어지고 있었던 것이다. 이 경우에 주목되는 사실이 성종대

---

23) 『고려사』 권59, 志13 禮1, "成宗二年正月辛未, 王, 親祀圜丘祈穀, 配以太祖, 祈穀之禮, 始此."
24) 『고려사』 권62, 志16 禮4, "成宗二年正月乙亥, 王親耕籍田, 祀神農, 配以后稷. 籍田之禮, 始此."
25) 『고려사』 권3, 성종 2년, "(成宗)二年春二月戊子 始置十二牧 詔曰 …."
26) 『고려사』 권3, 성종 14년, "(成宗)十四年秋九月庚戌 定十道."

주군에 명을 내려 병기를 수거하여 농구를 주조하였다는 점이다. 이때 주군은 지방을 지칭하는 것이지만 주군 등 지방을 단위로 병기를 수거하였다는 점에서 병기의 수거와 농구의 주조가 주군 등 지방단위와 관련을 가진다는 점이다. 이를 함께 해석하면, 지방제도가 개편된 이후 국가에서 농기구를 보급하여 농민의 생활과 조세 부과를 안정적으로 도모하게 되었고 이는 결과적으로 지방제도를 확립시키는 결과를 가져오게 되었을 것이다.

지방제도의 정비와 농구의 주조가 직접적인 상관관계를 갖는 것인지는 좀 더 연구를 진행하여야 할 것이나 농구의 제작 및 보급을 검토하기 위해서는 고려 국가와 지방 군현간의 상호 관계에서 살펴야 한다. 이와 더불어 국가에 철 원료를 납부하는 철소에 대한 검토가 필요하다.

고려의 수공업제품은 높은 기술적인 수준을 보여주고 있는데, 이는 전문화된 기술자 집단인 소(所)에서 생산하였기 때문이다. 소 생산체제라는 사회적 생산 시스템이 문벌귀족층·지방 향리층 등의 지배계층과 국가의 수요에 부응하는 높은 수준의 제품을 만들었던 것이다. 제품의 생산자와 소비자를 구별하는 시스템은 질 좋은 생산품을 양산하는 결과를 낳게 되었다.[27] 철제 농구의 경우 고려시대에는 소에서, 신라 통일기에는 성에서 철 원료를 제공받은 전업화된 장인을 통해 제작되었을 것이다. 철의 생산은 목탄과도 밀접한 관련을 가지고 있어서 철소는 철광산보다는 목탄이 많은 곳에 설치되었다.[28]

철소(鐵所)에서는[29] 철광석을 채광하여 제련된 무쇠[水鐵]와 참쇠[正鐵]

---

27) 박종기, 『고려의 부곡인, <경계인>으로 살다』, 푸른역사, 2015, 105~107쪽.

28) 김기섭, 「고려 무신집권기 철의 수취와 명학소민의 봉기」 『한국중세사연구』 15, 2003, 60~64쪽.

29) 徐明禧, 「高麗時代 鐵所에 대한 硏究」 『韓國史硏究』 69, 1990, 14쪽 ; 徐聖鎬, 「高麗前期 手工業 硏究」, 서울대학교 박사학위논문, 1997, 55~67쪽 ; 이정신, 「철광업과 철소」 『고려시대의 특수행정구역 所 연구』, 혜안, 2013, 142~143쪽.

를 철정이나 철괴의 형태로 생산하였다. 이러한 원료철을 중앙과 지방의 수공업 생산지로 보내기도 하고, 직접 철제품을 생산하기도 하였다. 국가에 의해 강제적인 분업 형태로서 철소제가 운영되고 있었던 것이다. 고려시대 다인 철소로 비정되는 지역 중의 하나인 충주시 본리 노계마을 야철유적에서는 철 생산과 관련이 있는 제철로, 공방지, 소성유구, 탄요가 발견되었다.[30] 여기에서 생산한 주조로 된 쇠솥, 쇠보습과 볏, 쇠따비 등의 제품을 묻은 유구가 조사되었는데, 이들을 농경의례에 사용하고 있다. 그리고 이 유적에 인접한 충주 본리 당저 유적, 본리 새터골 유적에서 제철로와 두터운 철재 퇴적층이 확인되어 이 지역의 제철에 대한 정보를 제공하고 있다.[31] 노계마을 야철유적에서 완성된 형태의 주조 철제품으로 보아 철소에서는 철 원료의 생산과 더불어 철제품도 제작하였다는 사실을 알 수 있다.

4. 농경의례의 지역적 다양성

1) 농경의례의 지역성

고려시대 농구는 신라 통일기의 농구를 계승하면서 새로운 농구인 호미, 코끼리이빨따비 등을 보급하여 새로운 농경에 적용하고 있었다. 보습과 볏, 따비, 호미 등의 특정 농구는 그 형태가 지역에 상관없이 거의 동일한 모양을 하고 있다. 농구의 형태에서는 통일성이 엿보이는 것이다. 이에

---

30) 중원문화재연구원, 『노계마을 고려시대 야철유적』, 2010.
31) 고려시대 철기 생산지와 공방지에 대한 조사는 최근에 활발하게 이루어지고 있으며, 이를 정리한 연구성과도 쌓이고 있다(이남규, 「한국 중세 수공업 고고학의 조사연구 현황과 과제」, 『한국중세사연구』 36, 2013 ; 송윤정, 「중세 철 및 철기 생산의 고고학적 연구현황과 과제」, 『한국중세사연구』 36, 2013).

비해 걷이 농구인 쇠낫은 지역마다 다른 모양을 하고 있다.

농구의 형태에서 통일성을 보이고 있으면 무엇에서 지역적인 특성이 발휘되었을까가 문제이다. 이 문제에 접근하기 위해 농작업, 수리시설, 종자 등 다양한 측면에서의 검토가 필요하지만 자료의 한계로 인하여 농구를 이용한 농경의례에서 그 답을 찾고자 한다.

고려시대에도 건물지에서 출토된 철제 농구 중에서 매납의례와 관련하여 중요한 성격을 가진 것이 있으며, 일반적으로 농경의례의 성격을 보여주고 있다. 매납의례에 해당하는 농구는 대부분 구덩이 내부에서 발견되었지만, 철제 농구를 구덩이에 바로 매납하는 I형식과 대옹이나 쇠솥 등의 용기에 넣어 묻는 II형식이 있다.

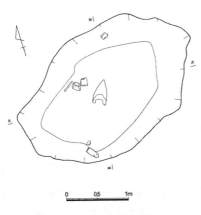

〈그림 8〉 안화동 수혈유구와 농구

먼저 수혈에 철제 농구를 그대로 묻는 I형식의 예이다. 화성 안화동 건물지 주변의 1호 수혈은[32] 장축 320㎝, 단축 210㎝, 최대높이 95㎝이며, 부정형의 형태이다. 그 내부에서는 보습 1점이 묻혀 있었는데, 여기에서 보습, 열쇠, 기와, 토기편 등이 출토되었다(<그림 8>). 보습은 농경을 상징하고, 열쇠는 곡물을 보관하는 창고를 의미하고 있다. 주변의 1호 주거지에서도 볏, U자형쇠날(따비, 화가래), 철서(북방호미, 원시호미) 2점, 쇠낫 2점이, 지표에서 보습과 주조괭이가 발견되었다.

이렇게 보습과 볏 등의 갈이 농구를 수혈에 묻는 행위는 신라 통일기부터

---

32) 기전문화재연구원, 『화성 동탄지구 문화유적 시굴조사 보고서』, 2007.

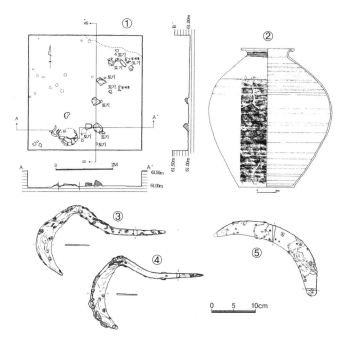

〈그림 9〉 포천 영송리건물지(①)의 대옹(②)과 농구(③~④ 호미, ⑤ 낫)

시행되고 있었다. 고려시대의 수혈에 농구를 묻는 행위는 기본적으로 신라 통일기의 의례행위를 그대로 계승하고 있다.

다음으로 수혈을 파고 난 후에 대옹, 시루 등 도기류의 내부에 철제 농구를 넣는 Ⅱa형식의 경우이다. 포천 영송리 건물지에서는[33] 수혈을 파고 난 후에 대옹의 옆에서 호미 2점과 낫 1점이 가지런하게 놓여 있었다 (<그림 9>). 철제 농구는 대옹과 함께 출토되었으나 대옹이 깨어지면서 옆으로 이동하였을 것으로 보고 있다. 그리고 호미와 낫은 사용한 흔적이 전혀 없는 것으로 보아 처음부터 사용할 목적으로 제작하였다라고 하기보다는 의례와 관련하여 묻었을 가능성이 있다. 그 옆의 다른 건물지의

---

33) 한양대박물관, 『영송리 선사유적』, 1995.

수혈 내부에서도 호미와 대옹이 함께 출토되어 대옹과 농구의 관계를 알 수 있다. 고려시대에 대옹 자체도 의례와 관련하여 건물 내부에 묻혔는데, 대표적인 예가 아산 대추리 고려시대 4호 건물지의 대옹이다. 4호 건물지에서는 2개의 대옹과 하나의 단경병을 의도적으로 묻고 있다.

화성 송산동유적 10호 수혈은[34] 처음에 구덩이를 판 후에 목탄을 깔고, 그 위에 유물을 놓고 소토로 채운 것으로 추정된다. 단순히 수혈을 파고 넣었다기보다는 어떤 의도를 가지고 묻은 행위를 유추할 수 있다. 수혈에 대옹을 안치하고 그 내부에 쇠스랑·쇠낫 등의 농구와 톱·쇠못 등의 공구 및 문고리의 고정쇠 등을 넣은 후에 쇠솥뚜껑으로 덮어 묻었다고 판단된다. 쇠스랑, 문고리 고정쇠, 톱 등은 일부를 훼손된 상태로 묻었으므로 일정한 제의적 의도를 엿볼 수 있다.

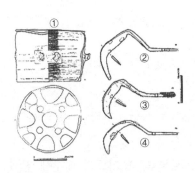

〈그림 10〉 아산 대추리유적의
시루(①)와 호미(②~④)

아산 대추리유적 고려시대 4호 건물지 남쪽 밖에서도 부정형의 구덩이가[35] 확인되었다. 수혈은 4호 건물지와는 관련이 없는 것으로 판단된다. 수혈 내부에서는 토기 시루 2개체와 더불어 호미 3점(〈그림 10〉)이[36] 탄재와 소토덩어리에 덮힌 상태로 수습되었다. 호미는 시루에 넣어 묻었던 것으로 추정된다. 호미는 포천 영송리 대옹에서 출토된 것과 형태가 거의 동일하다. 두 예로 보아 고려시대에 대옹이나 시루 등 도기에 농구를 넣어 묻는 농경의례가 있었음을 알 수

---

34) 한신대박물관, 『화성 송산동 농경유적』, 2009.
35) 충청문화재연구원, 『아산 장재리 대추리·연화동 유적』, 2009.
36) 보고서에는 낫으로 기술되어 있으나 그 형태가 영송리 호미와 비슷한 낫형 호미로 분류된다.

있다.

다음으로 수혈을 파고 난 후에 쇠솥에 철제 농구를 넣어 묻는 Ⅱb형식의 경우이다. 충주 노계마을 야철유적에서는[37] 철기를 다량으로 묻은 매납유 구가 3기 발견되었다. 각각의 구덩이 안에는 무쇠솥 안에 다량의 농구가 깨진 상태나 완형으로 가득 채우거나 솥을 지탱하기 위하여 철제 농구를 솥 주변에 바치기도 하였다. 그 중에서 3호 매납유구(<그림 11>)는 평면 형태가 장방형이고 그 중앙에 무쇠솥을 바로 안치하고 남으로 철정(鐵鼎)을 엎어 묻었다. 둥근 바닥의 무쇠솥 주변으로 보습과 볏, 봉상철기 등 철기를 놓아 솥을 지탱하였다. 솥 내부에는 완형이거나 파손된 형태의 보습과 볏, 코끼리이빨따비, 쇠낫 등의 농구로 가득 차 있었다. 이 중 하나의 보습에는 코끼리이빨따비 2점이 나란히 넣어져 있어 두 종류의 농구를 동시에 묻고 있다.

2호 매납유구에서도 수혈을 파고 난 후에 쇠솥을 바르게 세워 그 내부에 철정, 작은 쇠솥, 쇠용기 등의 철기편을 가득 넣어 묻은 상태로 발견되었다. 1호 매납유구에서도 수혈 내부에 쇠솥을 바르게 세워 넣었고 그 속에는 작은 철정을 뒤짚어 넣고 있다. 충주 노계 야철유적의 수혈유구는 보습과 볏 등의 철기류를 쇠솥에 넣어 묻는 특징을 보이고 있다.

농구를 묻기 위해 사용하거나 구덩이에 함께 묻은 용기는 대옹, 시루, 무쇠솥 등으로 다양하지만, 그 기능은 곡물을 담아두거나 취사와 관련된 용기이다. 곡물을 갈고 수확하는 농구와 더불어 이를 저장하거나 취사하는 용기를 함께 묻었다는 것은 농경과 관련된 행위인 것이다.

고려시대 철제 농구가 출토된 유적은 동일한 특성을 보이고 있다. 먼저 유적에서 출토된 유물을 종합하면, 대략 10~12세기 정도의 고려전기에 해당한다. 그 지역을 고려시대의 군현과 연결하면, 화성 안화동은 수주,

---

37) 중원문화재연구원, 앞의 책, 2010.

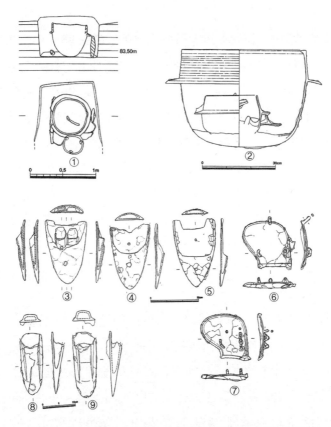

〈그림 11〉 충주 노계야철유적 3호매납유구(①)의 쇠솥(②)과
농구(③~⑤ 보습, ⑥~⑦ 볏, ⑧~⑨ 따비)

화성 송산동은 수주, 용인 영덕동은 용구현(광주목 속현), 포천 영송리는
포주(양주 속군), 아산 대추리는 아주(천안부 속현), 충주 노계마을은 다인
철소(충주목 소) 등이다. 특히 충주 노계마을 유적은 철광석을 제련하여
철 원료를 생산하는 다인 철소로 비정된다.

유구의 성격은 수혈, 수혈+대옹·시루, 수혈+쇠솥 등이다. 신라 통일기
의 농경의례 유구가 주로 수혈을 중심으로 이루어졌다면 철제 농구를
묻고 의례를 행하는 고려시대의 유적은 다양한 형태를 하고 있다. 이것은

지역마다 의례를 행하는 방식에서 차이를 반영하고 있다. 그러나 대옹·시루는 곡물을 담는 용기나 곡물을 찌는 도구이고 쇠솥은 곡물을 끓이거나 삶거나 곡물을 담아두는 용기에 해당한다. 모두 농경과 관련을 가지는 용기이다. 신라 통일기 수혈에 농구를 묻는 농경의례에 비해, 고려시대에는 철제 농구를 담아 묻는 용기로 곡물의 저장 및 취사와 관련된 대옹·시루·쇠솥 등을 이용하고 있다. 이것으로 보아 이곳에서 거행한 의례는 농경과 관련된 의례임을 알 수 있다. 물론 신라 통일기에도 수혈에 철제 농구를 묻으면서 농경의례적 성격을 보여주고 있으나 고려시대에는 농제 농구를 저장이나 취사 용기에 넣어 묻으면서 농경의례적인 성격을 더욱 강화하고 있다.

철제 농구가 출토된 유적은 대부분이 취락 내부의 건물지 주변에서 수혈의 형태를 띠고 있다. 신라 통일기 수혈 유구가 군현성인 산성 내부의 건물지 주변이라면 고려시대에는 구릉에 위치한 취락 내부 건물지 주변의 수혈에서 농경의례를 행하고 있다. 그러나 신라 통일기와 비교하여 단순 수혈에 농경의례를 거행한 것이 아니라 철제 농구를 용기에 담아 묻고 있는 점에서 차이를 보이며, 지역에 따라 대옹·시루·쇠솥 등 다양한 용기를 사용하였다는 차이점을 나타낸다. 농경의례를 수행하는 도구 자체가 지역에 따라 다양성을 보이고 있다. 이는 지역에 따라 다양한 방식의 농경의례를 행하였다는 사실을 알 수 있다. 그러나 기본적인 형태가 수혈이므로 신라 통일기의 농경의례를 계승한 측면도 가지고 있다.

신라 통일기와 비교하여 철제 농구와 더불어 수혈 속에 묻는 유물에서 차이를 보인다. 신라 통일기의 수혈에서는 철제 농구와 더불어 당식허리띠장식, 철제 인장, 자물쇠·열쇠, 벼루, 청동 용기, 쇠재갈[38] 등의 유물이

---

38) 쇠재갈은 관아나 관료가 사용하는 말에 사용하는 도구이지만 수혈에서 묻히는 농경의례에서는 말의 대용품으로 파악할 수 있다. 창녕 화왕산성 저수지에서는 기우제를 지내면서 말 대신에 쇠재갈을 제물로 사용하고 있다(김재홍, 「창녕 화왕산

출토되었다.[39] 이것들은 당시 관아에서 관료들이[40] 사용하던 물건과 관련을 가지고 있었다. 그러나 고려시대의 수혈에는 이러한 물건들이 묻히지 않고 철제 농구를 곡물의 저장이나 취사에 관련된 용기에 넣어 묻고 있어 순수한 농경의례의 모습을 보이고 있다. 고려시대에 농경의례를 주재한 담당자가 지방관인 관료가 아니라 다른 계층의 인물임을 알 수 있다. 이들은 지방사회에서 활동한 향리층과 관련하여 이해할 수 있다.

이와 더불어 농경의례에 사용하는 철제 농구의 종류도 다양해지고 있다. 신라 통일기에는 수혈에 주로 갈이 농구인 보습·볏이나 주조괭이를 넣고 있으나 고려시대에는 보습과 볏과 더불어 갈이 농구인 따비, 김을 매는 농구인 호미를 넣어 묻고 있다. 주요 갈이 농구인 보습·볏은 신라 통일기를 계승하고 있으나 새로운 농경에 사용되고 있던 코끼리이빨따비와 호미를 의례에 이용하고 있다. 두 농구는 고려시대에 새로이 출현하거나 널리 보급된 농구로서 의미를 가지고 있다. 따라서 농경의례에는 당시에 새로이 출현하거나 중요성을 인정받는 농구를 사용하였던 것이다. 신라 통일기에는 새로운 농구인 보습과 볏이, 고려시대에는 호미·따비가 추가로 농경의례에 이용되고 있었다.[41] 고려시대의 농경의례는 지역에 따라 보습과 볏 등의 갈이 농구와 더불어 산전의 개간에 이용된 갈이 농구인 따비와

성 龍池 출토 목간과 祭儀」『목간과 문자』4, 2009, 115~116쪽).

39) 신라 통일기 철제 농구가 출토되는 유적은 국가 관련 시설로 추정된다(김재홍, 앞의 논문, 2003, 118~121쪽 ; 권오영, 「고대의 裸耕」『고고학』7-2, 2008, 36쪽 ; 송윤정, 앞의 논문, 2009, 226쪽).

40) 이한상, 「7세기 전반의 신라 대금구에 대한 인식」『古代研究』7, 고대연구회, 1991 ; 홍보식, 『新羅後期 古墳文化 研究』, 춘추각, 2003 ; 山本孝文, 「한반도 당식과대와 그 역사적 의의」『嶺南考古學報』34, 2004.

41) 새로운 농구가 농경의례에 사용되는 현상은 대가야에서도 확인할 수 있다. 대가야의 수장묘에서는 4세기 이후 새로이 등장하는 철서(원시호미)를 농경의례와 관련하여 무덤에 넣고 있다(김재홍, 「대가야지역의 철제 농기구－小形鐵製農器具와 살포를 중심으로」『대가야의 성장과 발전』, 한국고대사학회, 2004 ; 앞의 책, 2011, 240~266쪽에 재수록).

김을 매는 제초구인 호미를 농경의례에 사용하고 있다. 농경의례에 사용하는 농구가 지역에 따라 다양해지는 양상을 알 수 있다.

이러한 고려시대 농경의례는 신라 통일기와는 다양성이라는 측면에서 상대적으로 차이를 보이고 있으며, 신라 통일기의 관료(지방관)가 아닌 지방사회의 새로운 계층이 농경의례를 주관하고 있었다. 이러한 새로운 농경의례의 주관자를 당시 사료에 보이는 농경의례와 결부하여 이해할 수 있다.

2) 농경의례의 사회적 배경

고려시대 농경의례를 주관한 지역단위와 주관자를 파악하기 위하여 고려시대의 의례에 대한 자료를 검토해야 한다. 이와 관련하여 주목되는 행사가 연등회·팔관회이며, 이를 주관하는 지역집단과 관련하여 향도(香徒)를 이해할 필요가 있다.

고려시대의 연등회는 기본적으로 불교행사이지만 순수한 불교행사라기보다는 농경제의적인 성격이 강하였고, 팔관회도 농경수확제와 관련을 가지고 있었다.[42] 연등회는 정월 보름(나중에 2월)에 시행되었고 팔관회는 개경에서는 11월, 서경에서는 10월에 베풀어졌다. 팔관회가 서경에서는 개경과 달리 10월에 개최되었다는 점에서 고구려의 동맹제의 유습으로 이해하기도 한다. 정월 보름에 열리는 연등회는 새해 농사의 풍년을 기원하는 기곡제·춘경제였고, 10월과 11월에 개최되는 팔관회는 수확제·추수제로 보고 있다. 연등제와 팔관회는 각 지역에서 전통적으로 행해지고

---

42) 三品彰英, 『古代祭政と穀靈信仰』, 三品彰英著作集5, 平凡社, 1973, 204~253쪽 ; 安啓賢, 『韓國佛教思想史研究』, 동국대출판부, 1983, 221~230쪽 ; 李泰鎭, 「社會史的으로 본 韓國中世의 시작」『古代와 中世, 韓國史의 時代區分』, 韓國古代史研究, 1995, 20~21쪽 ; 蔡雄錫, 앞의 책, 2000, 189~191쪽.

있었던 제의를 국가적인 제의로 흡수하여 국가에서 제의권을 장악할 필요에서 제기되었다.

연등회는 개경과 지방의 군현인 '향읍'에서 거행되었으나, 팔관회는 개경과 서경에서 국중대회의 형식으로 개최되었다. 그러나 지방의 향읍에서도 추수제의 형태로 다양한 제의가 거행되었으므로 팔관회적 성격의 제의는 지방에서도 널리 행해지고 있었다. 고려 각지에서 농경제의 형태의 연등회와 팔관회가 개최되었으나 개경에서 행해지는 '국중대회'를 정점으로 하는 일원적인 질서 속에서 이루어지고 있었다. 개경에서 이루어지는 연등회와 팔관회는 지방에서 거행된 제의를 총괄하고 종합하는 측면을 가지고 있었으며, 지방 향읍의 제의에 영향을 미쳤을 것이다. 따라서 고려 사회는 연등회와 팔관회를 통해 동일한 고려라는 공동체 의식을 가질 수 있었다. 이와 더불어 지방 향읍에서 거행된 제의를 통하여 지방 군현 단위의 공동체 의식도 가지고 있었다. 지역에서 연등회와 팔관회(적 성격의 제의)를 거행하면서 지역공동체를 체제내로 흡수하는 과정에서 지역사회의 지배층인 향리층이 향도를 주도적으로 조직하고 운영하였다.[43] 물론 고려시대 향도는 반드시 거군현적 차원에서 운영된 것도 아니요, 향리만이 주도한 것도 아니었다. 향리층 주도의 거군현적 차원의 지역사회 운영이 이루어지는 속에서, 불사 성격이 강한 향도가 향리 주도로 거군현적으로 운영되는 경향이 강한 것이었다. 지역사회의 제의는 향도를 중심으로 운영되었으며, 중심에는 향리층이 존재하였다.

지방에서 연등회와 팔관회를 주관하는 주재자를 향리층으로 볼 수 있다면 고고학 자료에 보이는 철제 농구를 수혈에 묻는 의례도 향리층과 연결하여 이해할 수 있다.[44] 철제 농구의 형태와 종류가 전국적으로 동일한

---

43) 蔡雄錫, 앞의 책, 2000, 191쪽.
44) 물론 향리층이 주체가 되었지만 사례에 따라서는 다른 집단이 농구 매납의 농경의례를 주도하였을 가능성도 있다. 앞으로 사례가 증가하면 지방사회에서 다양한 계층에

성격을 가지고 있었던 것으로 보아, 개경의 국중대회에서 농경제의를 행하는 과정에서 농사의 기본인 농구에 대한 지식을 지방사회의 향리층과 공유하면서 철제 농구의 통일성이 유지되었다. 물론 고려전기 철제 농구의 기본 틀이 완성되었을 것으로 추정되는 성종대에 연등회와 팔관회가 폐지되는 과정을 겪기도 하지만 성종대 규격화된 철제 농구를 보급하기 시작하였고, 이후 농경제의적 성격의 연등회·팔관회가 부활되면서 동일한 형태의 철제 농구가 보급되는 데 일조를 하였을 것이다.

고려전기 철제 농구의 통일성은 개경에서 행해지는 '국중대회'를 정점으로 하는 일원적인 질서 속에서 이루어지는 상황과 연결하여 이해할 수 있다. 또한 국가에서 지정하여 관리하는 수공업 생산집단인 소를 중심으로 철 원료가 공급되거나 철제 농구가 생산되어 각지에서 유통되는 과정에서 철제 농구의 통일성이 유지되었다. 이러한 철제 농구를 농경에 활용하고 있었던 지방의 향리층은 각자의 공동체가 속한 향읍을 단위로 독자적인 농경제의를 거행하고 있었다. 지방 향읍에서 거행된 제의를 통하여 지방 군현 단위에서 공동체 의식을 공유하던 상황과 결부하여 이해할 수 있다. 이 과정에서 농구의 형태는 통일성을 유지하고 있으나, 이를 이용한 농경의례는 지역마다 다양성이 나타나고 있었다.

지방 군현에서 거행된 연등회와 팔관회를 통하여 지방의 향리층은 거군현적인 범위에서 지방사회를 운영하고 있었다. 당시 농경제의를 복원하는 것은 곤란하지만 조선시대 자료를 통해 유추하는 것은 가능하다.

입춘 춘경제는 조선중기의 학자인 미암 유희춘이 지은 「입춘나경의」에서[45] 함경도에서 행해지던 춘경제를 잘 묘사하고 있다. 이 지역에서는 16세기까지도 매년 입춘에 지방 관아 앞의 길 위에서 나체의 인물이 나무 소를 몰고 밭을 갈고 씨뿌리는 모습을 재현하여 그해의 작황을 점치고

___

의해 이루어진 농경의례가 해명될 것으로 기대된다.

45) 柳希春, 「立春裸耕議」『眉巖先生集』 권3, 雜著.

풍년을 기원하였다고 한다. 당시 지방에 파견된 지방관은 대부분 유학자로서 이것을 미신으로 여기고 있었으므로 나체로 목우를 몰았던 인물은 향리층인 호장으로 보인다. 농구를 이용한 춘경제는 청동기시대 <농경문청동기>에 그 모습이 잘 남아 있는 것으로 보아 그 기원은 농경이 본격적으로 시행된 청동기시대로 소급할 수 있다.

이렇게 원형을 간직하고 있었던 조선중기의 춘경제는 조선후기에 가면극을 통해 명맥을 유지하고 있었다. 이것에 대해서는 조선후기의 가면극을 통해 군현의 향리 중 으뜸인 호장이 군현단위의 춘경제를 주관하는 모습을 유추하는 연구 성과가 있다.[46] 가면극으로 전하는 것으로 대표적인 예가 김해와 제주도의 입춘춘경제이다. 이 두 사례는 거의 비슷한 내용을 전하고 있으나 제주도의 예가 원형에 좀 더 가깝다. 조선후기 가면극에 보이는 내용은 대략 비슷한 줄거리를 가지고 있다. 입춘 당일이나 전일에 호장이 나무 소와 농구를 갖추고 무당이 나무 소를 끌면서 다양한 농경행위를 재현하고 있으며, 지방관은 이것을 비루하게 여겨 없애고자 하였다는 점이다.

조선후기의 가면극은 그 기원이 신라 통일기의 지방 관아나 지방관과의 관련이 있기보다는 고려시대의 향리층이나 나말여초의 호족층과 관련을 가지고 있다. 그리고 제의가 행해졌던 장소가 주사(州司) 등 읍사를 본 무대로 하고 있었다. 고려시대 읍사는 향리층이 지방의 행정을 보는 관아이다. 이러한 사실들은 춘경제가 고려전기의 향리층이 읍사를 장악하고 있었을 시점에 행해졌던 것에서 기원하는 것이다. 고려시대 거군현적으로 행해지던 성황신에 대한 제의도 향리층을 중심으로 단오일에 거행되었다.[47] 이것은 고려전기 향리들이 주도하는 춘경제인 연등회의 모습을

---

46) 李勛相, 『朝鮮後期의 鄕吏』, 일조각, 1990, 165~167쪽 ; 이태진, 앞의 논문, 1995, 26~29쪽.
47) 최종석, 앞의 책, 2014, 145~150쪽.

유제로 전하고 있는 것이다. 고려시대에 춘경제는 읍사를 장악하고 있던 향리층이 주도하였으며, 군현을 집단적으로 통솔하고 있었던 시기에 제 기능을 하였던 것이다. 이것을 보여주는 자료가 위에서 검토한 철제 농구를 묻는 농경제의에 대한 고고학적인 자료이다.

5. 맺음말

이 글은 고려시대 철제 농구를 분석하여 그 형태와 지역적 분포를 밝혀 지역적인 다양성과 통일성을 검토함으로써 고려사회의 다양성에 대한 이해를 도모하고자 하였다. 그 과정에서 고려시대 유적에서 출토된 고고학적인 발굴조사 자료를 근거로 논지를 전개하면서 문헌사료와의 정합적인 해석을 시도하는 방법론을 구사하였다.

고려시대 철제 농구의 특성을 잘 보여주는 자료는 보습과 볏, 따비, 호미 등이다. 보습과 볏은 신라 통일기의 쟁기를 형태상 계승하고 있으며, 따비와 호미는 이 시기에 새로이 출현하여 정형화하고 있다. 따비와 호미는 산전의 개간과 중경제초에 적합한 농구로서 새로운 농경환경에 적응하는 새로운 농구였다. 이 시기의 주요한 농구의 형태가 정형화된 것은 고려 국가에서 농구를 국가적인 차원에서 통제하는 과정에서 발행한 것이었다. 농업 생산력을 향상시키려는 고려 국가의 의지가 작용한 것으로 전국적으로 통일성을 띠게 되었다.

고려사회의 지역적인 다양성은 철제 농구를 묻는 농경의례에서 잘 보이고 있다. 신라 통일기에는 보습과 볏을 수혈에 묻는 형태로 농경의례가 거행되었으며, 함께 출토되는 관아 관련 유물로 보아 지방관 중심의 의례였다. 고려시대에는 농경의례에 따비와 호미가 추가되고, 수혈 내부 대용·시루·쇠솥 등의 용기에 넣는 예가 증가하여 농경과의 관련성이 높아지고 있다. 각 지역사회마다 향리층을 중심으로 다양한 농경의례를 거행한 결과로 보이며, 이것은 지역적인 다양성을 반영하고 있다.

경쟁과 조절
−고려인의 다양한 삶의 양식과 통합 조절−

연구발표회 개요

− 일시 : 2015년 7월 3일(금) 13시~18시 30분
− 장소 : 가톨릭대학교 성심교정 다솔관 301호
− 주최 : 가톨릭대 고려다원사회연구소, 한국중세사학회 공동주최
− 후원 : 한국연구재단

  2015년 7월 3일(금) 오후 1시부터 가톨릭대학교 성심교정 다솔관 301호에서 "고려인의 다양한 삶의 양식과 통합조절"이라는 주제에 대한 연구발표회가 성황리에 개최되었다. 한국연구재단의 토대연구 지원사업의 일환으로 진행된 연구발표회는 '고려 다원사회론의 과제와 전망'에 대한 기조발표를 비롯해 고려사회가 가진 다원성의 "1부−통합과 조절"에 대한 3개 발표, 고려사회의 "2부−다양한 물질적 삶의 양식"에 대한 3개 발표로 진행되었다.

  이번 연구 발표에서는 고려사회를 이해하기 위한 새로운 담론으로서 고려의 다원적 성격에 주목했다. 다원성에 대한 전반적인 이해를 바탕으로

고려사회의 사회적 사상적 다원성이 어떤 방식으로 드러나는지를 밝혔다. 개별 발표 주제와 순서는 다음의 표와 같다.

기조발표	◦ 사회자 : 신안식(가톨릭대 고려다원사회연구소) ◦ 개회사 : 김갑동(한국중세사학회 회장, 대전대)
	◦ 기조발표 : 고려 다원사회론의 과제와 전망 ◦ 발표 : 박종기(국민대)
【제1부】 통합 조절	
제1발표	◦ 고려전기 사회적 분업 편성의 다원성과 신분·계층질서 ◦ 발표 : 채웅석(가톨릭대) / 토론 : 박재우(성균관대)
제2발표	◦ 고려시대 사상의 공존과 다원성－태조~현종대 국가주도의 문화정책을 중심으로－ ◦ 발표 : 최봉준(가톨릭대) / 토론 : 한정수(건국대)
제3발표	◦ 고려식 석탑양식의 완성과 지방사회 통합－현종대 명문(銘文)석탑을 중심 으로－ ◦ 발표 : 홍대한(숙명여대)　토론 : 정성권(동국대)
【제2부】 다양한 물질적 삶의 양식	
제4발표	◦ 고려후기 분묘 출토 도기(陶器)의 지역성 ◦ 발표 : 한혜선(가톨릭대) / 토론 : 이종민(충북대)
제5발표	◦ 고려시대 경외(京外)·민간장인의 활동과 기술의 전이(轉移) 과정－고려 금속제 유물의 명문에 보이는 장인을 중심으로－ ◦ 발표 : 홍영의(국민대) / 토론 : 서성호(국립중앙박물관)
제6발표	◦ 고려시대 철제 농구(農具)의 지역적 다양성과 통합성 ◦ 발표 : 김재홍(국민대) / 토론 : 최종석(동덕여대)
【제3부】 종합 토론	
	◦ 사회 : 박종기(국민대)·토론 : 발표자·토론자 전원
	◦ 폐회사 : 채웅석(고려다원사회연구소 소장, 가톨릭대)

1부에서는 통합조절이라는 큰 틀에서 고려사회가 가진 사회적 사상적 다원성의 구조적 측면을 살펴보았다. 제1발표에서는 고려전기 신분·계층 질서에서 드러나는 다층위성을 사회적 분업편성의 운영원리로 이해하여 고려의 사회구조를 종합적으로 설명했다. 제2발표에서는 태조에서 현종 대 이루어진 문화정책을 중심으로 분석하여 고려사회 사상의 다원성과 공존 양상을 살펴보았다. 제3발표에서는 현종 대를 기점으로 고려식 석탑

양식에서 드러나는 다원성이 중앙과 지방사회에서 어떻게 통합되고 완성되어 가는지를 살펴보았다.

2부에서는 유물 분석을 토대로 고려사회의 다원성이 구체적인 삶의 양식에서 어떻게 드러나는지를 살펴보았다. 제4발표에서는 양광도와 경상도의 고려후기 분묘에서 출토된 도기의 양상을 분석하고, 고려후기 각 지방 간의 부장된 도기의 유형의 차이와 고려후기의 향촌사회의 다양한 모습을 확인할 수 있었다. 제5발표는 고려시대 금속제 유물의 명문을 바탕으로 수공업 분야에서 장인의 존재형태와 활동, 중앙과 지방의 상호관계, 기술의 전이 과정을 분석했다. 제6발표를 통해서는 고려시대 철제 농구에서 보이는 통일성과 지역적 다양성을 구체적인 농구를 분석하고 고려의 농경의례와 연결하여 이해할 수 있었다.

연구발표회 종합토론

박종기(사회)   고려 다원사회론에 대한 본격적인 첫 연구발표회로서 아직은 부족한 점이 많다. 토론자는 다원사회에 대한 비판적인 지적을 가감 없이 해주길 바라며, 발표자는 토론자의 의견을 잘 수용하는 자세를 가지고 종합토론이 진행되길 바란다.

〈제1발표〉 고려시대 사회적 분업 편성의 다원성과 신분·계층질서

박재우   고려 다원사회론은 고려 신분제 이해에 대한 전제로서 의미 있는 담론이다. 발표문은 그 신분·계층질서를 다원사회론에 입각해 구조적 종합적으로 설명하고 있어 고려의 신분계층질서에 대한 전체적인 구도를 잘 이해할 수 있었다.

사회적 분업 및 계층성에 대한 이해는 수용할 수 있으나, '다원성'이라는 측면이 어떤 식으로 드러나는지 설명해 주셨으면 한다. 또한 다원성에 대한 성격에서 다양성·계서성도 중요하지만 더 중요하게 볼 수 있는 것이 '분업'인데, 다양성보다 사회 내의 분업 즉 역할을 설명해 주셨으면 한다.

본문 중 무신란의 원인에 대해 기존 통설과 다른 의견을 제시했는데, 이는 문무차별을 부정하는 것인지, 문무차별 자체를 부정하기는 힘들다고 보는데 이에 대해 설명해주셨으면 한다.

본문에서 공·상(工·商)에 대한 차별이 차별 자체가 목적이 아니었음을 설명하고 있는데, 공·상이 제도적으로 사회적으로 차별받은 것은 사실이며, 그렇다면 차별 자체도 목적이었던 것 아닌가.

계서성은 차별성을 포함하는 것인데, 신라에서는 계서성이 없다가 고려에서는 계서성이 발생했다는 것은 역사발전·진보의 관점에서 어떻게 설명되어야 하는가.

채웅석   이 발표는 신분·계층질서 전반을 다룬 것이며, 연구사적 정리를 바탕으로 고려사회를 보는 새로운 관점의 제시 차원이라고 받아들여 달라.

신분·계층구조를 왕에서부터 천민까지 일원적인 구조로 파악하는 선행 연구경향에 대하여 비판적으로 보면서, 고려의 여러 신분·계층들을 다원성의 관점에서 어떻게 파악할 것인가라는 문제를 종합적으로 고찰해 보았다. 각 신분·계층질서를 나누는 기준·원리가 상이하고 성립시기도 다른 것을 주목하였다. 그리고 그 신분·계층질서는 고려왕조가 성립하고 지배체제를 정비하던 시기의 사회적 분업상황을 반영한 것이라고 생각한다. 이번 발표에서 구분 기준으로써 혈연·지연·직역·국역 등을 병렬적으로 제시하였지만, 한 논문에서 다 다루기는 부족한 한계가 있고, 추후 보완할 예정이다.

무신정변의 원인에 대해서 기존 연구에서는 문·무 차별을 과하게 강조하였다고 생각한다. 정변의 주도세력이 지지세력을 결집하고 명분을 쌓기 위해 차별을 과장한 혐의가 있고, 연구에서는 이를 가려봐야 한다. 무반이 차별대우를 받은 것은 사실이지만 이는 중국이나 조선에서도 항상 있을 수 있는 것이다.

공·상 차별 문제는 사회갈등론적 차원이 아니라 기능론적 차원에서 검토한 것이며, 제도가 갖고 있는 역기능과 순기능을 다 봐야 한다. 이 발표에서는 성립시기에 순기능이 어떻게 발휘되었는지를 사회분업론의 차원에서 살펴보려고 하였다.

고려사회의 계서성을 설명한 것은 역사 발전에서 역행하는 것이 아니다. 신라사회는 골품제 하에서 왕경 6부민과 지방민 사이에 넘을 수 없는 차별이 분명하였다는 점을 상기할 필요가 있다.

〈제2발표〉 고려시대 사상의 공존과 다원성
─태조~현종대 국가주도의 문화정책을 중심으로─

한정수 　사상의 공존을 이야기하기 위해서는 사상이 가지고 있는 지표가 나타나는 사회적 배경을 이야기해주어야 한다. 사상 공존이 새로운 국가 건설 이후에 이루어졌다면 국왕 및 국가의 사상 공존에 대한 방향성 설정이 설명되어야 하는데, 훈요10조, 시무28조 외 국가 주도의 사상정책을 설명할 수 있는 것이 있는가. 사상 정책에 대해서도 각 시대별로 나타난 배경, 원인이 필요하다. 고려에서 사상의 공존을 위한 지배원리를 보여줄 수 있는 것으로 팔관회를 예로 들 수 있다. 고려왕조가 지향한 원리를 특화, 개념화 시키는 것이 필요하다.

우위나 열세의 개념이 공존하는 것은 다원성과 맞지 않는 것이 아닌가. 김훈과 최질의 난이 서경정책의 결과라고 보는 것이 맞는가.

박종기　다원성은 사상과 문화 부분에서 강하게 드러난다는 점에서 최봉준 선생님의 발표는 의미 있다. 사상이 나오게 된 사회배경, 지배권력, 공존하는 원리가 무엇인가를 묻고 있는 중요한 지적이다.

최봉준　기본이 중요하다. 팔관회가 사상의 공존을 보여주는 가장 큰 부분이라는 것은 동의하지만, 일단 주제에 맞춰 다양한 사례를 발표문에 실었다. 고려사회 사상의 다원성을 보여주는 특화된 표현을 찾는 것도 중요하다. '팔관회적 질서'도 생각해 보려고 한다.

　고려초 사상 공존 배경은 국가가 지배질서 구축에 대해 어려움이 있었을 것이다. 국가가 통합을 이야기하면서 이것이 어려우니 일단 공존으로 간 것이었다고 생각한다.

　공존에 대한 방향성은 확인되는데, 그 안에서 질서를 세우고 누가 조정자 역할을 할 것인가를 확인하는 것에서 그치고 있다. 왕을 중심으로 질서가 짜이는 것은 전통사회에서 당연한 것이고, 유교의 수장, 불교의 수장으로서 왕이 심판자 조정자로서 역할을 하는 것이 고려사회의 성격을 보여준다.

박종기　다원사회 내의 권력관계를 놓쳐서는 안 된다는 것이 정치학에서의 다원성에 대한 중요한 지적이다. 이에 대해서는 2차 년도 발표에 집중적으로 논의가 될 예정이다.

〈제3발표〉 고려식 석탑양식의 완성과 지방사회 통합
―현종대 명문(銘文)석탑을 중심으로―

정성권　논문에서는 현종 대 고려시대 석탑양식이 완성되었다고 하는데, 고려식 석탑의 성립 시기를 10세기 중반으로 볼 수 있다고 생각한다.

통일신라 석탑은 3층 석탑인데 개성과 경기 일대에 고려 초 5층과 7층 석탑이 만들어지는 모습이 보인다. 이것은 신라식 석탑과 대비되어 만들어진 고려식 석탑으로 볼 수 있지 않은가.

미술사에서 다원성은 양식의 다양성과 연결되는 개념인가.

홍대한　　고려시대 석탑은 3층을 넘어 5, 7층으로 올라가는 것이 특징(안테나)이다. 통일신라 기준으로는 안 예쁘지만 고려시대 조형미는 달랐을 것으로 본다.

고려시대 석탑양식의 완성 시기에 대해서 금산사, 불일사의 석탑도 고려적인 특징으로 보이지만 기단 등에서 신라의 잔향이 50% 이상 보인다. 변화 양상은 보이지만 이것은 완성 및 정착과는 다르다. 본격화, 확대과정을 거치는 것은 현종 대를 기점으로 보야 한다. 10세기를 기점으로 변화하지만 확산되는 기점은 현종 대라고 할 수 있다. 현종 대 완성되는 사회적 배경은 광종과 성종 대 전쟁을 거치면서 체제에 대한 정비가 이루어지고, 현종 후반 대는 안정화 단계에 들어간다. 전후복구, 현종 대 지방관료 파견으로 중앙과 지방의 유기적 연결, 농기구의 사용방법이 중앙과 지방에서 전파되는 것처럼 석탑도 그랬을 것이다.

지방 석탑은 지방 호장층이 건립했을 줄 알았는데, 건립주체는 지방 세력이라도 중앙의 암묵적인 동의, 재정적 지원, 장인의 파견 등이 이루어졌다. 이런 모습이 현종 대부터 가시화되기 시작했다.

미술사에서 다원성을 양식의 다양성과 연결해야하는 것인가에 대해서는 고민이 많은 부분이다. 미술사에서 구양식에서 신양식으로 대체되는데, 양식만으로 보지 않고 사상적 개념에서 다원성으로 볼 것인가에 대해서는 고민과 연구가 더 필요하다.

박종기　　다원성을 규정하는 개념으로 넓게는 변증법적인 것도 다원성으로 볼 수 있다고 생각한다.

〈제4발표〉 고려후기 분묘 출토 도기(陶器)의 지역성

이종민   고려후기 양광도와 경상도 간의 도기 기종 차이가 분명히 나타나는 반면, 분묘 출토의 청자는 거의 같은데 도기와 청자의 차이는 무엇인지 궁금하다.

양광도 대표 기종, 경상도 대표 기종에 대해 소비에 관한 지역성의 차이가 생산에서도 나타나는가.

도기 지역 간 차이의 배경 설명에서 그 이유가 무엇인가.

한혜선   청자에 비해 도기의 경우 기종 차이가 뚜렷하게 보이는 것은 고려 도기의 생산시스템과 연관된 문제라고 생각한다. 청자는 강진의 질 좋은 청자와 지방에서 강진을 모방해 청자를 생산해 질은 떨어지나 모양이 비슷한 청자가 발견된다. 반면, 도기는 특정 생산지와 관련 없이 지역에서 생산, 유통, 소비가 일정한 범위의 지역 내에서 이루어졌다. 그래서 청자와 달리 도기는 지역성이 나타난다.

양광도의 부장되는 도기는 경기도 화성, 용인 가마터에서 출토되고 있다(호 종류). 고려후기 경상도 지역의 도기 가마가 알려진 것이 없으나 양광도와 비교해볼 때 비슷했을 것으로 추정한다. 양 지역에서 선호되지 않았어도 경상도에서 호가 나오고 양광도에서도 나팔입병이 나오고 있긴 하지만 선호도는 확실히 구분된다.

도기의 지역 간 차이는 그릇의 용도를 생각해 봐야 한다. 그 도기가 지역의 어떤 문화를 보여주는 것인가를 생각하고 있다. 현재 중앙 대 지방에 대한 연구는 어느 정도 있지만 지방 대 지방의 연구는 부족한 상황이기 때문에 이 분야에 대한 연구가 필요하다.

〈제5발표〉 고려시대 경외(京外)·민간장인의 활동과 기술의 전이(轉移) 과정
－고려 금속제 유물의 명문에 보이는 장인을 중심으로－

서성호　　공장(工匠)의 범주와 개념에 대한 재정리가 필요하다는 데 동의한다. 발표자가 생각하는 기준이 무엇인지 알고 싶다.

　　명문의 취지는 왜 만들었는지에 대한 것인데, 사실 자금이 중요하지 공장은 잘 안 새기게 된다. 명문의 내용이 공장에 대한 것을 밝히기에는 충분하지 않다.

　　기술의 전이라고 했는데, 이는 공장의 존재/수공업체제의 변화와 연결되는 것이다. 좀 더 설명해 주었으면 한다.

　　수공업 지위 향상에 대해 사상과 사회적 현상과 어떤 연관논리인지 설명이 필요하다.

　　내소사 고려동종에 기록된 "명백공등주(命白公等鑄)"는 장인이 아니라 불사를 진행하는 책임자라고도 볼 수 있지 않은가.

박종기　　시간관계상 다음 발표의 토론과 함께 듣고 답변을 해야 할 것 같다. 양해 부탁드린다.

〈제6발표〉 고려시대 철제 농구(農具)의 지역적 다양성과 통합성

최종석　　철제농구의 통일성이 고고학적인 발굴로도 보이지만 그 배경에 대해서 국가의 농구의 하사, 성종 대 지방제도 개편을 들었는데, 성종대 유교적 전범을 들어 조치하는 경우가 많다. 그 중 무기를 농구를 바꾸는 상징적 조치가 취해지는데, 이를 고려해 볼 필요가 있다. 고려의 지방제도는 통제적 성격도 있긴 하지만 농구의 통일성을 보여줄 수 있을 정도로 지방제도가 기능할 수 있었나는 의문이다.

고려시대의 전기의 군현적 의례를 향리와 연결할 수 있는지, 고려시대 거주지 유적에서 그런 것이 보이는지, 의례 층위의 다양성을 보여주는 것이 본 연구발표회 주제와 맞을 것 같다.

김재홍   고려시대 지도와 발굴지 등을 비교 분석하면 좋겠지만 현재로서는 힘들고, 주로 대형 건물지 주변에서 농구들이 발굴되는 데 그 의미를 밝힐 예정이다.

【청중석 및 토론자 추가 질의응답】

박종기   시간이 부족하여 답변을 더 상세히 듣기가 힘들 것 같다. 이제 청중석에서 질문을 해주셨으면 한다.

김갑동   고려사회 성격을 다원사회로 보고 각 분야의 발표 토론이 이루어졌는데, 역사는 진보하고 발전한다는 개념이 있는데, 고려사회가 다원사회라면 고대사회와 조선사회는 어떻게 설명할 수 있는가. 역사의 진보라는 관점에 대한 설명이 필요하다.

서성호   발표문이 고려사회가 다원사회라는 전제가 된다. 사실 모든 사회는 다양한 삶의 형태가 있는데, 그것에 대한 제도·기록(인식)을 중심으로 역사를 연구하는 것이다. 고려사회의 다원성을 어떻게 볼 것인가.

한정수   최봉준과 홍대한의 논문에서 현종 대가 공통적으로 거론된다. 고려의 다원성이 현종 대 정도에 완성된다고 보는 것인가.

박종기   본 발표에서 이루어진 연구들은 다원주의적 가치를 가지고 고려왕조를 해석함으로써 고려사회의 이해를 넓히는 것이 목적이다. 기존의 사회구성체론 혹은 시대구분 방식을 배타적으로 이해하고, 그것을 대체하고자 하는 것은 아니다. 역사 이해를 풍부하게 하고자 하는 취지로서 새로운 접근과 시도를 하는 것에 의의를 두고 있다. 주제의 본질을 놓친 것이 아닌가하는 생각도 하고, 연구발표회를 통해 반성 및 성찰의 기회가 되었다. 마지막으로 연구소 소장이신 채웅석 선생님께서 종합적인 답변을 해주셨으면 한다.

채웅석 이 사업은 1차 년도에는 경쟁과 조절, 2차 년도에는 관계와 소통 (네트워크), 3차 년도에는 개방성과 정체성에 대한 연구로 진행된다. 연구를 시작한 지 6개월밖에 되지 않았기 때문에 아직 이론적 모색과 고려사회의 특성을 밝히는 데 급급하다. 고려 이전·이후 시기와의 연결성을 살펴볼 필요가 있다는 지적에 공감한다.

우리 연구는 역사 발전을 일원론적으로 파악하는 데 대한 비판으로서 역사를 보다 풍부하게 보려는 시도이기도 하다. 장기적으로는 다원론적 시각으로 한국사 전체를 살펴보는 것이 필요하지만, 상대적으로 다원성이 부각되는 고려시대를 우선 검토하고, 이전·이후시기도 역시 마찬가지로 특성을 밝히는 연구가 뒤따르게 되면 비교사적 의미가 확실해지지 않을까 생각한다.

본 연구는 21세기 변화된 사회 환경에 맞추어 역사 연구를 이끌 수 있는 담론 제시의 필요성에서 시작되었지만, 문제점이 많이 있다는 점을 인식하고 있다. 앞으로 보완이 필요하기 때문에 격려와 질정을 기대한다.

정리 | 이승민

ㄱ

가면극   296
각연사통일대사탑비   237
갑방(甲坊)   249
강감찬(姜邯贊)   173
강도(江都)   131
개경(開京)   131, 138, 144
개국사탑   246
개방성   61
개심사지 5층석탑   164, 166
경공장   244, 262
『경국대전』   244
경기제(京畿制)   133, 147
경량공(京良工)   228, 247
경사공인(京師工人)   228, 248
경상도   196
경암사반자(瓊巖寺盤子)   232
경외공장   241
경제(京制)   133, 135, 147
계서성(階序性)   48
고구려계 석탑   178
고구려계승의식   114, 125
고려식 석탑   181
고미현서원종(古弥縣西院鍾)   230
공복제도(公服制度)   80, 120
공부(工部)   240
공인(工人)   224
공장(工匠)   77, 85, 86, 87, 89, 90, 224

공장별사   240
공장승   241
공장안(工匠案)   89, 246
과거제도(科擧制度)   19, 24, 27, 28, 31, 119,
          121, 129
관공장   240
관속공장   242
관장   241
광군   184
광조사진철대사보월승공탑비   104, 113
광종(光宗)   121, 122, 171
국공(國工)   241
국도(國都)   148
국선(國仙)   105
국속론(國俗論)   41
국역(國役)   94
국풍(國風)   118, 125
군기시(軍器寺)   240, 244
군반씨족(軍班氏族)   83
군백성(郡百姓)   33
군족(郡族)   33
군현제도   19, 25
궁예(弓裔)   110, 111, 116, 118, 129
권문세족   29
귀향형(歸鄕刑)   75
균여(均如)   122
금고[飯子]   225
금광명경도량   232
긍양(兢讓)   102

기곡제(祈穀祭) 283
기로회(耆老會) 30
기인(其人) 25, 27
기자(箕子) 103
김경(金卿) 228, 235
김부식(金富軾) 40
김언수(金彦守) 228, 248

ㄴ

나팔입병 195
난랑비서(鸞郎碑序) 102, 128
남경(南京) 131, 146, 155, 158
노국공주(魯國公主) 251
노비안검법 67
농경의례 285, 292
농구의 통일성 279
농업생산력 268
농장 30
누수(縷手) 228

ㄷ

다경제(多京制) 131
다례(茶禮) 194
다문화사회 52, 57
다원사회 43, 44, 45, 46, 50, 52, 54, 55, 57, 58, 59
다원성 46, 47, 48, 50, 54, 56, 59, 61
다원적 국제질서 36, 39
다원적 사상지형 100, 104, 108, 109, 117, 130
다원적 천하관 38
다원주의(pluralism) 44, 45, 46, 47, 50, 51, 52, 55, 57, 58, 60
다인 철소 285, 290
다층위성 48, 50
단경호 195

단병서(短柄鋤) 277
당풍(唐風) 117
대경대사 여엄 250
대덕9년명판자(大德九年銘判子) 257
대백사(大百士) 228
대일통(大一統) 54
대장(大匠) 224, 254
대정18년명금산사향완(大定十八年銘金山寺香垸) 235
도감충순(都監忠順) 235
도선(道詵) 114
도속훈민(導俗訓民) 115
도정상(都正相) 228
동경(東京) 131, 142, 144, 158
동년(同年) 27, 30
동량(棟梁) 226
동명왕(東明王) 127
동색혼(同色婚) 24, 71, 92
동정직자(同正職者) 234
따비 277, 292

ㅁ

명봉사경청선원자적선사능운탑비 237
모나드 56
목멱(木覓) 127
목종(穆宗) 126
묘청(妙淸) 40
무신정변 29, 82
문벌사회 24
문화적 개별성 118
문화적 보편성 118
미륵관심법(彌勒觀心法) 110, 111
민간신앙 99, 107, 116, 117

ㅂ

반구병 195

발원문 223
방사량(房士良) 261
배도(陪都) 134, 158
백공(百工) 224
백공안독(百工案牘) 89, 238
백동장(白銅匠) 244
백사(百士) 228
백정(白丁) 92
백제계 석탑 179, 180
백좌회 234
별사(別賜) 242
별장동정 234, 254
볏 269, 292
병행주의(parallelism) 60
보습 269, 276, 286, 292
보제사대경대사현기탑비 237, 250
복업(卜業) 120
본관제도(本貫制度) 18, 19, 25, 26, 27, 29,
　　57, 67, 68, 77, 91, 93
본말론(本末論) 31, 35, 87, 88
봉거서(奉車署) 244
봉암사정진대사원오탑비 102
부곡제(部曲制) 19, 24, 35, 66, 69, 91, 92,
　　93, 94, 95, 96, 97
부마국체제론 38
부장(副葬) 214
불개토풍(不改土風) 41
불사(佛事) 226
비관속공장 242

ㅅ

사(士)·서(庶) 구분 18, 67, 72
사공장 240
사명인원(使命人員) 260
사민분업론 35
4신분제 65
사심관(事審官) 25, 27, 28, 68
사자빈신사지 4사자석탑 175, 177

사장가(私匠家) 241
사촌회(四寸會) 27
사헌무역(私獻貿易) 37
사회구성체론 17
사회적 분업 18, 92
3경제(三京制) 131, 134, 142, 143, 145
삼교회통론(三敎會通論) 31
삼국부흥운동 21, 34
삼국유민의식(三國遺民意識) 20, 21, 31, 33,
　　34, 130
3성체제 132
삼한일통(三韓一統) 116, 117
삼한일통의식(三韓一統意識) 20, 31, 33, 34,
　　54
상경(上京) 140, 144, 146
상계리(上計吏) 27
상고(商賈) 77, 85, 86, 87, 89, 90
상대장－대장－삼대장 234
상장(喪葬) 217
서경(西京) 131, 140, 144, 155, 158
『서경』무일편 108
서긍(徐兢) 253
서인(庶人) 73, 74, 75, 76
서인재관자(庶人在官者) 78
석곽묘(石槨墓) 193
선공시(繕工寺) 240
선랑(仙郎) 106, 125
선종(禪宗) 101, 110, 112, 113
성상융회(性相融會) 122
성속일여(聖俗一如) 122
성용전(聖容殿) 127
성종(成宗) 105
세조구제론(世祖舊制論) 38
소(所) 226, 284
속현(屬縣) 69
쇠솥 289
쇠스랑 273
순행(巡幸) 145, 148, 149, 150, 153, 154,
　　155, 156
승계(僧階) 121

승과(僧科)   119, 120, 129
승록사(僧錄司)   121
시루   288
시무28조   100, 119, 122, 124, 129
신라계 석탑   179, 181
신라계승의식   125
신량역천(身良役賤)   72
쌍기(雙冀)   119

_ㅇ_

아지태(阿志泰)   111
악공(樂工)   71, 87
양경(兩京)   134, 138, 139
양경제(兩京制)   137, 141
양광도(楊廣道)   196
양반전시과   254
양인(良人)   23, 67, 68, 69, 71, 72, 85, 86,
     91, 92
양천제(良賤制)   18, 19, 65, 66, 67, 69, 76
역동성   61
역사계승의식   127
연등회(燃燈會)   21, 106, 117, 123, 125, 126,
     129
연복사종   230
연성적(軟性的) 인간관계망   26
연호(年號)   223
옥천사임자명반자   256
왕건(王建)   110
용광로 모델   58
용신신앙(龍神信仰)   117
원당(願堂)   29
원주(願主)   224
월령(月令)   108, 109
위계성(位階性)   48, 50
유동장(鍮銅匠)   260, 262
유불도(儒佛道)   102, 104, 123
U자형쇠날   272
은사(銀絲)   235

을사명동종   230
음서제도   31
2면편호   195
이몽유(李夢游)   102
이색(李穡)   119
이성계발원사리구   236
이양(李陽)   108
이언(利言)   112
이중국가체제론   38
이지백(李知白)   105, 125
인왕경(仁王經)   235
일원주의   46
일천즉천(一賤則賤)   70
임내(任內)   25
임자명반자   234
입사장(入絲匠)   235

_ㅈ_

자위조직   23, 25, 32, 68
자율성   215
잡과(雜科)   120
잡직방(雜織坊)   249
잡척(雜尺)   19, 24, 66, 71, 72, 91, 94, 97
장명사석탑기   237
장병대겸(長柄大鎌)   275
장병서(長柄鋤)   278
장신호   195
장야서(掌冶署)   244
장인(匠人)   224
재지품관   30
쟁기   276
적동장(赤銅匠)   244
적전지례(籍田之禮)   283
절충주의(eclecticism)   60
정도사지 5층석탑   182, 186
정도사오층석탑조성형지기   237
정우5년봉업사명반자(貞祐五年奉業寺銘
     盤子)   257

정종(定宗) 105
정호(丁戶) 92
제아문공장(諸衙門工匠) 242
제의(祭儀) 216
조공-책봉관계 36, 37, 38
족당(族黨) 26, 27
좌주(座主)-문생(門生) 27, 30, 120
주조괭이 270, 272
주현(主縣) 25, 69
주현(主縣)-속현(屬縣)체제 19
죽산 매산리 석탑 237
중간계층(中間階層) 24, 66, 78, 83, 84
중경(中京) 140, 146
중경제초(中耕除草) 279
중랑장동정 234
지리업(地理業) 120
지배층성격론 17
지유(指諭) 228
지정4년명중흥사향로(至正四年銘重興寺
    香爐) 235
직역(職役) 68, 76, 78
진봉장리(進奉長吏) 27

ㅊ

채인범(蔡仁範) 103, 104
천인 23, 69, 70, 71, 72, 91
천인감응(天人感應) 109
천흥사지 5층석탑 164, 182
철소 284
철장승(鐵匠僧) 238
청림사 254
총계적 친속조직 26
최문패(崔汶茷) 228
최사위(崔士威) 169, 245
최승로(崔承老) 20, 39, 67, 94, 100, 108, 121,
    122, 123, 124
최언위(崔彦撝) 104, 105
최우(崔瑀) 234

최응(崔凝) 111
최지몽(崔知夢) 105
최충(崔沖) 107
최치원(崔致遠) 102, 128, 170
최항(崔沆) 107, 170
춘경제 296
충상호형(充常戶刑) 75
취민유도(取民有度) 108, 115
칭신(稱臣) 113

ㅋ

코끼리이빨따비 271, 272

ㅌ

태장(太匠) 224
태조(太祖) 100, 111, 113, 118, 123, 129
토광묘(土壙墓) 193
토성(土姓) 25, 29, 33, 68
토풍(土風) 39, 40, 124
통일성 55, 61, 267
통제론(通制論) 40
통합성 54, 55, 57, 59
통혼권 27
퇴화군대사종(退火郡大寺鍾) 229
투하령론(投下領論) 38
투화(投化) 37

ㅍ

팔관회(八關會) 21, 34, 57, 106, 107, 116,
    117, 118, 123, 125, 126, 129
폐위서인(廢爲庶人) 74
포괄주의(inclusivism) 60
품관층 224
풍류(風流) 102, 130

풍수지리 99, 107, 111, 114, 117, 120, 121, 129
풍수지리사상(설) 20, 32, 33, 101

_ㅎ

한양(漢陽) 131
한중서(韓仲敍) 228, 254
할지론(割地論) 106, 125
함통6년명금고 232
해동천하(海東天下) 34, 36, 37
해동천하의식 31
해안사향완(海安寺香垸) 234
행수지유(行首指諭) 228
향공(鄕貢) 28, 31, 69
향도(香徒) 27, 217
향리(鄕吏) 30, 76, 83, 219, 224, 292

향리(鄕里) 28
향완[爐] 225, 234
현종(玄宗) 101, 126, 128, 129, 163, 173, 177, 185, 186, 187
현화사 7층석탑 168, 171
현휘(玄暉) 102
혜종(惠宗) 105
호미 273, 277, 287, 292
호부층(豪富層) 22, 68, 77
혼합주의(syncretism) 60
홍준(弘俊) 102
화풍(華風) 39, 40, 106, 118
황룡사9층목탑 246
훈요10조 20, 93, 100, 108, 111, 112, 114, 116, 118, 124, 129
흥국사 다층석탑 173
흥왕사 248

이 책에 실린 글은 각 필자가 기존 학회에서 발표하거나 논문으로 게재한 것을 일부 수정·보완한 것이다. 출처는 다음과 같으며, 순서는 목차순이다.

구분	필자	논문명	게재지	발행처	연도
총론1	채웅석	고려시대의 문화적 특색	「고려왕릉·고분 문화와 세계문화유산적 가치」 발표문	강화고려역사재단	2014
총론2	박종기	고려 다원사회론의 과제와 전망	한국중세사연구 45	한국중세사학회	2016
1부	채웅석	고려전기 사회적 분업 편성의 다원성과 신분·계층질서	한국중세사연구 45	한국중세사학회	2016
1부	최봉준	고려 태조~현종대 다원적 사상지형과 왕권 중심의 사상정책	한국중세사연구 45	한국중세사학회	2016
1부	신안식	고려시대의 三京과 國都	한국중세사연구 39	한국중세사학회	2014
1부	홍대한	高麗式 石塔樣式의 완성과 지방사회통합−현종대 銘文石塔의 건립목적과 新樣式 성립과정을 중심으로	한국중세사연구 45	한국중세사학회	2016
2부	한혜선	고려후기 분묘 출토 陶器의 지역적 차이와 그 배경	한국중세사연구 45	한국중세사학회	2016
2부	홍영의	고려 금속제 佛具類 명문에 보이는 京·外 장인의 제작활동	한국중세사연구 46	한국중세사학회	2016
2부	김재홍	고려시대 철제농구와 농경의례	한국중세사연구 46	한국중세사학회	2016

필자_

채웅석 | 가톨릭대학교 국사학과
박종기 | 국민대학교 한국역사학과
최봉준 | 한림대학교 사학과
신안식 | 건국대학교 사학과
홍대한 | 농림축산식품부 농업역사문화전시체험관추진팀
한혜선 | 이화여자대학교 미술사학과
홍영의 | 국민대학교 한국역사학과
김재홍 | 국민대학교 한국역사학과

고려시대 역사·문화의 다원성과 통합성 연구총서 1
고려의 다양한 삶의 양식과 통합 조절

채 웅 석 편저

초판 1쇄 발행 2019년 1월 30일

펴낸이 오일주
펴낸곳 도서출판 혜안

등록번호 제22-471호
등록일자 1993년 7월 30일

주 소 ⑰ 04052 서울시 마포구 와우산로35길3 (서교동) 102호
전 화 3141-3711~2
팩 스 3141-3710
이메일 hyeanpub@hanmail.net

ISBN 978-89-8494-623-1 93910

값 27,000 원

이 도서는 2014년 정부(교육부)의 재원으로 한국연구재단의 지원을 받은 연구임(NRF-2014S1A5B4062928)